U0929671

大明兴衰三百年

吴晗 著

好读 选编

中国华侨出版社
·北京·

只 为 优 质 阅 读

目录

第一章　反抗与镇压：农民起义与王朝更替

1 | 明太祖的建国
23 | 明初的恐怖政治
37 | 明初统治阶级内部的斗争
46 | 明代的锦衣卫和东西厂
56 | 东林党之争
68 | 建州女真问题
75 | 论晚明"流寇"

第二章　资本主义萌芽：近代化曙光的出现

80 | 明初社会生产力的发展
113 | 资本主义萌芽问题
122 | 明代之农民

第三章　科举：特权道路上的禁忌与诱惑

153 | 明初的学校
177 | 明代的科举情况和绅士特权

第四章　从布袍到绸绢：社会生活的丰富与奢靡

181 | 《金瓶梅》的著作时代及其社会背景

219 | 晚明仕宦阶级的生活

第五章　错失的机遇：海洋经营政策的变化

227 | “北虏”、南倭问题

237 | 16 世纪前之中国与南洋——南洋之开拓

278 | 郑和下西洋

第六章　隐忧暗藏：卫所制度的建立与崩溃

286 | 明代的军兵

337 | 从士兵到统帅

371 | 明代的火器

第七章　臧否人物：是非功过自有后人评说

374 | 明代民族英雄于谦

385 | 海瑞的故事

395 | 戚继光练兵

397 | 关于魏忠贤

404 | 爱国学者顾炎武

411 | 出版说明

第一章 反抗与镇压：农民起义与王朝更替

明太祖的建国

首先，我们应该弄清国家的含义。近几年来的学术讨论中，有人往往把我们这个时代关于国家的含义等同于历史上的国家的含义。这是错误的、不科学的。我们今天所说的国家，包括政府、土地、人民、主权各个方面。由于政权性质的不同，国家可以分为人民民主国家、资本主义国家、民族主义国家等。历史上国家的含义就跟这不一样。简单地说，历史上的国家只能是某一个家族的政权，不能把它等同于今天我们所说的国家。曹操的儿子曹丕临死前写了一篇遗嘱，说："自古无不亡之国。"这里所说的"国"是什么呢？就是指某个家族的政权，是指刘家的、赵家的、李家的或者朱家的政权。这些政权经常更替，一个灭亡了，另一个起来。所以曹丕说自古无不亡之国。但是一个政权灭亡了，当时的国家是不是也灭亡了呢？没有。譬如汉朝刘家的政权被推翻了，曹操的儿子做了皇帝，还是有三国，我们的历史并没有中断。曹家的政权被推翻了，司马氏做了皇帝，国家也没有灭亡。所以，历史上的所谓亡国，是指某一个家族的政权被推翻，国家还是存在的，人民还是存在的。因此我们所说的明太祖建国，也是指他建立的朱家的政权。这个国跟我们今天的中华人民共和国有本质的不同，它只代表一个家族、一个集团的利益，而不代表整个民族的共同的利益。把这个含义弄清楚，我们才可以讲下面的问题，就是朱元璋的政权依靠的是什么。

一、土地关系问题

要讲土地关系问题，不能不概括地讲讲当时的基本情况。

在14世纪中叶，大致是从1348年到1368年的二十年，发生了大规模的农民起义、农民战争。规模之大，几乎遍及全国，从东北到西南，从西北到中南，到处都有农民战争发生。不单有汉族农民参加，各地的少数民族也参加了，如东北的女真族（就是后来的建州族）、西南的回族都加入了斗争的行列。时间之久前后达二十年。战争激烈的情况，在整个历史上都是少有的。

在二十年的战争中，反对元朝的军事力量大致可以分为两个体系：一支是红军。因为参加起义的人都在头上包一块红布作为标志，在当时政府的文书上称为“红军”，也有个别的叫作“红巾军”。这是反对元朝的主要力量。现在有些历史学家不大愿用“红军”这个名称，大多称为“红巾军”。大概有这样一个顾虑：怕把历史上的红军同我们党建立的红军等同起来。在我的记忆里有这样一件事：大约二十年前，国民党政府的一个什么馆，要我写明史。书写好之后交给他们看，他们什么意见也提不出来，最后说：你这上面写的“红军”改不改？要改就出版，不改就不出版。我说：不出版拉倒！（这本书现在没有出版。）[①]他们怕红军，不但怕今天的红军，也怕历史上元朝的红军，因此他们要我改掉。我不改，因为根据历史记载，这支起义军本来就是红军，不是白

---

① 这本书是指作者未完稿的《明史》。——编者注

军。这不说明什么政治内容，而只是说他们头上包了一块红布而已。红军又分成两部分，一部分在东边活动，另一部分在西边活动。具体地说，东边是指今天的安徽、河南、河北一带，西边是指江汉流域（长江、汉水流域）。江汉地区的红军很多，包括“北琐红军”和“南琐红军”。另一支是非红军系统：在浙江有方国珍，在元末的反元斗争中，他起兵最早；在江苏有张士诚；在福建有陈友定。这三支军队都不属于红军系统。当时为什么能爆发这样大规模的农民起义呢？我想在讲元朝历史的时候已提到了。这里就不再重复。

下面讲讲红军提出了一些什么问题。

红军当中的一些领导者，他们在反元斗争展开之后发布了一个宣言（当时叫檄文），里面有这么两句话：“贫极江南，富称塞北。”（文件的全文已看不到了，只留下这么两句。）这说明什么呢？说明红军反对元朝的统治，要推翻元朝的统治。这是一个有各族人民参加的阶级斗争。当时元朝的政治中心，一个在大都（今北京），一个在上都。元朝政府经常派出很多官吏和军队到南方去搜刮物资，把这些物资运到北方去供少数人享受。元朝的皇帝在刚上台时，为了取得军事首领、部族酋长的支持，对他们大加赏赐，按照不同的地位给他们金、银、绸缎一类的物资。遇到政治上有困难时，为了获得支持以巩固自己的统治，也采取这种办法。每次赏赐的数目都很大，往往要用掉一年或者半年的收入，国家财政收支的一半甚至全部都给了他们。那么，这些物资是从哪里来的呢？是从全国人民身上搜刮来的。几十年光景，造成了“贫极江南，富称塞北”的局面。这样的统治使老百姓活不下去了，他们就起来斗争，改变这个局面，所以提出了这样鲜明的口号。

红军初期的主要领导人韩山童，是传布白莲教起家的（他家里世世代代都是传布白莲教的）。通过宣传白莲教及宗教迷信活动可以组织一部分力量，于是他就提出“明王出世”“弥勒佛降生”的口号。明王是明教的神，也叫“明尊”或“明使”。明王出世的意思是光明必然到来，光明一到，黑暗就给消灭了，最后人类必然走上光明极乐的世界。

弥勒佛是佛教里的著名人物。传说在释迦牟尼灭度（死）后，世界就变坏了，种种坏事全部出现，人的生活苦到不能再苦。幸得释迦牟尼在灭度前留下一句话，说再过若干年，会有弥勒佛出世。这佛爷一出世，世界立刻又变得好起来：自然界变好了；人心也变慈善了，抢着做好事，太太平平过日子；种的五谷，用不着拔草翻土，自己会长大，而且下一次种有七次的收成。这种宗教宣传，对当时受尽苦难的农民产生了深刻的影响，他们希望有人来解救他们。所以，在广大农民中间，白莲教就用“明王出世”“弥勒佛降生”作为口号来号召、组织斗争力量。

这种宗教宣传对农民能够发生作用，可是对知识分子就不能了，特别是一些念“四书”“五经”的儒生，他们不相信这一套。因此，对他们必须有另一种口号。红军的领袖们就利用一些知识分子对元朝统治的不满，对宋朝怀念的心情，提出了“复宋”的口号。他们假托自己是赵家的子孙。韩山童是河北人，起兵之后被元朝政府杀害，他的儿子韩林儿跑掉了。以后刘福通就利用元朝政府治理黄河的机会组织反元斗争。当时黄河泛滥成灾，元朝政府用很大力量调了很多民夫、军队来做黄河改道的工作。民夫和军队都集中在一起，刘福通就乘机组织民夫发动反元斗争。军事行动开始之后，他们就假托韩林儿是宋徽宗的第九代子孙，刘福通是南宋大将刘光世的后代。他们以恢复宋朝的口号来团结一部分知识分子。所以红军有两套口号：一方面以宣传“明王出世”“弥勒佛降生”来团结和组织农民；另一方面以恢复宋朝政权为号召，团结社会上有威信的知识分子。而中心则是阶级斗争，推翻剥削阶级。

刘福通起兵之后，声势很大，得到了各个地方的响应。在江苏萧县有芝麻李起兵响应；安徽凤阳有郭子兴起兵响应，一下子就发展到几十万人的军队。他们从山里把韩林儿找出来，让他做了皇帝，建立了统治机构。同时分路出兵攻打元朝：一支由华北打到内蒙古，以后东占辽阳，转入高丽；另一支打到西北；还有一支打到四川。

以上讲的是东部红军的情况。

西部红军的主要领导人叫彭莹玉，他是一个和尚，原来在江西袁州组织过一次武装起义，失败以后，就跑到淮水、汉水流域，秘密传教，组织力量。后来他找到徐寿辉，组织武装力量，进行反元斗争。徐寿辉被他的部下陈友谅杀掉以后，西部红军的主要领导人就成了陈友谅。此外，徐寿辉的另一个部将明玉珍跑到四川，在那里也建立了政权。

从二十年的长期战争中，我们可以看出这样几种基本情况：

第一，不管是东边韩林儿这一支，还是西边陈友谅这一支，他们遇到的最坚强的敌人不是元朝的军队。这时元朝军队已经失去了建国初期那种勇敢、彪悍的特征，无论是军官也罢，士兵也罢，都腐化了，不能打仗了，在与红军作战时，往往是一触即溃。既然元朝军队不能打仗，为什么战争还能延续二十年呢？原因就在于坚决抵抗红军的是一些地主阶级的武装力量。这些武装力量，元朝政府把它称为“义军”。这些力量很强大，最强的有察罕帖木儿、扩廓帖木儿父子所领导的这一支；此外，李思齐、张思道、张良臣等也都很有实力。至于小的地主武装就举不胜举了。这些地主武装为什么这样坚决地反对农民起义呢？因为红军坚决反对阶级压迫。应该说当时的农民革命领袖并没有消灭地主阶级的思想，若要把现代人的意识强加于古人，那是错误的。那个时代的人不可能有消灭地主阶级的思想，但是，他们恨地主阶级，因为他们世代受地主阶级的剥削、压迫，现在他们自己有了武装力量，就要对这些地主阶级进行报复。在这样的情况下，各地的地主阶级都组织力量来抵抗红军。其中最强的是察罕帖木儿和李思齐这两支力量。所以，红军在几路出兵的千里转战中，所遇到的主要敌人不是元朝的正规军，而是这些地主阶级的武装。在红军遭到这些地主武装的顽强阻击而受到损失之后，元朝政府就承认了这些地主武装，封给察罕帖木儿、李思齐、张思道、张良臣及其部队以官位和名号。

一方面是红军，他们要改变“贫极江南，富称塞北”的局面；另一方面顽强抵抗红军的主要是地主阶级的武装力量，其中数量最多的主要是汉人地主的武装力量。这就是从1348年到1368年二十年战争中的第一个基本情况。

第二，在二十年的斗争中，尽管起义的面很广，战争区域很大，军事力量发展得很快，但是始终没有形成统一的指挥。不管是刘福通这个系统，或者是徐寿辉这个系统，都是各自为政，互不配合。尽管在战争的过程中，东边的胜利可以支持西边，西边的胜利可以支持东边，可是战略上没有统一的部署，缺乏统一的领导。不只是东边这一支和西边这一支二者之间出现这种情况，就是在刘福通领导下的军事力量也是这样。军队从几路分兵出发，不能采取通盘的步骤，而是你打你的，我打我的。尽管他们也有根据地（刘福通建都今开封，陈友谅建都今武汉），但是在当时交通不便的情况下，前方和后方的联系很差，这支军队和那支军队之间的情况互不了解。尽管他们的军事力量都很强大，一打起仗来往往是几百里、几千里的远征，所到的地方都能把敌人打败，所消灭的敌人也很多，可是并不能把所占领的地方安定下来，没能建立起各个地方的政权。因此红军走了之后，原来的蒙古人和汉人地主的联合政权又恢复了。最后，这几支军队都由于得不到后方的接济，得不到友军的配合而逐个被消灭了。他们虽然失败了，但在历史记载上很少发现有投降元朝的，绝大多数是战斗到最后。相反，不属于红军系统的那些反元力量，像浙江东部的方国珍（佃户出身），以苏州为中心的张士诚（贩私盐的江湖好汉出身），他们也是反抗元朝的，也都有自己的政权，建号称王，可是在顶不住元朝的军事压迫的时候，就投降元朝，接受元朝的指挥。过一段时间看到元朝军事力量不行了，又起来反对元朝。方国珍也罢，张士诚也罢，都这样经常反复。他们虽然反对元朝，但并没有像红军那样提出政治的、宗教的阶级斗争口号。在二十年战争中，最后取得胜利的不是这些人，而是在韩林儿的旗帜下成长起来的朱元璋。

朱元璋出身于红军。他家里很穷苦，没有土地。从他祖父起，就经常搬家，替地主干活。最后，他父亲在安徽凤阳（当时的濠州）的一个小村子里落了户。朱元璋小的时候给人家放牛羊，以后因为遇到荒年，瘟疫流行，他的父母、哥哥都死了，他自己没有办法生活，便在庙里当了和尚。庙里是依靠地租过活的（过去寺院里都有大量的土地），遇到荒年，寺院也收不到租，当和尚也还是没有饭吃。朱元璋只好出去化缘、要饭。他在淮水流域要了三年饭。这三年要饭的生活与朱元璋一生的事业有很大的关系。因为我们上面讲到的彭莹玉就是在这一带地方进行活动，通过宗教宣传、组织反元斗争的。这样，朱元璋就不能不受到他的影响。同时，这三年的流浪生活也使朱元璋熟悉了这一带的地理、山川形势和风俗民情。三年后，朱元璋重新回到庙里。这时，濠州的郭子兴已经起兵，成为红军的将领之一。因为朱元璋和红军有来往，元朝政府就很注意他。他的处境很危险。但这时朱元璋还很彷徨，两条道路摆在面前：是革命呢，还是反革命呢？经过一番考虑，最后还是投奔了红军，在郭子兴的部下当了一名亲兵。朱元璋自己后来写文章回忆，说他当时参加这个斗争并不是很坚决，而是顾虑很多的。参加了郭子兴的部队以后，他很勇敢，也能够出主意，能够团结一些人。后来成了郭子兴的亲信，郭子兴就把自己的养女马氏许配给他，这样他就成了郭子兴的女婿，在军队里被称为朱公子。朱元璋在反元斗争中用计谋袭击了一些地主武装，把这些地主武装拉了过来。同时他又回到自己的家乡去吸收了一批人，当时有二十四个人跟他参加了红军，以后都成了有名的将领，开国名将徐达就是其中之一。郭子兴死了之后，朱元璋代替了郭子兴，成为韩林儿旗下的一支军事力量的将领。这时，他的力量还并不强大。那么，他为什么能够赢得战争的胜利，取得全国的政权呢？有以下几个因素：

第一个因素是正当朱元璋开始组织军事力量时，刘福通部下的红军正在跟元朝的军队作战，元朝军队顾不上来打朱元璋。朱元璋占领区的北面都是红军，这样，就把他的军队和元朝的军队隔开了。所以，当红军和元朝军队作战时，朱元璋可以趁此机会壮大自己的武装力量，占领许多城市。

第二个因素是他取得了地主阶级知识分子的支持。他起兵之后不久，就有一些知识分子投奔他，像李善长、冯国用、刘基、宋濂、章溢、叶琛等。这些人都是浙江、安徽地区的地主阶级知识分子，在地方上有些威望，而且都有武装力量。这些知识分子替朱元璋出主意，劝他搞生产、搞屯田。在安徽时，朱升劝他“高筑墙、广积粮、缓称王”。这就是要他先把根据地搞好，在后方解决粮食问题，一开始不要把目标搞得太大。李善长、刘基劝他不要乱杀人，不要危害老百姓，要加强军队纪律，要巩固占领的城市，并经常把历史上成功的经验和失败的教训告诉他。朱元璋本人也很用功地学习历史，他在进行军事斗争或政治安排时，总是要征求这些人的意见，研究历史上的经验教训。

这里有一个问题，朱元璋出身于红军，他反对地主，而地主阶级为什么要支持他呢？这不是一个很大的矛盾吗？要了解这个问题，必须从当时的具体历史情况来分析。朱元璋本人要打击地主，因为他受过地主阶级的压迫。可是在进行军事斗争的过程中，他感到光像过去那样打击地主、消灭地主，不仅很难取得地主阶级的支持，而且会遭到地主阶级的顽强抵抗。所以，在他还没有成为一个军事统帅的时候，他就改变了红军的传统，开始和地主阶级合作，取得他们的支持。这是问题的一方面。另一方面，地主阶级怎么愿意支持他呢？前面不是说过，红军在北上的战争中所遇到的最大阻力不是元朝军队，而是地主阶级的武装吗？原因很简单，就是安徽、浙江地区的地主阶级，他们看到元朝政府已经不能维持下去了，不能再依赖元朝政府的保护了，而他们自己的武装力量又抗拒不了朱元璋的进攻；更重要的是他们意识到朱元璋欢迎他们，采取跟他们合作的方针。他们与其坚决反抗朱元璋而被朱元璋消灭，还不如依靠朱元璋，得到朱元璋的保护，以维护自己的阶级利益。所以，当朱元璋派人去请刘基的时候，刘基开始拒绝，可是经过一番考虑之后，最后终于接受了。

朱元璋的军队加入了这样一批力量之后，它的性质逐渐改变了。所以在他以后去打张士诚所发布的一个宣言中，不但不再承认他自己是红军，反而骂红军，攻击红军，把红军所讲的一些道理称为“妖言”。尽管这时他在形式上还接受韩林儿的命令，用韩林儿的年号，他的官爵也是韩林儿封的，但实质上他已经叛变红军。到了1368年，他已把陈友谅、张士诚消灭，派大将徐达进攻北京，这时又发布了一个宣言。在这个宣言中像红军所提出的“贫极江南，富称塞北”的口号都没有了。主要提些什么问题呢？夷夏问题。就是说少数民族不能当中国的统治者，只能以夏治夷，不能以夷治夏。他要建立和恢复汉族的统治。在这样的情况下，战争的性质改变了，不再是红军原来的阶级斗争的性质，而是一个汉族与蒙古族的民族战争。

1368年，朱元璋的军队很顺利地打下了北京。元顺帝跑到蒙古，历史上称为北元。元顺帝虽然放弃了北京而回到蒙古，可是他的军事力量并没有受到太大的损失，还仍然保持着比较强大的军事力量和完整的政治机构。他并不认为自己统治的王朝已经结束了，他经常派兵来攻打北京，要收复失地。所以在明朝初年，明朝和北元还有过几次很激烈的战争。到了洪武八年（1375），北元的统帅扩廓帖木儿死了，蒙古对明朝的威胁才减轻了一些，但仍然没有结束。这时北元和高丽还保持着密切的关系，高丽的国王还照样是北元的女婿（每一个高丽国王都要娶蒙古贵族女子做妻子），在政治上仍然依附于北元。这种关系一直维持到洪武二十五年（1392）。这一年，高丽内部发生斗争，大将李成桂为了取王而代之，他依靠明朝的支持，在国内发动政变，推翻了旧的王朝，建立了一个新的朝代。从此，高丽臣服于明朝。同时，李成桂在求得明太祖的同意之后，把国名高丽改为朝鲜。此后一直叫朝鲜，不再称高丽了。朝鲜国内的政治变革，反映了明朝和北元的斗争关系和势力的消长。

总结上面所说的历史情况，得到这样的结论：经过二十年长期的战争，一方面是红军（包括东、西两部分）和非红军（像方国珍、张士诚）；另一方面是元朝军队，更重要的是各个地方的汉人地主武装力量，在战争过程中这些汉人地主武装大部分被消灭了。也由于二十年的长期战争，各地人口大大减少，土地大量荒废。因此1368年明太祖建国之后，他就不能不采取一些措施，改变这种情况。一个以农业为主要生产手段的国家，农业生产得不到保证，他就不能维持下去。因此，在明朝初年采取了一系列的办法：

第一，大量移民。例如移江浙的农民十四万户到了安徽凤阳，迁山西的一部分人口到了河南、河北、安徽。移民的数量是很大的，一移就是几万家甚至十几万家。迁移的民户到了新的地方之后，政府分配给他们土地。这些土地是从哪里来的呢？就是一些在战争中被消灭的大地主的土地和无主荒地。此外，政府还给耕牛、种子、农具，并宣布新开垦的荒地几年内不收租，鼓励他们的生产积极性。

第二，解放匠户。元朝有所谓匠户制度。成吉思汗定下了这样一种办法：每打下一个城市之后，一般的壮丁都杀掉，但是有技术的工人，无论是铜匠、铁匠或其他行业的工匠都保留下来。把每个大城市的技术工人都集合在一起为官府生产，这些人就称为匠户。这些匠户几乎没有人身自由，世世代代为官府服役。明太祖把他们部分地解放了，给他们一些自由，鼓励他们生产。匠户数目很大，有几十万人。

第三，凡是战争期间，农民的子弟被强迫去当奴隶的，一律解放，给予自由。这样，增加了农业生产的劳动力。

第四，广泛地鼓励农业生产。明太祖采取了很多措施：规定以各地农业收成的好坏作为考核地方官工作成绩的重要标准之一，地方官每年要向中央报告当地人口增加多少，农作物的产量增加多少；大力鼓励农民种植桑树和棉花，规定每一户的土地必须种多少棉花、多少桑树和果树。而且用法令规定：只要能够种棉花的地方就必须种棉花，能够种桑树、果树的地方就必须种桑树、果树。这样，农民的副业收入增加了。关于朱元璋鼓励种棉花的措施特别值得一提。在朱元璋以前，更具体地说，在1368年以前，我们的祖先穿的是什么衣服呢？有钱的人夏天穿绸、穿缎，冬天穿皮的（北方）或者丝绵。老百姓穿的是什么呢？穿的是麻布。有一本看相的书，叫作《麻衣相法》。当时棉花很少，中国自南北朝的时候就有棉花进口，但数量少。到宋朝时棉布依旧很珍贵。可是到了明太祖的时候，由于大力提倡种植棉花，以及当时出于种种原因，纺纱、织布的技术提高了，因而棉布大量增加。这样，我们祖先穿的衣服就改变了，过去平民以穿麻衣为主，现在一般人都能穿上棉布衣服了。并且形成了几个产棉区和松江等出产棉布的中心。也是在这个时期，棉花种子从中国传入了朝鲜。结果在不太长的时间内，朝鲜人也穿上了棉布衣服。

在农业生产发展、农业经济恢复的基础上，朱元璋采取了支持商业的方针。在南京和其他一些地方，都专门为商人盖了房子，当时叫作“塌房”，以便他们进行商业活动。

所以，经过1348—1368年二十年的长期战争，由于战争延续的时间长，涉及的区域广，战争的情况又极为残酷，使得社会上死亡人口很多，荒芜了很多土地。但是，经过洪武时期二十多年的努力，社会生产逐渐恢复并发展了，经济繁荣了。

那么，最后，问题归结到什么地方呢？朱元璋的政权依靠谁呢？

上面说过，元朝的大地主在战争中基本上被消灭了，在这种情况下，土地关系发生了重大的变化：第一种情况，过去土地比较集中，一个大地主占有很多土地，拥有很多庄园。现在这些大地主被消灭了，他们的土地被分配给了无地、少地的农民，或者是新来的移民。这样，一家一户几亩地，土地分散了，这是基本的情况。土地分散的后果是什么呢？在政治上是阶级矛盾的缓和。原来那些人口密度很高的地区（江苏、浙江一带），现在一部分地主被消灭了，一部分人口迁徙出去，留下来的农民有了部分土地，有了一些生产资料，这样，阶级关系就比过去缓和了。第二种情况与此相反，就是那些没有被消灭的地主，像李善长、冯国用、刘基、宋濂这些人，他们原来的土地不但保留了下来，而且有了发展。他们大都成为明朝的开国功臣，做了大官。第三种情况，出现了新的地主阶级。像朱元璋回家招兵时，跟他出来的二十四个人后来都成了他的大将、开国功臣，朱元璋给他们封公、封侯。这些人在政治上有了地位，经济地位也跟着提高了。明朝初年分配土地后，他们都成了新的地主阶级。

情况这么复杂，那么，整体来说，农民的土地问题解决了没有呢？

没有解决。封建剥削还是存在，农民还是要向地主交租，还是受地主阶级的压迫，在某些地方甚至还有所加强。明太祖是红军出身，是反对地主阶级的，现在他自己成了全国最大的地主。因此，就发生了前面提到的那种情况：明太祖建国之后，农民的反抗斗争就随之开始，一直到明朝灭亡。什么原因呢？因为阶级关系没有改变，土地问题没有解决。但是由于元末大地主阶级的土地分散的结果，使得在一定的历史时期内，某些地区的阶级斗争有所缓和。在这个基础上才有可能出现以后的郑和下西洋的事情。

上面所说的，牵涉到最近史学界讨论的一个问题，就是农民起义能不能建立农民政权的问题。这个问题有不少争论，涉及所谓皇权主义问题。中国的农民有没有皇权主义思想？有的人说有，有的人说没有。我们现在从朱元璋这个具体的人，以及当时的具体历史事实来研究这个问题。我想可以得出这样的结论：历史上任何农民战争最后必须建立一种政权。政权有大有小，有的农民起义领袖自称为将军，因为他只知道将军是最大的；有的自称为“三老”；有的称王；有的称皇帝。他们能不能采取别的称号呢？能不能不利用这些当时实际存在的、为大家所熟悉的名称，而采取跟当时历史实际没有关系的名称呢？或者说农民有没有这种可能，就是他们在建立政权时，不采取他们所反对的政权形式，而另外创立一种跟原来的政权完全不同的政权形式呢？没有！他们只能称将军，称“三老”，称王，称帝，不可能称几百年、几千年之后的苏维埃共和国，不可能称总统或者主席。

因此，在谈到农民革命能不能建立政权的问题时，结论只能是：

①它必然要建立政权。没有政权怎么办事？大大小小总要有一个机构；②它组织的政权跟当时现行的政权不可能完全相反，它只能运用它所熟悉的东西，而不能采取它所不知道的东西；③这个政权不可能是为农民服务的政权。因为它为了使自己能够长期存在下去，所采取的办法只可能是封建国家压迫农民，而不可能有其他办法。如果它要真正成为农民自己的政权，它就必须解决这样的问题：推翻地主阶级的统治，

实行土地革命。但是这样的思想认识，在长期的封建社会里是不可能有的。任何国家的封建社会都没有发生过。它只能对个别地主进行报复，你这个地主欺侮过我，杀了我的人，我现在也把你杀掉，把你的房子烧掉，把你的东西抢来。这些都是可能做到的。但是要把整个地主作为一个阶级推翻，这在当时是不可能的。要知道，反封建这种口号的提出，还是近代的事情。而且就是在今天世界各国，除了我们已经完成了这个任务之外，还有很多地区没有解决这个问题。印度也算是一个共和国，但是它不反封建，印度的地主阶级照样存在。我们不能以19世纪、20世纪才出现的思想去要求封建社会的农民。而且从理论上说，农民政权要建立起来，而且要巩固下去，它的收入从何而来？它的财政开支从何而来？那时没有现代化的大工业，国家财政开支只能取之于农民。除此之外，别无出路。所以，它只能采取封建国家对农民压迫的形式，而不可能有别的形式。因此，历史上所有的农民革命没有例外地在它取得政权之后，必然变质，他们从反对地主阶级开始，结果是自己又变成了地主阶级，新的地主阶级代替旧的地主阶级。这就是历史上农民革命不断兴起的根本原因。

在土地比较分散的基础上，尤其是在这样一个空前的大国的情况下，朱元璋建立了一个高度中央集权的政权。关于政治机构问题，当时要完全改变明朝以前的政治机构，既不容许这样做，也没有必要这样做。元朝的中央政权机构有中书省（相当于我们现在的国务院），中书省的长官有左丞相、右丞相、平章、参知政事等。中书省下面有管具体事情的各部。为了统治全国，元朝政府把中书省分出一部分到地方上，代表中央管理地方工作，叫行中书省，简称行省。行省的职权很大，民政、财政、军事一切都管。掌管监察的机关叫“御史台”，地方上有行御史台，简称“行台”。在这样的情况下，发生了权力分散的问题。所以后来元朝政府对地方的统治越来越弱。明朝初年（洪武元年到洪武十三年即1368—1380）继承了元朝的这个制度，中央还设有中书省，地方上设立行中书省。这就是上面所说的，农民革命不能创造出新的东西来，它只能模仿和继承已有的东西。

这种局面给朱元璋提出了一个问题，就是如何巩固和加强自己的统治。明初政权逐渐产生了很多矛盾：第一，明朝的政权是地主阶级的政权，但明初地主阶级分为旧地主和新兴地主两派。朱元璋起兵于淮河流域，而刘基等则是参加了红军的江浙地主。两个地主集团之间存在矛盾。当时有一首诗说："城中高髻半淮人。"衣服穿得漂亮的、有钱的，多是两淮流域的人。两淮流域新兴的地主阶级、官僚贵族，其中绝大多数不但拥有广大的庄园，而且有大量的奴隶、家丁。有些将军还有假子。假子是朱元璋兴起的办法。他在起兵时把一些青年收作自己的儿子，像沐英、李文忠都是他的干儿子，也是他手下最有名的将领。他在派一个将军出去作战时，往往同时派一个假子去监视。在这种作风的影响下，他下面的许多将军也有很多假子，他们拥有武装力量，有土地，有很多奴隶。这样，就形成许许多多小的军事力量。他们往往不遵守政府的规定，违法乱纪。明太祖要把这些劳动力放在国家的控制下，他们却要放在自己的庄园里。第二，两淮流域新兴的地主集团和国家，即和朱元璋的统治之间的矛盾。这两次矛盾从1379年到1381年逐步展开。两淮流域地主集团的代表人物胡惟庸在这个斗争中被杀了。第三，胡惟庸和朱元璋之间的矛盾，这是君权和相权之间的矛盾。皇帝应该管什么事，宰相应该管什么事，历史上没有明文规定过。在设置中书省的情况下，许多事情都由中书省掌握，中书省认为这件事情有必要请示皇帝就请示，认为没有必要请示的，就自己办了。胡惟庸这个人有野心，也很有才能，他在中书省多年，排斥了一些人，也提拔了一些人，造成他在中书省的强固地位。有许多事情他自己办了，明太祖根本不知道。事后明太祖发现了就很生气。这样，矛盾就发生了，而且日益尖锐。洪武十三年（1380），这三个方面的矛盾终于全面爆发。按照明朝的规定，军队指挥权掌握在皇帝手中。这样，明太祖在这次斗争中取得了胜利，他假借一个罪名把胡惟庸杀了，还牵连杀了不少人。

胡惟庸被杀以后，明太祖彻底改变了元朝以来的中书省、行中书省制度，取消了中书省。而且立了个法令，规定以后子子孙孙都不设宰相这个官。谁来办事呢？把原来中书省下面的六个部（吏、户、礼、兵、刑、工）的地位提高，来管理全国的事情，直接对他负责。结果他自己代替了过去的宰相，相权和君权合二为一，大大加强了中央集权。在地方上取消了行中书省，把原来行中书省的职权分开，即民政、司法、军事分别由三个机构管理：布政使司（主管官叫布政使）管民政、财政，按察使司（主管官叫按察使）管司法，都指挥使司（主管官叫都指挥使）管军事。这三司都直接对皇帝负责。这种把一切权力都揽在皇帝个人手中的高度集权的状况，是在明朝以前没有过的。所以，封建专制主义经过一千几百年的发展，到了朱元璋的时候，形成了一个历史上从来没有过的高度中央集权制的政治系统。这样的政治制度跟当时的土地形态基本上是相适应的。过去土地很集中，皇帝权力的支柱是大地主。现在土地分散了，朱元璋依靠谁呢？依靠粮长。他收粮时，不是采取各地地方官收粮的办法，而是采取粮长制。即某一个地方，谁的土地最多、纳粮最多的，就让他当粮长。每年收粮万石的地区就派纳粮最多的地主四人当粮长，由粮长负责这个地区的租粮的收运。政治制度的这种改变，适应了土地比较分散的情况，也保证了朱元璋的经济收入。因此，他对粮长很重视，每年都把这些人召到南京去，亲自接见，和他们谈话。发现了其中某些有能力的人，就提拔他们。他的政权依靠什么呢？就依靠这些人。他的统治基础就在这里。所以，明朝初年相当长的一个时期内一些官职的任用是来自粮长。除粮长外，各地还有很多富户和耆民，朱元璋也经常把他们找来，发现有才能的，就任用他们为官。所以，他的政权是以中小地主作为支柱的。政治机构的这种发展变化，是与当时的土地形态、经济关系相适应的。

可是，在这样高度集权的情况下又出现了新问题：皇帝到底是一个人，不是机器，什么事都要管，什么报告都得看，国家这么大，事情这么多，他怎么管得了呢？他只有每天看公文，变成文牍主义者。我曾给他做过统计，从1384年（洪武十七年）9月14日到21日，八天内他收的文件有一千六百六十六份，计三千三百九十一件事情。他平均每天要看两百份文件，处理四百多件事情。这怎么可能长久搞下去呢？非变成官僚主义者不可。因此就发生了这样的矛盾：一方面，他非看文件不可，怕别人欺骗他；另一方面，愈看愈烦，特别是那些空泛的万言书，更使他恼火。有一次，一个官员上了一份万言书，他看了好几千字，还没有看出什么问题，生了气，就把这个官员找来打了一顿屁股。打完之后又叫人继续念这个报告，念到最后五百字才提出一些问题，提出几条建议，还不错，这才知道打错了人。第二天，他向那个官员承认错误，他说：不过你的文章不该写这么长，最多写五百字就够了，为什么要写一万字呢？所以他就发起了一个反对文牍主义的运动，提出了一个写文章的格式，要求简单，讲什么事就写什么事，不要东扯西拉，从上古说到今天，没完没了。他希望通过这个办法使自己能够处理实际事务。结果还是不行。他一个人怎么能管那么多的事？以后他又另外想了个办法，找了一些有文才、能办事的五六品官到内阁来做机要秘书，帮他做事。为了勉励这些人，就给他们一个称号，叫作大学士。上面加上宫殿名称，如武英殿、文渊阁、东阁、文华殿，等等。这时，内阁还只是宫殿的名称，不是政治机构的名称。因为这些人是在内廷里办事，所以就叫“殿阁大学士”。后来，明成祖的时候，把这个办法制度化了，国家大事都集中在内阁办。内阁大学士在这里办事愈久，政治权力就愈大，官位就愈高，有的做到六部的尚书。这样，内阁大学士虽然没有过去丞相的名称，但事实上等同于宰相。入阁就是拜相。内阁大学士中的第一名称为首辅，就是第一个辅助皇帝的人。这时，内阁便正式成为政治机构了。

这个改变，在历史上是个很大的改变。皇帝的权力高度集中，提高了六部的地位，以后又设立内阁。明朝一直继承着这个制度，清朝也实行这个制度。所以，在政治制度上清朝继承了明朝。

随着经济的发展变化，土地占有形态也发生了变化。明朝前期土地比较分散，经过几十年，土地又慢慢集中了。到了明朝中叶，土地集中的情况已经很严重。到了万历年间，土地集中到这样的程度，在张居正的信件里有一份材料，说一个姓郝的地主拥有土地七万顷。明朝建国时的土地不过是八百五十万顷，现在这一家的土地就等于建国时全国土地的百分之一。从明武宗（就是《游龙戏凤》中的那个正德皇帝）之后，皇帝大搞皇庄，左占一块地，右占一块地。北京附近的皇庄就有很多。不仅是皇帝搞庄园，就是贵族也搞庄园。嘉靖的时候，封皇子到各地去做亲王，有一个亲王就有二万顷土地。万历封福王到河南洛阳，准备给他四万顷土地。这些土地是从哪里来的呢？都是从老百姓手里夺来的。把原来的自耕农变成了亲王的佃户。土地集中越来越严重，农民的生活越来越困难。凡是有皇庄的地方，不但皇庄内部的佃农要受管理皇庄的太监的统治，甚至周围的老百姓也要受皇庄管事人员的压迫和各种超经济剥削。你要过桥就要交过桥税，要摆渡就要交摆渡税。京戏《打渔杀家》中有一个肖恩抗鱼税。明末有一个大地主钱谦益，做大官，文章写得很好，却是一个没有骨头的人，后来投降了清朝。他占有几个湖，要湖边的老百姓向他交税。老百姓气极了，就把他的房子烧了，他的一个收藏了很多古书的“绛云楼”也被烧掉。所以《打渔杀家》这样的事在历史上是有根据的。

由于土地形态的变化，一方面使原来的政治机构不能适应，结果造成明朝政治上停滞的状态。明朝后期有这么两个皇帝：一个是嘉靖皇帝（明世宗），另一个是万历皇帝（明神宗）。这两朝有共同点：明世宗做了很多年皇帝，但是他经常在宫廷里，不跟大臣们见面。万历皇帝也是如此。闹得有一个时期，六部很多长官辞了职，没人管事，他也不管，使朝廷很多问题不能解决。另一方面，由于土地高度集中，也促使农民起义以更大的规模开展起来，最后形成以李自成、张献忠为首的全国规模的大起义。

二、明太祖为什么建都南京？

明太祖之所以建都南京，主要是因为江苏、浙江、安徽这些地方比过去繁荣，是经济发达的地区，是粮食和棉花的产区。他建立了中央政权以后，有很多官员和军队，这些人吃什么呢？这就不能不依靠东南地区的粮食来养活了。建都别的地方行不行？不行。以往的朝代建都洛阳、开封、西安，但这些地方交通不方便，粮食也供应不了。出于经济上的原因，他决定建都南京。可是这样又产生了另外一个问题：军事上的问题怎么解决？元顺帝虽然跑掉了，但是他的军事实力并没有受到严重损失，他还保存着相当多的军队，并且时时刻刻在想办法反攻。因此，加强北边的防御，防止蒙古的反攻是非常必要的。不这样做，他的政权就不能巩固。但是建都在南京，要在北方进行防御战争就比较困难了。当然，北边有一道万里长城，可长城也要有人守才能发挥作用。因此，必须在北方驻重兵防守。可是把军队交给谁呢？交给将军行不行？不行，他不放心。如果他把十多万军队交给某个将军，一旦这个将军叛变，他就没有办法了。因此，他采取了分封政策，把自己的儿子封到沿边地区。第四个儿子燕王朱棣封在北京；其余的，宁王封在热河，晋王封在山西，秦王封在陕西，辽王封在辽东，代王封在大同，肃王封在甘肃。这些都叫作塞王。每一个王府都配有军队。亲王除了指挥自己的军队外，在接到皇帝的命令以后，还可以指挥当地的军队。在有军事行动时，地方军队都要接受当地亲王的指挥。这样，就把每一个边防地区的军队都直接控制在中央的指挥之下了。

明太祖一方面建都南京，这样来解决粮食和衣着问题；另一方面派自己的儿子到沿边地区去镇守，防止蒙古族南下；而且每年派亲信将领到北京来练兵，视察各个地方的军事情况，指挥军队，过一两年回去，然后又派人来，这样来巩固北方的边防。他自己认为这个办法是比较稳妥的。但是在他死后，情况发生了变化。他的大儿子早死了。孙子建文帝继位。当时他的第四个儿子燕王在北京，军事力量很强大，结果就发生了皇室内部的斗争。建文帝依靠的是一些知识分子，这些人认为亲王的军权太大，中央指挥不动，可能发生叛变，像汉朝时候的“七国之乱”一样。因此他们劝建文帝削藩，削减亲王的权力，把违法乱纪的亲王关起来或者杀掉。这样就引起了各个藩王的恐慌，最后燕王起兵打到南京。南京政权内部发生了变化，有的将军和亲王投降了燕王，建文帝自杀。（关于建文帝的问题，我们以后还可以讲讲。）建文帝被推翻以后，燕王在南京做了皇帝，就是明成祖。可是北方的军事指挥权交给谁呢？为了解决这个问题，明成祖决定把都城迁到北京。

我们讲了明太祖建国的问题。围绕这个问题，对当前正在争论的一些问题提出了一些看法。现在就农民起义、农民战争到底能不能建立自己的政权的问题进一步提供一些意见。

第一个问题，农民战争、农民起义到底能不能建立政权呢？答复是肯定的。既然农民战争是要推翻旧的政权，那必然要建立一个新的政权。这个政权有大有小，有地区性，名称可以是多种多样的。但是，这个政权是不是农民自己的政权呢？是不是跟封建地主阶级的政权相对立的政权呢？从所有历史上的农民战争来看，不能得出这样的结论。农民战争在建立政权以前，它要摧毁、冲击或者削弱旧的地主阶级的政权；但是，等到它自己建立了政权之后，它不可能不根据旧的地主阶级政权的样子来办事，它不可能离开当时为人们所熟悉的、行之多年的一套政治机构。要知道，摧毁旧的国家机器这样的理论，在《共产党宣言》里还没有提到，是在巴黎公社之后才总结出来的。无产阶级革命必须打碎旧的国家机器，建立新的国家机器，是只有在有了科学的共产主义理论，有了巴黎公社的经验之后才能得出的结论。既然是这样，中国历史上的农民战争怎么可能先知先觉，在还没有巴黎公社的经验的情况下，就能摧毁旧的国家政权，建立起农民自己的政权呢？这是不可能的。因此，在农民战争取得胜利之后，它所建立的政权必然变质。这也是一个历史规律，无论对谁都是一样的。汉高祖刘邦还不是变质了?！朱元璋还不是变质了?!明朝末年，李自成打到北京做了皇帝，他还不是变质了?!李自成在进入北京以前，能取得广大农民支持的原因之一，就是过去明朝政府收租很重，人民负担很重，他现在不收租了，叫作“迎闯王，不纳粮”，以不纳粮为号召。可是能不能持久呢？老百姓都不交粮了，他的军队吃什么？他的政权的经济基础、财政基础放到哪里？他难道能够喝空气过日子？不行，维持不下去。因此，他进北京后没有待多久就失败了。即使当时清军不入关，他的政权也不能延续多长时间，也不能巩固。因为他没有生产做基础，没有经济基础。农民种地不纳粮了，对农民来说很好；可是那时候没有大工业，一旦农民不纳粮，不但他的军队没有吃的，就连政府的经费也没有来源了。这样，那个政权是不能维持下去的。它要维持下去，也非采取明朝的办法不可，那就是向农民收租。

第二个问题，中国历史上的农民战争有没有皇权主义。有不少人说俄国的农民有皇权主义，中国的农民没有，好像中国的农民是另一种农民。中国的农民没有皇权主义，那么他们有什么主义呢？任何一次农民战争，它要建立一个政权不可能不根据现存的政权来办事，它不能离开现实。农民起义的领袖们只能够把当时为他们所熟悉、所理解的政权形式作为自己的政权形式。可是有些人硬要把中国的农民战争区别于其他国家的农民战争。当然，这个国家和那个国家的农民战争是有很多不同之处的。但是，从皇权主义这一点来说，不能不是相同的。理由是它们不能够离开现实政治。当时的农民除了他们所熟悉的政权形式之外，不可能创造出当时还不可能有的政权形式来。不只是农民战争如此，连旧时代的一些神话、传说也是如此。大家都熟悉的《西游记》，孙悟空大闹天宫，天上的组织形式、玉皇大帝的那一套机构还不是反映了人间的机构。龙宫中龙王老爷的机构同样不能离开当时的现实，这些都是当时社会现实的反映。

第三个问题，对明太祖这个历史人物的评价问题。明太祖这个人到底是好人还是坏人？是应该肯定还是应该否定？当然应该肯定。因为他做了好事，他结束了长达二十年的战争混乱局面，统一了中国。统一这件事，在历史上是了不起的事情。而明太祖的统一中国，在历史上还有另一种性质和意义。当时以北京和大同为中心，包括河北、山西及内蒙古一部分的地区，从唐末以来叫“燕云十六州”。从唐玄宗天宝末年，具体地说，从755年起，这个地区发生了“安史之乱”。以后虽然用很大的力量把这个战争结束了，但这个地区还是分裂了、少数民族化了。五代十国的时候，这个地区被一个卖国的奴才皇帝石敬瑭割让给了辽。从此，北京就成为辽的“南”京。在辽和北宋对立的时期，北宋从宋太祖起一直到宋神宗，曾经多少次想收复这个地方，几次出动军队，结果都失败了，没有能够统一。北宋末年，金灭掉辽，并继而推翻北宋政权，这样，便出现了金和南宋对峙的局面。后来元朝统一了。这时，不但是燕云十六州少数民族化，而且是整个国家都在蒙古族的统治之下。明太祖通过二十年的大规模的农民战争，把历史上长期没有解决的问题解决了，即把从755年起，一直到1368年长期在少数民族统治或者影响之下的北方广大地区统一了。过去多少世代没有能够完成的任务，到明太祖完成了，这是一个很大的历史功绩。所以，从那个时候起，北京一直是中国的政治中心。在这样的基础上，我们中华人民共和国才有条件建都北京。

另外，朱元璋统一中国之后，采取了许多鼓励生产的措施。因而，三十多年以后，人口慢慢增加了，开垦的土地面积也慢慢扩大了。到他晚年的时候，全国已开垦的土地有八百多万顷，合八亿多亩。今天我们的耕地是多少呢？大概是十六亿亩，也就是说，明太祖时期的耕地相当于我们现在的一半。人口增加了，耕地扩大了，生产发展了，人民生活也比过去好了，这应该说他做了好事，在历史上起了进步作用。

还有一点，他建立了一个高度的封建中央集权的国家。这样一种政治制度，明清两代基本上没有什么改变。

因此，我们可以得出这样一个结论：明太祖在历史上是一个有地位的、了不起的人物，是应该肯定的。

反过来说，这个人是不是一切都好呢？不是的，他有很多缺点，做了不少坏事。不要说别的，我们就举这样一条：他定了一些制度，写成一本书叫《皇明祖训》。定制度是可以的，可是有一点，他不许他的后代改变。这个做法就有了问题，时代变了，情况不同了，可是老办法不许改变，用老办法适应新形势。这样，就影响了以后几百年的发展，把后代的手脚都捆住了。蒋介石有一句话，叫作“以不变应万变”。明太祖就是这样，以不变应万变。这是一种唯心主义的办法，很不合理。以后在政治上、经济上往往不能不改变，可是又不敢改变。原因何在？就是被这个东西捆住了。他定了这样的制度：把他的儿子封为亲王，封在那个地方以后，国家给这个亲王多少亩土地，每年给多少石粮食。这个制度定下来以后，过了一百多年，中央政府就不能负担了。像河南省征收来的粮食，全部给明太祖封在河南的子孙都不够，成为当时最大的一个负担。到了明朝末年，朱元璋的子孙有十几万人，这些人一不能做官，二不能种地，三不能搞手工业，四不许做生意，只能坐在家里吃饭，而且要吃好饭。这样，国家就养不起了。当然，他在其他方面的缺点还很多，我们今天不做全面的评论。

明初的恐怖政治

洪武二十八年（1395）正式颁布《皇明祖训》。这一年，朱元璋已经是六十八岁的衰翁了。

在这一年之前，桀骜不驯的元功宿将杀光了，主意多端的文臣杀绝了，不顺眼的地主巨室杀得差不多了，连光会掉书袋子搬弄文字的文人也大杀特杀，杀得无人敢说话，甚至出一口大气了。杀，杀，杀！杀了一辈子两手都涂满了鲜血的白头刽子手，踌躇满志，以为从此可以高枕无忧，皇基永固，子子孙孙吃碗现成饭，不必再操心了。这年五月，特别下一道手令说："朕自起兵至今四十余年，亲理天下庶务，人情善恶真伪，无不涉历，其中奸顽刁诈之徒，情犯深重，灼然无疑者，特令法外加刑，意在使人知所警惧，不敢轻易犯法。然此特权时措置，顿挫奸顽，非守成之君所用长法。以后嗣君统理天下，止守律与大诰，并不许用黥刺剕劓阉割刑，臣下敢有奏用此刑者，文武群臣即时劾奏，处以重刑。"[①]

其实明初的酷刑，黥刺剕劓阉割还算是平常的，最惨的是凌迟，凡是凌迟处死的罪人，照例要杀三千三百五十七刀，每十刀一歇一吆喝，慢慢地折磨，硬要被杀的人受长时间的痛苦。[②]其次有刷洗，把犯人光身子放在铁床上，浇开水，用铁刷刷去皮肉。有枭令，用铁钩钩住脊骨，横挂在竿上。有称竿，犯人缚在竿上，另一头挂石头对称。有抽肠，也是挂在竿上，用铁钩钩入谷门把肠子钩出。有剥皮，贪官污吏的皮放在衙门公座上，让新官看了发抖。此外，还有挑膝盖、锡蛇游种种名目。[③]也

①《明太祖实录》卷二百三十九。

② 邓之诚：《骨董续记》卷二十，磔条，引《张文宁年谱》；计六奇：《明季北略》，记郑鄤事。

③ 吕毖：《明朝小史》卷一，《国初重刑》。

有同一罪犯，加以墨面文身，挑筋去膝盖剁指，并具五刑的。[①]据说在上朝时，老皇帝的脾气好坏很容易看出来，要是这一天他的玉带高高地贴在胸前，大概脾气好，杀人不会多；要是揿玉带到肚皮底下，便是暴风雨来了，满朝廷的官员都吓得脸无人色，个个发抖，准有大批人应这劫数。[②]这些朝官，照规矩每天得上朝，天不亮起身梳洗穿戴，在出门以前，和妻子诀别，吩咐后事，要是居然活着回家，便大小互相庆贺，算是又多活一天了。[③]

四十年中，据朱元璋自己的著作，《大诰》《大诰续编》《大诰三编》《大诰武臣》的统计，所列凌迟枭示种诛有几千案，弃市（杀头）以下有一万多案。《三编》所定算是最宽容的了。“进士监生三百六十四人，愈见奸贪，终不从命三犯四犯而至杀身者三人，三犯而诽谤杀身者又三人，奸容戴斩、绞、徒流罪在职者三十人，一犯戴死罪徒流罪办事者三百二十八人。”[④]有御史戴死罪，戴着脚镣，坐堂审案的，有挨了八十棍回衙门做官的。其中最大的案件有胡惟庸案、蓝玉案、空印案和郭桓案，前两案株连被杀的有四万人，后两案合计有七八万人。[⑤]所杀的人，从开国元勋到列儒裨将，从部院大臣、诸司官吏到州县胥役、进士监生、经生儒士、富人地主、僧道屠沽，以至亲侄儿、亲外甥，无人不杀，无人不可杀，一个个地杀，一家家地杀，有罪的杀，无罪的也杀，“大戮官民不分臧否”[⑥]。早在洪武七年（1374），便有人向他控诉，说是杀得太多了，“才能之士，数年来幸存者，百无一二”[⑦]。

---

①《大诰》，奸吏建言第三十三，刑余攒典盗粮第六十九；《续诰》，相验囚尸不实第四十二；《三编》，逃囚第十六。

②徐祯卿：《翦胜野闻》。

③赵翼：《廿二史劄记》卷三十二，《明祖晚年去严刑条》，引《草木子》。

④《明史》卷九十四，《刑法志》；《大诰三编》二，进士监生戴罪办事。

⑤《明史》卷九十四，《刑法志》。

⑥《明史》卷一三九《周敬心传》：“洪武二十五年（1392）上疏极谏：洪武四年（1371）录天下官吏，十三年（1380）连坐胡党，十九年（1386）逮官吏积年为民害者，二十三年（1390）罪妄言者，大戮官民不分臧否。”

⑦《明史》卷一三九，《茹太素传》。

到洪武九年（1376），单是官吏犯笞以上罪，谪戍到凤阳屯田的便有一万多人。[①]十八年（1385）九月萧安石子孙符上也自己承认："朕自即位以来，法古命官，列布华夷，岂期擢用之时，并效忠贞，任用既久，具系奸贪？朕乃明以宪章，而刑责有不可恕。以至内外官僚，守职维艰，善能终是者寡，身家诛戮者多。"[②]郭桓案发后，他又说："其贪婪之徒，闻桓之奸，如水之趋下。半年间弊若蜂起，杀身亡家者人不计其数。出五刑以治之，挑筋剁指足髡发文身，罪之甚者欤？"[③]

政权的维持建立在流血屠杀、酷刑暴行的基础上，这个时代，这种政治，确确实实是名副其实的恐怖政治。

胡惟庸案案发于洪武十三年（1380），蓝玉案案发于洪武二十六年（1393），前后相隔十四年，主犯虽然有两个，但其实是一个案子。

胡惟庸是初起兵占领和州时的帅府旧僚，和李善长同乡，又结了亲，因李善长的举荐，逐渐发达，洪武三年（1370）拜中书省参知政事，六年（1373）七月拜右丞相。

中书省综掌全国大政，丞相对一切庶务都有专决的权力，统率百官，只对皇帝负责。这制度对一个平庸的、唯唯诺诺、阿附取容"三旨相公"型的人物，或者对手是一个只愿嬉游逸乐、不理国事的皇帝，也许不会引起严重的冲突。或者一个性情谦和容忍，一个刚决果断，柔刚互济倒也不致坏事，但是胡惟庸干练有为，有魄力，有野心，在中书省年头久了，大权在手，威福随心，兼之十年宰相，门下故旧僚友也隐隐结成一个庞大的力量，这个力量是以胡惟庸为核心的。拿惯了权的人，怎么也不肯放下。朱元璋呢，赤手空拳建立的基业，苦战了几十年，拼上命得到的大权，平白被人分去了一大半，真是倒持太阿，授人以柄，想想又怎么能甘心！困难的是皇帝和丞相的职权，从来不曾有过清楚的

---

①《明史》卷一三九，《韩宜可传》。

②《明朝小史》卷二。

③《大诰三编》，逃回第十六。

界限，理论上丞相是辅佐皇帝治理天下的，相权是皇权的代表，两者是合二为一的，不应该有冲突。事实上假如一切庶政都由丞相处分，皇帝没事做，只能签字画可，高拱无为。反之，如皇帝躬亲庶务，大小事情一概过问，那么，这个宰相除了伴食画诺以外，又有什么可做的？这两个人性格相同，都刚愎，都固执，都喜欢独裁，好揽权，谁都不肯相让，许多年的争执、摩擦，相权和皇权相对立。最后，冲突表面化了。朱元璋有军队，有特务，失败的当然是文官。在胡惟庸以前，第一任丞相李善长小心怕事，徐达经常统兵在外，和朱元璋的冲突还不太严重。（刘基自己知道性子太刚，一定合作不了，坚决不干。）接着是汪广洋，碰了几次大钉子，末了还是赐死。中书官有权的如杨宪，也是被杀的。胡惟庸是任期最长，冲突最厉害的一个。被杀后，索性取消中书省，由皇帝兼行相权，皇权和相权合二为一。洪武二十八年（1395）手令："自古三公论道，六卿分职，自秦始置丞相，不旋踵而亡，汉、唐、宋因之，虽有贤相，然其间所用者多有小人，专权乱政。我朝罢相，设五府、六部、都察院、通政司、大理寺等衙门，分理天下庶务，彼此颉颃，不敢相压，事皆朝廷总之，所以稳当。以后嗣君并不许立丞相，臣下敢有奏请设立者，文武群臣即时劾奏，处以重刑。"①这里所说的"事皆朝廷总之"的朝廷，指的便是他自己。胡惟庸被杀，在政治制度史上的意义是治权的变质，也就是从官僚和皇家共治的阶段，转变为官僚成奴才，皇帝独裁的阶段。

胡惟庸之死只是这件大屠杀案的一个引子，公布的罪状是擅权枉法。以后朱元璋要杀不顺眼的文武臣僚，便拿胡案做底子，随时加进新罪状，把它放大、发展，一放为私通日本，再放为私通蒙古，日本和蒙古，"南倭北虏"是当时两大敌人，通敌当然是谋反。三放又发展为串通李善长谋逆，最后成为蓝玉谋逆案。罪状愈多，牵连的罪人也更多，由甲连到乙，乙攀到丙，转弯抹角像瓜蔓一样四处伸出去，一网打尽，

---

①《明太祖实录》卷二三九。

名为株连。被杀的都以家族做单位，杀一人也就是杀一家。坐胡案死的著名人物有御史大夫陈宁，中丞涂节，太师韩国公李善长，延安侯唐胜宗，吉安侯陆仲亨，平凉侯费聚，南雄侯赵庸，荥阳侯郑遇春，宜春侯黄彬，河南侯陆聚，宣德侯金朝兴，靖宁侯叶升，中国公邓镇，济宁侯顾敬，临江侯陈镛，营阳侯杨璟，淮安侯华中和高级军官毛骧、季伯畏、丁玉，和宋濂的孙子宋慎。宋濂也被牵连，贬死茂州。坐蓝党死的除大将凉国公蓝玉以外，有吏部尚书詹徽、侍郎傅友文、开国公常升、景川侯曹震、鹤庆侯张翼、舳舻侯朱寿、东莞伯何荣、普定侯陈桓、宣宁侯曹泰、会宁侯张温、怀远侯曹兴、西凉侯濮兴、东平侯韩勋、全宁侯孙恪、沈阳侯察罕、徽先伯桑敬和都督黄辂、汤泉等。胡案有《昭示奸党录》，蓝案有《逆臣录》，把口供和判案都详细记录公布。让全国人都知道这些“奸党”的“罪状”。[①]被杀公侯中，东莞伯何荣是何真的儿子，何真死于洪武二十一年（1388），被帐下旧校捏告生前党胡惟庸，勒索两千两银子，何家子弟到御前分析，朱元璋大怒说：“我的法，这厮把做买卖！”把旧校绑来处死。到二十三年（1390）何荣弟崇祖回广东时：“兄把袂连声：弟弟，今居官祸福顷刻，汝归难料再会日。到家达知伯叔兄弟，勿犯违法事，保护祖宗，是所愿望！”

可是，逃过了胡党，还是逃不过蓝党，何家是岭南大族，何真在元明之际保障过一方秩序，威望极高，如何放得过？据何崇祖自述：

> 洪武二十六年（1393），族诛凉国公蓝玉，扳指公侯文武家名蓝党，无有分别，自京及天下，赤族不知几万户。长兄四兄宏维暨老幼咸丧。三月二十日夜鸡鸣时，家人彭康寿叩门，吾床中闻知祸事，出问故，云：“昨晚申时，内官数员滞官军到衙，城门皆闭。是晚有公差出城，私言今夜抄提员头山何族，因此奔回。”……军

① 参看钱谦益：《太祖实录辨证》；潘柽章：《辩史考异》；吴晗：《胡惟庸党案考》，载《燕京学报》一九三四年六月十五期。

来甚众，吾忙呼妻封氏各自逃生。

崇祖一房从此山居岛宿，潜形匿迹，直到洪武三十一年（1398）新帝登基大赦，才敢回家安居。①

李善长死时已经七十七岁了，帅府元僚，开国首相，替主子办了三十九年事，儿子做驸马，本身封国公，富极贵极，到末了却落得全家诛戮。一年后，有人替他上疏喊冤说：

善长与陛下同心，出万死以取天下，勋臣第一，生封公，死封王，男尚公主，亲戚拜官，人臣之分极矣。藉令欲自图不轨，尚未可知。而今谓其欲佐胡惟庸者，则大谬不然。人情爱其子，必甚于兄弟之子（善长弟存义子佑是胡惟庸的从女婿），安享万全之富贵者，必不侥幸万一之富贵。善长与惟庸，犹子之亲耳，于陛下则亲子女也。使善长佐惟庸成，不过勋臣第一而已矣，太师国公封王而已矣，尚主纳妃而已矣，宁复有加于今日？且善长岂不知天下之不可幸取，当元之季，欲为此者何限，莫不身为齑粉，覆宗绝祀，能保首领者几何人哉！善长胡乃身见之，而以衰倦之年身蹈之也？凡为此者，必有深仇激变，大不得已，父子之间，或至相挟以求脱祸。今善长之子祺，备陛下骨肉亲，无纤芥嫌，何苦而忽为此？若谓天象告变，大臣当灾，杀之以应天象，则尤不可。臣恐天下闻之，谓功如善长且如此，四方因之解体也。今善长已死！言之无益，所愿陛下做戒将来耳。

说得句句有理，字字有理，朱元璋无话可驳，也就算了。②

二案以外，开国功臣被杀的，还有谋杀小明王的凶手德庆侯廖永忠，洪武八年（1375）以僭用龙凤不法等事赐死。永嘉侯朱亮祖父子于

---

① 何崇祖：《庐江郡何氏家记》（《玄览堂丛书续集》本）。

②《明史》卷一百二十七，《李善长传》。

十三年（1380）被鞭死。临川侯胡美于十七年（1384）犯禁伏诛。江夏侯周德兴于二十五年（1392）以帷薄不修、暧昧的罪状被杀。二十七年（1394），杀定远侯王弼、永平侯谢成、颍国公傅友德，二十八年（1395）杀宋国公冯胜。周德兴是朱元璋儿时放牛的伙伴，傅友德、冯胜功最高，突然被杀，根本不说有什么罪过，正合古人所说的“飞鸟尽，良弓藏；狡兔死，走狗烹”的话。[①]

不但列将以次诛夷，甚至替他坚守南昌七十五日，力拒陈友谅，取得鄱阳湖大捷，奠定王业的功臣，义子亲侄朱文正也以“亲近儒生，胸怀怨望”被鞭死。[②]义子亲甥李文忠，十几岁便在军中南征北伐，立下大功，也因为左右多儒生，礼贤下士，有政治野心被毒死。[③]刘基是幕府智囊，运谋决策，不只有定天下的大功，而且是奠定帝国规模的主要人物，因为主意多，看得准，看得远，所以被猜忌最深，洪武元年（1368）便被休致回家[④]，又怕隔得太远会出事，硬拉回南京，终于被毒死。[⑤]徐达为开国功臣第一，小心谨慎，也逃不过。洪武十八年（1385）病了，生背疽，据说这病最忌吃蒸鹅，病重时皇帝却特赐蒸鹅，没办法，流着眼泪当着使臣的面吃，不多日就死了。[⑥]这两个元功的特别被注意，被防闲，满朝文武全知道，给事中陈汶辉曾经上疏公开指出：“今勋旧耆德，咸思辞禄去位，如刘基、徐达之见猜，李善长、周德兴之被谤，视萧何、韩信其危疑相去几何哉！”[⑦]

武臣之外，文官被杀的也着实不少。有记载可考的有宋思颜、夏煜、高见贤、凌说、孔克仁，这几人都是初起事时的幕府僚属，宋思颜

① 王世贞：《史乘考误》；钱谦益：《太祖实录辨证》；潘柽章：《国史考异》。

② 刘辰：《国初事迹》；孙宜：《洞庭集》，《大明初略》卷三；王世贞：《史乘考误》卷一。

③ 王世贞：《史乘考误》卷一；钱谦益：《太祖实录辨证》卷五；潘柽章：《国史考异》卷二。

④ 刘辰：《国初事迹》。

⑤《明史》卷三〇八《胡惟庸传》，卷一二八《刘基传》；刘璟：《遇恩录》。

⑥ 徐祯卿：《翦胜野闻》。

⑦《明史》卷一三八，《李仕鲁传》附《陈汶辉传》。

在幕府里的地位仅次于李善长。夏煜是诗人，和高见贤、杨宪、凌说一伙，专替朱元璋“伺察抟攀”，尽鹰犬的任务，告密栽赃，什么事都干，到末了也被人告密，先后送了命。[①]朝官中有礼部侍郎朱同、张衡，户部尚书赵勉，吏部尚书余熂，工部尚书薛祥、秦逵，刑部尚书李质、开济，户部尚书茹太素，春官王本，祭酒许存仁，左都御史杨靖，大理寺卿李仕鲁，少卿陈汶辉，御史王朴、纪善、白信蹈等。[②]外官有苏州知府魏观，济宁知府方克勤，番禺知县道同，训导叶伯巨，晋王府左相陶凯等。[③]茹太素是个刚性人，爱说老实话，几次因为话不投机被廷杖、降官，甚至镣足治事。一天，在便殿赐宴，朱元璋赐诗，说：“金杯同汝饮，不刃不相饶。”太素磕了头，续韵吟道：“丹诚图报国，不避圣心焦！”元璋听了倒也很感动。不多时还是被杀。李仕鲁是朱熹学派的学者，劝皇帝不要太尊崇和尚道士，想学韩文公辟佛，来发扬朱学。料想着朱熹和皇帝是本家，这着棋准下得不错，不料皇帝竟不买朱夫子的账，全不理会，仕鲁急了，闹起迂脾气，当面交还朝笏，要告休回家。朱元璋大怒，叫武士把他掼死在阶下。陶凯是御用文人，一时诏令封册歌颂碑志多出其手，做过礼部尚书，制定军礼和科举制度，只为了起一个别号叫“耐久道人”，犯了忌讳被杀。员外郎张来硕谏只取已许配的少女做官人，说“于理未当”，被碎肉而死，参议李饮冰被割乳而死。[④]叶伯巨在洪武九年（1376）以星变上书，论用刑太苛说：

> 臣观历代开国之君，未有不以仁德结民心，以任刑失民心者。

①《明史》卷一三五《宋思颜传》。

②《明史》卷一三六《朱升传》，卷一三七《刘三吾传》《宋纳传》《安然传》，卷一三八《陈修传》《周祯传》《杨靖传》《薛祥传》，卷一三九《茹太素传》《李仕鲁传》《周敬心传》。

③《明史》卷一四〇《魏观传》，卷二八一《方克勤传》，卷一四〇《道同传》，卷一三九《叶伯巨传》，卷一三六《陶凯传》。

④刘辰：《国初事迹》。

国祚长短，悉由于此……议者曰，宋、元中叶，专事姑息，赏罚无章，以致亡灭。主上痛惩其弊，故制不宥之刑，权神变之法，使人知惧而莫测其端也。臣又以为不然。开基之主，垂范百世，一动一静，必使子孙有所持守，况刑者，民之司命，可不慎欤！夫笞、杖、徒、流、死，今之五刑也。用此五刑，既无假贷，一出乎大公至正可也。而用刑之际，多裁自圣衷，遂使治狱之吏，务趋求意旨，深刻者多功，平反者得罪，欲求治狱之平，岂易得哉！近者特旨，杂犯死罪，免死充军，又删定旧律诸则，减宥有差矣。然未闻有戒饬治狱者，务从平恕之条，是以法司犹循故例，虽闻宽宥之名，未见宽宥之实。所谓实者，诚在主上，不在臣下也。故必有罪疑惟轻之意，而后好生之德洽于民心，此非可以浅浅期也。何以明其然也？古之为士者以登仕为荣，以罢职为辱，今之为士者以溷迹无闻为福，以受玷不录为幸，以屯田工役为必获之罪，以鞭笞捶楚为寻常之辱。其始也，朝廷取天下之士，网罗捃摭，务无余逸，有司敦迫上道，如捕重囚，比到京师，而除官多以貌选，所学或非其所用，所用或非其所学。洎乎居官，一有差跌，苟免诛戮，则必在屯田工役之科，率是为常，不少顾惜。此岂陛下所乐为哉！诚欲人之惧而不敢犯也。窃见数年以来，诛杀亦可谓不少矣，而犯者相踵，良由激劝不明，善恶无别，议贤议能之法既废，人不自励而为善者怠也。有人于此，廉如夷、齐，智如良、平，少戾于法，上将录长弃短而用之乎？将舍其所长苛其所短而置之法乎？苟取其长而舍其短，则中庸之材争自奋于廉智；倘苛其短而弃其长，则为善之人皆曰某廉若是，某智若是，朝廷不少贷之，吾属何所容其身乎？致使朝不谋夕，弃其廉耻，或自掊克，以备屯田工役之资者，率皆是也。若是非用刑之烦者乎！汉尝徙大族于山陵矣，未闻实之以罪人也，今凤阳皇陵所在，龙兴之地，而率以罪人居之，怨嗟愁苦之声，充斥园邑，殆非所以恭承宗庙意也。

朱元璋看了气极，连声音都发抖了，连声说这小子敢如此！快逮来！我要亲手射死他。隔了些日子，中书省官趁他高兴的时候，奏请把叶伯巨下刑部狱，不久死在狱中。①

照规定，每年各布政使司和府州县都得派上计吏到户部，核算钱粮军需等账目，数目琐碎畸零，必须府合省，省合部，一层层上去，一直到部里审核报销，才算手续完备。钱谷数字有分毫升合不符合，整个报销册便被驳回，得重新填造。布政使司离京师远的六七千里，近的也是三四千里，册子重造不打紧，要有衙门的印才算合法，为了盖这枚印，来回时间就得一年半载。为了免得部里挑剔，减除来回奔走的麻烦，上计吏照例都带有预先备好的空印文书，遇有部驳，随时填用。到洪武十五年（1382），朱元璋忽然发觉这事，以为一定有弊病，大发雷霆，下令地方各衙门的长官主印者一律处死，佐贰官杖一百充军边地。其实上计吏所预备的空印文是骑缝印，不能作为别用，也不一定用得着，全国各衙门都明白这道理，连户部官员也是照例默认的，算是一条不成文的法律。可是案发后，朝廷上谁也不敢说明详情，有一个不怕死的老百姓，拼着命上书把这事解释明白，也不中用，还是把地方长吏一杀而空。当时最有名的好官济宁知府方克务（建文朝大臣方孝孺的父亲）也死在该案中。上书人也被罚充军。②

郭桓是户部侍郎，洪武十八年（1385），有人告发北平二司官吏和郭桓通同舞弊，从六部左右侍郎以下都处死刑，追赃七百万，供词牵连各直省官吏，死的又是几万人。追赃又牵连全国各地，中产之家差不多全被这案子搞得倾家荡产，家破人亡。这案子惊动了整个社会，也大伤了中产阶级和中下级官僚的心，大家都指斥攻击告发此案的御史和审判官，议论沸腾，情势严重，朱元璋一看不对，赶紧下手诏条列郭桓等罪状说：

户部官郭桓等收受浙西秋粮，合上仓四百五十万石，其郭桓

---

①《明史》卷一百三十九，《叶伯巨传》。

②《明史》卷九十四，《刑法志》；卷一百三十九《郑士利传》。

等止收六十万石上仓，钞八十万锭入库，以当时折算，可抵二百万石，余有一百九十万石未曾上仓。其桓等受要浙西等府钞五十万贯，致使府州县官黄文等通同刁顽入吏边源等作弊，各分入己。

其所盗仓粮，以军卫言之，三年所积卖空。前者榜上若欲尽写，恐民不信，但略写七百万耳。若将其余仓分并十二布政司通同盗卖见在仓粮，及接受浙西等府钞五十万张卖米一百九十万不上仓，通算诸色课程鱼盐等项，及通同承运库官范朝宗偷盗金银，广惠库富张裕妄支钞六百万张，除盗库见在金银宝钞不算外，其卖在仓税粮及未上仓该收税粮及鱼盐诸色等项，共折米算，所废者二千四百余万（石）精粮。

其应天等五府州县数十万没官田地夏秋税粮，官吏张钦等通同作弊，并无一粒上仓，与同户部官郭桓等尽行分授。

意思是追赃七百万还是圣恩宽容，认真算起来该有两千四百万。这几万人死得绝不委屈。话虽如此说，到底觉得有些不妥，只好借审刑官的头来平众怒，把原审官杀了一批，再三申说，求人民的谅解。[①]一年后，他又特别指出："自开国以来，唯两浙、江西、两广、福建所设有司官，未尝任满一人，往往未及终考，自不免于赃贪。"[②]可见杀这些贪官污吏是不错的，是千该万该的。不过，倒过来说，杀了二十年的贪官污吏，而贪官污吏还是那么多，沿海比较富饶区域的地方官，二十年来甚至没有一个能够做满任期，都在中途犯了赃贪而得罪，由此可见，专制独裁的统治，官僚政治和贪污根本分不开，单用严刑重罚、恐怖屠杀去根绝贪污，是不可能有什么效果的。

在鞭笞、苦工、剥皮、抽筋，以至抄家灭族的威胁空气中，凡是做官的，不论大官小官，近臣远官，随时随地都会有不测之祸，人人在提

---

①《明史》卷九十四，《刑法志》；《大诰》二十三郭桓卖放浙西秋粮，四十九郭桓盗官粮。

②《大诰续篇》。

心吊胆，战战兢兢过日子。这日子过得太紧张了，太可怕了，有的人实在受不了，只好辞官，回家当老百姓，不料又犯了皇帝的忌讳，说是不肯帮朝廷做事："奸贪无福小人，故行诽谤，皆说朝廷官难做。"[①]大不敬，非杀不可。没有做过官的儒士，怕极了，躲在乡间不敢出来应考做官，他又下令地方官用种种方法逼他们出来，"有司敦迫上道，如捕重囚"。还立下一条法令，说是："率土之滨，莫非王臣，寰中士大夫不为君用，是自外其教者，诛其身而没其家，不为之过。"[②]贵溪儒士夏伯启叔侄各剁去左手大指，立誓不做官，被拿赴京师面审，元璋气呼呼发问："昔世乱居何处？"回说："红寇乱时，避兵于福建、江西两界间。"不料红寇这名词正刺着皇帝的痛处：

> 朕知伯启心怀忿怒，将以为朕取天下非其道也。特谓伯启曰：尔伯启言红寇乱时，意有他忿。今去指不为朕用，宜枭令籍没其家，以绝狂愚夫仿效之风。

特派法司押回原籍处决。[③]苏州人才姚润、王谈被征不肯做官，也都被处死，全家籍没。[④]

洪武朝朝臣幸免于屠杀的，只有几个例子：一个是大将信国公汤和，原是朱元璋同村子人，一块儿长大的看牛伙伴，比元璋大三岁，起兵以后，诸将地位和元璋不相上下的，都闹别扭，不听使唤，只有汤和规规矩矩，小心听话，服从命令。到晚年，徐达、李文忠已死多年，汤和宿将功高，明白老伙伴脾气，心里老大不愿意，让诸大将仍旧掌兵权，苦的是嘴里说不出。他首先告老交出兵权，元璋大喜，立刻派官给

①《大诰》，奸贪诽谤第六十四。

②《大诰二编》，苏州人才第十三。

③《大诰三编》，秀才剁指第十；《明史》卷九十四，《刑法志》。

④《大诰三编》，苏州人才第十三；《明史》卷九十四，《刑法志》。

他在凤阳盖府第，赏赐稠渥，特别优厚，算是侥幸老死在床上。[①]一个是外戚郭德成，郭宁妃的哥哥。一天他陪朱元璋在后苑喝酒，醉了趴在地上去冠磕头谢恩，露出稀稀的几根头发，元璋笑着说："醉风汉，头发秃到这样，可不是酒喝多了。"德成仰头说："这几根还嫌多呢，剃光了才痛快。"元璋不作声。德成酒醒，才知道闯了大祸，怕得要死，只好索性装疯，剃光了头，穿了和尚衣，成天念佛。元璋信以为真，告诉宁妃说："原以为你哥哥说笑话，如今真个如此，真是疯汉。"不再在意，党案起后，德成居然漏网。[②]另一个是御史袁凯。有一次朱元璋要杀许多人，叫袁凯把案卷送给皇太子复讯，皇太子主张从宽。袁凯回报，元璋问："我要杀人皇太子却要宽减，你看谁对？"袁凯不好说话，只好回答："陛下要杀是守法，东宫要赦免是慈心。"元璋大怒，以为袁凯两头讨好，脚踏两头船，老滑头，要不得。袁凯大惧，假装疯癫，元璋说疯子不怕痛，叫人拿木钻来刺他的皮肤，袁凯咬紧牙关，忍住不喊痛。回家后，自己拿铁链锁住脖子，蓬头垢面，满口疯话，元璋还是不放心，派使者去召他做官，袁凯瞪眼对使者唱月儿高曲，爬在篱笆边吃狗屎，使者回报果然疯了，才不追究。这一次朱元璋却受了骗，原来袁预先叫人用炒面拌砂糖，捏成段段，散在篱笆下，趴着吃了，救了一条命，朱元璋哪里会知道。[③]

吴人严德珉由御史升左佥都御史，因病辞官，犯了陈讳，被黥面充军南丹（今广西），遇赦放还，布衣徒步做老百姓，谁也不知道他曾做过官。到宣德时还很健朗，一天因事被御史所逮，跪在堂下，供说也曾在台勾当公事，颇晓三尺法度。御史问是何官，回说洪武中台长严德珉便是老夫。御史大惊谢罪，第二天去拜访，却早已挑着铺盖走了。有一个教授和他喝酒，见他脸上刺字，头戴破帽，问老人家犯什么罪过，德

①《明史》卷一百二十六，《汤和传》。

②《明史》卷一三一，《郭兴传》。

③《明史》卷二百八十三，《袁凯传》；徐祯卿：《翦胜野闻》；陆深：《金台纪闻》。

珉说了详情，并说先时国法极严，做官的多半保不住脑袋。说时还北面拱手，嘴里连说："国恩！国恩！"[①]

元璋有一天出去私访，到一破寺，里边没有一个人，墙上画一布袋和尚，有诗一首："大千世界浩茫茫，收拾都将一袋藏，毕竟有收还有放，放宽些子有何妨。"墨迹还新鲜，是刚画刚写的，赶紧使人去搜索，已经不见了。[②]这故事不一定是真实的，不过，所代表的当时人的情绪是真实的。

---

①《明史》卷一三八，《周祯传》。

②徐祯卿：《翦胜野闻》。

明初统治阶级内部的斗争

朱元璋篡夺了元末农民战争的胜利果实做了皇帝，成为地主阶级政治利益的代表。他当然是尊重、维护地主阶级利益的。但是，事情并不如他所想望的那样。大地主们也有两面性，一面同样尊重、维护他的统治；另一面，随着农业经济的恢复和发展，大地主们家里有人做官，倚仗政治力量，用隐瞒土地面积、荫庇漏籍人口等手段来与皇家统治集团争夺土地和人力，直接影响到皇朝的财政、税收和人力使用。“国家存在的经济体现就是捐税。”[①] “赋税是政府机器的经济基础。”[②]由于触犯他的利益的大地主们的强占、舞弊，皇朝的经济基础发生问题了，地主阶级内部矛盾发展了、激化了，为了保障自己的经济基础，非对触犯他的利益的大地主加以狠狠的打击不可。

朱元璋从渡江以后，就采取了许多保护地主阶级利益的措施。例如龙凤四年（1358）取金华，便选用金华七县富民子弟充宿卫，名为御中军。[③]这件事一方面表示对地主阶级的尊重和信任；另一方面也是很重要的军事措施，因为把地主们的子弟征调为禁卫军人，随军作战，等于做质，就不必担心这些地区地主的军事反抗了。洪武十九年（1386）选取直隶应天诸府州县富民子弟赴京补吏，凡一千四百六十人[④]，也是同样作用。对地主本身，洪武三年（1370）做的调查，以田税多寡进行比较，浙西的大地主数量最多，以苏州一府为例，每年纳粮一百

---

①《马克思恩格斯全集》第四卷，《道德化的批评和批评化的道德》第342页。

②《马克思恩格斯文选》第二卷，《哥达纲领批判》第32页。

③《明太祖实录》卷六。

④《明太祖实录》卷一百七十九。

石到四百石的四百九十户；五百石到一千石的五十六户；一千石到两千石的六户；两千石到三千八百石的两户，共五百五十四户，每年纳粮十五万一百八十四石。[①]三十年（1397）又做了一次调查，除云南、两广、四川以外，浙江等九布政司，直隶应天十八府州，地主们田在七顷以上的共一万四千三百四十一户。编了花名册，把名册藏在内府印绶监，按名册以次召来，量才选用。[②]应该看到，田在七顷以上，在长江以南的确是大地主了，但在长江以北，就不一定是大地主，而是中小地主了。

地主对封建统治集团和农民来说，也是有两面性的。一面是他们拥护当前的统治，依靠皇朝的威力，保身立业。朱元璋说过：孟子曰：有恒产者有恒心。今郡县富民，多有素行端洁，通达时务者。叫户部保荐交租多的地主，任命为官员、粮长。[③]另一面他又指出："富民多豪强，故元时此辈欺凌小民，武断乡曲，人受其害。"[④]以此，他对地主的政策也是两面性的，双管齐下。一是选用做官僚，加强自己的统治基础；二是把他们迁到京师，繁荣首都，同时削弱了地主在各地方的力量。在科举法未定以前，选用地主做官，叫作税户人才，有做知县、知州、知府的，有做布政使以至朝廷的九卿的。[⑤]例如浙江乌程大族严震直就以税户人才一直做到工部尚书，后来浦江有名的郑义门的郑沂竟从老百姓任命为礼部尚书。[⑥]又以地主为粮长，以为地方官都是外地人，不熟习本地情况，容易被黠胥宿豪蒙蔽，民受其害，不如用有声望的地主来征收地方赋税，负责运到京师，可以减少弊病。[⑦]洪武四年（1371）九月，命户部计算土田租税，以纳粮一万石为一区，选占有大量土地

---

①《明太祖实录》卷四十九。

②《明太祖实录》卷二百五十二。

③ 谈迁：《国榷》卷六。

④《明太祖实录》卷四十九。

⑤ 吴宽：《匏翁家藏集》卷七十五，《施孝先墓表》。

⑥ 吴宽：《匏翁家藏集》卷四十三《尚书严公流芳录序》；《明史》卷二百九十六，《郑濂传》。

⑦ 宋濂：《朝京稿》卷五，《上海夏君新圹铭》；《匏翁家藏集》卷五十二，《恭题粮长敕谕》。

纳粮最多的地主为粮长，负责督收和运交税粮。[①]如浙江布政司有人口一百四十八万七千一百四十六户，每年纳粮九十三万三千二百六十八石，设粮长一百三十四人。[②]粮长下设知数（会计）一人，斗级（管斗斛称量的）二十人，运粮夫千人。[③]并规定对粮长的优待办法，凡粮长犯杂犯、死罪和徒流刑的可以纳钞赎罪。[④]洪武三十年（1397）又命天下郡县每区设正副粮长三名，编定次序，轮流应役，周而复始。[⑤]凡粮长按时运粮到京师的，元璋亲自召见，谈话合意的往往留下做官。[⑥]元璋把征粮和运粮的权力交给地主，以为这个办法是“以良民治良民，必无侵渔之患”[⑦]；免地方官“科扰之弊，于民甚便”[⑧]。他把地主也当作良民了。但是事实恰好相反，不少地主在做了粮长以后，在原来对农民剥削的基础上，再加上了皇朝赋予的权力，如虎添翼，肆行额外剥削，农民的痛苦也就更深更重了。例如粮长邾阿乃起立名色，科扰民户，收舡水脚米、斛面米、装粮饭米、车脚钱、脱夫米、造册钱、粮局知房钱、看米样中米，等等。总共苛敛米三万两千石，钞一万一千一百贯。正米只该一万石，邾阿乃个人剥削部分竟达米两万两千石，钞一万一千一百贯。农民交纳不起，就强迫以房屋准折，揭屋瓦，变卖牲口，以及衣服、缎匹、布帛、锅灶、水车、农具，等等。[⑨]又如嘉定县粮长金仲芳等三名，巧立名色征粮附加到十八种。[⑩]农民吃够了苦头，无处控诉。[⑪]朱元

---

①《明太祖实录》卷六十八。

②《明太祖实录》卷七十。

③《明太祖实录》卷八十五。

④《明太祖实录》卷一〇二。

⑤《明太祖实录》卷二百五十四。

⑥《明史》卷七十八，《食货志》二，《赋役》；《匏翁家藏集》卷四十三，《尚书严公流芳录序》。

⑦《明太祖实录》卷六十八。

⑧《明太祖实录》卷一〇一。

⑨《大诰续诰》卷四十七。

⑩《大诰续诰》卷二十一。

⑪ 黄省曾：《吴风录》。

璋也发觉粮长之弊，用严刑制裁。尽管杀了不少人，但粮长依然作恶，农民也依然被额外剥削，改不好，也改不了。[①]

除任用地主做官收粮以外，朱元璋还采用汉高祖徙天下豪富于关中的政策。洪武三年（1370）移江南民十四万户于凤阳（这时凤阳是中都），其中有不少是地主。洪武二十四年（1391）徙天下富户五千三百户于南京。[②]三十年（1397）又徙富民一万四千三百余户于南京，称为富户。朱元璋告诉工部官员说："从前汉高祖这样做，我很不以为然。现在想通了，京师是全国根本，事有当然，确实不得不这样做。"[③]

江南苏、松、杭、嘉、湖一带的地主被迫迁往凤阳，离开了原来的乡里田舍，还不许私自回去。这一措施对于当时东南地主阶级是绝大的打击。旧社会的地主阶级离开了原来占有的土地，也就丧失了社会地位和政治地位。相对地，以朱元璋为首的新地主阶级却可以因此而加强对这一地区人民的控制。这些家地主从此以后，不敢公开回到原籍，便伪装成乞丐，以逃荒为名，成群结队，老幼男妇，散入江南诸州县乞食，到家扫墓探亲，第二年二三月间又回到凤阳。年代久了，也就成为习惯。五六百年来凤阳花鼓在东南一带是妇孺皆知的民间歌舞。歌词是：

家住庐州并凤阳，凤阳原是好地方，
自从出了朱皇帝，十年倒有九年荒。[④]

地主们对做官、做粮长当然很高兴，感激和支持这个维护本阶级利益的政权。但是，地主阶级贪婪的本性是永远不能改变的，他们决不肯放弃任何一个可以增加占领土地和人力的机会，用尽一切手段逃避对皇朝应

---

① 宋濂：《朝京稿》卷五，《上海夏君新圹铭》。
② 《明太祖实录》卷二百一十。
③ 《明太祖实录》卷二百一十；《明史》卷七十七，《食货志》一。
④ 赵翼：《陔余丛考》卷四十一，《凤阳丐者》。

纳的赋税和徭役。例如两浙地主所使用的方法，把自己的田产诡寄（假写在）亲邻佃仆名下，叫作“铁脚诡寄”，普遍成为风气，乡里欺骗州县，州县欺骗府，奸弊百出，叫作“通天诡寄”。[①]此外，还有洒派、抛荒、移丘换段等手段。朱元璋在处罚了这些地主以后，气愤地指出：

民间洒派、抛荒、诡寄、移丘换段，这等都是奸顽豪富之家，将次没福受用财赋田产，以自己科差洒派细民；境内本无积年荒田，此等豪猾买嘱贪官污吏及造册书算人等，其贪官污吏受豪猾土财，当科差之际，作包荒名色征纳小户，书算手受财，将田洒派，移丘换段，作诡寄名色，以此靠损小民。[②]

地主把自己的负担通过舞弊手段转嫁给“细民”“小户”“小民”，也就是贫苦农民，结果是富的更富，穷的更穷了。[③]地主阶级侵占了皇家统治集团应得的租税和人力，贫苦农民加重了负担。一方面皇朝田赋收入和徭役征发都减少了，另一方面贫苦农民更加穷困饥饿，动摇和侵蚀了统治阶级的经济基础。阶级内部发生矛盾，斗争展开了，地主不再是良民，而是“奸顽豪富之家”，是“豪猾”了。

朱元璋斗争的对象是地主阶级中违法的大地主。办法有两条，一条是用严刑重法消灭“奸顽豪富之家”，另一条是整理地籍和户口。洪武时代大地主被消灭的情况，据明初人记载，如贝琼说：

三吴巨姓享农之利而不亲其劳，数年之中，既盈而覆，或死或徙，无一存者。[④]

---

①《明太祖实录》卷一百八十。

②《大诰续诰》第四十五，《靠损小民》。

③《明太祖实录》卷一百八十。

④《贝清江集》卷十九，《横塘农诗序》。

方孝孺说：

> 时严通财党与（胡惟庸党案）之诛，犯者不问实不实，必死而覆其家……当是时，浙东、西巨室故家，多以罪倾其宗。[①]

吴宽说：

> 吴……皇明受命，致令一新，富民豪族，刬削殆尽。[②]

长州情况：

> （城）东……遭世多故，邻之死徙者殆尽，荒落不可居。[③]洪武之世，乡人多被谪徙，或死于刑，邻里殆空。[④]

有的大地主为了避祸，或则“晦匿自全”[⑤]，或则“悉散所积以免祸”[⑥]，或则“出居于外以避之”[⑦]，或则“攀附军籍以免死”[⑧]，但是这样的人只占少数。浙东、西的“富民豪族，刬削殆尽”。统治阶级内部的斗争是十分残酷的。

另外，经过元末二十年的战争。各地田地簿籍多数丧失，保存下来的一部分，也因为户口变换、土地转移，实际的情况和簿籍不相符合。大部分田地没有簿籍可查，大地主们便乘机隐匿田地，逃避皇朝赋役；有簿籍登载的田地，登记的面积和负担又轻重不一，极不公平、不合

---

① 方孝孺：《逊志斋集》卷二十二，《采苓子郑处士墓碣》。
②《匏翁家藏集》卷五十八，《莫处士传》。
③《匏翁家藏集》卷六十一，《先考封儒林郎翰林院修撰府君墓志》。
④⑤《匏翁家藏集》卷五十七，《先世事略》。
⑥《匏翁家藏集》卷七十三，《怡隐处士墓表》。
⑦《匏翁家藏集》卷七十四，《山西提刑按察司副使致仕朱公墓表》。
⑧《匏翁家藏集》卷五十八，《莫处士传》。

理。朱元璋抓住这个中心问题，对大地主进行了长期的斗争。方法是普遍丈量田地和调查登记人口。

洪武元年（1368）正月派国子监生周铸等一百六十四人往浙西核量田亩，定其赋税。[①]五年（1372）六月派使臣到四川丈量田亩。[②]十四年（1381）命全国郡县编赋役黄册。二十年（1387）命国子监生武淳等分行州县，编制鱼鳞图册。[③]前后一共用了二三十年的时间，才办好这两件事。

丈量田地所用的方法，是派使臣到各州县，随其税粮多少，定为几区，每区设粮长，会集里甲耆民，量度每块田亩的方圆，做成简图，编次字号，登记田主姓名和田地丈尺四至，编类各图成册，以所绘的田亩形象像鱼鳞，名为鱼鳞图册。

人口普查的结果，编定了赋役黄册，把户口编成里甲，以一百一十户为一里，推丁粮多的地主十户做里长，余百户分为十甲。每甲十户，设一甲首。每年以里长一人，甲首一人，管一里一甲之事。先后次序根据丁粮多少，每甲轮值一年。十甲在十年之内轮流为皇朝服义务劳役，一甲服役一年，有九年的休息时间。在城市的里叫坊，近城的叫厢，农村的都叫作里。每里编为一册，里中有鳏寡孤独不能应役的，带管于一百一十户之外，名曰畸零。每隔十年，地方官以丁粮增减重新编定服役的次序，因为册面用黄纸，所以叫作黄册。

鱼鳞图册是确定地权（所有权）的根据，赋役黄册是征收赋役的根据。通过田地和户口的普查，制定了这两种簿籍，颁布了租税和徭役制度，不但大量漏落的田地户口被登记固定了，皇朝增加了物力和人力，稳定和巩固了统治的经济基础，而且有力地打击了一部分大地主，从他们手中夺回对一部分田地和户口的控制，从而大大增强了皇家统治集团的

①《明太祖实录》卷二十九。

②《明太祖实录》卷一百七十四。

③《明太祖实录》卷一百三十五、卷一百八十。

地位和权力，更进一步走向高度的集中、专制。洪武二十四年（1391）全国已垦田的数字为三百八十七万四千七百四十六顷，仅仅隔了两年，洪武二十六年（1393）的全国已垦田数字就激增为八百五十万七千六百二十三顷，增加了四百六十三万两千八百七十七顷。以增垦田地最多的一年，洪武七年（1374）增垦田地数目为九十二万一千一百二十四顷来比较，两年的时间增垦面积也不可能超过两百万顷，显然，这个激增的数字除了实际增垦的以外，也包括从大地主手中夺回的漏落的田地，是田地普查的积极成果。由于在斗争中取得这样巨大的胜利，朱元璋的政权比过去任何一个皇朝，都更加强大、集中、稳定、完备了。

对城乡人民，经过全国规模的田地丈量，定了租税，在册上详细记载田地的情况，以及原坂、平衍、下隰、沃瘠、沙卤的区别，并规定凡买置田地，必须到官府登记及过割税粮，免掉贫民产去税存的弊端，同时也保证了皇朝的财政收入。十年一次的劳役，使人民有轮流休息的机会。这些措施当然都是封建剥削，但比之统一以前的混乱情况，则确实减轻了一些人民的负担，鼓舞了农民的生产情绪，对于社会生产力的推进，起了显著的作用。

朱元璋虽然对一部分大地主进行了严酷的斗争，对广大农民做了一些必要的让步，一部分大地主被消灭了，一部分大地主的力量被削弱了，农民生产的积极性增加了；但是这个政权毕竟是地主阶级的政权，首先是为地主阶级的利益服务的，即使对农民采取了一些让步的措施，其目的还是为巩固和强化整个地主阶级的统治权。无论是查田定租，还是编户定役，执行丈量的是地主，负责征收运粮米的还是地主，当里长甲首的依然是地主，质正里中是非、词讼，执行法官职权的“耆宿”也是地主；当然，在地方和朝廷做官的更非地主不可。从上而下的重重地主统治，地主首先要照顾的是自己家族和亲友的利益，是决不会关心小自耕农和佃农的死活的。由于凭借职权的方便，剥削、舞弊都可以通过皇朝的统治权来进行，披上合法的外衣，农民的痛苦就越发无处申诉了。而且，只要是地主阶级的子弟，就有机会、权利受到教育，通过税户人才、科举、学校等途径，成为官僚、绅士。官僚、绅士是享有合法的免役权的。洪武十年（1377）朱元璋告诉中书省官员："食禄之家与庶民贵贱有等，趋事执役以奉上者，庶民之事也。若贤人君子，既贵其身，而复役其家，则君子野人无所分别，非劝士待贤之道。自今百司见任官员之家有田土者，除租税外，悉免其徭役，著为令。"官员是贵人，庶民是贱人，贵人是不应该和贱人一样服徭役的。十二年（1379）又下令："自令内外官致仕还乡者，复其家终身无所与。"[①]则连乡绅也享有免役权了。在学的学生除本身免役外，户内还优免二丁差役。[②]一般贫苦农民连饭也吃不饱，哪能上学？上学的学生绝大部分还是地主子弟。这样，现任官、乡绅、学校生员都豁免差役，还有办法逃避租税，于是完粮当差的义务，便大部分落在自耕农和贫农身上了。自耕农、贫农不但要出自己的一份，官僚、绅士、生员、地主不交的一份，他们也得一并承担下来。因此，官僚、绅士、生员、地主越多的地方，农民的负担也就越重。

洪武一朝，长江以南农民起义的次数特别多，地区特别广；明朝二百几十年中，农民起义次数特别多，规模特别大，原因就在这里。

---

①《明太祖实录》卷一百一十、卷一百二十六。

②张居正：《太岳集》卷三十九，《请申旧章饬学政以振兴人才疏》。

明代的锦衣卫和东西厂

一

在旧式的政体之下，皇帝只是代表他的家族以及外环的一特殊集团的利益，比较被统治的人民，他的地位不但孤立，而且永远是在危险的边缘，尊严的神圣宝座之下酝酿着待爆发的火山。为了家族的威权和利益的持续，他们不得不想尽镇压的法子，公开的律例、刑章，公开的军校和法庭不够用，也不便用，他们还需要造成恐怖空气的特种组织，特种监狱和特种侦探，来监视每一个可疑的人，可疑的官吏，他们用秘密的方法侦伺，搜查，逮捕，审讯，处刑。在军队中，在学校中，在政府机关中，在民间，在茶楼酒馆，在集会场所，甚至在交通孔道，大街小巷，处处都有这类人在活动。执行这些任务的特殊组织，历代都有。在汉有“诏狱”和“大谁何”，在唐有“丽景门”和“不良人”，在宋有“诏狱”和“内军巡院”，在明有锦衣卫和东西厂，在袁世凯时代则有“侦缉队”。

锦衣卫和东西厂明人合称为卫厂。从14世纪后期到17世纪中叶，这两机关始终存在（中间曾经几度短期地废止，但不久即复设），锦衣卫是内廷的侦查机关，东厂则有宦官提督，最为皇帝所亲信，即锦衣卫也受其侦查。锦衣卫初设于明太祖时，是内廷亲军，皇帝的私人卫队，不隶属都督府。其下有南北镇抚司，南镇抚司掌本卫刑名，北镇抚司专治诏狱，可直接取诏行事，不必经过外廷法司的法律手续，甚至本卫长官亦不得干预[1]。锦衣卫的正式职务，据《明史·职官志》说是“掌侍

① 王世贞：《锦衣志》。

卫缉捕刑狱之事，凡盗贼奸宄，街涂沟洫，密缉而时省之”。经过嘉靖初年裁汰后，缩小职权，改为“专察不轨妖言人命强盗重事”[①]。其实最主要的还是侦查“不轨妖言”，不轨指政治上的反动者和党派，妖言指宗教的集团如弥勒教、白莲教、明教等。明太祖出身香军，深知“弥勒降生”和“明王出世”等宗教传说，对于渴望改善生活的一般农民，所发生的政治作用是如何重大。他尤其了解聚众结社对现实政权有如何重大的意义和威胁，他从这两个活动中得到政权，也已为这政权立下基础，唯一使他焦急的问题是如何才能让子子孙孙永远都不费事地继承这政权。他所感觉到的严重危机有两方面，第一是并肩起事的诸将，个个都身经百战，枭悍难制。第二是出身豪室的文臣，他们有地方的历史势力，有政治的声望，又有计谋，不容易对付。这些人在他在位的时候，固然镇压得下，但也还惴惴不安。身后的继承人呢，太子忠厚柔仁，只能守成，不能应变。到太子死后，他已是望七高年，太孙不但幼稚，而且比他儿子更不中用，成天和一批腐儒接近，景慕三王，服膺儒术，更非制驭枭雄的角色。他为着要使自己安心，要替他儿孙斩除荆棘。便不惜用一切可能的残酷手段，大兴胡蓝党案，屠杀功臣，又用整顿吏治，治乱国用重刑的口实，把内外官吏地主豪绅也着实淘汰了一下，锦衣卫的创立和授权，便是发挥这个作用。经过几次大屠杀以后，臣民侧足而立，觉得自己的地位已经很安定了。为了缓和太过紧张的空气，洪武二十年（1387）下令焚毁锦衣卫刑具，把锦衣卫所禁闭的囚徒都送往刑部。再隔六年，胡党蓝党都已杀完，不再感到政治上的逼胁了，于是又解除锦衣卫的典诏狱权，诏内外狱毋得上锦衣卫，大小案件都由法司处理。天下从此算太平了[②]。

不到十年，帝位发生争执，靖难兵起，以庶子出藩北平的燕王入居大位，打了几年血仗，虽然到了南京，名义上算做了皇帝，可是地位仍不稳固。因为第一，建文帝有出亡的传说，宫内自焚的遗体中不能确定是否建文帝也在内，万一建文帝未死，很有起兵复国的可能。第二，他

---

①②《明史·刑法志》。

以庶子僭位，和他地位相同的十几个亲王看着眼红，保不住也重玩一次靖难的把戏。（这一点在他生前算是过虑，可是到孙子登位后，果然又闹了一次叔侄交兵。）第三，当时他的兵力所及的只是由北平到南京一条交通线，其他地方只是外表表示服从。第四，建文帝的臣下，在朝的如曹国公李景龙、驸马都尉梅殷等，在地方的如盛庸、平安、何福等都曾和他敌对作战。其他地方官吏文臣武僚也都是建文旧人，不能立地全盘更动。这使他感觉有临深履薄的恐惧。在这样的情况之下，他得用他父亲传下的衣钵，于是锦衣卫重复活动，一直到亡国，始终作为皇帝的耳目，担任猎犬和屠夫的双重任务。

锦衣卫虽然是近亲，但到底是外官，也许会徇情面，仍是不能放心。明成祖初起时曾利用建文帝左右的宦官探消息，即位之后，以为这些内官忠心可靠，特设一个东厂，职务是“缉访谋逆妖言大逆等”，完全和锦衣卫相同。属官有贴刑，以锦衣卫千百户充任，所不同的是用内臣提督，通常都以司礼监秉笔太监第二人或第三人派充，关系和皇帝最密切，威权也最重[①]。以后虽有时废罢，名义也有时更换为西厂或外厂，或东西厂、内外厂并设，或在东西厂之上加设内行厂，连东西厂也在伺察之下。但在实际上，厂的使命是没有什么变更的。

厂与卫成为皇帝私人的特种侦探机关，其系统是锦衣卫监察、侦伺一切官民，东（西）厂侦查一切官民及锦衣卫，有时或加设一最高机构，侦探一切官民和厂卫，如刘瑾的内行厂和冯宝的内厂，皇帝则直接监督一切侦缉机关。如此层层缉伺，层层作恶，人人自疑，人人自危，造成了政治恐怖。

二

厂卫同时也是最高法庭，有任意逮捕官吏平民，加以刑讯判罪和行

---

①《明史》，《刑法志》《职官志》。

刑的最高法律以外的权力。

卫的长官是指挥使，其下有官校，专司侦查，名曰缇骑。嘉靖时陆炳官缇帅，所选用卫士缇骑皆都中大豪，善把持长短，多布耳目，所睚眦无不立碎。所招募畿辅秦晋鲁卫骈胁超乘迹射之士以千计。卫之人鲜衣怒马而仰度支者凡十五六万人。[①]四出迹访："凡缙绅之门，各有数人往来其间，而凡所缉访，止属风闻，多涉暧昧，虽有心口，无可辩白。各类计所获功次，以为升授。凭其可逞之势，而邀其必获之功，捕风捉影，每附会以仇其奸，非法拷讯，时威逼以强其认。"[②]结果，一般仕宦阶级都吓得提心吊胆，"常晏起早阖，毋敢偶语，骑校过门，如被大盗"[③]。抓到了人时，先找一个空庙祠宇榜掠了一顿，名为打桩，"有真盗幸免，故令多攀平民以足数者，有括家囊为盗贼，而通棍恶以证其事者，有潜种图书陷人于妖言之律者，有怀挟伪批坐人以假印之科者，有姓名仿佛而荼毒连累以死者。"访拿所及，则"家资一空，甚至并同室之有而席卷以去，轻则匿于档头火长校尉之手，重则官与瓜分"。被访拿的一入狱门，便无生理，"五毒备尝，肢体不全。其最酷者曰琵琶，每上百骨尽脱，汗下如水，死而复生，如是者二三次，荼酷之下，何狱不成"[④]。

其提人只凭驾帖，弘治元年（1488）刑部尚书何乔新奏："旧制提人，所在官司必验精微批文，与符号相合，然后发遣。近者中外提人，只凭驾帖，既不用符，真伪莫辨，奸人矫命，何以拒之？"当时虽然明令恢复批文提人的制度，可是锦衣旗校依旧只凭驾帖拘捕。[⑤]正德初周玺所说："迩者皇亲贵幸有所奏陈，陛下据其一面之词，即行差官赍驾帖拿人于数百里之外，惊骇黎庶之心，甚非新政美事。"[⑥]便是一个例子。

---

① 王世贞：《锦衣志》。

② 傅维麟：《明书》卷七十三。

③《明史·刑法志》。

④《明书》卷七十三。

⑤《明史·刑法志》。

⑥《垂光集》一，《论治化疏》。

东厂的体制，在内廷衙门中最为隆重。凡内官奉差关防皆曰某处内官关防，唯东厂篆文为“钦差监督东厂官校力事太监关防”[①]。《明史》记“其隶役皆取给于卫，最轻巧儇佶者乃充之。役长曰档头，帽上锐，衣青素裤褶，系小绦，白皮靴，专主伺察，其下番子数人为干事，京师亡命诓财挟仇视干事者为窟穴，得一阴事，由之以密白于档头，档头视其事大小先予之金，事曰起数，金曰买起数，既得事，帅番子至所犯家，左右坐曰打桩，番子即突入执讯之无有佐证符牒，贿如数径去，少不如意，榜治之名曰乾酢酒，亦曰搬罾儿，痛楚十倍官刑，且授意使牵有力者，有力者予多金即无事，或靳不予，予不足，立闻上，下镇抚司狱，立死矣。”对于行政官吏所在，也到处派人伺察：“每月旦，厂役数百人掣签庭中，分瞰官府。”有听记坐记之别，“其视中府诸处会审大狱，北镇抚司拷讯重犯者曰听记，他官府及各城门缉访曰坐记”。所得秘密名曰打事件。即时由东厂转呈皇帝，甚至深更半夜也可随时呈进，“以故事无大小，天子皆得闻之，家人米盐猥事，宫中或传为笑谑，上下惴惴，无不畏打事件者”[②]。

锦衣卫到底比不上东厂亲近，报告要用奏疏，东厂则可以直达。以此，厂权就高于卫。

东厂的淫威，试举一例。当天启时，有四个平民半夜偷偷在密室喝酒谈心，酒酣耳热，有一人大骂魏忠贤，余二人听了不敢出声，骂犹未了，便有番子突入，把四人都捉去，在魏忠贤面前把发话这人剥了皮，余三人赏一点钱放还，这三人吓得魂不附体，差一点变成疯子。

锦衣卫狱即世所称诏狱，由北镇抚司专领。北镇抚司本来是锦衣卫指挥使的属官，品秩极低，成化十四年（1478）增铸北司印信，一切刑狱不必关自本卫，连卫所行下的公事也可直接上请皇帝裁决，卫指挥使不敢干预，因之权势日重。[③]外廷的三法司（刑部、大理寺、都察院）不敢与抗。嘉靖二年（1523），刑科给事中刘济上言：“国家置三

---

① 刘若愚：《酌中志》十六。

②《明史·刑法志》。

③《明史》卷九十五。

法司以理刑狱，其后乃有锦衣卫镇抚司专理诏狱，缉访于罗织之门，锻炼于诏狱之手，裁决于内降之旨，而三法司几于虚设矣。”[①]其用刑之惨酷，非人类所能想象，沈德符记：“凡厂卫所廉谋反杀逆及强盗等重辟，始下锦衣之镇抚司拷问，寻常止曰打着问，重者加好生二字，其最重大者则曰好生着实打着问，必用刑一套，凡十八种，无不试之。”[②]用刑一套为全刑，曰械，曰镣，曰棍，曰拶，曰夹棍，五毒备具，呼号声沸然，血肉溃烂，婉转求死不得。[③]诏狱“室卑入地，墙厚数仞，即隔壁号呼，悄不闻声，每市一物入内，必经数处检查，饮食之属十不能得一，又不得自举火，虽严寒不过啖冷炙披冷衲而已。家人辈不但不得随入，亦不许相面。唯于拷问之期，得遥于堂下相见。”[④]天启五年（1625）遭党祸被害的顾大章所作的《狱中杂记》里说：“予入诏狱百日而奉旨暂发（刑）部者十日，由此十日之生，并前之百日皆生矣。何则，与家人相见，前之遥闻者皆亲证也。”拿诏狱和刑部狱相比，竟有天堂地狱之别。瞿士耜在他的《陈时政急著疏》中也说：“往者魏崔之世，凡属凶网，即烦缇骑，一属缇骑，即下镇抚，魂飞汤火，惨毒难言，苟得一送司法，便不啻天堂之乐也。”[⑤]被提者一入抚狱，便无申诉余地，坐受榜掠。魏大中《自记年谱》记：“十三日入都羁锦衣卫东司房，二十八日许显纯崔应元奉旨严鞫，许既迎二魏（忠贤、广微）意，构汪文言招辞而急毙之以灭口。对簿时遂断断如两造之相质，一拶敲一百，穿梭一夹，敲五十板子，打四十棍，惨酷备至，而抗辩之语悉闼不得宣。”“六君子”被坐的罪名是受熊廷弼的贿赂，有的被刑自忖无生理，不得已承顺，希望能转刑部得生路，不料结果更坏，厂卫勒令追赃，“遂五日一比，惨毒更甚。比时累累跪阶前，诃垢百出，裸体辱

①《明世宗实录》。

②《野获编》卷二十一。

③《明史・刑法志》。

④《野获编》。

⑤《瞿忠宣公集》卷一。

之，弛杻则受梏，弛梏则受夹，弛杻与夹则仍戴杻镣以受棍，创痛未复，不再宿复加榜掠。后讯时皆不能跪起荷桎梏，平卧堂下”[①]。终于由狱卒之手秘密处死，死者家人至不知死法及死期，苇席裹尸出牢户，虫蛆腐体。六君子杨涟、左光斗、顾大中、袁化中、周朝瑞、顾大章，都是当时的清流领袖，朝野表率，为魏忠贤臣所忌，天启五年（1625）相继死于诏狱。

除了在狱中的非刑之外，和厂卫互相表里的一件恶政是廷杖，锦衣卫始自明太祖，东厂为明成祖所创设，廷杖却是抄袭元朝的。

在元朝以前，君臣之间的距离还没有十分悬绝，三公坐而论道，和皇帝是师友，宋朝虽然臣僚在殿廷无坐处，却也还礼貌大臣，绝不加以非礼的行为，“士可杀不可辱”这一传统的观念，上下都能体会。蒙古人可不同了，他们根本不了解士的地位，也不能用理论来装饰殿廷的庄严。他们起自马上，生活在马上，政府中的臣僚也就是军队中的将校，一有过错，拉下来打一顿，打完照旧办事，不论是中央官、地方官，在平时或是在战时，臣僚挨打是家常便饭，甚至中书省的长官，也有在殿廷被杖的记载。明太祖继元而起，虽然一力“复汉宫之威仪”，摒弃胡俗胡化，对于杖责大臣这一故事，却习惯地继承下来，著名的例子，被杖死的如亲侄大都督朱文正，工部尚书薛祥，永嘉侯朱亮祖父子，部曹被廷杖的如主事茹太素。从此殿廷行杖，习为祖制，正德十四年（1519）以南巡廷杖舒芬等百四十六人，死者十一人。嘉靖三年（1524）以大礼之争廷杖丰熙等百三十四人，死者十六人。循至方面大臣多毙杖下，幸而不死，犯公过的仍须到官办事，犯私仇者再下诏狱处死[②]。至于前期和后期廷杖之不同，是去衣和不去衣，沈德符说：“成化以前诸臣被杖者皆带衣裹毡，不损肤膜，然犹内伤困卧，需数旬而后起；若去衣受笞，则始于逆瑾用事，名贤多死，今遂不改。”[③]廷杖的

①《明史纪事本末》卷七十一。

②《明史·刑法志》。

③《野获编》卷十八。

情形，据艾穆所说，行刑的是锦衣官校，监刑的是司礼监：“司礼大珰数十辈捧驾帖来，首喝曰带上犯人来，每一喝则千百人一大喊以应，声震甸服，初喝跪下，宣驾帖杖吾二人，着实打八十棍，五棍一换，总之八十棍换十六人。喝着实打，喝打阁上棍，次第凡四十六声，皆大喊应如前首喝时，喝阁上棍者阁棍在股上也。杖必喝踩下去，校尉四人以布袱曳之而行。”[①]天启时万璟被杖死的情形，樊良材所撰的《万忠贞公传》说：“初璟劾魏珰疏上，珰恚甚，矫旨廷杖一百。褫斥为民。彼一时也，缇骑甫出，群聚蜂拥，绕舍骤禽，饱恣拳棒，摘发捉肘，拖沓摧残，曳至午门，已无完肤。迨行杖时逆珰领小竖数十辈奋袂而前，执金吾（锦衣卫指挥使）止之曰留人受杖，逆珰瞋目监视，倒杖张威，施辣手而甘心焉。杖已，血肉淋漓，奄奄待尽。”

廷杖之外，还有立枷，创自刘瑾，锦衣卫常用之：“其重枷头号者至三百斤，为期至二月，已无一全。而最毒者为立枷，不旬日必绝。偶有稍延者，命放低三数寸，则顷刻殒矣。凡枷未满期而死，则守者掊土掩之，俟期满以请，始奏闻领埋，若值炎暑，则所存仅空骸也，故谈者谓重于大辟云。”[②]

诏狱、廷杖、立枷之下，士大夫不但可杀，而且可辱，君臣间的距离愈来愈远，“天皇圣明，臣罪当诛”，打得快死而犹美名之曰恩谴，曰赐杖，礼貌固然谈不到，连主奴间的恩意也因之荡然无存了。

三

厂卫之弊，是当时人抗议最最集中的一个问题，但是毫无效果，并且愈演愈烈。著例如商辂《请革西厂疏》说：“今日伺察太繁，法令太急，刑网太密，官校提拿职官，事皆出于风闻，暮夜搜检家财，初不见

①《熙亭先生文集》四，《恩谴记》。

②《野获编》卷十八。

有驾帖，人心汹汹各怀疑畏。内外文武重臣，托之为股肱心膂者也，亦皆不安于位。有司庶府之官，资之以建立政事者也，举皆不安于职，商贾不安于市，行旅不安于涂，士卒不安于伍，黎民不安于业。”[①]在这种情形下，任何人都有时时被捕的危险。反之，真是作恶多端的巨恶大憝，若能得到宫廷的谅解，更可置身法外。《明史·刑法志》说：“英宪以后，钦恤之意微，侦伺之风炽，巨恶大憝，案如山积，而旨从中下，纵不之问。或本无死理，而片纸付诏狱，为祸尤烈。”明代二祖设立厂卫之本意，原在侦查不轨，尤其是注意官吏的行动。隆庆中刑科给事中舒化上疏只凭表面事理立论，恰中君主所忌，他说：“朝廷设立厂卫，所以捕盗防奸细，非以察百官也。驾驭百官乃天子之权，而奏劾诸司责在台谏，朝廷自有公论。今日暗访之权归诸厂卫，万一人非正直，事出冤诬，是非颠倒，殃及善良，陛下何由知之。且朝廷既凭厂卫，厂卫必委之番役，此辈贪残，何所不至！人心忧危，众目睚眦，非盛世所宜有也。”[②]至于苛扰平民，则更非宫廷所计及，杨涟劾魏忠贤二十四大罪疏中曾特别指出：“东厂原以察奸细，备非常，非扰平民也。自忠贤受事，鸡犬不宁，而且直以快恩怨，行倾陷，片语违，则驾帖立下，造谋告密，日夜未已。”[③]甚至在魏忠贤失败以后，厂卫的权力仍不因之动摇，刘宗周上疏论其侵法司权限，讥为人主私刑，他说：“我国家设立三法司以治庶狱，视前代为独详，盖曰刑部所不能决者，都察院得而决之，部院所不能平者，大理寺得而平之，其寓意至深远。开国之初，高皇帝不废重典以惩巨恶，于是有锦衣之狱。至东厂缉事，亦国初定都时偶一行之于大逆大奸，事出一时权宜，后日遂相沿而不复改，得与锦衣卫比周用事，致人主有私刑。自皇上御极以后，此曹犹肆罗织之威，日以风闻事件上尘睿览，辇毂之下，人人重足。”结果是：“自厂

---

①《商毅公文集》卷一。

②《春明梦余录》卷六十三。

③《杨忠烈公文集》二。

卫司讥访而告奸之风炽，自诏狱及士绅而堂廉之等夷，自人人救过不给而欺罔之习转盛，自事事仰承独断而谄谀之风日长，自三尺法不伸于司寇而犯者日众。”[①]

厂卫威权日盛，使厂卫二字成为凶险恐怖的象征，破胆的霹雳，游民奸棍遂假为恐诈之工具，京师外郡并受荼毒，其祸较真厂卫更甚。崇祯四年（1631）给事中许国荣《论厂卫疏》列举例证说：“如绸商刘文斗行货到京，奸棍赵瞎子等口称厂卫，捏指漏税，密擒于崇文门东小桥庙内，诈银二千余两。长子县教官推升县令，忽有数棍拥入其寓内，口称厂卫，指为营干得来，诈银五百两。山西解官买办黑铅照数交足，众棍窥有余剩在潞细铺内，口称厂卫，指克官物，捉拿王铺等四家，各诈银千余两……蓟门孔道，假侦边庭，往来如织……至于散在各衙门者，借口密探，故露踪迹，纪言纪事，笔底可操祸福，书吏畏其播弄风波，不得不醵金阴饵之，遂相沿为例而莫可问。”[②]崇祯十五年（1642）御史杨仁愿上疏《论假番及东厂之害》说：“臣待罪南城，所阅词讼多以假番故称冤，夫假称东厂，犹害如此，况其真乎？此由积重之势然也。所谓积重之势者，功令比较事件，番役每悬价以买事件，受买者至诱人为奸盗而卖之。番役不问其从来，诱者分利去矣。挟忿首告，诬以重法，挟者志无不逞矣。伏愿宽东厂事件而后东厂之比较可缓，东厂之比较缓而番役之买事件与卖事件者俱可息，积重之势庶可稍轻。”[③]抗议者的理由纵然充分到极点，也不能消除统治者孤立自危的心理。《明史》说：“然帝（思宗）倚厂卫益甚，至亡国乃已。”

---

①《刘子全书》十六《痛陈时艰疏》，十七《敬循职掌疏》。

②《春明梦余录》卷六十三。

③《明史》，《刑法志》三。

东林党之争

东林党之争是明朝末年历史上的一个特征。

首先应该明确这样一个问题，历史上所谓党与我们今天所说的党是两回事，不能把历史上所说的党和今天的政党混同起来。历史上所说的党并没有什么组织形式，参加哪个党是没有任何形式的，既不要交党费，也没有组织生活，更没有党章和党纲。然而在历史上又确实叫作党。历史上所谓党是指的什么呢？是指政治见解大体相同的一些人的集团，也就是统治阶级内部某些人无形的组合。明朝的东林党，它的情况大致是这样的：在江苏无锡有个书院叫东林书院，这是一所学校。当时有两个政府官员，叫顾宪成和顾允成，两兄弟在北京做官的时候，由于他们的政治见解与当时的当权人物相抵触，便辞官不做，回家后在东林书院讲学。他们很有学问，在地方上声望很高，为人也正派。这样，意气相投的人跟他们的来往便越来越多。不但在地方上，就是在北京，有一些官员跟他们的来往也比较多。他们以讲学为名，发表一些议论朝政的意见。这样，从万历二十二年（1594）开始，一直到明朝被推翻，前后五十年间，在明朝政坛上形成了一批所谓东林党人，和另外一批反对东林党的非东林党人。非东林党人后来形成齐（山东）、楚（湖北）、浙（浙江）三派，与东林党争论不休。这五十年间，在几件大事情上都有争论。你主张这样，他反对；他主张那样，你反对。举例来说，党争中最早的一个问题，就是所谓“京察”问题。“京察”这两个字大家都认识，但是不好懂。这是古代历史上的一种制度，就是政府的官员经过一定的时期要考核，相当于现在的考勤考绩。主持考勤考绩的是吏部尚书、吏部侍郎（相当于现在的内务部部长、副部长），他们主管文官的登记、资格审查、成绩考核及任免、升降、转调、俸给、奖恤等事。当时考取进士以后，有一部分进士就安排做科道官。科就是六科给事中，道就是十三道御史。六科就是按照六部（吏、户、礼、兵、刑、工）来分的。道是按照行政区划来设置的。当时全国有十三个布政使司，设了十三道御史，譬如浙江道有浙江道御史。科道官都是监察官，当时叫作“言官”。他们本身没有什么工作，只是监察别人的工作，提出赞成的或者反对的意见。他们的任务就是说话，所以叫“言官”。每次“京察”，吏部提出某些人称职，某些人不称职。1594年举行“京察”的时候，就发生了争论，这一部分人说这些人好，那一部分人说不好。凡是东林党人说好的，非东林党人一定说不好。争论中掺和了封建社会的乡里（同乡）关系。譬如齐、楚、浙就是乡里关系。不管这件事情正确不正确，只要是和我同乡的人，都是对的。还有一种同门的关系。所谓同门就是指同一个老师出身的。不管事情本身怎么样，只要跟我是同学，就都是对的。至于对亲戚、朋友则更不用说了。就在这样的封建关系组合之下，从1594年“京察”开始，一直争吵了五十年。

继“京察”问题之后，接着发生了“国本之争”。所谓“国本”就是国家的根本。我们今天说国家的根本就是人民，没有人民就没有国家。当时并没有这样的概念。那时候所谓“国本”是指皇帝的继承人问题。万历做了多年皇帝，按照过去的惯例，他应该立一个皇太子，以便他死后有一个法定的继承人。可是他不喜欢他的大儿子，他喜欢的是他的小老婆（郑贵妃）生的儿子福王（以后封在河南洛阳），所以他就迟迟不立太子。有些大臣就叫起来了，他们认为国家的根本很重要，也就是说下一代的皇帝很重要，应该早立太子。凡是提议立太子，万历就不高兴，他说：我还活着，你们忙什么！这样，有人主张早立太子，有人反对立太子，争吵起来了，这就叫“国本之争”。

跟着又发生了一个案子叫“梃击案”。有一天早晨，突然有一个人跑到宫里，见人就打，一直打到万历的大儿子那里去了。当然，这个人马上被逮住了。可是这里发现了一个问题，是谁叫他到宫里来打万历的大儿子的？当时有人怀疑是郑贵妃指使的。这本是宫廷问题，却成了当时政治上的一个大问题，引起了争吵，东林党与非东林党大吵特吵。

万历做了四十八年皇帝，死了。他的大儿子继位不到一个月又死了。怎么死的呢？搞不清楚。据说他在病的时候，有一个医生给他红丸药吃，吃了以后就死了。这样就发生了一个问题，这个皇帝是不是被毒死的？是谁把他毒死的？因此又发生了所谓“红丸案”。各个集团之间又争吵了起来。

正在争吵的时候，发生了另外一个问题：就是这个只做了个把月的皇帝死了以后，他的儿子继位，还没成年。这个短命皇帝有个妃子李选侍，她住在正宫里不肯搬出来。她有政治野心：想趁这个小孩做皇帝的机会把持朝政。这样，又发生了争论，有一些人出来骂她：你这个妃子怎么能霸着正宫？逼着她搬出去了。这个案件叫“移宫案”。京戏里有一出戏叫《二进宫》，就是反映这件事的，不过是把时代变了，把孙子的事情改成了祖父的事情。

“梃击”“红丸”“移宫”是当时三大案件，成为当时争论最激烈的事件。在这样的情况下，政治上出现了什么现象呢？每一件事情出来，这批人这样主张，那批人那样主张，争论不休，整天给皇帝写报告。到底谁对谁不对？从现在来看，东林党与非东林党之争，一般地说，道理在东林党方面。东林党的道理多，非东林党的道理少。但是，东林党是不是完全对呢？在某些问题上也不完全对。这样争来争去，争不出个是非来，结果只有争论，缺乏行动，许多政治上该办的事没人去管了。后来造成这种现象：某些正派的官员提出他的主张，这个主张一提出来，马上就有一批人来攻击他，他就不能办事，只好请求辞职。皇帝不知道这个人对不对，不做处理，把事情压下来。这个官既不能办事，辞职也辞不成，怎么办？干脆自己回家。他回家以后政府也不管，结果这个官就空着没人做。到万历后期政治纪律松懈到这样的地步：哪个官受了攻击就把官丢了回家，以至六部的很多部长都没人做了。万历皇帝到晚年根本不接见臣下，差不多一二十年不跟大臣见面，把自己关在宫廷里，什么事情也不管。大臣们有什么事情要跟他商量也见不着。政治腐化，纪律松懈，很多重要的问题得不到解决，却专搞无原则的纠纷。大是大非没人管了，成天纠缠在一些枝节问题上面。

这种无休止的争吵影响到一些重大的政治事件的发展。譬如日本侵略朝鲜，中国到底应不应该援助朝鲜，在这个问题上发生了争论。后来还是派兵去支援了朝鲜，第一个时期打了胜仗，收复了平壤。后来又派兵去，由于麻痹大意，打了败仗。打了败仗以后，政府里又发生争论了，主和派觉得和日本打仗没有必要，支援朝鲜意义不大，不如放弃军事办法，转而采取政治办法来解决问题。他们主张把丰臣秀吉封为日本国王，并答应和他做买卖。历史上封王叫作朝，做买卖叫作贡，所谓朝贡，说得通俗一点，就是你带些物资卖给我，我给你一些物资做交换。在这种情况下，明朝政府只好一面按照主战派的主张，继续派兵援助朝鲜；一面派人暗中往来日本进行和议。后来明军与朝鲜军大败日本侵略军。日本愿和了。明朝政府便按照主和派撤兵议和的主张，允许议和。并派人到日本去办外交，封丰臣秀吉为国王。但日本国内本来已经有天皇，因此丰臣秀吉不接受王位，而且提出了很强硬的条件。结果外交失败了。日军重新侵略朝鲜。明朝政府只好再次出兵，最后打败了日军。由于追究外交失败的责任，又引起了争论。

这种影响在“封疆案”的问题上表现得更加明显。万历死后，东林党在政府做官的人越来越多。这时北京有一个“首善书院”（在北京宣武门内），在这里讲学的也是东林党人。这些人在政治上提出意见时，非东林党人就起来攻击，要封闭这个书院。东林党人当然反对。这样吵了二三十年。这个争论最后演变成什么局面呢？当时万历皇帝的孙子熹宗（年号天启，是崇祯皇帝的哥哥）很年轻，不懂事，光贪玩。他宠信太监魏忠贤，军事、政治各个方面都是太监当家。一些地主阶级的知识分子由于在魏忠贤门下奔走而当了官。凡是属于魏忠贤这一派的，历史上称为“阉党”。阉党里面没有什么正派人。东林党是反对阉党的。因此，党争发展到这个时候，就变成了地主阶级的知识分子与宦官的斗争。这个斗争影响到东北的军事形势。在万历以前，东北的建州女真已经壮大起来了，不断进攻辽东，占领了许多城市。到天启时代，明朝防御建州女真的军事将领熊廷弼提出一系列军事上和政治上的主张，他认为与建州女真进行军事斗争时，明朝军队不能退回到山海关以内，而应该在山海关以东建立军事据点。当时前方的另一个军事将领叫王化贞，他不同意这个意见，他认为只能依靠山海关来据守。熊廷弼虽然是统帅，地位比王化贞高，但是没有军事实权。而王化贞得到了魏忠贤的支持。这样，熊廷弼的正确意见因为得不到支持而不能贯彻，结果打了败仗，王化贞跑回来了，熊廷弼也跑回来了，山海关以东的很多地方都丢了。北京震动，面临着很严重的军事危机。在这种情况下又发生了有关"封疆案"的争论。追究这次失败的责任，到底是熊廷弼的责任，还是王化贞的责任？从当时的具体军事形势来看，熊廷弼是正确的，但他没有军队来支持。王化贞有十几万军队，坚持错误的主张，因此王化贞应该负责。但是因为熊廷弼得罪了很多人，结果把这个责任推到他身上，把他杀了。很显然，这样的争论和处理大大地影响了前方的军事形势。

"封疆案"以后，跟着就是魏忠贤对东林党人的屠杀。因为一些在朝的东林党人认为魏忠贤这样胡搞不行，就向皇帝写信控告他的罪恶。当时有杨涟等人列举了他的二十四条罪状。这些东林党人的行为得到了其他官员的支持。这样，东林党和阉党就面对面地斗争起来。由于魏忠贤军权在握，又指挥了特务，而东林党人缺乏这两样武器，结果大批的东林党人被杀。当时被杀的有杨涟、左光斗、周顺昌、黄尊素、缪昌期等。其中周顺昌在苏州很有声望，当特务逮捕他的时候，苏州的老百姓站出来保护他。最后这次人民的斗争还是失败了，人民吃了苦头，周顺昌被带到北京杀害了。

熹宗死了以后，明朝最后的一个皇帝——崇祯皇帝比他哥哥清楚一点，他把魏忠贤这伙人收拾了，把一些阉党分子都杀了（魏忠贤是自己上吊死的）。但是这场斗争是不是停止了呢？没有停止，东林党人跟魏忠贤的余孽在崇祯十七年（1644）的时候还在继续斗争。崇祯五年（1632），一些东林党人的后代跟与东林党有关系的地方上的知识分子组织了一个团体，叫作“复社”，以后又有“几社”，有大批青年知识分子参加。表面上他们是以文会友，写文章，写诗，是学术研究组织，实际上有政治内容。大家可能看过《桃花扇》这出戏，这出戏里的侯朝宗、陈贞慧、吴应箕、冒辟疆四公子都是复社里面的人。当时李自成已经占领了北京，崇祯上吊死了。这个消息传到了南方，没有皇帝怎么办？这时一些阉党人物就想拥小福王（由崧）来做皇帝。原来万历把最喜欢的那个儿子福王（常洵）封在河南洛阳，这是老福王。这个人很坏，在他封到洛阳时，万历给他四万顷土地，河南的土地不够，还把邻省的土地也给了他。老百姓都恨透了。李自成进入洛阳以后，把老福王杀掉了。小福王由崧（这也不是个正派人）逃到南京。当时在南京掌握军事实权的是过去和魏忠贤有关系的阉党人物马士英，替他出主意的也是一个阉党分子，叫阮大铖，他们把小福王抓到手中，把他捧出来做皇帝。可是政府里面另外一批比较正派的人，像史可法、高弘图、姜日广等主张立潞王（常淓）做皇帝。这个人比较明白清楚。但马士英他们先走了一步，硬把福王捧出来做了皇帝。这样，在南京小朝廷里又发生了东林党与非东林党之争。因为马士英和阮大铖是当权的，史可法被排挤出去，去镇守扬州。在清军南下的时候，史可法坚决抵抗，在扬州牺牲了。马士英和阮大铖在南京搞得不像样，清军一步步逼近南京。这时候小福王在做什么呢？在跟阮大铖排戏。也就在这个时候，上面说的四公子就起来反对阮大铖，他们出布告，揭露阮大铖过去是魏忠贤的干儿子，名誉很不好，做了很多坏事，不能让他在政府里当权。号召大家起来反对他。南京国子监的学生也支持他们的主张，这样就形成一个学生运动。侯朝宗这些人虽然得到广大知识分子的支持，但是他们根本没有实力。而马士英、阮大铖有军事力量。结果有的人被逮捕了，有的人跑掉了。不久之后，清军占领南京，小福王的政权也就被消灭了。

党争从1594年开始，一直到1645年，始终没有停止过。无论是在政治问题上，还是在军事问题上，都争论不休。这种争论是什么性质的呢？这是地主阶级内部的矛盾。开始是东林党和齐、楚、浙三党之争，后来演变为东林党与阉党之争。由于东林党的主张在某些方面是有利于当时的生产和发展的，因此得到了人民的支持。但是反过来说，所有的东林党人都反对农民起义，这是他们的阶级本质决定的。譬如史可法这个历史人物，从他最后这段历史来说是应该肯定的。那时候，清军南下包围扬州，他的军事力量很薄弱，也得不到南京的支持，孤军据守扬州。但他宁肯牺牲不肯投降。这是有民族气节的人，也就是毛主席所说的有骨气。我们中国人是有骨气的，史可法就是这种有骨气人的代表。但是他以前的历史就不好追究了。他以前干什么呢？镇压农民起义。在阶级斗争极为尖锐的时候，这些人的阶级立场是极为清楚的，反对农民起义，镇压农民起义。即使在他抗拒清军南下的时候，还要反对农民起义。有没有同情农民起义呢？没有。不可能要求统治者来同情被统治者的反抗。

对于这样一段党争的历史，要具体分析，具体研究。党争跟明朝的政治制度有关系。明太祖在洪武十三年（1380）取消了宰相，取消了中书省，搞了几个机要秘书到内廷来办事情。到明成祖时搞了个内阁，这是个政府机构。内阁的权力越来越大，代替了过去的宰相，虽然没有宰相之名，但是有宰相之实。至于给皇帝个人办事的有秘书，就是在宫廷里面设立一个机构，叫作“司礼监”。这是一个内廷机构，不是政府机构。司礼监有一个秉笔太监，皇帝要看什么政府报告，让秉笔太监先看；皇帝要下什么书面指示，也让秉笔太监起稿。皇帝年纪大一些、知识多一些的，能辨别是非，是不是同意，他自己有主见。可是一些年轻的皇帝就搞不清楚，结果司礼监的秉笔太监就操纵政治，掌握了政权。因为用人和行政的权力都给了司礼监，结果形成了明朝后期的太监独裁。在明朝历史上有很多坏太监，像明英宗时代的王振、明武宗时代的刘瑾、天启时代的魏忠贤等。太监当家的结果，造成了政府与内廷之争，也就是统治阶级内部地主阶级知识分子与太监争夺政权的斗争。明朝后期五十年的东林党之争就是在这样的背景下进行的。

随着太监权力的扩大，不但中央被他们控制了，地方也被他们控制了。洪武十三年（1380）以后，地方上设有三司（都指挥使司、布政使司、按察使司）。三司是各自独立的，都受皇帝的直接指挥。到了永乐时代，当一个地区发生了军事行动，像农民起义或其他的群众斗争爆发的时候，这三个司往往意见不统一，各管各的。结果只好由中央政府派官员去管理这个地方的事。这个官叫巡抚。巡抚是政府官员，常常由国防部副部长即兵部侍郎担任。巡抚出去巡视各个地方，事情完了就回来。可是由于到处发生农民战争和民族与民族之间的战争，这个官去了以后就回不来了，逐渐变成一个地方的常驻官了。因为巡抚是中央派去的，所以他的地位在三司之上。过去三司使是地方上最大的官，现在三司使上面又加了一个巡抚。但这能不能解决问题呢？还是不能解决问题。为什么呢？因为巡抚只能指挥这一个地区的军事行动，比如浙江的巡抚就只能管浙江这一个地方。可是遇到军事行动牵涉几个省的时候，这个巡抚就不能管了。于是又派比巡抚更高的官，即派国防部部长——兵部尚书出去做总督。总督管几个省或一个大省。有了总督之后，巡抚就变成第二等官了，三司的地位则更低了。可是到了明朝后期，总督也管不了事。为什么呢？因为战争扩大了，农民战争和辽东的战争往往牵涉到五六个省。五六个省就往往有五六个总督，谁也管不了谁。结果只好派大学士出去做督师。总督也归他管。这是一方面。另一方面，明朝为了镇压各地人民的反抗，就派军官到各地去镇守，叫作总兵官，也就是总指挥。统治者对总兵官不放心，怕他搞鬼，因此总是派一个太监去监督，叫作监军。哪个地方有总兵官，哪个地方就有监军。监军可以直接向皇帝写报告，因为他是皇帝直接派出去的。因此，不但总兵官要听他的话，就是像巡抚这一类的地方官也要听他的话。这样，就形成了中央和地方都是太监当家的局面，明朝的政治变成太监的政治了。此外，明朝的皇帝贪图享受，为了满足自己生活上的欲望，哪个地方收税多就派一个太监去，哪个地方有矿藏也派一个太监去，叫作“税使”“矿使”。全国的主要矿区，东北起辽东，西南到云南，以及武汉、苏州等大城市都有税使、矿使搜刮民脂民膏。这些太监很不讲道理，他们的任务就是弄钱。他们根本不懂得什么矿，更不懂得怎么开采，却要开矿。只要听说这个地方有金矿就要开，而且规定要在这里开三百两、五百两。如果开不出来怎么办？就要这个地方的老百姓来赔。老百姓要反抗，他就说你的房子下面有矿，把房子拆了开矿。收税也很厉害。苏州有很多机户，纺织工人数量很大。他们要加税，每一张织机要加多少钱。老百姓交不起就请愿。请愿也不行。结果就起来反抗，把太监打死，形成市民暴动。苏州市民暴动出了一个英雄人物，叫作葛贤。这个人后来被杀了。因为明朝政府要屠杀参加暴动的市民，他挺身而出顶住了。不仅在苏州，在武汉、辽宁、云南各个地方都发生了市民暴动。有的地方把太监赶跑了，有的地方把太监下面的人逮住杀了。市民暴动是明朝后期历史的一个特征。人民的生活日益困难，不但农民活不下去，城市工商业者也活不下去了，他们便起来反对暴政。

因此，当时一些比较有见解的政治家，就在政治上提出了一些主张。譬如大家知道的海瑞就是这样。他提出了什么主张呢？他做苏州巡抚时，管理江苏全省和安徽一部分。这个地区的土地情况怎样呢？前面说到明朝初年土地比较分散，阶级斗争比较缓和。可是一百多年以后，情况改变了，土地全部集中在大地主、大官僚的手中，而且越来越集中。就在海瑞所管辖的地区松江府，出了一个宰相叫徐阶，他就是一个大地主，家里有二十万亩土地。土地都被大地主占有，农民没有土地，只能逃亡。土地过分集中的结果，使农民活不下去，阶级矛盾越来越尖锐。海瑞看出了毛病，他想缓和这种情况。当然，他不能也不知道采取革命的手段。他采取什么办法呢？他认为要解决人民的生活问题，要使人民不去搞武装斗争反对政府，就必须使这些穷人有土地可种。土地从哪里来呢？土地都在大地主手里，而大地主能取得这些土地，主要的手段是非法强占。因此他提出这样一个政治措施：要求他管辖地区内的大地主阶级，凡是强占的土地一律退还给老百姓，使老百姓多多少少有一些土地可以耕种，能够活下去。这样来缓和阶级矛盾。他坚决主张这种做法。这一来，大地主阶级就联合起来反对他，结果这个苏州巡抚只做了半年多就被大地主阶级赶跑了。海瑞的办法能不能解决当时的土地问题？当然不可能。把大地主阶级强占的一部分土地归还给老百姓能不能稍微缓和一下阶级矛盾呢？可以缓和一下。可是办不到，因为地主阶级不肯放弃他们已经到手的东西。海瑞是非失败不可的。类似海瑞这样的政治家当时还有没有呢？有的。他们也感到了阶级矛盾和阶级斗争的严重性，认为这个政权维持不下去。但是能不能提出一个解决的办法呢？谁也没有办法。不但统治阶级，就连农民起义的领袖也提不出解决的办法来。

阶级矛盾日益尖锐的结果，最后形成了明末的农民大起义。崇祯时期，各地方的农民都起来斗争，最后形成两支强大的军事力量，一支以李自成为首，另一支以张献忠为首。他们有没有明确地提出解决阶级矛盾的办法呢？也没有。李自成后期曾经提出“迎闯王，不纳粮”的口号争取广大农民的支持，结果他的队伍一下子就发展到一百多万人，农民、小手工业者、城市贫民都跟着他走。但是不纳粮也不能解决问题。现在有一个材料，就是山东有一个县，李自成曾经统治过那个地方，当时有人主张分田给百姓。分了没有呢？没有分。他提不出明确的办法，不但提不出消灭地主阶级的根本方针，甚至连孙中山那样的“平均地权”的办法也提不出。所以消灭封建剥削，消灭地主阶级这个根本问题，在古代历史上的任何时期都没能解决。不但地主阶级知识分子、官僚提不出解决办法，就是反对封建地主阶级的农民起义领袖也提不出解决的办法，这个问题只有在我们这个时代才能解决。我们研究过去的农民革命、农民起义时，不能把我们今天的思想意识强加于古人。我们这个时代能办到的事，不能希望古人也能办到。否则就是非历史主义的观点。目前史学界在有些问题上存在一些偏向，总希望把农民起义的领袖说得好一些，说得完满一些，不知不觉地把自己所理解的东西加在古人身上。这是不科学的、非马克思主义的观点。我们只能根据历史事实来理解、来解释、来研究和总结历史，而不可以采取别的办法。

附带讲一个小问题。前面提到巡按御史，到底巡按御史是个什么官？我们经常看京戏，很多京戏里都有这么一个官。所谓八府巡按，威风得很。他是干什么的呢？我们前面讲过御史，就是十三道御史，是按照行政区划设置的。每一道御史的职务就是监察他这个地区的官吏和政务。同时，中央有一个机构叫都察院。都察院的官吏叫左、右都御史，左、右都御史下面是左、右副都御史，左、右副都御史下面是左、右佥都御史，再下面就是御史和巡按御史。巡按御史是由都察院派出去检查地方工作的。凡是地方官有违法失职的，他们有权提出意见来。他们还可以监察司法工作，有的案子判得不公正，他们可以提出意见。老百姓申冤的，地方官那里不能解决问题，可以到巡按御史这里来告。这就是戏上八府巡按的来源。御史的官位大不大呢？不大，只是七品官。当时县官也是七品官。知识分子考上进士以后，有一批人就分配做御史。御史管的事情很少，可是在地方上有很高的职权。为什么呢？因为他代表中央，代表都察院，是皇帝的耳目之官。建立这样一种制度的目的是什么呢？目的是想通过巡按御史的监察工作，来缓和当时人民和政府之间的矛盾，解决一些问题。贪官污吏，提出来把他罢免；冤枉的案子帮助平反。于是老百姓对这样的官员寄予很大的希望，希望他们能帮助自己申冤。这种愿望，在当时的一些文学作品中得到了反映。虽然这些人在实际政治生活中并没有解决什么问题，但是一些文学家、艺术家在一定程度上反映了人民的要求，创作了许多这类题材的作品，特别是明清两代有很多剧本是反映这个思想的。这些作品大体上有这样一些共同的内容：一类是描写老百姓受了冤枉，被大地主、大官僚陷害，被关起来或者判处了死刑，最后一个巡按给他翻了案。或者是描写皇庄的庄头作威作福，不但庄田范围以内的佃农，就是庄田附近的老百姓也受他们的欺侮。姑娘被抢走了，家里面的东西被抢走了，后来遇上侠客打抱不平，或者清官出来把问题解决了。在明朝后期和清朝前期，有不少的小说、剧本是描写这些恶霸、庄头的残暴行为的。另一类作品反映了当时知识分子的出路问题。当时的知识分子无非是通过考试中秀才、中举人、中进士。中了进士干什么呢？当巡按御史。因此有很多作品是这样的题材：一位公子遇难，在后花园里遇到一位小姐。小姐赠送他多少银子。以后上京考上了进士，当上了八府巡按。最后夫妻团圆。这个时期的文学作品大体上有这几方面的题材，反映了这个时期的政治生活、阶级斗争的一些问题。

建州女真问题

现在讲第一部分的最后一个问题，建州女真问题。建州女真的历史和明朝一样长。在明朝初期和中期的时候，建州女真是服从明朝的。从明朝初年一直到努尔哈赤的时候都是这样，努尔哈赤曾经被明朝封为“龙虎将军”。但是清军入关以后，清朝皇帝忌讳这段历史，他们不愿意让人们知道他们的祖先和明朝有关系。因此，清朝写的一些历史书把这几百年间建州女真和明朝的关系整个取消了，把这段历史的真实情况隐瞒起来，说他们的祖先从来就是独立的，跟明朝没有关系。凡是记载他们的祖先与明朝的关系的历史书，他们都想办法搜来毁掉。《四库全书总目提要》里有一部分禁毁书目，大体上有两类：一类是书里面有某些文章对清朝表示不满的；另一类就是牵涉到清朝的祖先的。这也是一种地方民族主义思想在作怪。因此这一段历史很长时间被埋没了。最近二三十年才有人进行研究。

现在讲讲建州女真这个部族的发展变化。建州在过去叫女真，金朝就是女真族建立的。建州女真就是金的后代。为什么叫建州呢？因为他们居住的地区长白山一带就叫建州。后来努尔哈赤统治了东北，建立了政权，国号仍称为“后金”。到了他儿子的时候才改国号为“清”。建州女真在明朝初年的时候，还没有进入农业社会，还不知道种地，生产很落后，文化当然也很落后。那时他们靠什么生活呢？靠打猎、采人参过活。把兽皮、人参一些特别的物产跟汉人、朝鲜人交换他们所需要的布匹、铁锅一类的东西。所以建州人的经济生活跟汉人、朝鲜人分不开。后来由于人口的增加，对粮食的生产感到很迫切了。但是他们自己不会种，怎么办呢？找汉人、朝鲜人替他们种。于是通过战争把汉人、朝鲜人俘虏过去做他们的奴隶。有大量的汉文和朝鲜文资料说明建州族的农业生产是农奴生产。建州贵族自己是不参加农业劳动的。农奴也不是他们本族人，而是俘虏来的汉人和朝鲜人。

他们通过以物换物的方法从汉人那里取得铁器。到了15世纪后期，他们俘虏了一些汉人铁匠，自己开始开矿、炼铁。有了铁器，生产水平提高了。到了努尔哈赤的时候，通过战争把原来的许多小部族统一起来，定居在辽阳以南一个叫赫图阿拉的地方。努尔哈赤一方面统一了东北的许多部族，另一方面又用很大的力量来接受汉人的文化。在他左右有一批汉族的知识分子。他和过去的封建帝王一样，注意研究历史，接受历史上的经验教训，来制定他的政策方针和军事斗争方针。

上面简单地谈了一下建州女真的社会发展过程。现在我们来讲讲建州女真跟明朝的关系。在明朝初期，建州女真分为三种：分布在现在的松花江一带的叫海西女真，因为松花江原来的名字叫海西江。分布在长白山一带的叫建州女真，因为这些人主要居住在现在的依兰县。这个地方在历史上曾建立过一个国家，叫作“渤海国”。渤海国人把依兰县称为建州，因此住在这个地方的女真人称为建州女真。住在东方沿海一带的叫“野人女真”。“野人女真”的文化最落后。海西和建州又称为熟女真。“野人女真”又称为生女真。“野人女真”经常活动在忽剌温江一带，因此野人女真又称为忽剌温女真，也叫“扈伦”。从历史发展来看，熟女真是金的后代，生女真可能是另一个种族。这三种女真分布的地区大致是这样：东边靠海，西边和蒙古接近，南边是朝鲜，北边是奴儿干（现在的库页岛）。在明朝建国以后，西边就是明朝，南边是朝鲜，北边是蒙古。

在明朝几百年间，东北建州族的历史也就是跟蒙古、朝鲜、明朝三方面发生关系的历史。明朝初期，有一部分建州族住在朝鲜境内，他们和朝鲜的关系很深，有一些酋长还由朝鲜政府封他们的官。同时，这些酋长又和明朝发生关系，明朝也给他们封官号。明朝对这三种女真采取什么政策呢？采取分而治之的政策。所谓分而治之就是不让他们团结成一个力量，依旧保持若干个小的单位。所以从明太祖建国以后起，直到明成祖的几十年间，明朝经常派人到东北地区去，跟三种女真的各个地区的酋长联系，封他们的官，建立了一百多个卫所，用这些酋长充当卫所的指挥使。这样对这些女真族的上层分子有没有好处呢？有好处，他们接受了明朝的官位以后，就得到了一种权力。明朝政府给他们一种许可证，当时叫作“勘合”。有了这种“勘合”就可以在每年一定的时候到明朝边界来做买卖。没有这个东西就不行。对于那些大头头儿，明朝政府就封他们为都督。历史上最早的建州族领袖有这么几个人，一个叫猛哥帖木儿（这是蒙古名字，当时受蒙古的影响），另一个叫阿哈出。这两个人是首先跟明朝来往、受明朝政府封官的。猛哥帖木儿后来成为明朝所建立的建州左卫的酋长，阿哈出是建州卫的指挥使。根据朝鲜的历史记载，阿哈出和明成祖有亲戚关系（这点在汉文的记载中没有）。永乐时代，明朝又派了大批官员到东北库页岛地区建立了一个机构，叫“奴儿干都司”。至此，明朝前前后后在东北地区建立了一百八十四个卫所。这些卫所建立以后，明朝政府有什么军事行动，譬如跟蒙古打仗，这些建州酋长就派兵参加明朝的军队。这样，他们慢慢由原住的地方往西移，越来越靠近辽东（就是现在的辽东半岛）。他们一方面跟明朝的关系很好，另一方面也经常发生矛盾。矛盾表现在两个方面：一个是前面所说的，他们为取得农业和手工业生产的劳动力，就俘虏汉人，这样就引起了冲突；另一个就是通商，物资上的交换得不到满足的时候，也发展成为军事冲突。同样，建州和朝鲜的关系也是如此，有和平时期，也有战争时期。

经过几十年以后，原来的一百八十四个单位发生了变化，有的小单位并到大单位里去了，单位的数目减少了，但是军事力量却强大起来。在这种情况下，建州族某些酋长有时就依靠朝鲜来抗拒明朝，有时又依靠明朝来抗拒朝鲜。结果，明朝政府便跟朝鲜政府商量，在1438年，两方面的军队联合起来打建州，杀了一些建州领袖。建州因为遭受到这次损失，在原来的地方待不下去了，于是就搬到浑河流域，在赫图阿拉的地方住下来。原来左右卫是分开的，到了这里以后，两个卫所合在了一起。这样，它的力量反而比过去更强大了。到了万历时代，右卫酋长王杲和他的儿子阿台跟明朝发生了冲突。当时明朝在东北的军事总指挥叫李成梁。他是朝鲜族人，是一个很有名的军事将领。他把王杲、阿台包围起来。右卫被包围了，而左卫酋长觉昌安和他的儿子塔克世是依靠明朝的，他们给李成梁当向导。结果明朝的军队大举向右卫进攻，把王杲、阿台杀死了。同时把觉昌安、塔克世也杀死了。塔克世的儿子是谁呢？就是努尔哈赤。所以努尔哈赤以后起兵反对明朝时提出了七大恨，其中有一条就是明朝把他的父亲和祖父杀害了。

努尔哈赤在他父亲和祖父死时还很年轻，当时部族里剩下的人很少了，明朝后期的历史记载说是李成梁把他收养下来。所以他从小就接受了汉族文化。长大以后，他就把自己部族的力量组织起来。他采取依靠明朝的方针，把建州族俘虏的汉人奴隶送回给明朝。这样便取得了明朝政府的信任。1587年，他靠自己的军事力量把附近地区的部族吞并了。1589年被明朝封为都督，力量得到了发展。这个时候，建州部族里面另外两支强大的军事力量发生冲突和残杀，努尔哈赤就利用这次冲突来发展自己的实力。日本侵略朝鲜的时候，他表示愿意帮助明朝打日本。结果明朝和朝鲜都拒绝了他。1595年，明朝政府封努尔哈赤为龙虎将军，他成了东北地区军事实力最强大的领袖。

正当努尔哈赤的力量越来越强大的时候，明朝政府内部发生了许多问题。1589年，播州土司起兵反抗明朝，打了十几年的仗。1592年在现在的宁夏地区，少数民族的反抗又引起了战争。同一年丰臣秀吉侵入朝鲜，接连打了七年仗。在这样的情况下，明朝自己的问题很多，就顾不上努尔哈赤了。努尔哈赤利用这个机会更加积极地发展自己的力量，统一各个部族。他统一的方法有两个：一个办法是用军事力量征服；另一个办法是通婚，通过婚姻关系把许多部族组织起来。到了1615年，东北辽东半岛以东的大部分地区已经被努尔哈赤统一了。军事力量壮大以后，他建立了自己的军事制度。1600年，他规定三百人组成一个牛录

（大箭的意思）。1615年又进一步把五个牛录组成为一个甲喇，五个甲喇组成为一个固山。他一共有四个固山。每一个固山有一面旗。分为红、黄、蓝、白四个旗，共有三万兵力。后来军事力量更加强了，俘虏更多了，于是又增加了四个旗，就是镶红旗、镶黄旗、镶蓝旗、镶白旗。一共为八个旗。后来征服了蒙古族，组成了蒙古八旗。再后来又把俘虏的汉人组成汉军八旗。他的军事组织跟生产组织是统一的，每一个牛录（三百人）要出十人四头牛来种地，每家要生产一些工艺品。1659年开始开金矿、银矿，并建立了冶铁手工业。这一年他创造了文字，用蒙古文字和建州语创造了一种新的文字。这种文字后来就成为老满文。加上标点就变成新满文。1616年（万历四十四年），努尔哈赤自称为皇帝，国号“后金”，年号“天命”，他认为他的一切都是上天的指示。他这个家族自己搞了一个姓，叫“爱新觉罗”。爱新觉罗是什么意思呢？在建州话里，爱新是金，觉罗是族，就是金族。用这个来团结组织东北女真族的力量。从他的国号和姓就说明他是继承金的。两年以后，他出兵攻打明朝。以上讲的就是努尔哈赤以前东北建州的具体情况。这些情况说明什么呢?

（1）建州这个部族并不是像清朝的史书上所记载的那样，是从努尔哈赤才开始的。而是从明朝初年起，建州族就在东北地区活动。

（2）建州和明朝、蒙古、朝鲜三方面都有关系。可以明显地看出，猛哥帖木儿就是蒙古名字。汉、蒙古、朝鲜的文化对它都有影响。它接受了这几方面的东西提高了自己。

（3）明朝对东北女真族的政策是分而治之，但这个政策后来失败了。女真各部要求团结，从生活和文化的提高来说，从加强军事力量来说，都需要团结在一起。尽管中间遭到一些挫折，但是并不能阻止三种女真的团结。努尔哈赤一生的活动主要是为了实现这个愿望，他统一了东北许多部族。统一是好事还是坏事呢？应该说是好事情，不是坏事。努尔哈赤统一东北的各个部族，在民族发展的历史上是有贡献的。

（4）东北建州部族社会发展的过程是：初期过着游牧生活，不善于耕种。后来俘虏汉人、朝鲜人去耕种，有了农业生产；同时也懂得了使用铁器、生产铁器，初步提高了自己的生活水平和生产水平。努尔哈赤取得了沈阳、辽阳以后，封建化的过程加快了，在很大的程度上接受了汉人的文化和生产方式。但是必须了解，建州族在其发展过程中是有自己的特点的。上面所说的八旗，表面上是军事组织，实际上是社会组织和生产组织，这三者是统一的。八旗军队在出去打仗的时候，明确规定俘虏到的人口和物资应该拿出一部分交给公家，剩下的才归自己。在努尔哈赤时代，八旗的头子还都有很大的权力，许多事情要经过他们共同商量，取得他们的同意后才能做出决定。这种情况一直到努尔哈赤的儿子清太宗的时候才改变，才提高了皇帝的地位。而把八旗首领的地位降低了。

最后讲讲“满洲”这个名字的来源问题。这个名字到底是从什么地方来的？现在还没有完全解决。根据明朝的历史记载，在清太宗以前从来没有出现过“满洲”这个名字。一直到清太宗时才称“满洲”，后来又称为“满族”。在外国的地图上把中国的东北叫满洲，后来我们自己也跟着外国人这样叫。现在可能的解释是：建州族信仰佛教，佛教里有一个佛叫作“文殊”，满族人把文殊念作“满住”。1348年明朝跟朝鲜合起来打建州，很多建州人被杀，其中有一个领袖就叫李满住（女真族里有不少人叫满住，用宗教上的名词作为自己的名字）。可能“满洲”就是从“满住”演变而来的。从“文殊”演变为“满住”，又从“满住”演变为“满洲”。这是一个试探性的解释，还不能说是科学的结论。其他方面的材料还没有。因此，究竟为什么叫“满洲”，现在还不能下最后的结论。

以上我们介绍了建州的一些情况。我们对待汉族和满族的关系，也应该像对待汉族和蒙古族的关系一样。在明朝，汉族和满族之间是打过仗，但是更多的时候是不打仗的。清太宗改国号为清，到清世祖顺治元年（1644）入关，正式建立了清朝。清朝统治中国二百多年，它是中国历史上最后的一个王朝。清朝末年一些革命党人进行反满斗争，出了不少的书，宣传清朝的黑暗统治，宣传反满。这在那个时期是必要的。可是经过几十年，到了现在我们如果还是这样来对待满族就不应该了。我们是多民族的国家，各个民族一律平等。一方面要承认清朝进行过多次非正义的战争，有过黑暗统治；另一方面也要承认清朝统治的二百多年并不都是黑暗时代，其中有的时期的历史是很辉煌的。譬如像康熙、乾隆时代就是清朝的全盛时代，这个时代不但巩固了国家的统一，而且有所发展。我们中国今天的疆域是什么时候造成的？是康熙、乾隆时代奠定的。我们继承了他们的遗产。所以毛主席说："今天的中国是历史的中国的一个发展……我们不应当割断历史。"我们对清朝的历史必须要有公正的评价，对康熙、乾隆巩固国家的统一、发展国家的统一也要有公正的评价。应该给它以应有的尊重。不但对历史应该给予应有的尊重，今天在民族关系上也应该注意这点。中华人民共和国成立以后，中央曾经发出过这样的指示，就是"满清"两个字不要连用。清朝就是清朝，满族就是满族。要把清朝统治者和广大的满族人民区别开，并不是所有的满族人都是清朝的统治者。满族人民在清朝统治下同样是受剥削、受压迫的。至于清朝统治者，他们做过坏事，但是在有些事情上也做过好事，而且做了很大的好事。应该从历史事实出发，好就是好，不好就是不好。

论晚明“流寇”

明末“流寇”的兴起，是一个社会组织崩溃时必有的现象，像瓜熟蒂落一样，即便李自成、张献忠这样的暴民领袖不出来，那由贵族太监官吏和地主绅士所组成的统治集团，也已经腐烂了，僵化了，肚子吃得太饱了，搜括到的财富已经堆积得使他们窒息了，只要人民能够自觉团结成为伟大的力量，要求生有的权利，这一个高高的挂在半空中的恶化的无能的机构，是可以一蹴即倒的。

朱明政权的被消灭，被消灭于这个政权和人民的对立，杀鸡求卵。被消灭于财富分配的不均，穷人和地主的对立。在三百年前，崇祯十七年（1644）正月兵科都给事中曾应遴明白地指出这现象，用书面方式警告政府当局，他说：“臣闻有国家者不患寡而患不均，不患贫而患不安。今天下不安甚矣，察其故原于不均耳。何以言之？今之绅富率皆衣租食税，安坐而吸百姓之髓，平日操奇计赢以役愚民而独拥其利，有事欲其与绅富出气力，同休戚，得乎？故富者极其富而至于剥民，贫者极其贫而甚至于不能聊生，以相极之数，成相恶之刑，不均之甚也。”富者愈富，贫者愈贫，绅富阶级利用他们所有的富力和因此而得到的特殊政治势力，加速地加重地剥削和压迫农民，吸取最后的一滴血液，农民穷极无路，除自杀、逃亡以外，唯一的活路就是起来反抗，团结起来，用暴力推翻这一集团的吸血鬼，以争得生存的权利。

17世纪初年的农民反抗运动，日渐开展，得到一切被压迫人民的支持、参与，终于广泛地组织起来，用生命去搏斗，无情地对统治集团进攻，加以打击，消灭。这运动，被当时的统治集团和后来的正统派史家称为“流寇”。

“流寇”的发动、成长和实力的扩充，自然是当时统治集团所最痛心疾首的。他们有的是过分的充足的财富，舒服，纵逸，淫荡，美满而无耻的生活。他们要维持现状，要照旧加重剥削来维持欲望上更自由的需要，纵然已有的产业足够子子孙孙的社会地位的保证，但仍然像饥饿的狼，又馋又贪，永远无法满足。然而，当前的变化明朗化了，眼见得被消灭，被屠杀了，他们不能不联合起来，用一切可能的方法，加强统制，加强武力，侮蔑、中伤对方，做最后的挣扎。同时，集团的利益还是不能消除个人利害的冲突，这一集团的中坚分子，即使在火烧眉睫的时候，彼此间还是充满了嫉妒、猜疑，钩心斗角，互相算计。在三百年前，北平的形势最紧张的时候，政府请勋贵大臣富贾巨商献金救国，话说得极恳切，希望自己人能自己想办法，可是，结果，最著名的一个富豪出得最少，他是皇帝的亲戚，皇帝、皇后都动了气，才添了一点点，其他的人自然不会例外，人民虽然肯尽其所有报效国家，可惜的是他们早已被榨干了。三月十九日北平陷落后，这些悭吝的高贵的人们，经过毫无怜悯的几夹棍、几十板子，大量的金子银子珠宝被搜出以后，一批一批地斩决，清算了他们对人民所造的孽债。皇宫被占领以后，几十间尘封灰积的库房也打开了，里面堆满了黄的金子、白的银子！皇宫北面的景山，一棵枯树下，一条破席子，躺着崇祯皇帝和他忠心的仆人的尸身！

站在相反的场合，广大的农民群众，他们是欢迎“流寇”的，因为同样是在饥饿线上挣扎的人们。举几个例子，山西的许多城市，没有经过什么战斗便被占领了，因为饿着肚子的人们到处都是，他们做内应，做先遣部队，打开城门，请“敌人”进来。山东河南的城市，得到“流寇”的安民牌以后，人民恨透了苛捐，恨透了种种名目的征输，更恨的是在位的地方官吏，他们不约而同，一窝蜂起来赶走了地方官，持香设酒，欢迎占领军的光临，有的地方甚至悬灯结彩，远近若狂。又如宣府是京师门户，北方重镇，被围以后，巡抚朱之冯悬重赏募人守城，没人理会。再三申说，城中的军民反而要求准许开城纳款，朱之冯急了，自己单独上城，指挥炮手发炮，炮手又不理会，毫无办法，急得自己点着火线，要发炮，又被军民抢着拉住手，不许放，他只好叹一口气说："人心离叛，一至如此！"

由于政治的腐败，政府军队大部分是勇于抢劫、怯于作战的，他们不敢和"流寇"正面相见，却会杀手无寸铁的老百姓报功，"将无纪律，兵无行伍，淫污杀劫，惨不可言，尾贼而往，莫敢奋臂，所报之级，半是良民"。民间有一个譬喻，譬"流寇军"如梳，政府军如栉，到这田地，连剩下些过于老实的良民也不得不加入"流寇军"的集团去了。名将左良玉驻兵襄樊，奸淫掳掠，无所不为，老百姓气哭，半夜里放火烧营房，左良玉站不住脚，劫了一些商船逃避下游，左兵未发，老百姓已在椎牛设酒欢迎"流寇"了。其他一些将领，更是尴尬，马扩奉命援凤阳，凤阳被焚劫了四天以后，敌人走了，他才慢慢赶到。归德已经解围，尤玘才敢带兵到城下，颍、亳、安、庐一带的敌人已经唱着胜歌凯旋了，飞檄赴援的部队，连影子也看不见。将军们一个个脑满肠肥，要留着性命享受用人格换来的财富，士兵都是出身于贫困阶层的农民，穿不暖，吃不饱，面黄肌瘦，走路尚且艰难，更犯不着替剥削他们的政权卖命，整个军队的纪律破坏了，士气消沉，军心涣散，社会秩序，地方安宁都无法维持，朱明政权也不能不随之解体了。

"流寇"的初起，是各地方陆续发动的，人自为战，目的只在不被饥饿所困死。后来势力渐大，兵力渐强，政府军每战必败，才有推翻统治集团的企图。最后到了李自成在1643年渡汉江陷荆襄后，恍然于统治集团的庸劣无能，才决定建立一新政权，从此便攻城守地，分置官守，做争夺政权的步骤，一反过去流窜的作风，果然不到两年，北京政府便被消灭，长江以北大部分被放在新政权之下。这是在李自成初起时所意料不及的。其实与其说这是李自成的成功，还不如说是社会经济的自然崩溃比较妥当。

分析朱明政权的倾覆，就政府当局说，最好的评论是戴笠的《流寇长篇序》，他说："主上则好察而不明，好佞而恶直，好小人而疑君子，速效而无远计，好自大而耻下人，好自用而不能用人。廷臣则善私而不善公，善结党而不善自立，善逢迎而不善执守，善蒙蔽而不善任事，善守资格而不善求才能，善大言虚气而不善小心实事。百年以来，习以为然。有忧念国事者则共诧之如怪物。”君臣都是亡国的负责人，独裁、专制，加上无能的结果是自掘坟墓。

就整个社会组织的解体来说，文震孟在1635年上疏《论致乱之源》说：“堂陛之地，猜欺愈深，朝野之间，刻削日甚。缙绅蹙靡骋之怀，士子嗟束湿之困。商旅咨叹，百工失业，本犹全盛之海宇，忽见无聊之景色，此致乱之源也。”他又指出政府和人民的对立：“边事既坏，修举无谋，兵不精而日增，饷随兵而日益，饷重则税重，税重则刑繁，复乘之以天灾，加之以饥馑，而守牧惕功令之严，畏参罚之峻，不得不举鸠形鹄面无食无衣之赤子而笞之禁之，下民无知，直谓有司仇我虐我，今而后得反之也，此又致乱之源也。”驱民死地，为丛殴雀，文震孟是政府的一员大官，统治集团的一个清流领袖，委婉地说出致乱之源是由政府的上下当局所造成的，官逼民反。

正面的指斥是李自成的檄文，他指斥统治集团的罪状说：“明朝昏主不仁，宠宦官，重科第，贪税敛，重刑罚，不能救民水火，日罄师旅，掳掠民财，奸人妻女，吸髓剥肤。”完全违反农民的利益，剥夺人民的生存权利，接着他特别提出他是代表农民利益，而且他本身是出身农民阶层的，他说：“本营十世务农良善，急兴仁义之师，拯民涂炭，士民勿得惊惶，各安生理。各营有擅杀良民者，全队皆斩。”他提出鲜明的口号：“吃他娘，着他娘，吃着不尽有闯王，不当差，不纳粮！”以除力役，废赋税，保障生活为号召，以所掠得统治集团的财富散给饥民，百姓喜欢极了，叫这政府所痛恨的军队为“李公子仁义兵”。他标着鲜明的农民革命的旗帜，向统治集团做致命的打击。在这情势下，对方还是执迷不悟，茫然于当前的危机，抱定对外和平，对内高压的政策，几次企图和关外对峙的建州部族，讲求以不失面子为光荣的和平，只用一小部分军力在山海关内外，堵住建州入侵的门户，做消极的防卫，对内却用全力来消灭“流寇”。同时，内部又互相猜嫌排斥，“有忧念国事者则共诧之如怪物”，继续过着荒淫无耻的生活。对人民则更加强压迫，搜括出最后的血液，驱其反抗。政府和人民的对立情势达于尖锐化，以一小数的腐烂的统治集团来抵抗全体农民的袭击，自然一触即摧，朱明的政权于此告了终结。

17世纪前期的政府和人民的对立，政府军包围，追逐“流寇”，两个力量互相抵消，给关外的新兴的建州部族以可乘之机，乘虚窜入，建立了大清帝国。这新政权的本质是继承旧传统的，又给铲除未尽的地主绅富以复苏的机会，民族的进展活力又被窒息了三百年！

附带地提出两件事实：

其一是距今三百零一年前的七月二十五日，当外寇内乱最严重的时候，江苏枫桥，举行空前的赛会，绅衿士庶男女老幼，倾城罢市，通国若狂。

其二是距今三百年前的四月初二，江苏吴江在得到北都倾覆的消息以后，举行郡中从来未有的富丽异常的赛会。

这两次亡国的狂欢之后，接着就是嘉定三屠，扬州十日！

一九四四年三月

第二章 资本主义萌芽：近代化曙光的出现

明初社会生产力的发展

一、农业生产的恢复和发展

“地主阶级对于农民的残酷的经济剥削和政治压迫，迫使农民多次举行起义，以反抗地主阶级的统治。从秦朝的陈胜、吴广、项羽、刘邦起，中经汉朝的新市、平林、赤眉、铜马和黄巾，隋朝的李密、窦建德，唐朝的王仙芝、黄巢，宋朝的宋江、方腊，元朝的朱元璋，明朝的李自成，直至清朝的太平天国，总计大小数百次的起义，都是农民的反抗运动，都是农民的革命战争。中国历史上的农民起义和农民战争的规模之大，是世界历史上所仅见的。在中国封建社会里，只有这种农民的阶级斗争、农民的起义和农民的战争，才是历史发展的真正动力。因为每一次较大的农民起义和农民战争都打击了当时的封建统治，因而也就多少推动了社会生产力的发展。”[①]

明初的社会生产力的发展是元末农民起义的结果，它首先表现在农业生产的恢复和发展方面。

经过二十年长期战争的破坏，人口减少，土地荒芜，是明朝初年的普遍现象。例如，唐宋以来的交通要道、繁华胜地的扬州，为青军（又名一片瓦、长枪军，是地主军队）元帅张明鉴所据，军队搞不到粮食，每天杀城里的老百姓吃。龙凤三年（1357）朱元璋部将缪大亨攻克扬州，张明鉴投降，城中居民仅余十八家。新任知府以旧城虚旷难守，只好截西南一隅筑而守之。[②]如颍州，从元末韩咬儿在此起义以后，长期战乱，民多逃亡，城野空虚。[③]特别是山东、河南地区，受战争破坏最重，“多是无人之地”[④]。洪武元年（1368）闰七月大将军徐达率师发汴梁，徇取河北州县，时兵革连年，道路皆榛塞，人烟断绝。[⑤]有的地方，积骸成丘，居民鲜少。[⑥]洪武三年（1370），济南府知府陈修和司农官报告：北方郡县近城之地多荒芜。[⑦]到洪武十五年（1382）晋府长史致仕桂彦良还说，“中原为天下腹心，号膏腴之地，因人力不至，久致荒芜”。二十一年（1388）河北诸处，还是田多荒芜，居民鲜少。三十年（1397）常德、武陵等十县土旷人稀，耕种者少，荒芜者多。[⑧]名城开封，以户粮数少，由上府降为下府。[⑨]洪武十年（1377），以河南、四川等布政司所属州县，户粮多不及数，凡州改县者十二，县并者六十。十七年（1384）令凡民户不满三千户的州改为县者三十七。[⑩]

---

①《毛泽东选集》卷二第625页。

②《明太祖实录》卷五。

③《明太祖实录》卷三三。

④顾炎武：《日知录》卷一〇，《开垦荒地》。

⑤《明太祖实录》卷二九。

⑥《明太祖实录》卷一七六。

⑦《明太祖实录》卷五三。

⑧《明太祖实录》卷一四八、二五〇。

⑨《明太祖实录》卷九六、一九三。

⑩《明太祖实录》卷一一二、一六四。

针对这种情况，朱元璋于吴元年（1367）五月下令，凡徐、宿、濠、泗、寿、邳、东海、襄阳、安陆等郡县及今后新附土地人民，桑麻谷粟税粮徭役，尽行蠲免三年，让老百姓喘一口气，把力量投入生产。[①]集中力量，振兴农业，用移民屯田、开垦荒地的办法调剂人力的不足。兴修水利，种植桑棉，增加农业生产的收入。官给耕牛种子，垦荒地减免三年租税，遇灾荒优免租粮等措施，解决农民的困难。此外，还设立预备仓、养济院等救济机关。

他常说："四民之中，莫劳于农，观其终岁勤劳，少得休息。时和岁丰，数口之家犹可足食，不幸水旱，年谷不登，则举家饥困……百姓足而后国富，百姓逸而后国安，未有民困穷而国独富安者。"[②]又说："夫农勤四体，务五谷，身不离畎亩，手不释耒耜，终岁勤动，不得休息。其所居不过茅茨草榻，所服不过练裳布衣，所饮食不过菜羹粝饭，而国家经费皆其所出……凡一居处服用之间，必念农之劳，取之有制，用之有节，使之不致于饥寒，方尽为上之道。若复加之横敛，则民不胜其苦矣。"[③]政府收入主要来自农村，粮食布帛棉花、人力都靠农民供给，农业生产如不恢复和发展，这个政权是支持不下去的。

移民的原则是把农民从窄乡移到宽乡，从人多田少的地方移到人少地广的地方。洪武三年（1370）六月，徙苏州、松江、嘉兴、湖州、杭州无业农民四千多户到濠州种田，给牛具种子，三年不征其税。又移江南民十四万户于凤阳。九年（1376）十月徙山西及真定民无产者于凤阳屯田。十五年（1382）九月迁广东番禺、东莞、增城降民二万四千四百余人于泗州屯田。十六年（1383）迁广东清远瑶民一千三百七人于泗州屯田，以上皆为繁荣起义根据地及其附近的措置。二十一年（1388）八月山东、山西人口日繁，迁山西泽、潞二州民之无田者往彰德、真定、临清、归德、太康诸处闲旷之地，置屯耕种。二十二年（1389）以两浙

①《明太祖实录》卷一八。

②《明太祖实录》卷二五〇。

③《明太祖实录》卷二二。

民众地狭，务本者少而事末者多，命杭、湖、温、台、苏、松诸郡民无田者许令往淮河以南滁、和等处起耕。山西贫民徙居大名、广平、东昌三府者，凡给田二万六千七十二顷。二十五年（1392）徙山东登、莱二府贫民五千六百三十五户就耕于东昌，二十七年（1394）迁苏州府崇明县无田民五百余户于昆山开种荒田。二十八年（1395）青、兖、登、莱、济南五府民五丁以上及小民无田可耕者起赴东昌，编籍屯种，凡一千五十一户，四千六百六十六口。到二十八年（1395）十一月东昌三府屯田迁民共五万八千一百二十四户，政府收租三百二十二万五千九百八十余石，棉花二百四十八万斤。彰德等四府屯田凡三百八十一处，屯田租二百三十三万三千三百一十九石，棉花五百零二万五千五百余斤。[①]凡移民垦田都由政府给予耕牛种子路费。洪武三年（1370）定制，北方郡县荒芜田地，召乡民无田者垦辟，户给十五亩，又给地二亩种蔬菜，有余力的不限顷亩，皆免三年租税。其马驿巡检司急递铺应役者，各于本处开垦，无牛者官给之。若王国所在，近城存留五里以备练兵牧马，余处悉令开耕。[②]又令凡开垦荒田，各处人民先因兵燹遗下田土，他人开垦成熟者听为已业。业主已还，有司于附近荒田拨补。复业人民现在丁少而原来田多者，不许依前占护，只许尽力耕垦为业。见今丁多而原来田少者，有司于附近荒田验丁拨付。[③]洪武二十四年（1391）令公侯大官以及民人，不问何处，唯犁到熟田，方许为主。但是荒田，俱系在官之数。若有余力，听其再开。又令山东概管农民，务见丁著役，限定田亩，著令耕种。敢有荒芜田地流移者，全家迁发化外充军。二十八年（1395）令，二十七年（1394）以后新田地，不论多寡，俱不起科（收田租），若地方官增科扰害者治罪。鼓励人民大力开垦。[④]

也有从少数民族地区移民到内地屯垦的，如徐达平沙漠，徙北平

①《明太祖实录》卷二二三、卷二三六、卷二四三；《明史》卷七七，《食货志》卷一。

②《明太祖实录》卷五三。

③《大明会典》卷一七，《户部田土》。

④《大明会典》；《明太祖实录》卷二四三。

山后民三万五千八百余户散处诸府卫，充军的给衣粮，为民的给田土。又以沙漠遗民三万二千八百多户屯田北平，置屯二百五十四个，开地一千三百四十三顷。

此外，吴元年（1367）十月徙苏州富民到濠州居住，因为他们帮着张士诚抵抗，还不断说张王好话。[①]洪武十五年（1382）命犯笞杖罪的犯人都送到滁州种苜蓿。[②]二十二年（1389）命户部起山东流民居京师，人赐钞二十锭，俾营生业。[③]二十八年（1395）徙直隶、浙江民二万户于京师，充仓脚夫。[④]

江南苏、松、杭、嘉、湖一带十四万户富民被强迫迁住凤阳，离开了原来的乡里田舍，还不许私自回去。此举动对于当时东南地主阶级是极大的打击。旧社会的旧统治阶级离开了原来占有的土地，同时也就丧失了社会地位和政治上的作用。相对地，以朱元璋为首的新统治阶级却从而加强了对这一地区人民的控制。这十几万家富户从此以后，不敢公开回原籍，便伪装成乞丐，以逃荒为名，成群结队，老幼男妇，散入江南诸郡村落乞食，到家扫墓探亲，第二年二三月间又回到凤阳。年代久了，也就成为习惯。五六百年来凤阳花鼓在东南一带是妇孺皆知的民间艺术。歌词是：

> 家住庐州并凤阳，凤阳原是好地方，
> 自从出了朱皇帝，十年倒有九年荒。[⑤]

朱元璋在克集庆后，便注意水利。到建国以后，越发重视，用全国的财力人力建设大规模的水利工程。洪武元年（1368）修江南和州铜城堰闸。周回二百余里。四年（1371）修治广西兴安县灵渠，可以溉田

①《明太祖实录》卷二一。
②《明太祖实录》卷一四三。
③《明太祖实录》卷一九六。
④《明太祖实录》卷二四三；《明史》卷七七，《食货志》卷一。
⑤赵翼：《陔余丛考》卷四一，《凤阳丐者》。

万顷。六年（1373）开上海胡家港，从海口到漕泾千二百余丈；以通海船。八年（1375）开山东登州蓬莱阁河，浚陕西泾阳县洪渠堰，溉泾阳、三原、醴泉、高陵、临潼田二百余里。九年（1376）修四川彭州都江堰。十二年（1379）修陕西西安府甜水渠，引龙首渠水入城，居民从此才有甜水可吃。十四年（1381）筑海盐海塘，浚扬州府官河。十七年（1384）筑河南磁州漳河决堤。决荆州岳山坝以通水利，每年增官田租四千三百余石，修江南江都县深港坝河道。十八年（1385）修筑黄河、沁河、漳河、卫河、沙河堤岸。十九年（1386）筑福建长乐海堤。二十三年（1390）修江南崇明海门决堤二万三千九百余丈，役夫二十五万人。疏四川永宁所辖水道。二十四年（1391）修浙江临海横山岭水闸、宁海奉化海堤四千三百余丈，筑上虞海堤四千丈，改建石闸。浚定海、鄞二县东钱湖，灌田数万顷。二十五年（1392）凿江南溧阳银墅东坝河道四千三百余丈，役夫四十万人。二十七年（1394）浚江南山阳支家河。凿通广西郁林州相隔二十多里的南北二江，设石陡诸闸。二十九年（1396）修筑河南洛堤。三十一年（1398）修治洪渠堰，浚渠十万三千余丈。这些规模巨大的用人力到几十万人的工程，没有统一的安定的全国力量的支持，是不可能设想的。除此以外，朱元璋还要全国各地地方官，凡是老百姓对水利的建议，必须即时报告。洪武二十七年（1394）又特别嘱咐工部工员，凡是陂塘湖堰可以蓄水、泄水防备旱灾涝灾的，都要根据地势一一修治。并派国子生和人才到全国各地督修水利。二十八年（1395）总计全国郡县开塘堰四万九百八十七处①，河四千一百六十二处，陂渠堤岸五千四十八处。②

移民屯田，开垦荒地，兴修水利是增加谷物产量，增加国家租税的主要措施。也就是经过革命斗争后，政府不得不稍微对农民让步的具体表现。此外，朱元璋还特别重视经济作物的增产，主要的是桑麻木棉

---

①《明太祖实录》；《明史》卷八八，《河渠》六，《直省水利》。

②《明太祖实录》卷二四三；顾炎武：《日知录》卷一二，《水利》。

和枣柿栗胡桃等。龙凤十一年（1365）六月下令凡农民有田五亩到十亩的，栽桑麻木棉各半亩，十亩以上的加倍，田多的照比例递加。地方官亲自督视，不执行命令的处罚。不种桑的使出绢一匹，不种麻和木棉的出麻布或棉布一匹。[①]洪武元年（1368）把这制度推广到全国，并规定科征之额，麻每亩科八两，木棉每亩四两，栽桑的四果以后再征税。二十四年（1391）于南京朝阳门钟山之麓，种桐、棕、漆树五千余万株，岁收桐油棕漆，为修建海船之用。[②]二十五年（1392）令凤阳、滁州、庐州、和州每户种桑二百株，枣二百株，柿二百株。令天下卫所屯田军士每人种桑百株，随地宜种柿栗胡桃等物，以备岁歉。二十七年（1394）令户部教天下百姓务必多种桑枣和棉花，并教以种植之法。每一户初年种桑枣二百株，次年四百株，三年六百株。栽种数目造册回奏，违者全家发遣充军。执行的情况，如湖广布政司二十八年（1395）的报告，所属郡县已种果木八千四百三十九万株。全国估计，在十亿株以上。二十九年（1396）以湖广诸郡宜于种桑，而种之者少，命于淮安府及徐州取桑种二十石，派人送到辰、沅、靖、全、道、永、宝庆、衡州等处（今湖南及广西北部一带），各给一石，使其民种之。发展这一地区蚕丝生产和丝织工业。[③]为了保证命令的贯彻执行，下诏指出农桑为衣食之本，全国地方官考课，一定要报告农桑的成绩，并规定二十六年（1393）以后栽种桑枣果树，不论多少，都免征赋。[④]作为官吏考绩的主要内容，违者降罚。又设置老人击鼓劝农，每村置鼓一面，凡遇农种时月，五更擂鼓，众人闻鼓下田，该管老人点闸（名）。若有懒惰不下田的，许老人责决，务必严切督并，见丁著业（每人都做活），毋容惰夫游食。若是老人不肯劝督，农民穷窘，为非犯法到官，本乡老人有

①《明太祖实录》，卷一五；《明史》卷一三八，《杨思义传》。

②《明太祖实录》，卷二七、二〇七；查继佐：《罪惟录》；《明太祖本纪》卷一。

③《明太祖实录》，卷二一五、二二二、二三二、二四三、二四六；《明会典》；朱国桢：《大政记》；《明通纪》。

④《明太祖实录》卷七七、二四三。

罪。平时老人每月六次手持木铎，游行宣讲勤农务本的道理。[①]颁发教民榜文说：

> 今天下太平，百姓除粮差之外，别无差遣，各宜用心生理，以足衣食，如法栽种桑麻枣柿棉花，每岁养蚕，所得丝绵，可供衣服，枣柿丰年可以卖钞，俭年可当粮食。里老尝督，违者治罪。[②]

洪武元年（1368）下诏田器不得征税。[③]四年（1371）、二十五年（1392）遣官往广东、湖广、江西买耕牛以给中原屯种之民。[④]二十八年（1395）命乡里小民或二十家或四五十家团为一社，每遇农急之时有疾病，则一社助其耕耘，庶田不荒芜，民无饥窘。户部以此意广泛晓谕。[⑤]各地报告修城垣建营房浚河道造王宫等工程，都反复告以兴作不违农时的道理，等秋收农隙时兴工。[⑥]对农业增产有成绩的地方官，加以擢升。如太平知府范常积极鼓励农民耕作，贷民种子数千石，到秋成大丰收，官民都庾廪充实。接着兴学校，延师儒，百姓很喜欢。召为侍仪。[⑦]陶安知饶州，田野开辟，百姓日子过得好，离任时，百姓拿他初来时情况比较，歌颂他："千里榛芜，侯来之初；万姓耕辟，侯去之日。"南丰百姓也歌唱典史冯坚："山市晴，山鸟鸣，商旅行，农夫耕，老瓦盆中洌酒盈，呼嚣隳突不闻声。"[⑧]农村里呈现一片繁荣欢乐的气象。

对贪官污吏，用严刑惩治。洪武二年（1369）二月元璋告谕群臣说："尝思昔在民间时，见州县官吏多不恤民，往往贪财好色，饮酒

---

①《明太祖实录》卷二五五；谷应泰：《明史纪事本末》卷一四，《开国规模》。

②《古今图书集成》，《农桑部》。

③《明太祖实录》卷三〇。

④《明太祖实录》卷六一、二二三。

⑤《明太祖实录》卷二三六。

⑥《明太祖实录》卷一一二、一一八、一五三、一五九、一六三。

⑦《明太祖实录》卷二七。

⑧朱彝尊：《明诗综》卷一〇〇。

废事，凡民疾苦，视之漠然，心实恨之。故今严法禁，但遇官吏贪污蠹害吾民者，罪之不恕。”[①]四年（1371）十一月立法凡官吏犯赃罪的不赦。下决心肃清贪污，说：“此弊不革，欲成善政，终不可得。”二十五年（1392）又编《醒贪简要录》，颁布中外。[②]官吏贪赃到钞六十两以上的枭首示众，仍处以剥皮之刑。府州县衙门左首的土地庙，就是剥皮的刑场，也叫皮场庙。有的衙门公座旁摆人皮，里面是稻草，叫做官的触目惊心，不敢做坏事。[③]地方官上任赏给路费，家属赐衣料。来朝时又特别告诫以：“天下新定，百姓财力俱困，如鸟初飞，木初植，勿拔其羽，勿撼其根。”[④]违法的按法惩办。从开国以来，两浙、江西、两广、福建的地方官，因贪赃被法办，很少人做到任满。[⑤]

苏、松、嘉、湖田租特别重，洪武十三年（1380）下诏减削。[⑥]凡各地闹水旱灾荒歉收的，蠲免租税。丰年无灾荒，也择地瘠民贫的地方特别优免。灾重的免交二税之外，还由官府贷米，或赈米和布、钞。各地设预备仓，由地方耆老经管，存贮粮食以备救灾。设惠民药局，凡军民之贫病者，给以医药。设养济院，贫民不能生活的许入院赡养，月给米三斗，薪三十斤，冬夏布一匹，小口给三分二。灾伤州县，如地方官不报告的，特许耆民申诉，处地方官以死刑。二十六年（1393）又令户部，授权给地方官在饥荒年头，得先发库存米粮赈济，事后呈报，立为永制。三十多年来，赏赐民间布、钞数百万，米百多万石，蠲免租税无数。[⑦]

几十年的安定生活，休养生息，积极鼓励生产的结果，社会生产力不但恢复，而且大大发展了。

---

①《明太祖实录》卷三八。

②《明太祖实录》卷六九、二二〇。

③赵翼：《廿二史札记》卷三三，《重惩贪吏》。

④《明史》卷二八一，《循吏传序》。

⑤《大诰续诰》。

⑥《明太祖实录》卷一三〇。

⑦《明太祖实录》卷五三、二〇二、二一一、二三一；朱健：《古今治平略》；《明史》卷七八，《食货志》卷二。

第一表现在垦田数目的增加，以洪武元年（1368）到十三年（1380）的逐年增加的垦田数目来做例：

洪武元年（1368）	七百七十余顷
二年（1369）	八百九十八顷
三年（1370）	二千一百三十五顷 （山东、河南、江西的数字）
四年（1371）	十万六千六百六十二顷
六年（1373）	三十五万三千九百八十顷
七年（1374）	九十二万一千一百二十四顷
八年（1375）	六万二千三百八顷
九年（1376）	二万七千五百六十四顷
十年（1377）	一千五百十三顷
十二年（1379）	二十七万三千一百四顷
十三年（1380）	五万三千九百三十一顷

十三年中增加的垦田数字为一百八十万三千一百七十一顷。到洪武十四年全国官民田总数为三百六十六万七千七百一十五顷。增垦面积的数字占十四年全国官民田数字的二分之一。由此可知，洪武元年（1368）的全国已垦田面积不过一百八十多万顷（不包括东北、西北未定地方和夏的领土四川和云贵等地）。再过十年，十四年（1381）的数字为三百八十七万四千七百四十六顷。[①]经过多年的垦辟和大规模全面的丈量，二十六年（1393）的数字为八百五十万七千六百二十三顷。[②]比十四年（1381）又增加了四百八十四万顷，比洪武元年（1368）增加了六百七十万顷。

①《明太祖实录》卷一四〇、二一四。

②《明史》卷七七，《食货志》卷一，《田制》。

第二表现在本色税粮收入的增加，洪武十八年（1385）全国收入麦米豆谷二千八十八万九千六百一十七石[①]，二十三年（1390）为三千一百六十万七千六百石[②]，二十四年（1391）为三千二百二十七万八千九百八十三石[③]，二十六年（1393）为三千二百七十八万九千八百石[④]。二十六年（1393）比十八年（1385）增加了三分之一的收入。和元代全国岁入粮数一千二百十一万四千七百余石相比，增加了差不多两倍。[⑤]历史家记述这时期生产发展的情况说："是时宇内富庶，赋入盈羡，米粟自输京师数百万石外，府县仓廪蓄积甚丰，至红腐不可食。岁歉，有司往往先发粟赈贷，然后以闻。"[⑥]

第三表现在人口数字的增加，洪武十四年（1381）统计，全国有户一千六十五万四千三百六十二，口五千九百八十七万三千三百五。[⑦]二十六年（1393）的数字为户一千六百五万二千八百六十，口六千五十四万五千八百十二。[⑧]比之元朝极盛时期，元世祖时代的户口：户一千一百六十三万三千二百八十一，口五千三百六十五万四千三百三十七[⑨]；户增加了三百四十万，口增加了七百万。

第四表现在府县的升格，明制以税粮多少定府县等级：县分上、中、下三等，标准为田赋十万石、六万石、三万石以下。府也分三等，

---

①《明太祖实录》卷一七六。

②《明太祖实录》卷二〇六。

③《明太祖实录》卷二一四。

④《明太祖实录》卷二三〇。《明史·食货志》："赋役作夏秋二税，收麦四百七十余万石，米二千四百七十余万石。"

⑤《元史》卷九三，《食货志》，《税粮》。

⑥《明史》卷七八，《食货志》卷二，《赋役》。《明太祖实录》卷二四一："山东济南府广储、广丰二仓，粮七十五万七千百，蓄积既多，岁久红腐。"

⑦《明太祖实录》卷一四〇；卷二一四："二十四年（1391）为户一千零六十八万四千四百三十五，口五千六百七十七万四千五百六十一。"口数比十四年少三百万，是不应该的，可能传写有错误，今不取。

⑧《明史》卷七七，《食货志》卷一，《户口》。

⑨《元史》卷九三，《食货志》。

标准为田赋二十万石以上、二十万石以下、十万石以下。[①]从洪武八年（1375）起，因为各地方经济的恢复和发展，垦田和户口的增加，田赋收入增加了，不断地把府县升格，例如开封原为下府，因为税粮数超过三十八万石，八年（1375）正月升为上府，河南怀庆府税粮增加到十五万石，陕西平凉府户口田赋都有增加，三月升为中府。十二月以太原、凤阳、河南、西安岁收粮增加，升为上府，扬州、巩昌、庆阳升为中府，明州之鄞县升为上县。山东莱州税粮不及，降为中府。[②]扬州残破最重，经过八年时间，已经恢复到收田赋二十万石以下的中府了，从这个名城的恢复，可以推知全国各地社会生产力的恢复和发展的情况。

第五表现在粮食的增产，特别是桑麻棉花和果木的普遍种植，农民的收入增加了，生活改善了，购买力提高了。农业生产的恢复和发展，一方面为纺织工业提供了原料，另一方面农民所增加的购买力又促进和刺激了商业市场的繁荣，出现了许多新的以纺织工业为中心和批发绸缎棉布行号的城市。

二、棉花的普遍种植和工商业

棉布传入中国很早，南北朝时从南洋诸国输入，称为吉贝、白叠。[③]国内西北高昌（今新疆吐鲁番）产棉，唐灭高昌，置西州交河郡，土贡氎布。氎布就是白叠。[④]宋元间已有许多地区种棉，但是在全国规模内普遍种植和纺织技术的提高，则是明朝初年的事情。[⑤]

---

①《明史》卷七八，《食货志》卷二，《赋役》。

②《明太祖实录》卷九六、九八、一〇二。

③ 张勃：《吴录·地理志》；《南史》，《呵罗单传》《干陀利传》《婆利传》《中天竺传》《渴盘陀传》；《北史·真腊传》；《梁书·林邑传》；《唐书·环王传》。

④《南史·高昌传》；《唐书·地理志》。

⑤ 明丘濬《大学衍义补》：“至我国朝，其种乃遍布于天下，地无南北皆宜之，人无贫富皆赖之，其利视丝枲盖百倍焉。故表出之，使天下后世，知卉服之利，始盛于今代。”

在明代以前，平民穿布衣，布衣指的是麻布的衣服。[①]冬衣南方多用丝绵做袍，北方多用毛皮做裘。虽然也有用棉布做衣服卧具的，但因为“不自本土所产，不能足用”[②]。唐元稹诗：“木绵温软当绵衣。”元太祖世祖遗衣皆缣素木绵，动加补缀。[③]宋谢枋得诗：“洁白如雪积，丽密过锦纯，羔缝不足贵，狐腋难比伦……剪裁为大裘，穷冬胜三春。”[④]可见棉布到宋末还是很珍贵的物品。

宋代福建、广东种植棉花的日多[⑤]，琼州是纺织中心之一，妇女以吉贝织为衣衾，是当地黎族的主要副业生产。[⑥]元代从西域输入种子，种于陕西，捻织毛丝，或棉装衣服，特为轻暖。[⑦]元灭南宋后，浙东、江东、江西、湖广诸地区也推广棉花的种植，生产量增加，棉布成为商品，用的人日多。[⑧]至元二十六年（1289）四月置浙东、江东、江西、湖广、福建木绵提举司，责令当地人民每年输纳木绵十万匹，以都提举司总之。二十八年（1291）五月罢江南六提举司岁输木绵。[⑨]成宗元贞二年（1296）始定江南夏税输以木绵布绢丝绵等物。[⑩]

---

① 孔鲋《小尔雅》：“麻纻葛曰布。”桓宽《盐铁论》：“古者庶人耋老而后衣丝，其余则仅麻枲，故曰布衣。”《陈书·姚察传》：“门生送麻布一端，谓之曰：‘或所衣者，止是麻布。’”

② 元王祯：《木绵图谱序》，引《诸番杂志》。

③《元史·英宗本纪》。

④《古今书图集成》，《木绵图》。

⑤ 周去非：《岭外代答》卷六；赵汝适：《诸番志》下。方勺《泊宅编》：“闽广多种木绵。”彭乘《续墨客挥犀》上：“闽岭以南多木绵，土人竞植之，有至数千株者，采其花为布，号吉贝布。”《通鉴》卷一五九胡三省注：“木绵江南多有之……织以为布，闽广来者尤为丽密。”邱濬《大学衍义补》：“宋元之间始传其种入中国，关陕闽广首得其利，盖此物出外夷，闽广通海舶，关陕壤接西域故也。”李时珍《本草纲目》：“此种出南番，宋末始入江南”。

⑥《宋史·崔与之传》。

⑦《农桑辑要》卷二。

⑧ 王祯《木绵图谱序》：“木绵产自海南，诸种艺制作之法，骎骎北来，江淮川蜀既获其利。至南北混一之后，商贩于此，被服渐广，名曰吉布，又曰棉布。”

⑨《元史》卷一五，《世祖本纪》。

⑩《元史》卷九三，《食货志》，《税粮》。

由于种棉面积的增加，种植和纺织的技术需要总结和交流，元世祖至元十年（1273）司农司编印《农桑辑要》，以专门篇幅记棉花的种植方法。[①]纺织的工具和技术通过各地方劳动人民的创造和交流，日益进步。据12世纪80年代的记载，雷化廉州南海黎峒的少数民族，采集棉花后，“取其茸絮，以铁筯辗去其子，即以手握茸就纺”[②]。稍后的记载提到去籽后，“徐以小弓，弹令纷起，然后纺绩为布”[③]。到13世纪中期，诗人描写长江流域纺绩情形说：“车转轻雷秋纺雪，弓湾半月夜弹去。”[④]已经有纺车、弹弓和织机了。江南地区的织工，“以铁铤辗去其核，取如绵者，以竹为小弓，长尺四五寸许，牵弦以弹绵，令其匀细，卷为小筒，就车纺之，自然抽绪如缫丝状”[⑤]。但是所织的布，不如闽广出产的丽密。琼州黎族人民所织的巾，上出细字，杂花卉，尤为工巧。[⑥]黄河流域主要陕西地区的纺织工具和技术比较简陋，只有辗去棉子的铁杖和木板，棉花的用途只是捻织粗棉线和装制冬衣。[⑦]一直到13世纪末年，松江乌泥泾的人民，因为当地土地硗瘠，粮食不够，搞副业生产，从闽广输入棉花种子，还没有蹈车椎弓这些工具，用手剖去子，用线弦竹弧弹制，工具和技术都很简陋，产品质量不高，人民生活还是很艰苦。[⑧]

元成宗元贞年间（1295—1296）乌泥泾人黄道婆从琼州附海舶回来，她从小就在琼州旅居，带回来琼州黎族人民的先进纺织工具和技术，教会家乡妇女以做造、扞、弹、纺、织之具和错纱、配色、综线、絜花的技术，织成被褥带蜕，其上折技、团凤、棋局、字样，粲然若写。一时乌泥泾所制之被成为畅销商品，名扬远近，当地人民生活水平

---

①《农桑辑要》卷二。

② 赵汝适：《诸番志》下；周去非：《岭外代答》卷六。

③ 方勺：《泊宅编》中。

④ 陆心源：《宋诗纪事补》卷七五，艾可叔：《木绵诗》。

⑤《资治通鉴》卷一五九，胡三省注。

⑥ 方勺：《泊宅编》中。

⑦《农桑辑要》。

⑧ 陶宗仪：《辍耕录》卷二四，《黄道婆》。

提高，靠纺织生活的有一千多家。[①]诗人歌咏她："崖州布被五色缫，组雾紃云粲花草，片帆鲸海得风回，千柚乌泾夺天造。"[②]当地妇女参加纺绩生产的情形，诗人描写："乌泾妇女攻纺绩，木棉布经三百尺，一身主宰身窝低，十口勤劳指头宜。"[③]到了明朝初年，不但江南地区的农村妇女普遍参加纺织劳动，连有些地主家庭的妇女，也纺纱绩布，以给一岁衣资之用了。[④]松江从此成为明代出产棉布的中心，"其布之丽密，他方莫并"[⑤]，"衣被天下"。[⑥]松江税粮宋绍兴时只有十八万石，到明朝增加到九十七万石，其他杂费又相当于征赋，负担特别重，主要依靠纺织工业的收入，"上供赋税，下给俯仰"[⑦]。

黄道婆传入琼州制棉工具和技术之后的二十年，王祯所著《农书》，列举制棉工具有搅车即蹈车，是去棉籽用的。二弹弓，长四尺许，弓身以竹为之，弦用绳子。三卷筳，用无节竹条扞棉花成筒。四纺车。五拨车，棉纱加浆后稍干拨于车上。六軠车，用以分络棉线。七线架。到元末又有了檀木制的椎子，用以击弦。[⑧]生产工具更加完备和提高了，为明代纺织工业的发展准备了技术条件。

朱元璋起事的地区，正是元代的棉业中心之一。灭东吴后，又取得当时全国纺织业中心的松江，原料和技术都有了基础，使他深信推广植棉是增加农民收入和财政收入的有效措施。龙凤十一年（1365）下令每户农民必须种木棉半亩，田多的加倍。洪武元年（1368）又把这一法令推广到全国。棉花的普遍种植和纺织技术的不断提高，明代中叶以后，

---

①② 王逢：《梧溪集》卷三，《黄道婆祠》。

③ 王逢：《梧溪集》卷七，《半古歌》。

④ 郑涛《旌义编》二："诸妇每岁公堂（公共所有）于九月俵散木棉，使成布匹，限以次年八月交收，通卖钱物，以给一岁衣资之用。"郑涛是浙江浦江著名大族地主郑义门的族长，《旌义编》有洪武十一年（1378）宋濂序。

⑤《群芳谱》。

⑥《梧浔杂佩》。

⑦ 徐光启：《农政全书》卷三五，《木棉》。

⑧ 参看俞正燮：《癸巳类稿》卷一四，《木棉考》。冯家升：《我国纺织家黄道婆对于棉织业的伟大贡献》，载《历史教学》，1954（4）。

棉布成为全国流通的商品，成为人民普遍服用的服装原料，不论贵贱，不论南北，都以棉布御寒，百人之中，只有一人用茧绵，其余都用棉布。过去时代人穿的缊袍，用旧絮装的冬衣，完全被用木棉装的胖袄所代替了。[①]就全国而论，北方河南、河北气候宜于植棉，地广人稀，种植棉花的面积最大，是原料的供给中心。南方特别是长江三角洲一带，苏州、松江、杭州等地人民纺绩技术高，是纺绩工业的中心。这样又形成原料和成品的交流情况，原棉由北而南，棍布由南而北。[②]从经济上把南方和北方更紧密地联系起来。

明初松江之外，另一纺织工业中心是杭州，由于简单商品经济的发展，出现了置备生产工具和原料的大作坊资本家，和除双手以外一无所有出卖劳动力的手工业工人。资本家雇用工人，每天工作到夜二鼓，计日给工资。这种新的剥削制度的出现，正表示着社会内部新的阶级的形成，除封建地主对农民的剥削以外，又产生了大作坊资本家对手工业工人的剥削关系。明初曾经做过杭州府学教授徐一夔所作的《织工对》，典型地记述了这种新现象：

> 钱塘相安里有饶于财者，率居工以织，每夜至二鼓。老屋将压，杼机四五具南北向，列工十数人，手提足蹴，皆苍然无神色。日佣为钱二百，衣食于主人。以日之所入，养父母妻子，虽食无甘美而亦不甚饥寒。于凡织作，咸极精致，为时所尚。故主之聚易以售；而佣之直亦易以入。有同业者佣于他家，受直略相似。久之，乃曰：吾艺固过于人，而受直与众工等，当求倍直者而为之佣。已而他家果倍其直。佣之主者阅其织果异于人，他工见其艺精，亦颇推之。主者退自喜曰：得一工胜十工，倍其直不吝也。[③]

---

① 宋应星：《天工开物》卷上，《乃服》。

② 王象晋：《木棉谱序》；徐光启：《农政全书》卷三五，《木棉》。

③《始丰稿》卷一。徐一夔，天台人，《明史》卷二八五有传。

由此可见明初大作坊的一般情况，值得注意的是：在同一里巷，有若干同一性质的大作坊；大作坊主人同时也是棉布商人；从个体的生产到大作坊的集体生产，有了单纯协作，出品精致畅销；经营这种大作坊有利可图，资本家很赚钱，作坊也多了。资本家付给技术高的工人工资，虽为一般工人工资的两倍，但仍可得到五倍的剩余价值。

棉花棉布的生产量大大增加，政府的税收也增加了，以税收形式缴给国库的棉花棉布，成为供给军队的主要物资和必要时交换其他军需物资的货币代用品。洪武四年（1371）七月诏中书省："自今凡赏赐军士，无妻子者给战袄一袭；有妻子者给棉布二匹。"[①]每年例赏，如洪武二年（1369）六月以木棉战袄十一万赐北征军士[②]，四年（1371）七月，赐长淮卫军士棉布人二匹，在京军士十九万四百余人棉布人二匹。[③]十二年（1379）给陕西都指挥使司并护卫兵十九万六千七百余人棉布五十四万余匹，棉花十万三千三百余斤。[④]北平都指挥使司卫所士卒十万五千六百余人布二个七万八千余匹，棉花五万四千六百余斤。[⑤]十三年（1380）赐辽东诸卫士卒十万二千一百二十八人，棉布四十三万四百余匹，棉花十七万斤。十六年（1383）给四川等都司所属士卒五十二万四千余人，棉布九十六万一千四百余匹，棉花三十六万七千余斤。[⑥]十八年（1385）给辽东军士棉布二十五万匹，北平燕山等卫棉布四十四万三千匹，太原诸卫士卒棉布四十八万匹，等等。[⑦]平均每年只赏赐军衣一项已在百万匹上下，用作交换物资的，如洪武四年（1371）七月因北平、山西运粮困难，以白金三十万两、棉

①《明太祖实录》卷六七。
②《明太祖实录》卷四二。
③《明太祖实录》卷六七。
④《明太祖实录》卷一二五。
⑤《明太祖实录》卷一二八。
⑥《明太祖实录》卷一五〇、一五六。
⑦《明太祖实录》卷一七二、一七四。

布十万匹，就附近郡县易米，以给将士。又以辽东军卫缺马，发山东棉布贯马给之。[①]十三年（1380）十月，以四川白渡纳溪的盐换棉布，遣使入西羌买马。[②]十七年（1384）七月诏户部以棉布往贵州换马，得马一千三百匹。三十年（1397）以棉布九万九千匹往“西番”换马一千五百六十匹。[③]皇族每年供给，洪武九年（1376）规定亲王冬夏布各一千匹，郡王冬夏布各一百匹。[④]在特殊需要的情况下，临时命令以秋粮改折棉布，如六年（1373）九月诏直隶府州和浙江、江西二行省，今年秋粮以棉布代输，以给边戍。[⑤]

和鼓励普遍植棉政策相反，朱元璋对矿冶国营采取消极的方针。往往听任人民自由开采。磁州临水镇产铁，元时尝于此置铁冶，炉丁万五千户，每年收铁百余万斤。洪武十五年（1382）有人建议重新开采，朱元璋以为利不在官则在民，民得其利则利源通而有利于官，官专其利则利源塞而必损于民。而且各冶铁数尚多，军需不缺，若再开采，必然扰民。把他打了一顿，流放海外。[⑥]济南、青州、莱州三府每年役民二千六百六十户，采铅三十二万三千多斤，以凿山深而得铅少，也命罢采。[⑦]十八年（1385）以劳民罢各布政司煎炼铁冶。二十五年（1392）重设各处铁冶，到二十八年（1395）内库贮铁三千七百四十三万斤，后备物资已经十分充足，又命罢各处铁冶。并允许人民自由采炼，岁输课程，每三十分取其二。三十一年（1398）以内库所贮铁有限，而营造所费甚多，又命重开铁冶。[⑧]总计洪武时代设置的铁冶所：江西进贤、新喻、分宜，湖广兴国、黄梅，山东莱芜，广东阳山，陕西巩昌，山西交

①《明太祖实录》卷六七。
②《明太祖实录》卷一三四。
③《明太祖实录》卷一六三、二五二。
④《明太祖实录》卷一四。
⑤《明太祖实录》卷八五。
⑥《明太祖实录》卷一四五。
⑦《明太祖实录》卷一五〇。
⑧《明太祖实录》卷一七六、二四二、二五六。

城、吉州，太原、泽、潞各一所共十三所。此外还有河南均州新安、四川蒲江、湖南茶陵等冶，每年输铁一千八百四十余万斤。[①]

宫廷和军队所需的一切物品，都由匠户制造。匠户是元明两代的一种特殊制度，把有技艺的工匠征调编为匠户，子孙世袭。分为民匠、军匠两种。明初匠户的户籍，完全依据元代的旧籍，不许变动。[②]洪武二十六年（1393）定每三年或二年轮班到京役作的匠户名额为二十三万二千八十九名[③]，由工部管辖。固定做工的叫住坐匠户，由内府内官监管辖。军匠大部分分属于各地卫所，一部分属于内府兵仗局、军器局和工部的盔甲厂。[④]属各地卫所的军匠总数二万六千户。[⑤]每户正匠做工，得免杂差，仍免家内一丁以帮贴应役。余丁每名每年出办缴纳工食银三钱，以备各衙门因公务取役雇觅之用。正匠每月工作十天，月粮由官家支给。[⑥]

轮班匠户包括六十二行匠人。后来又细分为一百八十八种行业，从戗纸、裱褙、刷印、刊字、铁匠、销金、木、瓦、油、漆、象开、纺棉花，到神箭、火药，等等。每种人数由一人到八百七十五人不等。内廷有织染局、神帛房和后湖（今南京玄武湖）织造局，四川、山西诸行省和浙江绍兴织染局，规模都较大。留在地方的匠户除执役于本地织染局的以外，如永平府就有银、铁、铸铁、锡、钉铰、穿甲等二十二行。[⑦]

匠户人数多，分工细，凡是宫廷和军队所需用的手工业制造品，都由匠户执役的官手工业工场的各局制造供给。这种封建制度的生产，使得宫廷和军队的需要，不须倚靠市场，便可得到满足；同时它所生产

---

①《明史》卷八一，《食货志》，《铁冶所》；《大明会典》。

②《大明会典》卷一九，《户口》。

③《大明会典》卷一八九；《明史·严震直传》。

④《大明会典》卷一八八。

⑤《明史》卷一五七，《张本传》。

⑥《大明会典》卷一八九。

⑦吴晗：《元明两代之“匠户”》，载《云南大学学报》，第一期，1938年。

的成品，亦不在市场流通，这样，就直接对社会上的私人手工业作坊的扩大生产起了束缚和阻碍的作用。官营手工业工场的生产是不须计较成本的，因为劳力和原料都可以向人民无代价征发或由全国各地贡品的方式供给，不受任何限制，官营手工业工场的产品即使有部分作为商品而流入市场，私人手工业作坊的产品也不能和它竞争；另外，自元代以来就把技术最好的工人签发为匠户，子孙世袭，连技术也被垄断了，私人手工业作坊所能雇用的只是一般工人，技术提高受了一定的限制。明初把匠户分作住坐、轮班两种，轮班的除分班定期轮流应役以外，其余的时间由自己支配，制成的产品可以在市场出售，对于技术的钻研及其改进发生一定的刺激作用，所以轮班制对于社会生产力的发展是危害略小的。但是总而言之，这种无偿的强制的劳役，不能不引起匠户的反抗，逃亡之外，唯一可以采取的手段是怠工和故意把成品质量降低。以此，匠户制度虽然曾经在个别情况下对生产技术的改进起了作用，推进了社会生产力的发展，但就其全面而说，则束缚和阻碍生产技术的不断提高；妨碍私人手工业工场的发展；隔绝商品的流通；对社会生产力的发展和原始资本积累都起着遏制、停滞的消极作用。

朱元璋对商业采轻税政策，凡商税三十分取一，过此者以违令论。税收机构在京为宣课司，府县为通课司。洪武元年（1368）诏中书省，命在京兵马指挥司并管市司，三日一次校勘街市斛斗秤尺，稽考牙侩姓名，规定物价。在外府州各城门兵马，一体兼管市司。[①]十三年（1380）谕户部，自今军民娶嫁丧葬之物，舟车丝布之类都不征税。并大量裁减税课司局三百六十四处。南京人口密集，军民住宅都是公家修建，连廊栉比，没有空地。商人货物到京无处存放，有的停在船上，有的寄放在城外，牙侩从中把持价格，商人极以为苦。朱元璋了解这种情况以后，就叫人在三山门等门外盖几十座房子，叫作塌坊，专放商货，

①《明太祖实录》卷三四。

上了税后听其自相贸易。[1]为了繁荣市面，二十七年（1394）命工部建十五座楼房于江东诸门之外，令民设酒肆其间，以接四方宾客，名为鹤鸣、醉仙、讴歌、鼓腹、来宾、重译，等等。修好后还拿出一笔钱，让文武百官大宴于醉仙楼，庆祝天下太平，与民同乐。[2]

棉花的普遍种植，棉布质量的提高，工资制手工业作坊的产生，新的蚕丝纺织工业区的开辟，轮班匠的技术和产品的投入市场，等等。加上税收机构的减缩和轻税政策的刺激，商业市场大大活跃了，不但联系了南方和北方，也联系了城市和乡村以及全国的边远地区，繁荣了经济，改善了提高了人民生活，进一步促进了国家的统一。

商品的生产和吐纳的中心，手工业作坊和批发行号的所在地，集中着数量相当巨大的后备工人和小商摊贩，城市人口剧烈地增加了。明初的工商业城市有南京、北平、苏州、松江、镇江、淮安、常州、扬州、仪真、杭州、嘉兴、湖州、福州、建宁、武昌、荆州、南昌、吉安、临江、清江、广州、开封、济南、济宁、德州、临清、桂林、太原、平阳、蒲州、成都、重庆、泸州等地。[3]

随着生产的恢复和发展，工商业的活跃，作为贸易媒介的全国统一货币的需要是越来越迫切了。

在朱元璋称王以前，元代的不兑现纸币中统交钞因为发行过多；军储供给，赏赐犒劳，每日印造，不可数计，舟车装运，轴轳相接，京师用钞十锭（一锭为钞五十贯，一贯钞的法定价格原为铜钱一千文）换不到一斗米。[4]至正十六年（1356）中统交钞已为民间所拒用，交易都不用钞，所在郡县都以物货相交易。[5]十七年（1357）铸至正之宝大钱五

①《明太祖实录》卷二一一；《明史》卷八一，《食货志》，《商税》。

②《明太祖实录》卷二三四。

③《明宣宗实录》卷五〇。

④《元史》卷九七，《食货志》，《钞法》。

⑤孔齐：《至正直记》卷一；《元史》卷九七，《食货志》，《钞法》。

品称为权钞，以硬币代替纸币，结果纸币也罢，大钱代钞也罢，人民一概不要。人民嘲笑权钞的歌谣中说："人吃人，钞买钞，何曾见？"

朱元璋占应天后，首先铸大中通宝钱，以四百文为一贯，四十文为两，四文为一钱。平陈友谅后，命江西行省置货泉局。即帝位后，发行洪武通宝钱，分五等：当十、当五、当三、当二、当一。当十钱重一两，当一钱重一钱。应天置宝源局，各行省都设宝泉局专管铸钱，严禁私铸。洪武四年（1371）改铸大中洪武通宝大钱为小钱。虽然有了统一的货币，但是铜钱分量重，价值低，不便于数量较大的交易，也不便于远地转运，并且，商人用钞已经有了长期的历史，成为习惯了；用钱感觉不方便，很有意见。①

铜钱不便于贸易，决定发行纸币。七年（1374）设宝钞提举司，下设抄纸、印钞二局，宝钞、行用二库。八年（1375）命中书省造"大明宝钞"，以桑穰为纸料，纸质青色，高一尺，广六寸，外为龙纹花栏，上横额题"大明通行宝钞"，其内上栏之两旁各篆文四字：右旁篆"大明宝钞"，左旁篆"天下通行"。其中图绘钱贯形状，以十串为贯，标明币值一贯，下栏是："中书省［十三年（1380）后改为户部］奏准印造大明宝钞，与铜钱通行使用，伪造者斩，告捕者赏银二十五两［十三年（1380）后改为赏银二百五十两］。仍给犯人财产。洪武年月日。"背和面都加盖朱印。边沿标记字号一贯的画钱十串，五百文的画五串，以下是四百文、三百文、二百文、一百文，共六种。规定每钞一贯准钱千文，银一两。四贯准黄金一两。二十一年（1388）加造从十文到五十文的小钞。②

为了保证宝钞的流通，在发行时就以法律禁止民间不得以金银物货交易，违者治罪，告发者就以其物给赏。人民只准以金银向政府掉换宝钞。并规定商税钱钞兼收，比例为收钱十分之三，收钞十分之七，一百文以下

---

①《明史》卷八一，《食货志》，《钞法》。

②《大明会典》卷三一，《钞法》；《明史》卷八一，《食货志》，《钞法》。

的只收铜钱。[①]在外卫所军士每月食盐给钞，各盐场给工本钞。十八年（1785）命户部凡天下官禄米以钞代给，每米一石支付钞二贯五百文。[②]

宝钞的发行是适合当时人民需要的，对商业的繁荣起了作用。但是朱元璋抄袭元朝的钞法，只学了后期崩溃的办法，没有懂得元代前期钞法之所以通行，受到广大人民喜爱的道理。原来元初行钞，第一，有金银和丝为钞本准备金，各路无钞本的不发新钞；第二，印造有定额，计算全国商税收入的金银和烂钞兑换数量作为发行额数；第三，政府有收有放，丁赋和商税都收钞；第四，可以兑换金银，人民持钞可以向钞库换取金银。相反，元代钞法之所以崩溃，是因为把钞本动用光了；无限制滥发造成恶性膨胀，只发行不收回；不能兑换金银；烂钞不能换新钞。[③]洪武钞法以元代后期钞法做依据，因之，虽然初行的几年，由于行用方便和习惯，还能保持和物价的一定比例，但是，由于回收受限制，发行量没有限制，发行过多，收回很少，不兑现纸币充斥于市场，币值便不能维持了。

宝钞发行的情况，以洪武十八年（1385）二月二十五日到十二月为例，宝钞提举司钞匠五百八十名所造钞共九百九十四万六千五百九十九锭。[④]明代以钞五贯为一锭，这一年的发行额约为五千万贯；合银五千万两。明初每年国库银的收入，不过几万两，一年的发行额竟相当于一千倍左右银的收入，加上以前历年所发，数量就更大了。更由于印制的简陋，容易作假，伪钞大量投入市场[⑤]，币值就越发低落了。二十三年（1390）两浙市民以钞一贯折钱二百五十文[⑥]，二十七年

---

①《大明会典》卷三一，《钞法》。

②《明太祖实录》卷一七六。

③ 参看1946年7月《中国社会科学集刊》七卷二期吴晗《元史食货志钞法补》，1943年6月《人文科学学报》二卷一期吴晗《记大明通行宝钞》二文。

④《大诰续诰》，钞库作弊第三二。

⑤《大诰》伪钞第四八："宝钞通行天下，便民交易。其两浙江东西民有伪造者，句容县民杨馒头本人起意，县民合谋者数多，银匠密修锡板，文理分明，印纸马之户同谋刷印，捕获到官。自京至于句容，所枭之尸相望。"

⑥《明太祖实录》卷二〇五。

（1394）降到折钱一百六十文[1]。到三十年（1397）杭州诸郡商贾，不论货物贵贱，一以金银定价，索性不用宝钞了。[2]朱元璋很着急，三番五次地申明：钞一贯应折钱一千文，旧钞可以换新钞，禁用铜钱；禁用金银交易等办法，还是不济事，钞值还是日益低落，不被人民欢迎。到成化时（1465—1487）洪武钱民间全不通行，宝钞只是官府在用，一贯仅值银三厘，或钱二文，跌到原定法价的千分之一。[3]

大约百年以后，由于对外贸易的发展，银子流入国内的量一天天增多了。这样，在官府和市场就同时使用两种货币，官府支出用价值极低的纸币，收入却要银子，市场出入都用银子。银子终于逐渐代替了宝钞成为全国通行的通货。

三、人民的义务

红军起义的目的，就民族解放战争而说，洪武元年（1368）解放大都，蒙古统治集团北走。民族压迫的政权被推翻，这一历史任务是光荣地完成了。但是，另一个目的，解除阶级压迫的任务不可能完成。一部分旧的地主参加了新政权，出身农民的红军将领也由于取得政权而转化成了新的地主阶级，其中朱元璋和他的家族便是新地主阶级的代表人物。

元末红军起义对旧地主阶级起到了淘汰的作用，一部分地主被战争消灭了，一部分地主却由于战争而巩固和上升了他们的地位。

元末的农民，大部分参加了革命战争。他们破坏了旧秩序和压迫人民的统治机构。地主们正好相反，他们要保全自己的生命财产，就不能不维护旧秩序，就不能不拥护旧政权，阶级利益决定了农民和地主分别站在敌对的阵营。在战争爆发之后，地主们用全力组织武装力量，称为

---

①《明太祖实录》卷二三四。

②《明太祖实录》卷二五一。

③ 陆容：《菽园杂记摘抄》卷五。

“民”军或“义”军，建立堡砦，抵抗农民军的进攻。现任和退休的官吏、乡绅、儒生和军人是地主军的将领，他们受过教育，有文化，有组织能力，在地方上有威望，有势力。虽然各地方的地主军人各自为战，没有统一指挥和作战计划，军事力量也有大小强弱的不同，但因为数量多，分布广，作战顽强，就成为反对红军的主要敌人了。经过二十年的战争，长江南北的巨族右姓，有的死于战争，有的流亡到外地。[①]参加扩廓帖木儿、孛罗帖木儿两支地主军的湖、湘、关、陕、鲁、豫等地的地主，也随着这两支军队的消灭而消灭了。一部分地主为战争所消灭，另一部分地主如刘基、宋濂、叶琛、章溢等则积极参加了红军，共同建立新政权，成为大明帝国新统治集团的组成部分，和由农民起义转化的新地主们一起，继续对广大农民进行压迫和剥削。

朱元璋和他的将领都是农民出身，过去曾亲身经受过地主的压迫和剥削。但在革命战争过程中，本身的武装力量不够强大，为了壮大自己、孤立敌人，又非争取地主们参加不可，浙东这几家大族的合作，是他们能够取得胜利的基本条件之一。到了他自己和将领们都转化为大地主以后，和旧地主们的阶级利益一致了，但又发生了新的矛盾，各地地主用隐瞒土地面积、荫庇漏籍人口等手段与皇家统治集团争夺土地和人力，直接危害到帝国的财政税收，地主阶级内部矛盾的深化，促成了帝国赋役制度的整顿和改革。

朱元璋于龙凤四年（1358）取金华后，选用宁越（金华）七县富民子弟充宿卫，名为御中军。[②]照当时的军事形势看来，这是很重要的军事措施，因为把地主们的子弟征发为禁卫军人，随军征战，等于做质，就不必担心这些地区地主的军事反抗了。洪武十九年（1386）选取直隶应天诸府州县富民子弟赴京补吏，凡一千四百六十人[③]，也是一样作用。

---

①贝琼：《清江集》卷八，《送王子渊序》。

②《明太祖实录》卷六。

③《明太祖实录》卷一七九。

对地主本身，洪武三年（1370）做的调查，以田税多少比较，浙西的大地主数量最多，以苏州一府为例，每年纳粮一百石以上到四百石的四百九十户；五百石到一千石的五十六户；一千石到二千石的六户；二千石到三千八百石的二户，共五百五十四户，每年纳粮十五万一百八十四石。[①]三十年（1397）又做了一次调查，除云南、两广、四川以外，浙江等九布政司，直隶应天十八府州，地主们田在七顷以上的共一万四千三百四十一户。编了花名册，把名册藏于内府印绶监，按名册依次召来，量才选用。[②]

对地主的政策，双管齐下，一是任为官吏或粮长，二是迁到京师。在科举法未定之前，选用地主做官，叫作税户人才，有做知县、知州、知府的，有做布政使以至朝廷的九卿的。[③]又以地主为粮长，以为地方官都是外地人，不熟悉本地情况，吏胥土豪作弊，任意克削百姓。不如用有声望的地主来征收地方赋税，负责运到京师，可以减少弊病。[④]洪武四年（1371）九月命户部计算土田租税，以纳粮一万石为一区，选占有大量田地纳粮最多的地主为粮长，负责督收和运交税粮，[⑤]如浙江行省人口一百四十八万七千一百四十六户，每年纳粮九十三万三千二百六十八石，设粮长一百三十四人。[⑥]粮长下设知数一人，斗级二十人，运粮夫千人。[⑦]并规定对粮长的优待办法，凡粮长犯杂犯死罪和徒流刑的可以纳钞赎罪。[⑧]三十年（1397）又命天下郡县每区设正副粮长三名，编定次序，轮流应役，周而复始。[⑨]凡粮长按时运粮到京师的，朱元璋亲自

---

①《明太祖实录》卷四九。

②《明太祖实录》卷二五二、二五四。

③ 吴宽：《匏翁家藏集》卷七五，《施孝先墓表》。

④ 宋濂：《朝京稿》卷五，《上海夏君新圹铭》；吴宽：《匏翁家藏集》卷五二，《恭题粮长敕谕》。

⑤《明太祖实录》卷六八。

⑥《明太祖实录》卷七〇。

⑦《明太祖实录》卷八五。

⑧《明太祖实录》卷一〇二。

⑨《明太祖实录》卷二五四。

召见，合意的往往留下做官。[①]朱元璋把征粮和运粮的权力交给地主，以为“此以良民治良民，必无侵渔之患矣”[②]。“免有司科扰之弊，于民甚便。”[③]事实上恰好相反，地主做了粮长以后，在原来对农民剥削的基础上，再加上了国家赋予的权力，如虎添翼，农民的痛苦更深更重了。如粮长郝阿乃起立名色，科扰民户，收舡水脚米、斛面米、装粮饭米、车脚钱、脱夫米、造册钱、粮局知房钱、看米样中米，等等。通计苛敛米三万二千石，钞一万一千一百贯。正米只该一万，郝阿乃个人剥削部分竟达米二万二千石，钞一万一千一百贯。农民交纳不起，强迫以房屋准折，揭屋瓦，变卖牲口以及衣服、缎匹、布帛、锅灶、水车、农具，等等。[④]又如嘉定县粮长金仲芳等三名巧立名色征粮附加到十八种。[⑤]农民吃够了苦头，无处控诉。[⑥]朱元璋也发觉粮长之弊，用严刑制裁，尽管杀了一些人，粮长的作恶，农民的被额外剥削，依然如故。[⑦]除任用地主做官收粮以外，同时还采用汉高祖徙天下豪富于关中的政策，洪武二十四年（1391）徙天下富户五千三百户于南京。[⑧]三十年（1397）又徙富民一万四千三百余户于南京，称为富户。朱元璋告诉工部官员说：“昔汉高祖徙天下豪富于关中。朕初不取，今思之，京师天下根本，乃知事有当然，不得不尔。”[⑨]

地主们对做官做粮长当然很高兴，感激和支持这个维护本阶级利益的政权。但同时也不肯放弃增加占领田土和人力的机会，用尽一切手段逃避对国家的赋税和徭役，两浙地主所用的方法，把自己田产诡托（假写在）亲邻佃仆名下，叫作“铁脚诡寄”。普遍成为风气，乡里欺骗州

---

①《明史》，《食货志》卷二，《赋役》；《匏翁家藏集》卷四十三，《尚书严公流芳录序》。
②《明太祖实录》，卷六八。
③《明太祖实录》卷一〇二。
④《大诰续诰》卷四七。
⑤《大诰续诰》卷二一。
⑥黄省曾：《吴风录》。
⑦宋濂：《朝京稿》卷五，《上海夏君新圹铭》。
⑧《明太祖实录》卷二〇。
⑨《明太祖实录》；《明史》卷七七，《食货志》卷一。

县，州县欺骗府，奸弊百出，叫作“通天诡寄”[①]。此外，还有洒派、包荒、移丘换段等手段。朱元璋在处罚这些地主以后，气愤地指出：

> 民间洒派、包荒、诡寄、移丘换段，这等都是奸顽豪富之家，将次没福受用财赋田产，以自己科差洒派细民；境内本无积年荒田，此等豪猾买嘱贪官污吏及造册书算人等，其贪官污吏受豪猾之财，当科粮之际，做包荒名色征纳小户，书算手受财，将田洒派、移丘换段，做诡寄名色，以此靠损小民。[②]

地主把负担转嫁给贫民，结果是富的更富，穷的更穷。[③]地主阶级侵占了皇家统治集团应得的租税和人力，农民负担加重了，一方面国家田赋和徭役的收入、供应减少，另一方面农民更加穷困饥饿，动摇侵蚀了统治集团的经济基础，阶级内部发生矛盾，斗争展开了。

经过元末二十年的战争，土地簿籍多数丧失，保存下来的一部分，也因为户口变换，实际的情况和簿籍不相符。大部分土地没有簿籍可查，逃避了国家赋役；有簿籍的土地，登记的面积和负担又轻重不一，极不公平。朱元璋抓住这个中心问题，对地主进行斗争。方法是普遍丈量土地和调查登记人口。

洪武元年（1368）正月派周铸等一百六十四人往浙西核实田亩，定其赋税。[④]五年（1372）六月派使臣到四川丈量田亩。[⑤]十四年（1381）命全国郡县编赋役黄册。二十年（1387）命国子生武淳等分行州县，编制鱼鳞图册。[⑥]前后一共用了二十年的时间，才办好这两件事。

---

①《明太祖实录》卷一八〇。

②《大诰续诰》卷四五，《靠损小民》。

③《明太祖实录》卷一八〇。

④《明太祖实录》卷二九。

⑤《明太祖实录》卷一七四。

⑥《明太祖实录》卷一三五、一八〇。

丈量土地所用的方法，是派使臣往各处，随其税粮多少，定为几区，每区设粮长四人，会集里甲耆民，量度每块田亩的方圆，作成简图编次字号，登记田主姓名和田地丈尺四至，编类各图成册，以所绘的田亩形状像鱼鳞，名为鱼鳞图册。

人口普查的结果，编定了赋役黄册。把户口编成里甲，以一百一十户为一里，推丁粮多的地主十户做里长，余百户为十甲。每甲十户，设一甲首。每年以里长一人，甲首一人，管一里一甲之事。先后次序根据丁粮多少，每甲轮值一年。十甲在十年内先后轮流为国家服义务劳役，一甲服役一年，有九年的休息时间。在城中的里叫坊，近城的叫厢，乡都的皆叫作里。每里编为一册，里中有鳏寡孤独不能应役的，带管于一百一十户之外，名曰畸零。每隔十年，地方官以丁粮增减重新编定服役的次序，因为册面用黄纸，所以叫作黄册。

鱼鳞图册是确定地权的所有权的根据，赋役黄册是征收赋役的根据，通过土地和人户的普查，制定了这两种簿籍，颁布了租税和徭役制度。不但大量漏落的土田人口被登记固定了，国家增加了物力和人力，稳定了巩固了统治的经济基础，而且，也有力地打击了一部分地主阶级，从他们手中夺回对一部分土地和人口的控制，从而大大增强了皇家统治集团的权力，更进一步走向高度的集中、专制。朱元璋的政权，比过去任何一个时代，都更加强大、集中、稳定、完备了。

对城乡人民，经过全国规模的土地丈量，定了租税，在册上详细记载土地的情况，原坂、坟衍、下隰、沃瘠、沙卤的区别，并规定凡置买田地，必须到官府登记及过割税粮，免掉贫民产去税存的弊端，同时也保证了政府的税收，十年一次的劳役，使人民有轮流休息的机会，这些措施，确实减轻了人民的负担，鼓舞了农民的生产情绪，对于社会生产力的推进，起了显著的作用。

对破坏农业生产的吏役，用法律加以制裁，例如“松江一府坊厢中不务生理，交结官府者一千三百五十名，苏州坊厢一千五百二十一名，皆是市井之徒，不知农民艰苦，帮闲在官，自名曰小牢子、野牢子、直司、主文、小官、帮虎，其名凡六。不问农民急务之时，生事下乡，搅扰农业。芒种之时，栽种在手，农务无隙，此等赍执批文，抵农所在，或就水车上锁人下车者有之，或就手内去其秧苗锁人出田者有之……纷然于城市乡村扰害人民”[①]。朱元璋下令加以清理，除正牢子合应正役以外，其他一概革除，如松江府就革除了小牢子、野牢子等九百余名。[②]一个地方减少了四分之三危害农民的吏役，这对于农民正常进行生产有很大好处。

朱元璋虽然对一部分地主进行了斗争，对广大农民做了让步；一部分地主力量削弱了，农民生产增加了。但是，这个政权毕竟是地主阶级的政权，首先为地主阶级服务，即使对农民采取了一些让步的措施，其目的也还是为巩固和强化整个地主阶级的统治权。无论是查田定租，还是编户定役，执行丈量的是地主，负责征收粮米的还是地主，当里长甲首的依然是地主，在地方和朝廷做官的更非地主不可，从下而上，从上而下的重重地主统治：地主首先要照顾的是自己家族和亲友的利益，决不会照顾到小自耕农和佃农。由于凭借职权的方便，剥削舞弊都可以通过国家政权来进行，披上合法的外衣，农民的痛苦越发无可申诉；而且，愈是大地主，愈有机会让子弟受到教育，通过科举和税户人才等成为官僚绅士，官僚绅士享有合法的免役权。洪武十年（1377）朱元璋告诉中书省官员：“食禄之家，与庶民贵贱有等，趋事执役以奉上者，庶民之事也。若贤人君子，既贵其身，而复役其家，则君子野人无所分别，非劝士待贤之道。自今百司见任官员之家有田土者，输租税外，悉免其徭役，著为令。”十二年（1379）又下令：“自今内外官致仕还乡者，复其家终身无所与。”[③]连乡绅也享有免役权了。在学的学生，除本身免役外，户内还优免二丁差役。[④]这样，现任官、乡绅、生员都豁免差役，有办法逃避租税，完粮当差的义务，便完全落在自耕农和贫农

---

①《大诰续诰》，罪除滥役第七四。

②《大诰续诰》，松江逸民为害第二。

③《明太祖实录》卷一一一、一二六。

④张居正：《太岳集》卷三九，《请申旧章饬学政以振兴人才疏》。

身上了。自耕农和贫农不但要出自己的一份，而且要出官僚绅士地主的一份，亦何尝不由农民实际负担，官僚地主不交的那一份，他们也得一并承当下来。官僚绅士越多的地方，人民的负担就越重。

人民的负担用朱元璋的话叫作“分”，即应尽的义务。洪武十五年（1382）他叫户部出榜晓谕两浙江西之民说：“为吾民者当知其分，田赋力役出以供上者，乃其分也。能安其分，则保父母妻子，家昌身裕，为忠孝仁义之民。”不然呢？则“不但国法不容，天道亦不容矣！”应该像“中原之民……唯知应役输租，无负官府”。只有如此，才能“上下相安，风俗淳美，共享太平之福”[①]。

朱元璋要求人民尽应役输税的义务，定下制度，要官吏奉公守法，严惩贪污，手令面谕，告诫谆谆，期望上下相安，共享太平之福。但是官吏并不肯照他的话办事，地主做官只是管百姓，并不想替百姓办事，结果许多制度命令都成为空文，官僚政治的恶果当时便有人明确地指出：

> 今之守令，以户口钱粮狱讼为急务。至于农桑学校，王政之本，乃视为虚文而置之，将何以教养斯民哉！以农桑言之，方春，州县下一白帖，里甲回申文状而已，守令未尝亲视种艺次第，旱涝戒备之道也。

官吏办的是公文。公文上办的事应有尽有，和实际情况全不相干。上官按临地方检查的也是公文，上下都以公文办事，“法出而奸生，令下而诈起”。这是洪武九年（1376）的情形。[②]十二年后，解缙奉诏上万言书，也说：

①《明太祖实录》卷一五〇。

②《明史》卷一三九，《叶伯巨传》。

臣观地有盛衰，物有盈虚，而商税之征，率皆定额，是使其或盈也，奸黠得以侵欺；其歉也，良善困于补纳。夏税一也，而茶椒有粮，果丝有税，既税于所产之地，又税于所过之津，何其夺民之利至于如此之密也。且多贫下之家，不免抛荒之咎。今日之土地无前日之生植，而今日之征聚有前日之税粮，或卖产以供税，产去而税存；或赔办以当役，役重而民困，土田之高下不均，起科之轻重无别，膏腴而税反轻，瘠卤而税反重。①

道理也清楚得很，正因为是“贫下之家”，才被迫抛荒，地主负担特别轻，不但不会抛荒的，而且尽力兼并，膏腴之田是地主的，瘠卤之田是贫民的，地主阶级自己定的税额，当然是膏腴轻而瘠卤重。

严惩贪污，贪污还是不能根绝，用朱元璋自己的话来证明吧，他说：

浙西所在有司，凡征收，害民之奸，甚如虎狼。且如折收秋粮，府州县官发放，每米一石，官折抄二贯，巧立名色，取要水脚钱一百文，车脚钱三百文，口食钱一百文。库子又要办验钱一百文，蒲篓钱一百文，竹篓钱一百文，沿江神佛钱一百文。害民如此，罪可宥乎！②

折粮原来是便民的措施，浙西运粮一石到南京，要花四石运费，百姓困苦不堪。③改折为钞，可以减轻浙西农民五分之四的负担。钞是用不着很大运费和蒲竹篓包装的，但地方官还是照运粮的办法苛敛，用种种名色加征至九百文，约合折价的百分之五十。急得朱元璋只是跺脚，

---

①《明史》卷一四七，《解缙传》。

②《大诰》，折粮科敛第四十一。

③ 宋濂：《芝园续集》卷四，《故岐宁卫经历熊府君墓铭》。

说："我欲除贪赃官吏，奈何朝杀而暮犯！今后犯赃者，不分轻重皆诛之！"[①]

洪武一朝，"无几时不变之法，无一日无过之人"[②]，是历史上封建政权对贪污进行斗争最激烈的时期，杀戮贪官污吏最多的时期。虽然随杀随犯，不可能根本清除贪污，但是朱元璋下定决心，随犯随杀，甚至严厉到不分轻重都杀，对贪污的减少起了作用，对人民有好处，人民是感谢他、支持他的。

---

① 刘辰：《国初事迹》。

②《明史》卷一四七，《解缙传》。

资本主义萌芽问题

关于资本主义萌芽问题，现在学术界还在争论，有许多不同的意见。有的人认为资本主义萌芽很早，有的人认为很晚。所提供的史料的时间性都很不肯定，从8世纪到十六七世纪都有。特别是关于《红楼梦》的社会背景的讨论展开以后更是如此。是在什么情况下产生了《红楼梦》这部作品呢？它的社会基础是什么？《红楼梦》中的贾宝玉反对科举、尊重妇女的思想是从哪里来的？他骂念书人，骂那些举人、秀才都是禄蠹，说女孩子是水做的，男人是泥做的，这样的思想认识是在什么情况下发生的？对这一系列的问题提出了各种不同的看法，各有各的论据。而且关于“萌芽”这个词的含义也有不同的理解。比如种树，种子种下去以后，慢慢地露出了头，这叫萌芽；又如泡豆芽菜，把豆子放在水里，长出一点东西，这也叫萌芽。既然只是萌芽，它就不是已经成熟了的东西，还只是那么一点点。假如是整棵的菜，那就不是萌芽；至于开了花、结了果的东西就更不是萌芽了。所以要把这些情况区别开。可是现在某些讨论中存在有这样的问题：将萌芽看成已经开花结果的东西。这实际上就不是资本主义萌芽，而是资本主义的成熟阶段了，还有人认为中国资本主义早已经成熟了，中国社会早已经进入了资本主义社会。这样一来就发生了一系列的大问题：中国既然早已进入资本主义社会，那么，怎么解释1840年以后中国进入了半殖民地半封建的社会？一百年来我们反对封建主义、反对帝国主义的问题怎么解释？

关于这个问题，我自己有些看法，也不一定成熟，提出来大家讨论。我想，要说明某个时期有某个事物萌芽，必须有一个界限。这个界限是什么呢？就是要具体地指出一些事实，这些事实是以往的时期所不可能发生和没有发生过的，只有到了这个时候才能发生的。没有这个界限就会把历史一般化了。试问：这个时期发生过，一百年以前发生过，五百年以前也发生过，这怎么能说明问题？而且这些新发生的东西不应该是个别的。仅仅在某个时期、某个地区出现的个别的东西能不能说明问题呢？不能说明问题。因为我们的国家这样大，经济发展不平衡，有先进的，有落后的，沿海和内地不同，平原和山区也不同。不要说别的地方，就说北京吧，全市面积有一万七千平方公里，市内和郊区就不同，因此，个别时期所发生的个别的事情也会有所不同。所以作为一个事物的萌芽，必须是这个东西过去没有发生过；现在发生了，而且不是个别的。只有这样看才比较科学。现在我们根据这个精神来看资本主义萌芽问题。我想把问题局限在14世纪到16世纪所发生的主要事件上面，特别是16世纪中叶，这个明朝人自己已感觉到发生巨大变化的时期，着重提出那些在这时期以前没有发生，或虽已发生而很不显著，这个时期以后成为比较普遍、比较显著的一些问题。

第一，关于手工工场。在明朝初年的时候，有一个人叫徐一夔，他写了一本书叫《始丰稿》。这本书里面有一篇文章叫《织工对》。这篇文章讲到元末明初，在浙江杭州地方有许多手工业纺织工场。这些纺织工场的经营方式是怎样的呢？有若干间房子和若干部织机，工人都是雇工，他们不占有生产工具。生产工具是谁的呢？是工场老板的。老板出房子、出机器、出原料，工人出劳动力。工人在劳动以后可以取得若干计日工资，工资随着工人的技术熟练程度不同而有高有低，其中有一些技术水平比较高的，可以得到比一般工人加倍的工资，假如这家工场不能满足他的要求，别的工场可以拿更高的工资把他请去，劳动强度很高，把工人弄得面黄肌瘦。这是元末明初（14世纪）的情况，当时这样的工场在杭州不止一个。但是能不能说在14世纪时就已经普遍地有了资本主义萌芽呢？因为只有这一个地区的资料，我看不能。但是从这里可以看出，在14世纪中期，个别地区已经有了这样相当大的手工工场，老板通过这样的生产手段来剥削雇用工人的历史事实。这说明当时已经有一部分农村劳动力转化为城市雇佣劳动者了。这种情况在14世纪以前是没有的。

第二，新的商业城市兴起。在讨论中有不少文章笼统地提到明朝有南京、北京、苏州等三十三个新的商业城市，来说明这个时期商业的发展。有三十三个商业城市是不错的，但是时间有问题。因为并不是整个明朝都是这样的情况。事实上，这些城市成为商业城市是在明成祖以后。在明成祖建都北京以后，为了解决粮食的运输问题，把运河挖深、加宽了。这样，通过水运不仅保证了粮食的运输，其他商品的运输也畅通了，因而促进了南北物资的交流。这样，到了宣宗时期（15世纪中期），沿运河一带的许多城市开始繁荣起来。这时候，由于农业、手工业的发展，国内市场扩大了。这是一方面。另一方面，当时为了保证货物的流通，沿长江、运河及布政使司所在地建立了三十三个钞关。明朝用的货币叫宝钞（纸币）。关于纸币的情况这里不能详细说了，只说明一条，明朝的纸币很不合理，它不兑现，开头拿一张钞票还能换到一些物资，后来就不行了。政府只发钞票，越发越多，超过了实际物资的几百倍。在这种情况下，钞票就贬值了。明朝政府为了提高钞票的信用，采取收回钞票的政策。怎样收回呢？其中一个办法就是增加税额。因此就在各个商业城市设立了一个机构，叫作“钞关”。一共设立了三十三个钞关。钞关是干什么的呢？就是向往来的货物收税。纳税时就用钞票交纳。钞关设在商业城市，有三十三个钞关就有三十三个商业城市，这是不错的。但有些人就根据这个数字说整个明朝只有三十三个商业城市，这就不确切了。因为设立钞关是明宣宗时候的事情，宣宗以前没有。而就商业城市来说，在明成祖的时候就不止三十三个，后来又有所增加。因此，不标明确切的时间，以一个时期的情况来概括整个明朝，是不符合当时存在的客观事实的。随着商业城市的增加，商人、手工业工人也增加了，这就形成了一个市民阶层（这个阶层主要是指手工业者、中小商人）。这些人为了保护他们自己的利益，建立了很多行会，有事情共同商量，采取一致的行动。在这种情况下就发生了明朝末年的市民暴动。这里应该指出：所谓“市民”这个概念不能乱用。有些人把当时的进士、举人、秀才等官僚都算作市民，这就模糊了阶级界限。这些人都是当时的统治者，不是被统治者。把市民阶层扩大化，混淆统治者与被统治者之间的界限，这是不对的。

第三，倭寇、葡萄牙海盗和沿海通商问题。明朝中叶，以朱纨为中心的一派人反对对外通商，对海盗采取镇压的政策，因而引起沿海地主阶级的反对，形成一个政治上的斗争。在这个斗争中，朱纨最后失败了。这种性质的斗争在以往的历史上是从来没有过的。汉朝、唐朝、宋朝、元朝都有过对外通商，有时还很繁盛，大量的中国人到海外去经商；不但如此，国内有不少地方还住有许多外国商人。在唐朝的时候，广州就有数量众多的蕃商。其中主要是阿拉伯人，他们住的地方叫蕃坊。其他如扬州、长安等地方也住了不少的外国商人，对外通商也很频繁。但是像明朝那样，代表通商利益的官僚地主在政治上形成一种力量，和内地一些反对通商的地主进行斗争，这种斗争影响到政府的政策，这种情况却是以往的历史上所没有的。为什么明朝会出现这种新的情况呢？因为明朝国内国外的市场日益扩大，商业资本日益发展，商人地主在政府里有了自己的代言人。商人地主在政治上有了地位，这在历史上是个新问题。关于这个问题，近年来也有人持不同的意见。北京大学有个学生写了一篇文章，说朱纨镇压海盗是爱国的行为。朱纨是个爱国者，这观点是没有问题的，朱纨确实是爱国者，可是不能拿这个来否认当时在政治上存在着的不同意见。当时已经出现了代表沿海通商地主利益的政治活动家，这和朱纨是否爱国是两回事。我们并没有说朱纨不爱国。这点不必争论。问题在于这个时期出现了两种不同的意见，一种意见主张通商，另一种意见反对通商，这是历史事实，是过去所没有的。

第四，内地的某些官僚地主也参加商业活动和经营手工工场。这方面的例子很多，大家所熟悉的《游龙戏凤》中的正德皇帝（明武宗），他就开了许多皇店。这是16世纪初期的事情。嘉靖时有个贵族叫郭勋（《三国演义》最早的刻本是他搞的），在北京开了许多店铺。另外有个外戚叫周瑛，在河西务开店肆做买卖。现在这个地方已经很萧条了。可是在明朝的时候，由于南方的粮食、物资运到北方来都要经过这里，因此是个很繁华的地方。这样的例子举不胜举。在地方上，明朝四品以上的官到处经商。四品有多大呢？知府就是四品。知县是七品。原来明朝有一条规定，禁止四品以上的官员做买卖。但是行不通。事实上官做得越大，买卖也做得越多越大。特别是像苏州这样的地方，很多退休官员开各种各样的铺子，有的发了大财，成了百万富翁。官员经商过去也有，但是在明初还多半是武官，到了明朝中叶这种情况就改变了，不但武官经商，文官也经商；不但小官经商，大官也经商；不但经商，而且还经营手工工场。华亭人徐阶做宰相时，“家中多蓄织妇，岁计所织，与市为贾”。

这种现象也是过去没有过的。过去的官僚认为做买卖有失身份，社会上看不起。士、农、工、商，商放在最后。孟子就骂商人是“垄断”，认为他们不劳动，出卖别人生产的东西从中取利，是不道德的事情，有身份的人不干这种事。汉朝以来，各个历史时期都曾不同程度地实行过重农抑商的政策。当时社会上一般是看不起商人的，当然也有个别地区有个别例外的情况。但是到16世纪以后，这种看法就改变了，不止武官，就连皇帝、贵族、官僚都抢着做买卖，商人的社会地位也提高了。

第五，当时的人对这个时期社会情况变化的总结。16世纪中期社会经济情况发生的变化，明朝人看得很清楚，有不少人就各方面变化的情况做出了总结。

首先，从社会风俗方面来说。明朝人认为嘉靖以前和嘉靖以后是两个显然不同的时代。有不少著书的人指出了正德、嘉靖以后社会风俗的变化。在嘉靖以前，妇女的服装很朴素；嘉靖以后变了，很华丽，讲究漂亮了。宴会请客，原来一般是四碗菜一碗汤，后来变成六碗、八碗，以至十二碗、十六碗菜。山东《郓城县志》记载在嘉靖以前老百姓很朴素、很老实，嘉靖以后变了，讲排场了，普通老百姓穿衣服向官僚看齐，向知识分子看齐。穷人饭都吃不上，找人家借点钱也要讲排场。总之，从吃饭、娱乐到家庭用具都不像过去了。这个时候，看到一些老实、朴素的人，大家认为不好，耻笑他。《博平县志》讲嘉靖以后过去好的风气没有了，过去乡村里没有酒店，也没有游民，嘉靖中期以后变了，到处都有酒店，二流子很多。当时有一种风气，一个人有名，有字，还要起别号。嘉靖皇帝就有很多别号。不但知识分子起别号，就连乞丐也有别号。

其次，在文化娱乐方面。嘉靖以前唱的歌曲主要是北曲，嘉靖以后南曲流行了，而且唱的歌词主要是讲男女恋爱的。嘉靖以前不大讲究园亭建筑；嘉靖以后，到处修假山，建花园，光南京就有园亭一百多所，苏州有好几十所，北方就更多了，清华园这些地方都是过去的园亭。明朝前期有一条规定，官员禁止嫖娼妓，嘉靖以后，这个纪律不生效了，文人捧妓女成为风气，为她们写诗，写文章，甚至选妓女为状元、榜眼、探花。戏剧方面，过去只有男戏，嘉靖以后就有女戏了。很多做过大官的人写剧本，像《牡丹亭》的作者汤显祖就是一个官。元曲的作者没有一个是高级官员，都是一些下层社会的人，有的在衙门里当一个小办事员，有的做医生；可是明朝戏曲的作者，大部分是举人、进士，有些还是高级官员。明朝后期盛行赌博，官吏、士人以不会赌博、打纸牌为耻。

再次，从政治方面来看。《明史·循吏传序》提到嘉靖以前一百多年，一方面休养生息，发展生产；另一方面政治上比较清明，好官比较多。譬如大家知道的《十五贯》里面有个况钟，连做十几年的苏州知府，是个好官。另外一个周忱也是个好官，他做苏州巡抚二十一年，在《十五贯》里被刻画坏了，这是不对的。此外，像于谦连做河南、山西巡抚十九年。嘉靖以前，有好些巡抚连任几年甚至十几年的，这是明朝后期所没有的情况。明朝后期好官就少了。做官讲资格，一讲资格就坏事了，只要活得长就可以做大官；相反，真正能给老百姓做点事情的人却到处碰壁。像海瑞就是这样，到处遭到大地主阶级的反对，办不了好事。明朝后期有个知识分子陈邦彦对吏治的这种变化做了总结，他说：在嘉靖以前，做官的人还讲个名节，做官回到家里，人家问他赚多少钱，他要生气；嘉靖以后发生了根本性的变化，做官等于做买卖，计较做这个官赚钱多还是赚钱少，在这个地方做官赚钱多，另外换一个赚钱少的地方就不愿意去。到富庶的地方去做官，亲友设宴庆贺；如果到穷地方去，大家就叹息。做官和发财联系起来了，念书是为了做官，做官是为了发财。当时升官是凭什么呢？一个是凭资格，一个是凭贿赂。当时叫“送礼”。地方官三年期满要进京，朝廷要考核他的成绩。这时就是他“送礼”的时候了。送了礼就可以升官。所谓送上黄米、白米若干担，即指黄金、白银若干两。后来改为送书若干册，书的后面附上金子、银子，叫作“书帕”。所以明朝后期的地方官上任以后先刻书。但是他们又没有什么学问，于是粗制滥造，乱抄一气。

以上这些情况说明，由于整个社会经济的变化，即农业、手工业生产的发展，商业的繁荣，影响到了社会各方面。一些大地主把一部分从土地剥削所得的财产投资于手工业和商业，这样，过去被社会上歧视的商人的地位就提高了。国家的高级官员有不少人变成了商人。经商成为社会风气。商人赚了钱就奢侈浪费，造成社会上的虚假繁荣现象。封建秩序、封建礼法开始受到冲击，从而在文学艺术方面也出现了反映这种社会生活的作品。

第六，货币经济的发展。在明朝以前，白银已经部分使用，但是还不普遍，还没有作为正式的货币。元朝使用钞票。明朝初年用铜钱，由于老百姓已经有了用钞票的习惯，反而不习惯用铜钱，只好仍然用钞票。但是由于明朝对钞票管理不善，无限制地发行，又不兑现，因而引起通货膨胀，钞价贬值，由一贯钞值银一两贬至只值一两个钱，钞票的经济意义逐渐没有了。钞票不能用，铜钱的重量又太大，短途进行交易还可以，像从南到北的远距离交易，带大量的铜钱就不行，几万、几十万铜钱很重，不方便。在这种情况下白银就日渐流通于市场。白银有它的优点：它的质量不会变，既能分割，化整为零，又能把一些分散的银子铸成一锭，化零为整。白银价值比较高，一两白银可以抵一千钱。因此社会上对白银的需要越来越迫切。

上次讲过，明朝迁都北京，粮食主要要从南方运来。四五百万石粮食的运费要由农民负担，运费超过粮食价格的几倍，农民负担很重。所以到明英宗时，逐渐改变了这种办法。有些地方税收开始改折“金花银”，像这个地区应该送四石粮食，现在不要你交粮食了，改交一两银子。政府用一两银子同样可以买到四石粮食。由于国内市场的扩大和税收折银的结果，银子的需要量就大大增加了，原有的银子满足不了市场的需要。因此在万历时期就出现了采银的高潮。政府征发许多人，到处开银矿，苛征暴敛，引起国内人民的反对。

通过对外贸易的入超，大量的白银输入了。西班牙人从墨西哥运白银到吕宋，由吕宋转运中国，以换取中国的丝织品和瓷器。到后期，墨西哥的银圆也大量流入中国。这样，国内白银数量逐渐增加。所以到万历初年，赋役制度大改变，把原来的田赋制度改为“一条鞭法”，使赋役合一。从此大部分地区的赋税和徭役改折银两。

由于手工业和商业的发展，商品流通的客观需要，远距离的大量的交易需要共同的货币做媒介，因而白银普遍地应用起来了。这种情况也是以往历史上所没有发生过的。

第七，文学作品上的反映。唐朝、宋朝也有传奇小说，里面的主角是些什么人？主要是官僚、士大夫、文人，等等。写市井人物的作品很少。到明代中叶以后出现了以市井人物为主人公的作品。例如《白蛇传》的故事。在《西湖三塔记》中的三怪是：乌鸡、水獭、白蛇，男主角是将门之后——奚宣赞（岳飞部下的将官奚统制之子）。而《洛阳三怪记》的三怪是：赤斑蛇、白猫精、白鸡精，男主角却是开金银铺的老板潘松了。流传到现在的《白蛇传》只剩下二怪：白蛇和青蛇，男主角则是开生药铺的许仙。故事的主角从将门之后的奚宣赞转变为生药铺的许仙，这一变化是值得我们注意的。

又如《金瓶梅》，是万历二十二年（1594）以后的作品，写嘉靖、万历年间的事。主角西门庆也是开生药铺的。与西门庆来往的篾片、清客都是官僚地主的后人，原来的地位比西门庆高，后来没落了，成为西门庆的门客。以这样一些人物为中心的小说，在过去是没有的。

此外，在“三言”“二拍”中，如《卖油郎独占花魁》《倒运汉巧遇洞庭红》等，主角是卖油小贩和偶然发财的穷汉，这也都是当时的社会现实在文艺作品中的具体反映。

第八，明朝后期有了一些替商人说话的政治家。譬如徐光启，他是上海人，是最早接受西洋科学，介绍和传播西洋科学，如物理学、化学、天文学的一个人。他家里原来是地主，后来兼营商业。他本人中了进士，做过宰相。在他的思想中，反映了保护商人特权的要求，他提出了维护商人利益的具体建议。当时国家财政困难，西北有许多荒地，他就主张政府允许各地的地主阶级招募农民来开垦荒地。开垦荒地多的，除了粮食给他外，还可以允许这个地主家里的子弟有多少人考秀才、多少人上学，给他以政治保证。从他这种主张来看，他是当时从地主转为商人的这一集团在政治上的代表人物。

总的来说，上面所讲的这些问题是明朝以前没有发生过的，或者虽然发生过，但并不显著。当时的人也认识到了嘉靖前和嘉靖后所发生的这种巨大变化。当然，他们还不能理解这叫作资本主义萌芽。从我们今天来看，这个变化是旧的东西改变了，新的东西露出了头。这些例子都可以作为资本主义萌芽来看。但是这些萌芽并没有成长，以后又遭到了压制，因此到鸦片战争以前还不能说中国进入了资本主义社会。资本主义还处在萌芽状态。

这方面的材料直到现在还是不够完备的，还没有进行认真的研究。上面谈的只是个人的看法，不一定对，更不一定成熟，只供同志们参考。

明代之农民

一

按照职业的区分，明代的户口有民户、军户、医户、儒户、灶户、僧户、道户、匠户[①]、阴阳户[②]、优免户、女户、神帛堂户[③]、陵户、园户、海户、庙户[④]……之别。户有户籍户帖：

洪武三年（1370）十一月辛亥，核民数给以户帖。户部制户籍户帖，各书其户之乡贯丁口名岁，合籍与帖，以字号编为勘合，识以部印，储藏于部，帖给之民。仍令有司岁计其户口之登耗，类为籍册以进，著为令。[⑤]户籍藏于户部，户帖给民收执。“父子相承，徭税以定。”[⑥]令有司各户比对，不合者遣戍，隐匿者斩，男女田宅，备载于后。[⑦]若诈冒避免，避重就轻者杖八十，其官司妄准脱免，及变乱版籍者罪同。[⑧]洪武十四年（1381）改为赋役黄册，以一百十户为一里，推丁粮多者十户为长，余百户为十甲，甲凡十人，岁役里长一人，甲首一人，董一里一甲之事，先后以丁粮多寡为序，凡十年一周曰排年。在城曰坊，近城曰厢，乡都曰里。里编为册，册首总为一图，鳏寡孤独不任

①《弘治会典》卷一一。

②《弘治会典》卷二〇，引《大明令》。

③《明史》卷二八一，《庞嵩传》。

④《明史》卷七八。

⑤《明太祖实录》卷五八。

⑥《明宣宗实录》卷六九。

⑦谈迁：《枣林杂俎》，《逸典》。

⑧《明律》四，《户》一。

役者附十甲后为畸零，僧道给度牒，有田者编册如民科，无田者亦为畸零，每十年有司更定其册，以丁粮增减而升降之。册凡四，一上户部，其三则布政司、府、县各存一焉。上户部者册面黄纸，故谓之黄册。其后黄册只具文，有司征税编徭则自为一册，曰白册云。[①]

各色户口中占绝大多数的是民户，民户中占绝大多数的是农民。（也可以说民户即指农民，一小部分的小商也包括在内。曾任官吏的则另别为宦户。）其次是军户和匠户。民由有司，军由卫所，匠由工部管理。[②]农民人数最多，和土地的关系最密切，对国家的负担也最重。他们的生活也最值得我们注意。

农民中的富民和大地主的子弟有特权享受最好的教育，在科举制度下，他们可以利用所受的教育，一经中试便摇身变成儒户，一列仕途，便又变成宦户。退休后又变成乡绅，不再属于民户。或则买官捐监，也可以使一家的身份提高。贫农中也有由子弟的努力而成为儒户、宦户的，不过身份一改，便面目全非，对国家的担负和社会上的待遇便全然不同了。他们不但不再属于民户，反而掉转头来自命为上层阶级，去剥削他从前所隶属的集团了。

二

农民的本分是纳赋和力役，明太祖告诉他的百姓说：“为吾民者当知其分。田赋力役出以供上者乃其分也。能安其分则保其父母妻子，家昌身裕，为仁义忠孝之民，刑罚何由及哉。”[③]赋役都以黄册为准，册有丁有田，丁有役，田有租，租曰夏税，曰秋粮，凡二等。丁曰成丁，曰未成丁，凡二等。民始生籍其名曰不成丁，年十六曰成丁，成丁而

①《明史》卷七七，《食货志》，《户口》。

②《弘治会典》卷二〇。

③《明太祖实录》卷一五〇。

役，六十而免。役曰里甲，曰均徭，曰杂泛，凡三等。以户计曰甲役，以丁计曰徭役，上命非时曰杂役，皆有力役，有雇役，田租大略以米麦为主，而丝绢与钞次之。①

要农民安于本分，使其永远不能离开所耕种的土地，除有黄册登记土地户口外，并设路引的制度，百里内许农民自由通行，百里外即须验引："凡军民等往来但出百里者，即验文引。"②天下要冲去处设立巡检司，专一盘诘无引面生可疑之人。军民无文引必须擒拿送官，仍许诸人首告，得实者赏，纵容者同罪。③此制在洪武初年即已施行：

> 洪武六年（1373）七月癸亥，常州府吕城巡检司盘获民无路引者送法司论罪。问之，其人以祖母病笃，远出求医急，故无验。上闻之曰："此人情可矜，勿罪。"释之。④

于是农民永远被禁乡里，只好硬着头皮为国家尽本分。

田赋和力役只是农民负担的一小部分。除了对国家的以外，农民还要对地方官吏、豪绅、地主……尽种种义务，他们要受四重甚至五重的剥削。官吏则巧立名目，肆行科敛，即在开国时严刑重法，也还有此种情形，明太祖极为愤怒，他很生气地训斥一般地方官说：

> 置造上中下三等黄册，朝觐之时，明白开谕，毋得扰动乡村。止将黄册底册就于各府州县官备纸札，于底册内挑选上中下三等以凭差役，庶不靠损小民，所谕甚明。及其归也，仍前着落乡村，巧立名色，团局置造，科敛害民。⑤

---

①《明史》卷七八，《食货志》，《赋役》。

②③《弘治会典》卷一三〇。

④《明太祖实录》卷八三。

⑤《大诰》第四四。

科敛之害，甚于虎狼。如折收秋粮，府州县官发放，每米一石官折钞二贯，巧立名色，取要水脚钱一百文，车脚钱三百文，口食钱一百文。库子又要辨验钱一百文，蒲篓钱一百文，竹篓钱一百文，沿江神佛钱一百文。[①]政府之惩治虽严，而官吏之贪污如故，剥削如故，方震孺整饬吏治疏言：

一邑设佐贰二三员，各有职掌。司捕者以捕为外府，收粮者以粮为外府，清军者以军为外府，其刑驱势逼，虽绿林之豪，何以加焉。稍上而有长吏，则有科罚，有羡余，曰吾以备朝京之需，吾以备考满之用，上言之而不讳，下闻之而不惊，虽能自洗刷者固多，而拘于常例者不尽无也。又上之而为郡守方面，岁时则有献，生辰则有贺，不谋而集，相摩而来，寻常之套数不足以献芹，方外之奇珍始足以下点，虽能自洗刷者固多，而拘于常例者不尽无也。萧然而来，捆载而去。夫此捆载者非其携之于家，雨之于天，又非输于神，运于鬼，总皆为百姓之脂膏，又穷百姓卖儿卖女而始得之耳。[②]

其剥削之方法，多用滥刑诛求，英宗时江西按察司佥事夏时言：

今之守令冒牧民之美名，乏循良之善政，往往贪泉一酌而邪念顿兴，非深文以逞，即钧距是求。或假公营私，或诛求百计。经年置人于犴狱，滥刑恒及于无辜。甚至不任法律而颠倒是非，高下其手者有之，刻薄相尚，而避己小嫌，入人大辟者有之。不贪则酷，不怠则奸，或通吏胥以贯祸，或纵主案以肥家，殃民蠹政，莫敢谁何。[③]

①《大诰》第四一。
②《方孩未集》卷一。
③《明英宗实录》卷四〇。

地方官以下之粮长吏胥，则更变本加厉，横征暴敛，如《续诰》所记嘉定县粮长金仲芳等额外敛钱之十八种名色：

> 一定舡钱，一包纳运头米钱，一临运钱，一造册钱，一车脚钱，一使用钱，一络麻钱，一铁炭钱，一申明旌善亭钱，一修理仓廒钱，一点舡钱，一馆驿房舍钱，一供状户口钱，一认役钱，一黄粮钱，一修墩钱，一盐票钱，一出由子钱。①

又如粮长郏阿乃起立名色，科扰粮户，至超过正税数倍：

> 其扰民之计，立名曰舡水脚米，斛面米，装粮饭米，车脚钱，脱夫米，造册钱，粮局知房钱，看米样中米，灯油钱，运黄粮脱夫米，均需钱，棕软篾钱一十二色。通计敛米三万七千石，钞一万一千一百贯。正米止该一万，便做加五收受，尚余二万二千石，钞一万一千一百贯。民无可纳者，以房屋准者有之，变卖牲口准者有之，衣服段匹布帛之类准者亦有之，其锅灶水车农具尽皆准折。②

隶快书役为害尤甚："民之赋税每郡小者不过数万，大者不过数十万，而所以供此辈者不啻倍之。"③

地方豪绅不但享有优免赋役的特权（参看《大公报·史地周刊》：《明代仕宦阶级的生活》《晚明之仕宦阶级》二文），而且创立了种种苛税，剥削农民。有征收道路通行税的：

---

①《续诰》第二一。

②《续诰》第四七。

③ 吴应箕：《楼山堂集》卷一二，江南汰胥役议。

宣德八年（1433）十一月丙午，顺天府尹李庸言：“比奉命修筑桥道，而豪势之家，占据要路，私搭小桥，邀阻行人，榷取其利，请行禁革。”上曰：“豪势擅利至此，将何所不为。”命行在都察院揭榜禁约。[①]

有私征商税的：

正统元年（1436）十二月甲申，驸马都尉焦敬令其司副李昺于文明门外五里建广鲸店，集市井无赖，假牙行名，诈税商贩者，钱积数十千。又于武清县马驹桥遮截磁器鱼枣数车，留店不遣。又令阍者马进于张家湾溧阳闸河诸通商贩处，诈收米八九十石，钞以千计。[②]

有擅据水利的：

正统八年（1443）十二月戊戌，吏部听选官胡秉贤言：“臣原籍江西弋阳，县有官陂二所，民田三万余亩借其灌溉。近年被沿陂豪强之人，私创碓磨，走泄水利，稍有旱暵，民皆失望。”[③]

叶盛《水东日记》卷十四亦记：

杭州西湖傍近，编竹节水，可专菱芡之利，而唯时有势力者可得之。故杭人有俗谣云：“十里湖光十里笆，编笆都是富豪家，待他十载功名尽，只见湖光不见笆。”

---

①《明宣宗实录》卷一一七。
②《明英宗实录》卷二五。
③《明英宗实录》卷一一一。

盐粮马草之利亦尽为势豪所占，《明英宗实录》卷一一五记：

九年（1444）四月壬辰，敕户部曰："朝廷令人易纳马草、开中盐粮，本期资国便民。比闻各场纳草之人，多系官豪势要，及该管内外官贪图重利，令子侄家人伴当假托军民，出名承纳。各处所中盐粮，亦系官豪势要之家占中居多，往往挟势将杂糙米上仓，该管官司畏避权势，辄与收受，以致给军多不堪用。及至支盐，又嘱管盐官搀越关支，倍取利息。致无势客商，守支年久不能得者有之，衰赀失业，嗟怨莫伸，其弊不可胜言。"

更有指使家人奴仆，私自抽分的。《明律条例》名例条：

成化十五年（1479）十月二十二日节该，钦奉宪宗皇帝圣旨：管庄佃仆人等占守水陆关隘抽分，掯取财物，挟制把持害人的，都发边卫永远充军，钦此！

地主则勾结官吏，靠损小民，《续诰》第四五：

民间洒派包荒诡寄，移丘换段，这等都是奸顽豪富之家，将次没福受用财赋田产，以自己科差洒派细民。境内本无积年民田，此等豪猾买嘱贪官污吏及造册书算人等，其贪官污吏受豪猾之财，当科粮之际，做包荒名色，征纳小户。书算手受财，将田洒派，移丘换段，做诡寄名色，以此靠损小民。

或隐匿丁粮，避免徭役，一切负担均归小民：

宣德六年（1431）六月庚午，浙江右参议彭璟言："豪富人民每遇编充里役，多隐匿丁粮，规避徭役，质朴之民皆首实。有司贪贿，更不穷究。由是徭役不均，细民失业。”①

或营充职事，使小民受累，《英宗实录》卷八九记：

七年（1442）二月丁酉应天府府尹李敏奏：“本府上元、江宁二县富实丁多之家，往往营充钦天监太医院阴阳医生、各公主府坟户、太常光禄二寺厨役及女户者，一户多至一二十丁，俱避差役，负累小民。”

一面以其财力，兼并小农，例如：

景泰元年（1450）六月丙申，巡抚直隶工部尚书周忱言：“江阴县民周珪本户原置田三百七十二顷，又兼并诱买小民田二百七顷五十余亩，诛求私租，谋杀人命。”②

因之，富者愈富，贫者愈贫。更加以苛捐杂税之搜括，农民至无生路可走，甚至商税派征，其负担者亦为农民：

榷税一节，病民滋甚。山右僻在西隅，行商寥寥。所有额派税银四万二千五百两，铺塾等银五千七百余两，百分派于各州府持。于是斗粟半菽有税，沽酒市脂有税，尺布寸丝有税，羸特蹇卫有税，既非天降而地出，真是头会而箕敛。③

负担过重，伶俐富厚点的也跟着一般地主的模样，诡谋图免，大部分的

---

①《明宣宗实录》卷七九。

②《明英宗实录》卷一九三。

③《石隐园藏稿》卷五，《嵩祝陛辞疏》。

农民无法可处，只得辗转沟壑，沦为盗贼。侯朝宗曾痛论其弊云：

明之百姓，税加之，兵加之，刑加之，役加之，水旱灾祲加之，官吏之食渔加之，豪强之吞并加之，是百姓一而所以加之者七也。于是百姓之富者争出金钱而入学校，百姓之黠者争营巢窟而充吏胥。是加者七而因而诡之者二也。即以赋役之一端言之，百姓方苦其积极而无告而学校则除矣，吏胥则除矣，举天下以是为固然而莫之问也。百姓之争入于学校而争出于吏胥者，亦莫不利其固然而为之矣。约而计之，十人而除一人，则以一人所除更加之九人，百人而除十人，则以十人所除更加之九十人，展转加焉而不可穷，争诡焉而不可禁。天下之学校吏胥渐多而百姓渐少，是始犹以学校吏胥加百姓，而其后遂以百姓加百姓也。彼百姓之无可奈何者，不死于沟壑即相率而为盗贼耳，安得而不乱哉。①

除此以外，农民还有两条路可走。第一条路是当僧道，不过如被发觉，反要吃苦。如《太祖实录》卷二二七所记：

二十六年（1393）五月乙丑，道士仲守纯等一百二十五人请给度牒。礼部审实皆逃民避徭役者。诏隶锦衣卫习工匠。

第二条路是抛弃土地，逃出做“流民”。

三

洪武三年（1370）时曾有一次关于苏州一府地主的统计：

---

①《壮悔堂文集》，《正百姓》。

先是上问户部天下民孰富，产孰优？户部臣对曰："以田税之多寡较之，唯浙西多富民巨室。以苏州一府计之，民岁输粮一百石以上至四百石者四百九十户。五百石至千石者五十六户。千石至二千石者六户。二千石至三千八百石者二户。计五百五十四户，岁输粮十五万一百八十四石。"①

苏州府在洪武二十六年（1393）时的户口统计是四十九万一千五百一十四户。②二十年中户口相差大致不会很远。如以此数估计，则五十万户中有地主五百户，地主占全户口的千分之一。不过这统计不能适用于别处，苏松财赋占全国三分之一，依照此例与在全国所纳的田赋比较，和其他各地至少要相差三十倍，即平均要三万户中才有一户地主。

地主有政治势力的保障，即使有水旱兵灾，也和他们不相干。而且愈是碰到灾荒，愈是他们发财的机会。

第一是荒数都分配给地主，农民却须照样纳税。王鏊曾说：

时值年丰，小民犹且不给，一遇水旱，则流离被道，饿殍塞川，甚可悯也。惟朝廷轸念民穷，亦尝蠲免荒数，冀以宽之。而有司不奉德音，或因之为利，故有卖荒送荒之说。以是荒数多归于豪右，而小民不获沾惠。③

而且贫农无田，所种多为佃田，即使有恩恤，好处也只落在地主身上，如《明英宗实录》卷五所记：

宣德十年（1435）五月乙未，行在刑科给事中年富言：江南小

①《明太祖实录》卷四九。

②《明史》卷四〇，《地理志》。

③《王文恪公集》卷三六，《吴中赋税书与巡抚李司空》。

民佃富人之田，岁输其租。今诏免灾伤税粮，所蠲特及富室，而小民输租如故。乞命被灾之处，富人田租如例蠲免。从之。

第二乘农民最困乏时，做高利贷的剥削。法律所许可的利率是百分之三十。[①]遇到灾荒时，地主便抬高利率，农民只能忍痛向其借贷，不能如期偿还，家产人口便为地主所没收，《明英宗实录》卷一六七记：

十三年（1448）六月甲申，浙江按察使轩輗言："各处豪民私债，倍取利息，至有奴其男女，占其田产者，官府莫敢指叱，小民无由控诉。"

政府虽明知有这种兼并情形，也只能通令私债须等丰收时偿还，期前不得追索。可是结果地主因此索性不肯借贷，政府又不能救济，贫农更是走投无路。只好取消了这一禁令，让地主得有自由兼并的机会：

景泰二年（1451）八月癸巳，刑部员外郎陈金言：军民私债，例不得迫索，俟丰稔归其本息。以此贫民有急，偏叩富室，不能救济。宜听其理取。从之。[②]

贫农向地主典产，产去而税存：

正统元年（1436）六月戊戌，湖广辰州府沅陵县奏："本县人民多因赔纳税粮，充军为事贫乏，将本户田产，典借富人钱帛，岁久不能赎，产去税存，衣食艰难。"[③]

①《明律》九，《户》六。
②《明英宗实录》卷二七〇。
③《明英宗实录》卷一八。

抵押房屋，过期力不能偿，即被没收：

> 正统六年（1441）五月甲寅，直隶淮安府知府杨理言："本府贫民以供给繁重，将屋宅典与富民，期三年赎以原本，过期即立契永卖。以是贫民往往趁食在外，莫能招抚。"①

或借以银而偿则以米，取数倍之息，顾炎武记：

> 日见凤翔之民，举债于权要，每银一两，偿米四石。此尚能支持岁月乎？②

于是小地主更加力剥削而成大地主，贫农则失产而为佃农，佃农不堪压迫，又逃而为流民，《明宣宗实录》卷九四宣德七年（1432）八月辛亥条：

> 苏州田赋素重，其力耕者皆贫民。每岁输纳，粮长里胥率厚取之，不免贷于富家，富家又数倍取利，而农益贫。

《明英宗实录》卷一九三景泰元年（1450）六月庚辰条：

> 处州地瘠人贫，其中小民，或因充军当匠而废其世业，或因官吏横征而克其资财，或因豪右兼并而侵渔其地，或因艰苦借贷而倍出其偿。恒产无存，饥寒不免。况富民豪横，无所不至，既夺其产，或不与收粮而征科如旧，或诡寄他户而避其粮差，激民为盗，职此之由。

---

①《明英宗实录》卷七九。

②《亭林文集》卷三，《病起与蓟门当事书》。

在京都附近的农民，则田产更有无故被夺的危险。例如弘治时外戚王源占夺民产至二千二百余顷。《明史·王镇传》记：

外戚王源赐田，初止二十七顷，乃令其家奴别立四至，占夺民产至二千二百余顷。及贫民赴告，御史刘乔徇情曲奏，致源无忌惮，家奴益横。

正统时诸王所夺人民庄宅田地至三千余顷。[①]南京中官外戚所占田地六万三千三百五十亩，房屋一千二百二十八间。[②]边将史昭、丁信广置庄田，各有二十余所，霸占鱼池，侵夺水利。[③]景泰初顺天、河间等府县地土，多被宦豪朦胧奏讨及私自占据，或为草场，或立庄所，动计数十百顷。间接小民纳粮地亩，多被占夺，岁赔粮草。[④]夏言奉敕勘报皇庄及功臣国戚田土疏曾极言其弊：

近年以来，皇亲侯伯凭借宠昵，奏讨无厌，而朝廷眷顾优隆，赐予无节。其所赐地土多是受人投献，将民间产业夺而有之。如庆阳伯受奸民李政等投献，奏讨庆都、清苑、清河三县地五千四百余顷。如长宁伯受奸民魏忠等投献，奏讨景州、东光等县地一千九百余顷。如指挥佥事沈傅、吴让受奸民马仲名等投献，奏讨沧州静海县地六千五百余顷。以致被害之民，构讼经年，流离失所，甚伤国体，大失群心。[⑤]

从天顺以来，又纷纷设立皇庄，至嘉靖初年有皇庄数十所，占地至

---

①《明英宗实录》卷七二。

②《明英宗实录》卷二九。

③《明英宗实录》卷一〇三。

④《明英宗实录》卷二〇一。

⑤《桂洲文集》卷一三。

三万七千五百九十五顷四十六亩，扰害农民，不可记极，夏言云：

皇庄既立，则有管理之太监，有奏带之旗校，有跟随之名下，每处动至三四十人……擅作威福，肆行武断。其甚不靖者则起盖房屋，则架搭桥梁，则擅立关隘，则出给票帖，则私刻关防。凡民间撑架舟车，牧放牛马，采捕鱼虾螺蚌莞蒲之利，靡不括取。而邻近土地则展转移筑封堆，包打界至，见亩征银。本土豪猾之民，投为庄头，拨置生事，帮助为恶，多方掊克，获利不赀。输之宫闱者曾无什之一二，而私入囊橐者盖不啻什八九矣。是以小民脂膏，吮剥无余，繇是人民逃窜而户口消耗，里分减并而粮差愈难。卒致辇毂之下，生理寡遂，闾阎之间，贫苦到骨。[①]

结果是："公私庄田，逾乡跨邑，小民恒产，岁朘月削。产业既失，税粮犹存，徭役苦于并充，粮草困于重出，饥寒愁苦，日益无聊，辗转流亡，靡所底止。以致强梁者起而为盗贼，柔善者转死于沟壑。其巧黠者或投充势家庄头家人名目，资其势以转为良善之害，或匿入海户、陵户、勇士、校尉等籍，脱免徭役，以重困敦本之人。凡所以蹙民命脉，竭民膏血者，百孔千疮，不能枚举。"[②]这情形由中央特派调查庄田的官吏所发表，当时的统治阶级也已深知此种举动之不合理，足以引起变乱。然而当这报告书发表以后，外戚陈万言又向皇帝乞得庄田，这庄田的来源还是"夺民田产"：

嘉靖三年（1524），泰和伯陈万言乞武清、东安地各千顷为庄田，诏户部勘闲田给之。给事中张汉卿疏谏，帝竟以八百顷给之。巡抚刘麟、御史任洛复言不宜夺民地。弗听。[③]

---

①②《桂洲文集》卷一三。

③《明史》卷三〇〇，《陈万言传》。

景恭王于嘉靖四十年（1561）之国，多请庄田，其他土田湖陂侵入者数万顷。[①]潞王居京邸时，王店、王庄遍畿内。居藩多请赡田、食盐无不应，田多至四万顷。[②]福王之国时，诏赐庄田四万顷，中州腴土不足，取山东、湖广田益之。尺寸皆夺之民间，伴读、承奉诸官假履亩为名，乘传出入，河南北、齐、楚间，所至骚动。[③]

皇室、中官、外戚、勋臣、地方官吏、豪绅、地主、胥役……这一串统治者重重压迫，重重剥削，他们的财富，他们所享受的骄奢淫逸的生活，不但由刮尽农民身上的血汗所造成，而且不知牺牲了多少农民的性命，才能换得他们一夕的狂欢。“尺寸皆夺之民间”，农民之血汗尽，性命过于不值钱，只好另打主意。

四

在平时，对政府的负担也使农民喘不过气来。因为在立法时并不曾顾虑到地主和贫农的差别悬殊，使他们一律出同样的力役，结果是地主行无所事，而贫农则破家荡产。此弊自元末以来即有之。王袆说：

> 今州县之地，区别其疆界谓之都，而富民有田往往遍布诸都。税之所入以千百计者，类皆一户一役而止。其斗升之税不能出其都者，亦例与富民同受役。而又富民之田不肯自名其税，假立户名，托称兄弟所分，与子女所受，及在城异乡人之业，飞寄诡窜，以避差徭。故富者三岁一役曾不以为多，贫者一日受役，而家已立破，民之所病，莫斯为甚。[④]

①《明史》卷一二〇，《景王传》。
②《明史》卷一二〇，《潞王传》。
③《明史》卷一二〇，《福王传》《潞王传》。
④《王忠文公集》卷六，《婺州路均役记》。

至正十年（1350），婺州路始行鱼鳞类姓鼠尾之籍，税之所在，役即随之，甚多田者兼受他都之役而不可辞，少者称其所助而无幸免。[①]洪武元年（1368）行均工夫之法，田一顷出丁夫一人，不及顷者以他田足之。黄册成后，行里甲法，以上中下三户三等五岁均役。一岁中诸色杂目应役者，编第均之，银力从所便。后法稍弛，编徭役里甲者以户为断，放大户而勾单小，富商大贾免役而土著困，官吏里胥轻重其手而小民益穷蹙。又改行鼠尾册法，论丁粮多少，编次先后，市民商贾家殷足而无田产者听自占以佐银差。可是官府公私所需，仍责坊里长营办，给不能一二，供者或什百。甚至无所给，唯计值年里甲只应夫马饮食，而里甲病。一被佥为上供解户，往往为中官所留难，贡品被挑剔好坏，故意不收，只能就地改买进奉，率至破家倾产。[②]斗库粮长之役亦使民不聊生，王鏊曾痛陈其弊，他说：

> 田之税既重，又加以重役，今之所谓均徭者大率以田为定，田多为上户，上户则重，田少则轻，无田又轻，亦不计其资力之如何也。故民唯务逐末而不务力田，避重役也。所谓重役者大约有三：曰解户，解军需颜料纳之内库者也。曰斗库，供应往来使客及有司之营办者也。曰粮长，督一区之税输之官者也。颜料之入内府亦不为多，而出纳之际，百方难阻，以百作十，以十作一，折阅之数，不免出倍称之息，称贷于京以归，则卖产以偿，此民之重困者一也，使客往来，厨传不绝，其久留地方者日有薪炭鲑菜膏油之供，加以馈送之资，游宴之费，罔不取给，此民之重困者二也。太祖患有司之刻民也，使推殷实有行义之家，以民管民，最为良法，昔之为是役者未见其患。顷者朝廷之征求既多，有司之侵牟滋甚，旧唯督粮而已，近又使之运于京，粮长不能自行，奸民代之行，多有侵

①《王忠文公集》卷六，《婺州路均役记》。
②《明史》卷七八，《食货志》二。

牟，京仓艰阻，亦且百方，又不免称贷以归。不特此也，贪官又从而侵牟之，公务有急则取之，私家有需则取之，往来应借则取之。而又常例之输，公堂之刻，火耗之刻，官之百需多取于长，长能安不多取于民。及逋租积负，官吏督责如火，则拆屋伐木，鬻田鬻子女，竟不免死于榜掠之下，此民之重困者三也。三役之重，皆起于田，一家当之则一家破，百家当之则百家破，故贫者皆弃其田以转徙，富者尽卖其田以避其役。①

在原则上，都应"佥有力之家充之，名曰大户。究之所佥非富民，中人之产，辄为之倾"②。地主富民能和官吏勾结，受另一集团的保障，中农以下的平民，便只能忍受破产倾家的苦痛，为国家服务。斗库之害，霍与瑕说得更为明白：

慈溪每年于均徭内额编绍兴府余姚县常丰四五仓斗级，每仓四名，每名役银五两，凡遭此役，无不破家，本县徭差内实为上等苦役。据原编常丰四仓斗级某等连名开称，俱为官攒等役剥削科取，每遇斗级上役，仓官先取分例银二十四两，家人取分例银三两，攒典书手各二两，及年烛开仓开印封印猪酒作福猪胙岁造文册歇家包办府县差人饭食，每月买办纸札，迎送新旧官盘费，收粮放粮官并过往官员下程礼物买办家火等项，皆出斗级，每年用百数余两。后浥烂贴补米石，年纳二三百石。③

外夷入贡，例于指定地方驻扎，一切支给，俱出里甲。《明英宗实录》卷五十八琉球馆臣是其一例：

①《王文恪公文集》卷三六，《吴中赋税书与巡抚李司空》。
②《明史》卷七八，《食货志》二。
③《霍勉斋集》卷一八，《为乞恩痛革仓弊以苏民困事申察院》。

正统四年（1439）八月庚寅，巡按福建监察御史成规言：琉球国往来使臣俱于福州停住，馆谷之需，所费不赀。此者通事林惠、郑长所带番梢人从二百余人，除日给廪米之外，其茶盐醯酱等物出于里甲，相沿已有常例。乃故行刁蹬，勒折铜钱，及今未半年，已用铜钱七十九万六千九百有余，按数取足，稍或稽缓，辄肆詈殴。

政府有特别需要，便行科差，最为贫农之害。凡朝廷科买一物，辄差数人促办。所差之人又各有无赖十数人为之鹰犬，百倍科敛，民被箠楚，不胜其毒，百分之一归官，余皆入于私室。[①]给价则十不及一，辗转克减，上下靡费，至于物主所得无几，名称买办，无异白取。[②]有时中间又需经过里长的一道剥削，土产或忍痛奉献，非土产则便要破家为朝廷征求：

永乐五年（1407）五月甲子，开平卫卒蒋文霆言：今有岁办各色物料，里长所领官钱悉入己，名为和买，其实强取于民，若其土产，尚可措办，非土地所有，须多方征求，以致倾财破产者有之。凡若此者，非止一端。[③]

洪熙元年（1425）行在都察院右副都御史弋谦告诉皇帝说：“一夫耕作，上农不过百亩，中下之农，仅有其半。除夏秋二税，所存无几，苟再分外侵耗，使民不贫而困者寡矣。”[④]可是警告虽然提出，科买却依旧举行，三年后宣宗也警告他的臣下说：

比者所司每缘公务，急于科差，贫富困于买办，丁中之民，服役连年，公家所用，十不二三，民间耗费，常十数倍。加以郡邑官

---

①《明宣宗实录》卷五四。

②《明宣宗实录》卷四下。

③《明成祖实录》卷六七。

④《明宣宗实录》卷四下。

鲜得人，吏肆为奸，征收不时，科敛无度，假公营私，弊不胜纪。以致吾民衣食不足，转徙逃亡。凡百应输，年年逋欠。国家仓庾，月计不足。[①]

他们也明知“竭泽而渔”不是一个办法。可是还是要图享用，还是要科买，结果是“百姓逃亡，仓廪不足”。

在农民方面，土地分配不均和赋税过重是当时很严重的问题。如北直隶的富农与贫农的比较：

正统五年（1440）四月庚子，大理寺右少卿李畛奏：北直隶洪武永乐时人稀，富家隐藏逃户，辟地多而纳粮少，故积有余财而愈富，贫家地少而差役繁重，故典卖田宅，产去税存而愈贫。[②]

税粮的分配也极不公道，如归有光所记：

江右田地不相悬，而税入多寡殊绝。如南昌新建二县仅百里，多山湖，税粮十六万。广信县六，赣州县十，皆六万。南安四县粮二万。三郡二十县之粮不及两县，盖国初以次削平僭伪，田赋往往因其旧贯。论者谓苏州田不及淮安半，而吴赋十倍淮阴，松、江二县粮与畿内八府百二十七县埒，其不均如此。[③]

又有官粮、民粮之别，政府希望减轻农民的负担，减轻或免除民粮，结果却适得其反，又予地主以兼并的机会：

旧例应天、镇江、太平、宁国、广德四府一州官粮减半征收，

①《明宣宗实录》卷三九。

②《明英宗实录》卷六六。

③《震川集》卷二五，《李公行状》。

民粮全免以致富家多民粮，下户多官粮，富者愈富，贫者愈贫。[①]

官田粮重，民田粮轻；官田价轻，民田价重；地主利粮轻，贫民利价重；故民田多归地主，官田粮重，贫民不能负担，只能逃税，出做流民，王鏊说：

吴中有官田，有民田。官田之税一亩有五斗六斗至七斗者。其外又有加耗，主者不免多收，盖几于一石矣。民田五升以上，似不为重，而加耗愈多，又有多收之弊也。田之肥瘠不甚相远，而一丘之内，咫尺之间，或为官，或为民，轻重悬绝。细民转卖，官田价轻，民田价重，贫者利价之重，伪以官为民，富者利粮之轻，甘受其伪而不疑。久之，民田多归于豪右，官田多留于贫穷。贫者不能供，则散之四方，以逃其税。税无所出，则摊之里甲。故贫穷多流，里甲坐困，去住相牵，同入于困。[②]

于是有“逃民”，有“流民”。

五

逃民和流民的分别，《明史·食货志》说：“其人户避徭役者曰逃户，年饥或避兵他徙者曰流民。”其实都是在本地不能生活，忍痛离开朝夕相亲的田地，漂流异地的贫农。

贫农除开上文所引述的一切人为的压迫和剥削外，又受自然的摧残，一有水旱，便不能生活：

① 王恕：《王端毅公文集》卷六，《石渠老人履历略》。

②《王文恪公文集》卷三六，《吴中赋税书与巡抚李司空》。

困穷之民，田多者不过十余亩，少者或六七亩，或二三亩，或无田而佣佃于人。幸无水旱之厄，所获亦不能充数月之食，况复旱涝乘之，欲无饥寒，胡可得乎？①

或有疾病，便致流离：

农民之中，有一夫一妇受田百亩或四五十亩者，当春夏时耕种之务方殷，或不幸夫病而妇给汤药，农务既废，田亦随荒。及病且愈，则时已过矣。上无以供国赋，下无以养其室家。穷困流离，职此之由。②

或不能备牛具种子，无法耕种自己的田土，只好降为佃农，或乞丐度日，到处漂流。《明英宗实录》卷三四记：

正统二年（1437）九月癸巳，行在户部主事刘善言：比闻山东、山西、河南、陕西并直隶诸郡县，民贫者无牛具种子耕种，佣丐衣食以度日，父母妻子啼饥号寒者十室八九。有司既不能存恤，而又重征远役，以故举家逃窜。

洪熙元年（1425）闰七月，广西布政使周干奉命到苏、常、嘉、湖等府巡视民瘼。据他的报告，民之逃亡皆由官府弊政困民及粮长弓兵害民所致：

如吴江昆山民田亩旧税五升，小民佃种富室田亩，出私租一石，后因没入官，依私租减二斗，是十分而取其八也。拨赐公侯驸

①《明英宗实录》卷一八六。

②《明太祖实录》卷二三六。

马等项田，每亩旧输租一石，后因事故还官，又如私租例尽取之。且十分而取其八，民犹不堪，况尽取之乎？尽取则无以给私家，而必至冻馁，欲不逃亡，不可得矣！又如杭之仁和、海宁，苏之昆山，自永乐十二年（1414）以来，海水沦陷官民田一千九百三十余顷，逮今十有余年，犹征其租，田没于海，租从何出？常之无锡等县，洪武中没入公侯田庄，其农具水车皆腐朽已尽，如而有司犹责税如故，此民之所以逃也。粮长之设，专以催征税粮。近者常、镇、苏、松、湖、杭等府无籍之徒，营充粮长，专掊克小民以肥私己。征收之时，于各里内置立仓囤，私造大样斗斛而倍量之，有立样米抬斛米之名以巧取之，约收民五倍。却以平斗正数付与小民，运付京仓输纳，缘途费用，所存无几，及其不完，著令赔纳，至有亡身破产者，连年逋欠，倘遇恩免，利归粮长，小民全不沾恩。积习成风，以为得计。巡检之设，从以弓兵，本用盘诘奸细，缉捕盗贼。常、镇、苏、松、嘉、湖、杭等府巡检司弓兵不由府县佥充，多是有力大户令义男家人营谋充当，专一在乡设计害民，占据田产，骗要子女，及稍有不从，辄加以拒捕私盐之名，各执兵仗，围绕其家，擒获以多桨快船送司监收，挟制官吏，莫敢谁何，必厌其意乃已。不然，即声言起解赴京，中途绝其饮食，或戕害致死。小民畏之，甚于豺虎，此粮长弓兵所以害民而致逃亡之事也。[①]

苏、松、常、镇、嘉、湖、杭一带，是全国财赋中心，农民所受的压迫，从一位政府官吏口中的报告已是如此，其他各地的情形更可想见了。

各地的赋役都有定额，由被禁锢在土地上的农民负责输纳。逃亡的情形一发生，未逃亡或不能逃亡的一部分农民便为已逃亡的农民负责，尽双重义务。原来自己所负的一份已觉过重，又加上替人的一份，逼得没有办法，也只好舍弃一切，跟着逃亡。这情形中最先倒霉的是里长，

①《明宣宗实录》卷六。

《明成祖实录》卷九十九记：

> 永乐七年（1409）十二月丙寅，山西安邑县言："县民逃徙者田土已荒，而税粮尚责里甲赔纳，侵损艰难，请暂停之，以俟招抚复业，然后征纳。"上谕行在户部尚书夏原吉曰："百姓必耕以给租税，既弃业逃徙，则租税无出。若令里甲赔纳，必致破产，破产不足，必又逃徙，租税愈不足矣。"

次之是贫农，例如沅陵县的农民，多因赔纳而破产：

> 正统元年（1436）六月戊戌，湖广辰州府沅陵县奏：本县人民因多陪纳税粮，充军为事贫乏，将本户田产典借富人钱帛，岁久不能赎，产去税存，衣食艰难。[①]

清苑、临晋两县的未逃农民，幸得邀特典而暂缓赔纳：

> 正统三年（1438）正月辛亥，行在户部奏：直隶清苑县，人民逃移五百九十余户，遗下秋粮六百六十余石，草一万三千四百余束。山西临晋县人民逃移四千五百七十余户，遗下秋粮三万四千一百四十余石，草六万八千二百九十余束。此二县各称，见存人户该纳粮草，尚且逋欠，若又包纳逃民粮草，愈加困苦，乞暂停征。上以民无食故逃，其无征之税责于不逃之民，是又速其逃也，宜缓其征，逃民其设法招抚。[②]

可是也只怕把未逃的农民也逼逃，这已逃农民的粮草还是要追征，而未

---

①《明英宗实录》卷一八。

②《明英宗实录》卷三八。

逃的农民追征，只是追征的手续叫地方官办得慢一点而已。

农民逃亡的情形，试再举诸城县的情形做例：

> 正统十二年（1447）四月戊申，巡按山东监察御史史濡等奏：山东青州府地瘠民贫，差役繁重，频年荒歉，诸城一县逃移者一万三百余户，民食不给，至扫草子削树皮为食。续又逃亡三千五百余家。地亩税粮，动以万计。①

单是一县逃亡的户数已达一万三千八百户。正统十四年（1449）据河南右布政使年富的报告，单是陈、颍二州的逃户就不下万余。②试再就逃民所到处做一比较，同年五月据巡抚河南山西大理寺少卿于谦的报告，各处百姓递年逃来河南者将及二十万，尚有行勘未尽之数。③《明史·孙原贞传》也说：

> 景泰五年（1454）冬，（原贞）疏言：臣昔官河南，稽诸逃民籍凡二十余万户，悉转徙南阳唐邓襄樊间，群聚谋生。

成化初年荆襄盗起，流民附贼者至百万。项忠用兵平定，先后招抚流民复业者九十三万余人。④成化十二年（1476）原杰出抚荆襄，复籍流民，得户十一万三千有奇，口四十三万八千有奇。⑤

农民离开他的土地以后，同时也离去了登记他的户籍的黄册。虽然失去了倚以为生历代相传的田地，可是也从此脱离了国家的约束，不再向国家尽无尽的义务。他可以拣一个荒僻的地带，重新去开垦，做一个

---

①《明英宗实录》卷一五二。

②《明英宗实录》卷一八四。

③《明英宗实录》卷一五四。

④《明史》卷一七八，《项忠传》。

⑤《明史》卷一五九，《原杰传》。

自由的农民。例如河南湖广等处的客朋，《明英宗实录》卷十六记：

> 正统元年（1436）四月甲子，巡抚陕西行在户部右侍郎李新奏：河南南阳府邓州内乡等州县及附近湖广均州光化等县居民鲜少，郊野荒芜，各处客商有自洪武永乐间潜居于此，娶妻生子成家业者，丛聚乡村号为客朋，不当差役，无所钤辖。

郧阳一带多山，地界湖广、河南、陕西三省间，又多旷土，山谷阨塞，林菁蒙密，中有草木，可采掘食，正统二年（1437）岁饥，民徙入不可禁，聚既多，无所禀约束。[①]从此不再有任何压迫，也不再有任何负担，自耕自食，真是农民的理想生活。然而，地主不肯让农民逃走，因为他们感觉到没有人替他们耕种和服役的恐慌。官吏和胥役不肯让农民逃走，因为农民逃了不回来，他们便失去了剥削的对象。国家更不肯让农民躲着不受约束，因为他们最需要农民的力量，农民最驯良，最肯对国家尽责任，国家需要他们的血汗来服役，更需要他们用血汗换来的金钱，供皇家和贵族们挥霍。

他们都是农民头上的寄生虫，他们非要农民回来不可。于是有招抚逃民之举。

六

凡逃户，明初督令还本籍复业，赐复一年。老弱不能归及不愿归者，令所在着籍，授田输赋。[②]还是要责成所在地的官吏勒令逃民回到原籍去，给以一年的休息，第二年起还是照未逃亡前一样生活。事实上不能强迫回到原籍去的，便令落籍在所逃亡的地方，照常尽百姓的义

---

①《明史纪事本末》卷三八，《平郧阳盗》。

②《明史》卷七七，《食货志》，《户口》。

务，依旧被圈定在一土地的范畴。仍是不堪剥削，依旧逃亡。宣宗时特增府县佐贰官，专抚逃民。《明宣宗实录》卷七十七宣德六年（1431）三月丁卯条：

> 先是巡按贵州监察御史陈斌言："各处复业逃民，有司不能抚绥，仍有逃窜者。乞令户部都察院各遣官同布政司、按察司取勘名数及所逃之处，取回复业。府县仍增除佐贰官一员，专职抚绥。"上命行在户部兵部议。太子太师郭资等议："在外逃民多有复业而再逃者，今当重造籍册，民若逃亡，籍皆虚妄。今拟南北直隶遣御史二员，各布政司府州县皆添设佐贰官一员，专抚逃民。"上曰："凡郡县官俱以抚民为职，何用增设。官多徒为民蠹，其更令吏部拟议以闻。"至是吏部言："河南、山东、山西、湖广、浙江、江西有巡抚侍郎，其府州县七百三十五处已于额外增官一员，凡七百三十五员，宜改为抚民官。其余府州县宜各添设佐贰官一员。"上从之曰："此亦从权，若造册完，取回别用。"于是增除府州县佐贰官三百七十一员。

因为是刚到十年一度重造黄册的期间，质以特别增设抚民官。希望人口土地和册籍一致。可是这种重床叠屋的官制、头痛医头的办法，仍不能阻止农民的再度逃亡。《明英宗实录》卷十八正统元年（1436）六月甲寅条：

> 山西左参政王来言：逃民在各处年久成家，虽累蒙恩诏抚回，奈其田产荒凉，不能葺理，仍复逃去，深负朝廷矜恤之意，请令随处附籍当差。

农民逃亡后在另一地域已开垦成一新家，硬又让他们回到久已荒芜的老家去，自然不能不做第二次的逃亡。同年闰六月戊寅条：

巡抚河南山西行在兵部右侍郎于谦言："山西河南旱荒，人民逃移，遗下粮草，见在人户包纳。是以荒芜处所，民愈少而粮不减，丰熟地方，民愈多而粮无增。乞令各处入籍，就纳原籍粮草，庶税无亏欠，国无靠损。"

以此重又下令命逃民占籍于所寓地方。同年十一月庚戌条：

先是行在户部奏："各处民流移就食者，因循年久，不思故土。以致本籍田地荒芜，租税逋负。将蠲之则岁入不足，将征之则无从追究。宜令各府县备籍逃去之家并逃来之人，移交互报，审验无异，令归故乡。其有不愿归者，令占籍所寓州县，授以地亩，俾供租税。则国无游食之民，野无荒芜之地矣。"上命下廷臣议。至是佥以为便，从之。

这也只是一个理想的办法，因为经过几十年的流移，册籍早已混乱，无从互报。而且即使册籍俱在，也不过是文字上的装饰，和实际情形毫不相干。如宿州知州王永隆所说造册报部的情形：

正统二年（1437）二月辛酉，直隶凤阳府宿州知州王永隆奏："近制各处仓库储蓄及户口田土并岁入岁用之数，俱令岁终造册送行在户部存照。州县唯恐后期，预于八月臆度造报。且八月至岁终，尚有四月，人口岂无消息，费用岂无盈缩，以此数目不清，徒为虚文。"①

正统五年（1440）四月又规定逃民抚恤办法：

①《明英宗实录》卷二七。

一、各处抚民官务要将该管逃民设法招抚，安插停当，明见下落。其逃民限半年内赴所在官司首告，回还原籍复业，悉免其罪，仍优免其户下一应杂泛差役二年。有司官吏里老人等并要加意抚恤，不许以公私债负需索扰害，致其失所。其房屋田地，复业之日，悉令退还，不许占据，违者治罪。

二、逃民遗下田地，见在之民或有耕种者，先因州县官吏里老人等，不验所耕多寡，一概逼令全纳逃民粮草，以致民不敢耕，田地荒芜。今后逃户田地，听有力之家尽力耕种，免纳粮草。

三、逃民既皆因贫困不得已流移外境，其户下税粮，有司不恤民难，责令见在里老亲邻人等代纳，其见在之民被累艰苦以致逃走者众。今后逃民遗下该纳粮草，有司即据实申报上司，暂与停征，不许逼令见在人民包纳。若逃民已于各处附籍，明有下落者，即将本户粮草除豁。违者处以重罪。[①]

抚民官的派出，目的本在抚辑流亡。可是恰和实际情形相反，恤民之官累设而流亡愈多[②]，他们不但不能安抚，反加剥削，纵容吏胥里老人等生事扰害。[③]正统十年（1445）从张骥言，取回济南等府抚民通判等官。[④]一面于陈州增设抚民知州，令负责招抚[⑤]，又置山东东昌府濮州同知、直隶凤阳府颍州府亳县县丞各一员，专管收籍逃户。[⑥]专负抚民的，河南山西巡抚于谦则抚定山东、山西、陕西等处逃民七万余户，居相近者另立乡都里，星散者就地安插。[⑦]可是不到一年，又复逃徙，同书卷一四六正统十一年（1446）十月乙巳条：

---

①《明英宗实录》卷六六。

②《明英宗实录》卷八二。

③《明英宗实录》卷六六。

④《明英宗实录》卷一三三。

⑤《明英宗实录》卷一三二。

⑥《明英宗实录》卷一三五。

⑦《明英宗实录》卷一三四。

河南左布政使饶礼奏："外境逃民占河南者，近遇水旱，又复转徙，甚者聚党为非。"

另一面则虽设官招抚，逃民亦不肯复业。如景泰三年（1452）五月敕巡抚河南左副都御史王暹所言："河南流民，虽常招抚，未见有复业者。"①

虽然有黄册，有逃户周知册，可是都只是官样文章，簿上的数目和实际完全不符。由此发生两种现象，第一是户口和土地的减少，第二是分配不均的尖锐化。成化中（1465—1487）刘大夏上疏言：

今四方民穷则竭，逃亡过半。版籍所载，十去四五。今为之计，必须痛减征敛之繁，慎重守令之选，使逃民复业，人户充实，庶几军士可充，营伍可实。②

从户口方面看，王世贞《弇山堂别集》卷十八户口登耗之异条：

国家户口登耗之异，有绝不可信者，如洪武十四年（1381）天下承元之乱，杀戮流窜，不减隋氏之末，而户尚有一千六百五十万四千三百六十二，口五千九百八十七万三千三百五。其后休养生息者二十余年，至三十五年（建文四年，1402）而户一千六十二万六千七百七十九，口五千六百三十万一千二十六。计户减二万二千五百八十三，口减三百五十七万二千二百七十九，何也？其明年为永乐元年（1403），则户一千一百四十一万九千八百二十九，口六千六百五十九万八千三百三十七。夫是时靖难之师，连岁不息，长淮以北，鞠为草莽，而户骤增至七十八万九千五十

①《明英宗实录》卷二一六。

②《刘忠宣公遗集》卷一，《处置军伍疏》。

余，口骤增至一千二十九万七千三百十一，又何也？明年户复为九百六十八万五千二十，口复为五千九十五万四百七十，比之三十五年，户却减九十四万一千七百五十九，口减五百三十五万五百五十六，又何也？……自是休养生息者六十年，而为天顺七年（1463），户仅九百三十八万五千一十二，口仅五千六百三十七万二百五十，比于旧有耗而无登者何也？然不一年而户为九百一十万七千二百五，减二十七万七千八百七十二，口为六千四十七万九千三百三十，增四百十二万九千八十，其户口登耗之相反，又何也？成化中户不甚悬绝，二十二年（1486）而口至六千五百四十四万二千六百八十，此盛之极也。二十三年（1487）而仅五千二十万七千一百三十四，一年之间而减一千五百二十三万五千五百四十六，又何也？……然则有司之造册，与户部之稽查，皆儿戏耳。

实际上这数目突升突降的古怪，倒并不是儿戏，只是一种虚伪的造作。洪武十四年（1381）的户口数，也许是实际上经过调查，永乐元年（1403）的数字，只是臣下故意假造，去博得皇帝高兴的趋奉行为。以后流亡渐多，原额十去四五，册籍只是具文，州县官臆度造报，中央也就假装不知道。以此忽升忽降，竟和实际情形毫不相干。在田土数目方面也是同样的古怪，洪武二十六年（1393）时核天下水田，总八百五十万七千六百二十三顷，到弘治十五年（1502）天下土田只剩四百二十三万八千五十八顷，一百零九年间，天下额田已减强半。[①]户口和土田日渐消减，当然有其他种种原因，不过，农民的逃亡是一个最重要的因素。逃亡的情形因政治的腐败而加速发展，登记人口和土田的黄册制度由之破坏，使农民和土地不相联系。这影响，一方面，慢慢地，统治阶级的基础因之日益动摇；另一方面，治安不能维持，农民叛

①《明史》卷七七，《食货志》一。

乱接踵而起。在反面，逃民此往彼来，被抛弃的土地为地主所兼并，农民却跑到另一地带去和人争地。土地分配因之愈加不均，地主和贫农的关系也愈趋恶化。在这情形下，从天顺到正德爆发了几次空前的农民叛乱。

作者附识：这原是我预备要写的《明代的农民》一文中的一段札记。因为篇幅的限制，材料未及全盘整理，行文系统未能如意。凌乱破碎之处，自知不免。阅者谅之。

第三章 科举：特权道路上的禁忌与诱惑

明初的学校

一

专制独裁的君主，用以维持和巩固统治权的法宝，是军队、法庭、监狱、特务和官僚机构，用武力镇压，用公文办事。

明太祖朱元璋原来是红军大帅郭子兴的亲兵，一步步升官，做到韩宋的丞相国公，龙凤十年（1364，元顺帝至正二十四年）做吴王，四年后爬上宝座做明朝的开国皇帝。本来是靠武力起的家，化家为国后，有的是队伍，红军嫡系的，敌军收买过来的，投降的杂牌军，官民犯罪充军的，不够，再按户口抽壮丁，总数约莫有两百万，编制作卫（师）所（团），分驻全国各地，执行武装弹压警戒的任务。

明太祖明白，武力可用以夺取政权，却不能用以治国，而且，军官大多数不识字，也看不了公文。即使有识字的，也不能做高级执政官，武人当政，历史上的例子说明不是好办法。结论是要治国必须建立一个得心应手，御用的官僚机构，而官僚必得用文人。于是，问题来了。从朝廷到地方，从省府部院寺监到州县，各级官僚得十几万人，白手起家的明太祖，从哪儿去找这么些忠心的而又能干的文人？

当然，第一个想到的是元朝的旧官僚。除了在长期战争中被消灭的一部分以外，剩下的会办事有才力的一批，早已来投效了；不肯来的，用威吓手段，说是“智谋之士”“坚守不起，恐有后悔”，也不敢不来（《明史》卷二八五《张以宁传》附《秦裕伯传》）。其余有的人是贪官污吏，有的人老朽昏庸，有的人怀念元朝的恩宠，北逃沙漠（《明史》卷一二四《扩廓帖木儿传》附《蔡子英传》），有的人厌恶、恐惧新朝，遁迹江湖，埋名市井（同上书卷二八五《杨维桢传》《丁鹤年传》）。尽管新朝用尽了心机，软话硬拉，要凑齐这个大班子，人数还差得太远。

第二想到的是元朝的吏。元朝是以吏治国的。从元世祖以后，甚至执政大臣也用吏来充当，造成风气，中原一带，稍稍识字能办公文的，投身台阁做吏，显亲扬名。南方的士人既不能从科举出身，又不甘心做吏，境况日渐没落，不免对北方的吏产生妒忌嫌恨的感情（余阙《青阳文集》卷四《杨君显民诗集序》）。明太祖是南方人，当然不免怀有南方人共同的看法。他又深知法令愈繁冗，条格愈详备，一般人不会办，甚至不能懂，吏就愈方便作弊，舞文弄法，闹成吏治代替了官治，代替了君治，这是对皇家统治有严重损害的（《明太祖实录》卷二六，卷一二六）。而且，办公文的诀窍，程序格式条例，成为专业，不是父子，就是师徒世传，结成行帮，自成团体。行帮是可怕的，把治权交给行帮，起腐蚀作用，更可怕。以此，吏不但不能用，而且得用种种方法来防范、压制。在明代，吏不许做官，国子监生有罪罚充吏役，便是这个道理。

第三只好任用没有做过官的读书人。读书人当然想做官，可是有的人也有顾忌，顾忌的是失身份：“海岱初云扰，荆蛮遂土崩，王公甘久辱，奴仆尽同升。”（贝琼《清江诗集》卷八《述怀·二十二韵寄钱思复》）和奴仆同升也许还不太重要，重要的是这个政权还不太巩固，对内未统一，北边蒙古还保有强大力量。有的人顾忌的是这个政权是淮帮，大官位都被淮人占完了："两河兵合尽红巾，岂有桃源可避秦？马上短衣多楚客，城中高髻半淮人。"（同上书卷五《秋思》）有的人顾忌的是做了官一有不是，有杀头的，有戴斩罪办事的，有镣足办事的，有罚做苦工的，有抄家的，甚至有抽筋剥皮的刑罚。朝官上朝，战战兢兢，下朝回家，这天侥幸平安，便阖家欢祝（详见笔者《朱元璋传》）。做官固然可以发财，可是，要拼着命，甚至带上阖家阖族的命，有一些人是要多多考虑的。明太祖要读书人出来做官，还是有人借故逃避，没办法，甚至立下"寰中士夫不为君用"，不肯做官就要杀头的条文，也可以看出明初官僚人才的缺乏和需要的迫切了。

第四是任用地主做官，称为荐举。有富户、耆民、孝弟力田、税户人才（纳粮最多的大地主）等名目。有一出来便做尚书府尹、副都御史、布政使、参政、参议等大官的，最多的一次到过三千七百多人（《明史》卷七一《选举志三》）。可是，还不够用，而且，这些地主官僚的作风也不完全适合新朝的要求。

旧的人才不够用，只好想法培养新的了。明太祖用自己的训练方法，培养出大量的新官僚。这个官僚养成所叫作国子监。

《明史·选举志》说："学校有二，曰国学，曰府州县学。"

二

研究明代国子监的材料，除《明史·选举志》以外，关于南京国子监有黄佐的《南廱志》，北京国子监有《皇明太学志》。此外，《大明会典》卷七十八《学校门》也有简单的记载。

明初制度，参加科举的必须是学校的生员，学校生员做官则不一定经由科举。以此，学校是做官所必由的大路，政府和社会都极看重。可是，从明成祖以后，进士独占了做官的门路，监生出路日坏。从明景帝开生员纳粟纳马入监之例以后，国子监成为富豪子弟的京师旅邸，日渐废弛。从明武宗以后，非府州县学生也可以纳银入监，做个挂名学生，以依亲为名，根本不必入学，国子监到此完全失去初创的意义，只剩下一个招牌了。因之，研究明代学校和政治的关系，洪武一朝是最有代表性的时期。

国子监的前身是国子学。宋龙凤十一年（1365，元顺帝至正二十五年）以元故集庆路儒学改建。有博士、助教、学正、学录、典乐、典书、典膳等官。在建学的前一年，未有校址，先已任命了国子博士和国子助教，在内府大本堂教皇子和胄子（贵族大官子弟）。吴元年（1367）定国子学官制，祭酒正四品，司业正五品，博士正七品，典簿正八品，助教从八品，学正正九品，学录从九品，典膳省注。洪武四年（1371）中书省户部定文武官禄，祭酒二百七十石，司业一百八十石，博士八十石，典簿七十石，助教六十五石，学正六十石，学录五十石。十四年（1381）又更定官员品数，祭酒一人，从四品，司业二人，正六品，监丞二人，正八品，博士五人，助教十五人，典簿一人，俱从八品，学正十人，正九品，学录七人，典籍一人，俱从九品。掌馔二人，杂职。又改建国子学于鸡鸣山之南。十五年（1382）改国子学为国子监。二十四年（1391），又改司业监丞各一人（黄佐《南廱志》卷一《事纪》）。从祭酒到掌馔都是朝廷命官，任免都出于吏部。

学校官在学的职务分工，据洪武十五年（1382）钦定的监规：祭酒是正官，衙门首长，专总理一应事务，要整饬威仪，严立规矩，表率属官，模范后进。属官赴堂禀议事务，质问经史，皆须拱立听受，不得即便坐列，正官亦不得要求虚誉，辄自起身，有紊礼制。祭酒和其他同僚，是长官和属僚的关系，就国子监说，是一监之长，勉强比附现代名词，相当于校长，但是，这个校长并无聘任教员之权，因为一切教员都是部派的。监丞品位虽低，却参领监事，凡教官怠于师训，生员有戾规矩，课业不精，廪膳不洁，并从纠举。务要夙夜尽公，严行约束，毋得徇情，以致废弛（同上书卷九《学规本末》）。不但管学生规矩课业，还兼管教员教课成绩，办公处叫“绳愆厅”，器用除公案公椅以外，特备有行扑红凳二条，拨有直厅皂隶二名，“扑作教刑”。刑具是竹篦，皂隶是行刑人，红凳是让学生伏着挨打的（同上书卷一六《器用》）。按照规定，监丞立集愆册一本，各堂生员敢有不遵学规，即便究治。初犯记录（记过），再犯决竹篦五下，三犯决竹篦十下，四犯发遣安置（开除、充军，罚充吏役）（同上书卷九《学规本末》）。监丞对学生，不但有处罚权，而且有执行刑罚之权，学校法庭刑场合而为一。当然，判决和执行都是片面的，学生绝对没有辩解申说和要求上诉的权利。这职位就管束学生而论，有点像现代的训导长。掌馔是管师生膳食的，膳夫由朝廷拨囚徒充役，洪武十五年（1382）六月敕谕监丞等：“囚徒膳夫，俱系死囚，若不听使令，三更五点不起，有误生员饮食，一两遍不听，打五十竹篦，三遍不听处斩。做贼的割了脚筋，若监丞典簿掌馔管束不严，打一百圆棍，如不死，仍发云南。有通了学里学外人偷了学里诸物者处斩，家下人发云南，钦此。”（《南廱志》卷一〇《谟训考》）这种刑法是超出当时的《大明律》之外的。典簿职掌文案，凡一应学务，并支销钱粮，季报课业文册等项，皆须明白稽考。又管出纳，又管教务，类似现代学校里的总务长和教务长。典籍是图书馆馆长。

祭酒同时也是教员，和博士助教学正学录等官职专教诲，务在严立课程，用心讲解，以臻成效。如或怠惰，不能自立，以致生员有戾规矩者，举觉到官，各有责罚（同上书卷九《学规本末》）。换言之，教员如不能使生员循规蹈矩，所遭遇到的不是解聘，而是更严重的刑事处分。

学校的教职员全是官。学生呢？来源有两类，一类是官生，另一类是民生。官生又分两等，一等是品官子弟，另一等是土司子弟和海外学生（留学生）。官生是由皇帝指派分发的，出自特恩，民生由各地地方官保送（同上书卷一五）。官生入学的目的，是“皇子将有天下国家之责，功臣子弟将有职任之寄”。皇子在内府大本堂，功臣子弟入国学。教之之道，以正心为本，学的是如何统治的“实学”，不必像文士那样记诵辞章（同上书卷一《事纪》）。洪武十六年（1383）文渊阁大学士宋讷任国子监祭酒，明太祖特派太师韩国公李善长谏、礼部尚书任昂和谏院、翰林院等官到监，举行特别考试，考定教官生员高下，分别班次。又以公侯子弟在学读书，怕不服教员训诲，特派重臣曹国公李文忠兼领国子监事，将军做校长，扑罚违教的官生，整顿学风（《明史》卷六九《选举志》）。官生中有云南、四川等处土官子弟，日本、琉球、暹罗诸国学生，琉球学生来得最多。就洪武一朝官民生比例，据《南廱志》卷一五《储养考》：

洪武四年（1371）	官民生二千七百二十八名	
十五年（1382）	五百七十七名	
十六年（1383）	七百六十六名	
十七年（1384）	九百八十名	
二十三年（1390）	九百六十九名	
二十四年（1391）	一千五百三十二名	官生四十五名 民生一千四百八十七名
二十五年（1392）	一千三百九名	官生十六名 民生一千二百九十三名
二十六年（1393）	八千一百二十四名	官生四名 民生八千一百二十名
二十七年（1394）	一千五百二十名	官生四名 民生一千五百一十六名
三十年（1397）	一千八百二十九名	官生三名 民生一千八百二十六名

国子学时代只有洪武四年（1371）的生员总数，据《大明礼令》：“凡国学生员，一品到九品文武官子孙弟侄，年一十二岁以上者充补，以一百名为额。民间俊秀年一十五岁以上，能通《四书》大义，

愿入国学者，中书省闻奏入学，以五十名为额。”（《皇明制书》）则在洪武四年（1371）以前，官生与民生的比例是2∶1。官生是主体，民生不过陪衬而已。国子监时代，洪武十五年（1382）到二十三年（1390），只举官民生总数，无法知道比例。从二十四（1391）年到三十年（1397），有五个年度的在学人数记录，二十四年（1391）官生占总数三十四分之一，二十五年（1392）八十二分之一，二十六年（1393）二千零三十分之一，二十七年（1394）三百三十分之一，三十年（1397）六百十分之一。在这个记录中，值得指出的：第一，官生占监生总数比例极小；第二，官生就学比例逐年减少，从四十五名降至三名；第三，洪武二十六年（1393）监生员数突然激增，次年又突然减少；第四，官生中琉球生悦慈从洪武二十五年（1392）到三十年（1397），留学至少有六年之久。[琉球生入南监，最后一次是嘉靖十七年，二十三年回去的（1538—1544）。《明史·选举志》作“成化正德时（1465—1521）琉球生犹有至者”，是错的。]

如上文所说，明太祖建立国子学的目的，是教育胄子（贵族官僚子弟），甚至在改组为国子监以后，还特派重臣勋戚李文忠兼领，管束官生。为什么从二十四年（1391）以后，官生数目反而年少一年，和民生的比例，从2:1到1:2030，主体变为附庸，完全失去立学的用意呢？这道理说来也极为简单：公侯子弟成年的袭爵任官，不必入学，未成年的入学得经圣旨特派，纨绔少年，束发受经，不过虚应故事，爵位官职原来不靠书本辞章。那么，除非皇帝特命，又何必入学。此其一。从洪武十三年（1380）胡惟庸党案发生后，功臣宿将，连年被杀，到洪武末年，除汤和、耿秉文、李景隆、徐辉祖几家以外，其余的差不多杀干净了。功臣本人被杀，子弟如何能入学？此其二。至于官僚子弟的入学令，限一百名的有效期限恐怕只是适用在洪武三年（1370）之前，以后实施极为严格，非奉特旨，不能入学，人数当然不可能太多。此其三（《南廱志》卷一《事纪》，《明史·选举志》）。而且，大官子弟自有荫官一途，用不着走国子监这条路，这样，国子监就自然而然衍变作专门训练民生做官的衙门了。

洪武二十六年（1393）监生人数突增的原因，是有新的政治任务，人手不够，特别扩大保送，下文详说。

三

民生的来源，分贡监、举监两类。国子监的学生通称监生。贡监出于岁贡，原来依据历史上的成规，地方官有贡“士”于朝廷的义务。洪武元年（1368）令民间俊秀能通文义者，充国子学生。二年（1369）立府州县学。四年（1371）正月，诏择府州县学生之俊秀通经者入国学，得二千七百二十八人。到十五年（1382）正月，礼部以州县所贡子弟，推选未至，奏令各按察司，于年二十以上，厚重端秀者，务拔其尤，岁贡一人入监，著为令。从这一命令，可以看出在此以前，保送监生是州县官的任务，此后则改归按察司选送。洪武四年（1371）以前，选士于民间，四年（1371）以后，选士于地方学校，州县学和国子监成为学制上的联系衔接衙门，民生在地方学校受初级训练，选拔到国子监受高级训练，国子监成为全国青年人才集中的场所。十六年（1383）又令礼部榜谕天下府州县学，自明年为始，岁贡生员各一人，正月至京师，从翰林院试经义、四书义各一道，判语一条，中式的（及格）入国子监，不中的原学教官罚停廪禄（扣薪水），生员罚为吏。则又把贡士之权改归地方学校教官，贡生在入监之前，得经翰林院主持的甄别试验（《南廱志》卷一《事纪》，《明史·选举志》）。

学生入监，主持选送的是府州县官、按察司官、本学教官。入学考试，主持考试的是翰林院官。入监后主持训育的是国子监官。受训完毕后，监生的出路，而且是唯一的出路，是替皇帝做官，“学而优则仕”。

贡监据洪武十五年（1382）、十六年（1383）的法令，府州县学岁贡生员一人，是有一定名额的。这定额在洪武朝发生过两次例外，第一次在洪武二十五年（1392）四月，“初令天下府学岁贡二人，州学二岁贡三人，县学每岁贡一人入监，明年如常”。突然增加保送名额，照例岁贡生应于次年正月到京师，因为这法令，洪武二十六年（1393）的官民生总数就增加到八千一百二十四名。第二次在洪武三十年（1397），这一年“本监以坐堂（在学）人少，诚恐诸司再取办事不敷，移文礼部，上令照二十五年（1392）例，于是入监遂众”。据上文记录，三十年（1397）的官民生总数是一千八百二十九名，三十一年（1398）的名额，虽然没有记录，大概和二十六年（1393）的相差不远。从后一个例子的理由，可以明白这两次增加名额的原因，是因为朝廷诸司办事人员的迫切需要，说明了在学监生同时也是朝廷的办事人员。

举监是举人入监。洪武初年择年少举人入国子监读书。洪武十八年（1385），又令会试下第举人送监卒业，是补习班或先修班的意思。

监生入学后，还得再经过一次编级考试，分堂（级）肄业。

国子监分六堂，六堂又分三等。初等生员通四书、未通经书的，入正义、崇志、广业三堂。修业期一年半以上。初等生修业期满，文理条畅的，升中等，入修道、诚心二堂，修业期一年半以上。中等生修业期满，经史兼通，文理都优的升高等，入率性堂。生员升入率性堂，依学规规定，根据勘合文簿（点名册）坐堂时日，满七百天才够资格。

司业二名，分为左右，各捉调三堂。博士五员，分五经，于彝伦堂西设座教训六堂，依本经考课（《南廱志》卷九《学规本末》）。

功课内容，分《御制大诰》《大明律令》《四书》《五经》、刘向《说苑》等书（后来又加上《御制为善阴骘》《孝顺事实》《五伦书》等书）。（《皇明太学志》卷七）最主要的是《大诰》。《大诰》是明太祖自己写的，有《续编》《三编》《大诰武臣》，一共四册，主要内容是列举他所杀之人的罪状，使人民知所警戒和教人民守本分，纳田租，出夫役，替朝廷当差的训话。洪武十九年（1386）以《大诰》颁赐监生，二十四年（1391）三月，特命礼部官说：“《大诰》颁行已久，今后科举岁贡人员，俱出题试之。”礼部行文国子监正官，严督诸生熟读讲解，以资录用，有不遵者，以违制论（《南廱志》卷一《事纪》）。违制是违抗圣旨的法律术语，这罪名是很大的。皇帝颁布的杀人罪状，列作学生的必修功课，而且，作为考试的科目，用法令强迫全国生员非熟读讲解不可，这道理是用不着什么解释的。训练学生的目的是做官，《大明律令》必然是必读书。而且“载国家法制，参酌古今之宜，观之者亦可以远刑辟”。《四书》《五经》是儒家的经典，洪武五年（1372），明太祖面谕国子博士赵俶：“尔等一以孔子所定经书诲诸生。”（同上书卷一《事纪》）孔子的思想是没有问题的，尊王正名，君君臣臣父父子子这一套，最合帝王的需要。可是，孟子就不同了，洪武三年（1370），他开始读《孟子》，读到有几处对君上不客气的地方，大发脾气，对人说：“这老头要是活到今天，非严办不可！”下令国子监撤去孔庙中孟子配享的神位，把孟子逐出孔庙。他认为这本书有反动的毒素，得经过严密的检查。洪武二十七年（1394）特别敕命组织一个“审查委员会”，执行检删任务的是当时的老儒刘三吾，把《尽心篇》“民为贵，社稷次之，君为轻”；《梁惠王篇》“国人皆曰贤”“国人皆曰可杀”一章；“时日曷丧，予及汝偕亡！”和《离娄篇》“桀纣之失天下也，失其民也，失其民者，失其心也”一章；《万章篇》“天与贤则与贤”一章；“天视自我民视，天听自我民听”；“君有大过则谏，反覆之而不听，则易位”；以及类似的“闻诛一夫纣矣，未闻弑君也”；“君之视臣如草芥，则臣视君如寇雠”：一共八十五条，以为这些话不合“名教”，全给删掉了。只剩下一百七十几条，刻版颁行全国学校。这一部经过大手术切割的书，叫作《孟子节文》。所删掉的八十五条，“课士不以命题，科举不以取士”[①]。至于《说苑》，则因为“多

①《明史》卷一三九《钱唐传》，卷五四《礼志四》，李之藻《领宫礼乐疏》卷二，全祖望《鲒琦亭集》卷三五辨钱尚书争孟子事，北平图书馆藏洪武二十七年（1394）刊本《孟子节文・刘三吾孟子节文题辞》：“《孟子》一书，中间词气之间抑扬太过者八十五条。其余一百七十余条，悉颁之中外校官，俾读是书者知所本旨。自今八十五条之内，课士不以命题，科举不以取士，壹以圣贤中正之学为本。”

载前言往行，善善恶恶，昭然于方册之间，深有劝戒”：是当作修身或公民课本被指定的。此外，也消极地禁止某些书不许诵读，如洪武六年（1373）面谕赵俶时所说：“若苏秦、张仪，繇战国尚诈，故得行其术，宜戒勿读。”由此可见，学校功课的项目，内容的去取，必读书和禁读书，学校教官是无权说话的，一切都由皇帝御定（《南廱志》卷一《事纪》）。有时高兴，连考试的题目也出，例如圣制策问十六道，试举一例，敕问文学之士，整个题目如下：

> 吁，时士之志，奚不我知，其由我不德而致然耶？抑士晦志而有此耶？呜呼艰哉！君子得不易，我知，人唯彼苍之昭鉴，必或福志之将期，然迩来云才者群然而至，及其用也，才志异途，空矣哉！（同上书卷一〇《谟训考圣制策问》）

日常功课，监规规定：一是写字。每日写仿一幅，每幅十六行，行十六字，不拘家格，或羲、献、智、永，欧、虞、颜、柳，点画撇捺，必须端楷有体，合格书法，本日写完，就于本班先生处呈改，以圈改字少为最。逐月通考，违者痛决（打）。二是背书。三日一次背书，每次须读《大诰》一百字，本经一百字，《四书》一百字，即平均每日背一百字。不但熟记文辞，务要通晓义理。若背诵讲解全不通者，痛决十下。三是作文。每月务要作课六道：本经义二道，四书义二道，诏诰章表策论判语（公家文书）内科（选）二道。不许不及道数，仍要逐月作完送改，以凭类进。违者痛决。

升到率性堂的学生，采积分制。积分之法，孟月试本经义一道，仲月试论一道，诏诰章表内科一道，季月试经史策一道，判语二条。每试文理俱优与一分，理优文劣者半分，文理纰缪者无分。岁内积至八分者为及格，与出身（官职）。不及格仍坐堂肄业（留级）。试法一如科举之制，果有才学超越异常者，呈请皇帝特别加恩任官（《南廱志》卷九《学规本末》）。

四

国子监坐堂监生最多的时期，将近万人，校舍规模是相当宏大的，校址东至小教场，西至英灵坊，北至城坡土山，南至珍珠桥。左有龙舟山，右有鸡鸣山，北有玄武湖，南有珍珠河。“延袤十里，灯火相辉。”监内建筑，正堂一，支堂六，每堂一十五间，是师生讲习的地方。有馔堂二所，是会馔的地方。书楼十四间藏书。光哲堂十五间住琉球官生。号房（学生宿舍）约两千间。此外有射圃、仓库、酱醋房、水磨房、晒麦场、菜圃、养病房等建筑。规模最宏大的是供奉孔子和列代贤哲的文庙（《南廱志》卷七、卷八《规制考》）。

监生穿一定的服装，形式也是明太祖钦定的，用玉色绢布，宽袖皂缘，皂绦软巾，叫作襕衫。每年冬夏衣由朝廷颁赐。膳食公费，全校会馔。有家眷的特许带家眷入学，每月支食粮六斗。皇帝特赐，有时赐及学生的家长，例如洪武十二年（1379）赐诸生父母帛各四匹；或赐及妻子，如洪武二十七年（1394），赐监生有家属的六百二十五人，每人钞五锭（这年官民生总数是一千五百二十人，有家眷的占百分之三十八）。三十年（1397）又赐监生夏布大小人五匹，家属每人二匹（《南廱志》卷一《事纪》）。

监生请假休学，只有在奔丧、完姻、父母年已七十必须侍养，或妻子死亡等情形下，才被准许。而且得由皇帝亲自准许。请假日期有严格规定，洪武十六年（1383）令监生入监三年，有父母者，照地远近，定限归省。其欲挈家成婚者亦如之，俱不许过限。父母丧照例丁忧。伯叔兄长丧而无子者，亦许立限奔丧。十八年（1385）令监生有父母年老无次丁者，许还原籍侍养，其妻死子幼者许送还乡，给予脚力，立限还监，违者罚之。二十二年（1389），礼部奏准，监生毕姻般取，照省亲例入监三年者方许。三十年（1397）令监生省亲等事，量道路远近，定具在途往还日月：每日水路一百里，陆路六十里；直隶限四阅月，河南、山东、江西、浙江、湖广限六阅月，北平、两广、福建、山西、陕西限八阅月。其住家月日：省亲三阅月，毕姻两阅月，送幼子还乡一阅月，丁忧照官员例不计闰，俱二十七月。凡过限两月以上者，送问复监。同年有违限监生二百一十七人，祭酒比例拟奏，发充吏役。三十一年（1398）又有违限监生二百二十人，命吏部铨除远方典史以困役之。

不但监生请假休学，要得特许，连教员请假，也必得经过同样程序，如洪武十二年（1379）助教吴伯宗奏请省亲，明太祖特许给假四个月就是一个例子。

坐堂期间，管制极端严格，表面上历次增订的监规，总共五十六款，除关于教官部分以外，关于约束防闲监生的，如：

> 各堂生员，在学读书，务要明体适用，以须仕进。宜各遵承师训，循规蹈矩，凡出入起居，升堂会馔，毋得有犯学规。违者痛治。
>
> 各堂生员每日诵受书史并须在师前立听讲解。其有疑问，必须跪听，毋得傲慢，有乖礼法。

绝对禁止学生对人对事的批评和团结组织，甚至班与班之间也禁止来往：

> 今后诸生毋得到于别堂，往来相引，议论他人长短，因而交结为非。违者从绳愆厅纠察，严加治罪。
>
> 有等无志之徒，往往不行求师问道，专务结党恃顽，故言饮食污恶。切详此等之徒，果系何人之子？其所造饮食，千百人所用皆善，独尔以为不善，果君子欤？小人欤？是后必有此生事者，具实奏闻，令法司枷镣，禁锢终身，在学役使，以供生徒。

生员往来议论，就难免对学校设施、对政治良窳有意见、有结论，就难免不发生学潮，针对的办法是隔离和孤立。至于结党，发生组织力量，就无法管束和训导了，非严办不可。在太祖朝严刑重法，大量屠杀的恐怖空气中，监生不能也不敢提出原则性的反抗，只好从生活不满的方面来发泄，因之，故言饮食污恶，对饥饿的抗议就成为学潮的主题了。抗议饥饿的行动，如不是集体提出，学规另有专条："生员毋得擅入厨房，议论饮食美恶，及鞭挞膳夫。违者笞五十，发回原籍，亲身当差。"这和枷镣禁锢终身役使的处分，轻重相去是极大的。此外禁例，如不许穿常人衣服；有事先于本堂教官处禀之，毋得径行烦紊；凡遇出入，务要有出恭入敬牌；以及无病称病，出外游荡，会食喧哗，点问（名）不到，不许燕安怠惰，解衣脱巾，喧哗嘻笑。号房不许私借他人住坐，不许作秽，不许酣歌夜饮等二十七条，下文都是"违者痛决！"最最严重的一款是：

在学生员，当以孝弟忠信礼义廉耻为本，必先隆师亲友，养成忠厚之心，以为他日之用。敢有毁辱师长及生事告讦者，即系干名犯义，有伤风化，定将犯人杖一百，发云南地面充军。（《南廱志》卷九《学规本末》）

明太祖寄托培养官僚的全部责任于国子监，这一条款就是授权国子监教官，用刑法清除所有不服从、不听调度的反抗分子。毁辱师长的含义是非常广泛的，无论是语言、行动、思想、文字上的不同意，以至批评，都可任意解释。被周纳的犯人是不能也不许可有辩解的机会的。至于生事告讦，更可随便运用，凡是不遵从学规的，不满意现状的，要求对某方面教学或生活有所改进的，都可以用生事告讦的罪状片面判决之，执行之。国子监第一任祭酒宋讷是这条学规的制定人，明初人说他办学极意严酷，以求符合明太祖的规训。在他的任内，监生走投无路，经常有人被强制饿死［这也是有学规的依据的，洪武十五年（1382）第二次增订学规：师生如有病患，不能行履者，许令膳夫供送。若无病不行随众会食者，不与当日饮食］，以至自缢死。他连死尸也不肯放过，一定要当面验明，才许棺殓（赵翼《廿二史札记》卷三一《明史立传多存大体条》引叶子奇《草木子》，按坊本《草木子》无此条）。后来他的儿子宋复祖继任司业，也学他父亲“诫诸生守讷学规，违者罪至死”（《明史》卷一三七《宋讷传》）。学录金文徵反对宋讷的过分残暴，想法子救学生，向明太祖提出控诉：“祭酒办学太严，监生饿死了不少人。”太祖不理会，说是祭酒只管大纲，监生饿死，罪坐亲教之师，和祭酒无干。文徵又设法和同乡吏部尚书余熂商量，由吏部出文书令宋讷以年老退休［洪武十八年（1385）宋讷七十五岁，已经过了法令规定该致仕的年龄了］。不料宋讷在辞别皇帝时，说出并非真心要辞官，太祖大怒，追问原因，立刻把余熂、金文徵和学录田子真、何操、学正陈潜夫都杀了，还把罪状出榜在国子监前面，也写在《大诰》里头。这次反迫害的学潮，在一场屠杀后被压平，从此再也没有人敢替饿死缢死的学生说话了（《南廱志》卷一《事纪》，卷一〇《谟训考》，《明史·宋讷传》）。

洪武二十七年（1394）第二次学潮又起，监生赵麟受不了虐待，出壁报提出抗议，学校以为犯了毁辱师长罪。照学规是杖一百充军。为了杀一儆百，明太祖法外用刑，把赵麟杀了，并且在国子监前立一长竿，枭首示众。（这在明太祖的口头语，叫枭令，比处死重一等。）二十八年（1395）又颁行《赵麟诽谤册》和《警愚辅教》二录于国子监。三十年（1397）七月二十三日，又召集祭酒司业和本监教官，监生一千八百二十六名，在奉天门当面训话。训词说：

> 恁学生每听着：先前那宋讷做祭酒呵，学规好生严肃，秀才每循规蹈矩，都肯向学，所以教出来的个个中用，朝廷好生得人。后来他善终了，以礼送他回乡安葬，沿路上的着有司官祭他。
>
> 近年著那老秀才每做祭酒呵，他每都怀着异心，不肯教诲，把宋讷的学规都改坏了，所以生徒全不务学，用着他呵，好生坏事。

如今着那年纪小的秀才官人每来署学事，他定的学规，恁每当依着行。敢有抗拒不服，撒泼皮，违犯学规的，若祭酒来奏着恁呵，都不饶：全家发向武烟瘴地面去，或充军，或充吏，或做首领官。

今后学规严紧，若无籍之徒，敢有似前贴没头帖子，诽谤师长的，许诸人出首，或绑缚将来，赏大银两个。若先前贴了票子，有知道的，或出首，或绑缚将来呵，也一般赏他大银两个。将那犯人凌迟了，枭令在监前，全家抄没，人口迁发烟瘴地面。钦此！（《南廱志》卷一〇《谟训考》）

这篇有名的训词，在中国教育史上是空前的。唯一可以与之比拟的，大概是北魏太平真君五年（444）禁止民间私立学校，违者“师身死，主人门诛”那道敕令吧。国子监前面的长竿，是专作枭令学生用的，一直到正德十四年（1519）明武宗南巡，这个顽皮年轻皇帝，学他祖宗的榜样，化装出来侦察，走过国子监前，看见这个怪竿子（那时代还没有挂旗子的礼俗），弄糊涂了，问明白说是挂学生脑袋的。他说：“学校岂是刑场！”而且，“哪个学生又敢犯我的法令！”才叫人撤去。这竿子一共竖了一百二十六年（同上书卷四《事纪》）。

其实，并不是明武宗比他的祖宗更仁慈，而是一百多年来，进士科已经完全代替了国子监的地位，做官的不再从国子监出来，国子监已是破落的冷而穷的衙门，会馔因为经费不够停止了，连房子也倒塌了，朝廷也不肯修理，靠募捐才能补葺一下。它已失去了明初官僚养成所的地位，当然，也用不着这根刺目的不相称的竿子了。

国子监既然是为皇家制造官僚的工厂，用严刑峻法来捏塑官僚，那么，皇家对这工厂的技师，自有其划一的雇佣标准。和监规的尺度一样，明初的国子监教官，是被严刑约束着，连一丝一毫自由的气氛也不许可有。例如第一任国子学博士和祭酒许存仁，在明太祖幕府十年，是从龙旧臣，洪武元年（1368）被劾逮死狱中。表面上的罪名是私用学宫什器，娶妾饰床以象牙，非师臣体，实际上是因为明太祖刚即位，存仁便告辞回家，犯了忌讳。司业刘丞直劝他："主上方应天顺人，兴高采烈，你要回家，也该等待一会。"存仁没理会，果然因此致死（《南廱志》卷一《事纪》，卷二一《刘丞直传》，《明史·宋讷传》，刘辰《国初事迹》）。第二任祭酒梁贞也得罪放归田里。第三任魏观，后来在苏州知府任上被杀。第四任乐韶凤以不职病免。第五任李敬以罪免。第六任吴颙因为武官子弟怠学，宽纵不能制裁被斥免。国子监第一任祭酒是宋讷，屠杀生徒，最被恩礼，可是明太祖还不放心，经常派人伺察，有时还在暗中画他的相貌，一喜一怒，都有报告（《明史·宋讷传》）。第二任龚斆，获罪的罪状是有监生告假还家，没有报告皇帝，祭酒便准了假。明太祖大怒，以为"卖放""置于法"。第三任胡季安坐胡惟庸党案得罪。第四任杨淞，因为擅自分配学生宿舍，原来有廊房二十间，所住学生以罪被逐，留下空屋，明太祖令北城兵马司封钥，杨淞因为宿舍不够住，自作主张，准许学生住进去，结果是因此"掇祸"（《南廱志》卷一《事纪》）。最末一任张显宗就是奉天门训话里的年纪小的秀才官人，上任不久，明太祖便死了，算是侥幸没有意外。统计三十多年来的历任祭酒，只有以残酷著名的宋讷是善终在任上，死后的恩礼也特别隆重，可以说是例外，其他的不是得罪，便是被杀。

痛决、充军、罚充吏役、枷镣终身、饿死、自缢、枭首示众，明初的国子监是学校，是监狱，又是刑场。不只是学生，也包括教官在内，在受死刑所威胁的训练，造成绝对服从的、奴性的官僚。

五

明初的国子学、国子监，所负荷的制造和训练官僚的任务，据《南廱志》和《明史·选举志》所记：

> 洪武二年（1369），择国子生试用之，巡行列郡，举其职者，

竣事覆命，即擢行省左右参政，各道按察司佥事及知府等官。

五年（1372）四月，以国子生王铎摄监察御史，擢浙江布政司左参政。

六年（1373）九月，纂修日历，选善书者誊写，国子生陈益旸等与焉。令吏部选国子生之成才者，量才授主事、给事中、御史等官。

八年（1375）三月，命丞相往国子学，考校老成端正、学博经通者，分教天下，令郡县廪其生徒而立学焉。又命御史台精选以分教北方。于是选国子生林伯云等三百六十六人，给廪食赐衣服而遣之。六月以国子生李扩等为监察御史。

九年（1376）三月，以武英堂纪事国子生黄义为湖广行省参政，赵信为考功监丞。九月，遣国子生往陕西祭平凉卫指挥秦虎。国子生奉命出使自此始。寻命国子生分行列郡，集事之未完者，如古行人之职，皆量道路远近，赐钞为费而遣之。

十年（1377）正月，国子生试用于列郡者，皆授县丞主簿，人赐夏衣一袭，宝钞三十贯。命中书省臣，凡有亲在者，量程给假归省，然后之官。十月，召国子生分教郡县者还京师，令吏部擢用。

十二年（1379），上以国子生多未仕者，谓中书省臣曰："朕甚欲尊显诸生，虑其未悉朕意。且诸生入学之日久矣，其令归省其亲，赐其父母帛各四匹。有妻孥者携以来，月与粟钱，务得其欢心。"于是王文同等一百三十四人皆告归，有司如诏赍之。

十四年（1381）八月，以国子生茹瑺为承敕郎。

十七年（1384）三月，令礼部颁行科举成式，凡三年大比，子午卯酉年乡试，辰戌丑未年会试，祭酒司业择国子生之性资敦厚，文行可称者应之。是年国子生升至率性堂者，入试文渊阁，擢杨文忠为首，除永福县丞。

十八年（1385）二月会试，此揭榜，国子生多在前列（会试黄子澄第一，殿试丁显、练子宁居首甲），上大喜。

十九年（1386）四月，吏部奏用监生十四人，皆为六品以下官。五月，上以天下郡县多吏弊民蠹，皆由杂流得为牧民官。乃命祭酒司业择监生千余人送吏部，除授知州知县等职。

二十年（1387）二月，鱼鳞图册成。先是上命户部核实天下土田，而苏松富民，畏避徭役，以田产诡寄亲邻佃仆，相习成风，奸弊百出。于是富者愈富，贫者愈贫。上闻之，遣国子生武淳等往，随税粮多寡，定为几区，每区设粮长四人，使集里甲耆民，躬履田亩以量度之。量其方圆，次其字号，悉书主名及尺丈四至，编类为册，绘状若鱼鳞然，故名。至是浙江、直隶、苏州等府县册成进呈，上喜，赐淳等钞锭有差。三月，监生古朴奏言，家贫愿仕，冀得禄以养母，上嘉之，除工部主事，迎养就京师。十二月，擢监生李庆署都察院右佥都御史。

二十一年（1388）三月，殿试，监生任亨泰廷对第一，召祭酒宋讷褒谕之。命撰进士题名记，立碑于监门。

二十二年（1389）二月，初令监生同御史王英、进士齐德照刷文卷。

二十四年（1391）三月，以监生许观会试殿试皆第一，召国子监官褒奖之。八月，初令监生往后湖清查黄册（全国户籍）。户部所贮天下黄册，俱送后湖收架，委监察御史二员、户科给事中一员、监生一千二百名，以旧册比对清查，如有户口田粮埋没差错等项，造册径奏。是年选监生有练达政体者；得方文等六百三十九人，命行御史事，稽核天下百司案牍。

二十五年（1392）七月，擢监生师逵、墨麟等为监察御史，夏原吉为户部主事。

二十六年（1393）十月，诏祭酒胡季安选监生年三十以上能文章者三百四十一人，命吏部除授教谕等官。以监生刘政、龙镡等六十四人为行省布政使、按察两使及参政参议副使、佥事等官。

二十七年（1394）八月，遣监生及人才分诣天下郡县，督吏民修治水利，给道里费而行。

二十九年（1396）四月，令吏部以次录用国子监生，毋使淹滞。六月初令监生年长者，分拨诸司，历练政事。凡历事监生，随本衙门司务，分勤谨平常才力不及奸顽等项引奏。勤谨者仍历事，阙官以次取用。平常再历，才力不及送监读书，奸顽充吏（计南京五府六部等衙门历事监生二百十八名，户部等衙门写本监生二十八名，差拨内外衙门办事监生一百二十四名），称为拨历法。

三十年（1397）二月，擢监生卢祥为刑部郎中。

明代官制，都察院右佥都御史正四品，郎中正五品，主事正六品，监察御史正七品，给事中从七品。布政使从二品，参政从三品，参议从四品，按察使正三品，副使正四品，佥事正五品。知府正四品，知州从五品，知县正七品，县丞正八品，主簿正九品。教谕无品级。从洪武二年（1369）到三十一年（1398）这一时期监生任官的情形来看，第一，监生并没有一定的任官资序，最高的可以做到地方大吏从二品的布政使，最低的做正九品的县主簿，以至无品级的教谕。第二，监生也没有固定的任官性质，部院官、监察官、地方最高民政财政官、司法官，以至无所不管的亲民的府州县官和学校官，监生几乎无官不可做。第三，除做官以外，在学的监生，有奉命出使的，有奉命巡行列郡的，有稽核百司案牍的，有到地方督修水利的，有执行丈量记录土地面积定粮的任务的，有清查黄册的，有写本的，有在各衙门办事的，有在各衙门历事的。第四，三十年来监生的任官，以洪武二年（1369）和二十六年（1393）为最高，十九年（1386）为最多。“故其时布列中外者，太学生最盛。”（《明史》卷六九《选举志》）大体来说，从国子学改为国子监以后，监生的出路已渐渐不如初年，从做官转到做事，朝廷利用大批监生做履亩定粮、督修水利、清查黄册等基层技术工作。至于为什么洪武二年（1369）和二十六年（1393）大量任用监生做高官呢？理由是第一，刚开国人才不够，只能以国子生出任高官。第二，洪武二十六年

（1393）二月蓝玉被杀，牵连致死的文武官僚、地方大吏为数极多，多少衙门都缺正官，监生因之大走官运。至于为什么洪武十九年（1386）监生任官的竟有千余人之多呢？那是因为上一年闹郭桓贪污案，供词牵连到直省官吏因而牵系死者有几万人，下级官吏缺得太多的缘故。至于为什么在洪武十五年（1382）以后，监生做官的出路一天不如一天呢？那是因为从十五年（1382）以后，会试定期举行，每三年一次，进士在发榜后即刻任官，要做官的都从进士科出身，甚至监生也从进士科得官，国子监已不再是唯一的官僚养成所了。进士释褐授给事御史主事中书行人评事太常国子博士和府推官知州知县等官（《明史》卷七〇《选举志》），监生原来的出路为进士所夺，只好去做基层技术工作和到诸司去历事了。

六

明代地方学校的建立，始于洪武二年（1369）。明太祖以为元代学校之教，名存实亡，战争以来，人习于战斗，唯知干戈，莫识俎豆。他常说治国之要，教化为先，教化之道，学校为本。如今京师已有太学，而地方学校尚未兴办，面谕中书省臣令府州县都立学校，礼延师儒，教授生徒，讲论圣道。于是大设学校，府设教授，州设学正，县设教谕各一，训导府四州三县二，生员府学四十人，州三十人，县二十人。师生月廪米人六斗，地方官供给鱼肉（《南廱志》卷一《事纪》，《明史》卷六九《选举志》）。

入学生员享受免役特权，除本身外，还免其家差徭二丁（《大明会典》卷七八《学校》）。在学专治一经，以礼乐射御书数设科分教。

统治地方学校情形，完全和国子监一致。洪武十五年（1382）颁禁例十二条于全国学校，镌立卧碑，置于明伦堂之左，不遵者以违制论，禁例中最重要的有下列各条：

一、今后州县学生员，若有大事干于己家者，许父兄弟侄具状入官辩诉。若非大事，含情忍性，毋轻至于公门。

二、生员之家，父母贤智者少，愚痴者多，其父母欲行非为，则当再三恳告。

这两条，前一条不许生员交结地方官，后一条要使生员为皇家服务，在民间替朝廷清除“非为”。[①]另一条：

军民一切利病，并不许生员建言。果有一切军民利病之事，许当该有司、在野贤才、有志壮士、质朴农夫、商贾技艺皆可言之，诸人毋得阻当。唯生员不许！

军民一切利病即政治问题，地方官、在野人士，甚至农工商人都可提出建议，任何人都有权讨论政治，唯独不许学生说话。并且在同一条文内，重复地说“不许生员建言”“唯生员不许”，声色俱厉，呼之欲出。明太祖为什么单单剥夺了生员讨论政治的权利呢？因为他害怕群众，害怕组织，尤其害怕有群众基础有组织能力的知识分子。他认清这个力量会危害他的统治，因之，非加以高压，严厉禁止，不许有声音不可。至于其他人士，个别的发言，个别的建议，没有群众做后盾，不发动力量，他不但不禁止，反而形式上加以奖励，学学古代帝王求言的办法，倒使他可以得到好名誉。

知识青年对于现实政治不能说话，不许有声音，明太祖的统治就巩固了。可是，他没有想到代替说话的是农民的竹竿和锄头，朱家的政权，到后来还是被竹竿和锄头所倾覆。

地方学校之外，洪武八年（1375）又诏地方立社学（乡村小学），

① “非为”是明太祖的口头和文字上常用术语，含有特别内容，和他常用的“异为”“他为”同义。

延师儒以教民间子弟。

府州县学和社学都以《御制大诰》和《律令》做主要必修科。（《大明会典》卷七八《学校》）

在官僚政治之下，地方学校只存形式，学生不在学，师儒不讲论。社学且成为官吏迫害剥削人民的手段，明太祖曾大发脾气，申斥地方官吏说：

好事难成。且如社学之设，本以导民为善，乐天之乐。奈何府州县官不才酷吏，害民无厌。社学一设，官吏以为营生。有愿读书者无钱不许入学，有三丁四丁不愿读书者受财卖放，纵其愚顽，不令读书。有父子二人，或农或商，本无读书之暇，却乃逼令入学，有钱者又纵之。无钱者虽不暇读书，亦不肯放，将此凑生员之数，欺诳朝廷。

他怕“逼坏良民不暇读书之家”只好住罢（停办）社学，不再“导民为善”了（《御制大诰·社学第四十四》）。

从国子监到社学，必读的书，必考的书，是明太祖所亲自写定的《大诰》（从文理不通、思想昏乱、词语鄙陋、语气狂暴、态度蛮横几点看来，确非儒生所能代笔），想用以为治国平天下、统一思想的“圣经宝典”。他在书末指出：

朕出是诰，昭示祸福，一切官民诸色人等，户户有此一本，若犯笞杖徒流罪名，每减一等，无者每加一等。所在人民，熟观为戒。（《御制大诰·颁行大诰第七十四》）

又说：

朕出斯令，一曰大诰，一曰续编，斯上下之本，臣民之至宝，发布天下，务必户户有之。敢有不敬而不收者，非吾治化之民，迁居化外，永不令归，的不虚示。（《大诰续编·颁行续诰第八十七》）

以帝王之威，用减刑用充军，利诱威胁，命令人民读他的“至宝”，命令学生熟读讲解他的“至宝”，可惜，人民是不识“宝”的，利诱不理，威胁无用。成化时（1465—1487）陆容记《大诰》的下落说：

国初惩元之弊，用重典以新天下，故令行禁止，若风草然。然有面从于一时而心违于身后者，如《大诰》，唯法司拟罪云有《大诰》减一等云尔，民间实未之见，况复有讲读者乎！（《菽园杂记》卷五）

明太祖有方法统治学校、屠杀学生，可是，他没办法办社学，也没办法使人民读他的《大诰》。有生死人之权，有富贵贫贱人之权，而终于无人读他藏他的“至宝”，不要说读，人民甚至连看都没有看见，这大概是专制独裁者应有的和共有的悲哀吧！

明代的科举情况和绅士特权

明、清两代五六百年的科举制度，在中国文化、学术发展的历史上作了大孽，束缚了人们的聪明才智，阻碍了科学的进展，压制了思想，使人们脱离实际，脱离生产，专读死书，专学八股，专写空话，害尽了人，也害死了人，罪状数不完，也说不完。

这些且不说，光就考试时的情况说，也是气死人的。明末艾南英《天傭子文集》有一篇文章专讲考举人时的苦处：

> 考试这一天，考场打了三通鼓，秀才们即使遇到大冷天，冰霜冻结，也得站在门外等候点名。督学呢，穿着红袍坐在堂上，灯烛辉煌，围着炉子取暖，好不舒服。
>
> 秀才们得解开衣裳，左手拿着笔砚，右手拿着布袜，听候府县官点名，排个儿站在甬道里，依次到督学面前。每一个秀才，有两个搜检军侍候，从头发搜到脚跟，光着肚子光着腿，要好几个时辰才能全搜完，个个冻得牙齿打战，腰以下都冻僵了，摸着也不像是自己的皮肤。要是大热天呢，督学穿着纱衣裳，在阴凉地里，喝着茶，摇着扇子，凉快得很。秀才们呢，十百一群，挤立在尘埃飞扬的太阳地上，按制度不能扇扇子，穿的又是大布厚衣。到了考场，几百人夹坐在一起，腥气、秽气，蒸着、熏着，大汗通身，衣裳都湿透了，却一滴水也不敢入口。虽然公家有人管茶水，但谁也不敢喝，喝了就有人在你卷子上打一个红记号，算是舞弊犯规，文章尽管写得好，也要扣分，降一等。
>
> 冷天也罢，热天也罢，都得吃苦头。

考的时候，东西两面站着四个瞭望军，是监场的，谁也不敢抬头四面看，有人困了站一下，打一个哈欠，和隔壁考生说话，以至歪着坐，又是一个红记号打上了，算犯规，文章尽管好，也扣分，降一等。弄得人人腰脊酸痛，连大小便也不得自由，得忍着些。

连动手动脚、抬头伸腰的自由也被剥夺了，苦哉！

考试座位呢，是衙门里的工吏包办的，他们得赚一点钱，贪污了一大半经费，临时对付，做得很窄小，两个手膀也张不开；又偷工减料，薄而脆，外加裂缝，坐下重一点，就怕塌下。加上同号的总有十几个人，座位是用竹子连着的，谁的手脚稍动一下，联号的座位便都动摇了，成天没个停，写的字也就歪歪扭扭了。

这篇文章写得实在好，道尽了考生的苦处，也道尽了封建统治者不把学生当人的恶毒待遇。文章里用督学的拥炉、挥扇相对衬，更把考生的苦况突出了。清朝继承了明朝这一套，《儿女英雄传》写安骥殿试时，自己背桌子考篮的情况，可以参看。

这样苦，为什么人们还是抢着考，唯恐吃不到这苦头呢？是为了做官。顾公燮《消夏闲记摘抄》记明朝人中举人的情况：

明朝末年的绅士，非常之威风。凡是中了举人，报信的人都拿着短棍，从大门打起，把厅堂窗户都打烂了，叫作“改换门庭”。工匠跟在后面，立时修整一新，从此永为主顾。

接着，同姓的地主来和您通谱，算作一家，招女婿的也来了，有人来拜你做老师，自称门生。只要一张嘴，银子上千两地送，以后有事，这些人便有依靠了。

出门呢，坐着大轿，前面有人拿着扇啦，掌着盖啦，诸如此类，连秀才出门，也有门斗张着油伞引路。

有婚丧事的时候，绅士和老百姓是不能坐在一起的，要另搞一个房子叫大宾堂，有功名的人单坐在一起。

清人吴敬梓所作《儒林外史》，穷秀才范进中举一段绝妙文字，正是顾公燮这一段记载的绝妙注脚。

到中了进士，就更加威风了。上任做官，车啦，马啦，跟班啦，衣服用具啦，饮食用费啦，都自然会有人支应。上了任，债主也跟着来，按期还债。[①]

即使中不了进士，光是秀才、举人，也就享有许多特权了。第一是免役，只要进了学，成为秀才，法律规定可免户内二丁差役。明朝里役负担是很重的，要是有二十亩田地的中农，假如家里不出一个秀才，一轮到里役，便得破家荡产。[②] 以此，一个县里秀才举人愈多，百姓便越穷，因为他们得把绅士的负担分担下来。[③] 第二是可以有奴婢使唤；明制，平民百姓是不许存养奴婢的，《大明律》规定："庶民之家，存养奴婢者，杖一百，即放从良。"第三是法律的优待，明初规定一般进士、举人、贡生犯了死罪，可以特赦三次，以后虽然没有执行，但是，还是受到优待，秀才犯了法，地方官在通知学校把他开除之前，是不能用刑的。如犯的不是重罪，便只通知学校当局，加以处分了事。第四是免粮，家道寒苦，无力完粮的，可由地方官奏销豁免。因之，不但秀才自己免了役、免了赋，甚至包揽隐庇，借此发财。廪生照规定由国家每年给膏火银一百二十两，不安分的便揽地主钱粮在自己名下，请求豁免，"坐一百，走三百"，不动腿呢，每年一百二十两，多跑跑县衙门呢，一年三百两，是当时的民间口语。第五便是礼貌待遇了。顾公燮所记的大宾堂是有法律根据的，洪武十二年（1379）八月，明太祖颁布法令，规定绅士只能和宗族讲尊卑的礼法，至于宴会，要另设席位，不许坐于无官者之下。和异姓无官者相见，不必答礼。庶民见绅士要用见官礼谒见。违反的按法律制裁。

---

① 陶奭龄：《小柴桑喃喃录》上；周顺昌：《烬余集》卷二，《与吴公如书》卷二。

②《温宝忠遗稿》卷五，《士民说》。

③ 顾炎武：《亭林文集·生员论》。

有了这样多特权，吃点苦头又算什么呢?

明、清两代的知识分子，在通过考试之前，封建统治者不把他们当人看待，加以种种虐待。但是，在成为秀才、举人、进士之后，便成为统治集团的一员了，和庶民不同了，他们分享了统治阶级的特权，成为特权阶级了。最近有人讲明朝后期情况，把秀才也算在市民里面，把他们下降为庶民，在我看来，是不符合客观存在的历史事实的。

第四章 从布袍到绸绢：社会生活的丰富与奢靡

《金瓶梅》的著作时代及其社会背景

要知道《金瓶梅》这部书的社会背景，我们不能不先考订它的产生时代。同时，要考订它的产生时代，我们不能不把一切关于《金瓶梅》的附会传说肃清，还它一个本来面目。

《金瓶梅》是一部现实主义作品，所集中描写的是作者所处时代的市井社会的侈靡淫荡的生活。它细致生动的白描技术和汪洋恣肆的气势，在未有刻本以前，即已为当时的文人学士所叹赏惊诧。但因为作者敢对于性生活做无忌惮的大胆叙述，便使社会上一般假道学先生感觉到逼胁而予以摈斥，甚至怕把它刻版行世会令世人有堕落地狱的危险，但终之不能不佩服它的艺术的成就。另外，一般神经过敏的人又自作聪明地替它解脱，以为这书是“别有寄托”，替它捏造成一串可歌可泣、悲壮凄烈的故事。

无论批评者的观点怎样，《金瓶梅》的作者，三百年来却都一致认为是王世贞而无异辞。他们的根据是：

（1）沈德符的话：说这书是嘉靖中某大名士作的。这一位某先生，经过几度的附会，就被指实为王世贞。

（2）因为书中所写的蔡京父子，相当于当时的严嵩父子。王家和严家有仇，所以王世贞写这部书的目的是（甲）报仇，（乙）讽刺。

（3）是据本书的艺术和才气立论的。他们先有了一个“苦孝说”的主观之见，以为像这样的作品非王世贞不能写。

现在我们不管这些理由是否合理，且把他们所乐道的故事审查一下，看是王世贞作的不是。

一、《金瓶梅》的故事

《金瓶梅》的作者虽然已被一般道学家肯定为王世贞（他们以为这样一来，会使读者饶恕它的“猥亵”描写），但是他为什么要写这书？书中的对象是谁？却众说纷纭，把它归纳起来不外乎是：

（甲）复仇说　对象：（1）严世蕃
（2）唐顺之

（乙）讽刺说　对象：严氏父子

为什么《金瓶梅》会和唐顺之发生关系呢？这里面又包含着另一个故事——《清明上河图》的故事。

（一）《清明上河图》和唐荆川

《寒花庵随笔》：

“世传《金瓶梅》一书为王弇州（世贞）先生手笔，用以讥严世蕃者。书中西门庆即世蕃之化身，世蕃亦名庆，西门亦名庆，世蕃号东楼，此书即以西门对之。”“或谓此书为一孝子所作，所以复其父仇者。盖孝子所识一巨公实杀孝子父，图报累累皆不济。后忽侦知巨公观书时必以指染沫，翻其书页。孝子乃以三年之力，经营此书。书成黏毒药于纸角，觊巨公外出时，使人持书叫卖于市，曰天下第一奇书，巨公于车中闻之，即索观，车行及其第，书已观讫，啧啧叹赏，呼卖者问其值，卖者竟不见，巨公顿悟为所算，急自营救已不及，毒发遂死。”今按二说皆是，孝子即凤洲（世贞号）也，巨公为唐荆川（顺之），凤洲之父忬死于严氏，实荆川赞之也。姚平仲《纲鉴絜要》载杀巡抚王忬事，注谓“忬有古画，严嵩索之，忬不与，易以摹本。有识画者为辨其赝。嵩怒，诬以失误军机杀之”。但未记识画人姓名，有知其事者谓识画人即荆川，古画者《清明上河图》也。

凤洲既抱终天之恨，誓有以报荆川，数遣人往刺之，荆川防护甚备。一夜，读书静室，有客自后握其发将加刃，荆川曰：“余不逃死，然须留遗书嘱家人。”其人立以俟，荆川书数行，笔头脱落，以管就烛，佯为治笔，管即毒弩，火热机发，镞贯刺客喉而毙。凤洲大失望！

后遇于朝房，荆川曰：“不见凤洲久，必有所著。”答以《金瓶梅》，实凤洲无所撰，姑以诳语应耳。荆川索之急，凤洲归，广召梓工，旋撰旋刊，以毒水濡墨刷印，奉之荆川。荆川阅书甚急，墨浓纸黏，卒不可揭，乃屡以纸润口津揭书，书尽毒发而死。

或传此书为毒死东楼者。不知东楼自正法，毒死者实荆川也。彼谓以三年之力成书，及巨公索观于车中云云，又传闻异词耳。

这是说王忬进赝画于严嵩，为唐顺之识破，致陷忬于法。世贞图报仇，进《金瓶梅》毒死顺之。刘廷玑的《在园杂志》也提到此事，不过把《清明上河图》换成《辋川真迹》，把识画人换成汤裱褙，并且说明顺之先和王忬有宿怨。他说：

明太仓王思质（忬）家藏右丞所写《辋川真迹》，严世蕃闻而索之。思质爱惜世宝，予以抚本。世蕃之裱工汤姓者，向在思质门下，曾识此图，因于世蕃前陈其真赝，世蕃衔之而未发也。会思质总督蓟辽军务，武进唐应德、顺之以兵部郎官奉命巡边，严嵩觞之内阁，微有不满思质之言，应德颔之。至思质军，欲行军中驰道，思质以己兼兵部堂衔难之，应德怫然，遂参思质军政废弛，虚縻国帑，累累数千言。先以稿呈世蕃，世蕃从中主持之，逮思质至京弃市。

到了清人的《缺名笔记》，又把这故事变动一下：

《金瓶梅》为旧说部中四大奇书之一，相传出王世贞手，为报复严氏之《督亢图》。或谓系唐荆川事。荆川任江右巡抚时有所周纳，狱成，罹大辟以死。其子百计求报，而不得间。会荆川解职归，遍阅奇书，渐叹观止。乃急草此书，渍砒于纸以进，盖审知荆川读书时必逐页用纸黏舌，以次披览也。荆川得书后，览一夜而毕，蓦觉舌木强涩，镜之黑矣。心知被毒，呼其子曰："人将谋我，我死，非至亲不得入吾室。"逾时遂卒。

旋有白衣冠者呼天抢地以至，蒲伏于其子之前，谓曾受大恩于荆川，愿及未盖棺前一亲其颜色。鉴其诚许之入，伏尸而哭，哭已再拜而出。及殓则一臂不知所往，始悟来者即著书之人，因其父受缳首之辱，进鸩不足，更残其支体以为报也。

（二）汤裱褙

识画人在另一传说中，又变成非大儒名臣的当时著名装潢家汤裱褙。这一说最早的要数沈德符的《野获编》，他和王世贞同一时代，他的祖、父辈又都和王家相交，所以后人都偏重这一说。《野获编补遗》卷二《伪画致祸》：

严分宜（嵩）势炽时，以诸珍宝盈溢，遂及书画骨董雅事。时鄢懋卿以总鹾使江淮，胡宗宪、赵文华以督兵使吴越，各承奉意旨，搜取古玩，不遗余力。时传闻有《清明上河图》手卷，宋张择端画，在故相王文恪（鏊）胄君家，其家钜万，难以阿堵动。乃托苏人汤臣者往图之，汤以善装潢知名，客严门下，亦与娄江王思质中丞往还，乃说王购之。王时镇蓟门，即命汤善价求市，既不可得，遂嘱苏人黄彪摹真本应命，黄亦画家高手也。

严氏既得此卷，珍为异宝，用以为诸画压卷，置酒会诸贵人赏玩之。有妒王中丞者知其事，直发为赝本。严世蕃大惭怒，顿恨中丞，谓有意绐之，祸本自此成。或云即汤姓怨弇州伯仲自露始末，不知然否？

这一说是《清明上河图》本非王忬家物，由汤裱褙托王忬想法不成功，才用摹本代替，末了还是汤裱褙自发其覆。顾公燮《消夏闲记摘抄》作《金瓶梅缘起王凤洲报父仇》一则，即根据此说加详，不过又把王鏊家藏一节改成王忬家藏，把严氏致败之由，附会为世蕃病足，把《金瓶梅》的著作目的改为讥刺严氏了：

太仓王忬家藏《清明上河图》，化工之笔也。严世蕃强索之，忬不忍舍，乃觅名手摹赝者以献。先是忬巡抚两浙，遇裱工汤姓流落不偶，携之归，装潢书画，旋荐之世蕃。当献画时，汤在侧谓世蕃曰："此图某所目视，是卷非真者，试观麻雀小脚而踏二瓦角，即此便知其伪矣。"世蕃恚甚，而亦鄙汤之为人，不复重用。

会俺答入寇大同，忬方总督蓟、辽，鄢懋卿嗾御史方辂劾忬御边无术，遂见杀。后范长白公允临作《一捧雪》传奇，改名为《莫怀古》，盖戒人勿怀古董也。

忬子凤洲（世贞）痛父冤死，图报无由。一日偶谒世蕃，世蕃问坊间有好看小说否？答曰有，又问何名，仓卒之间，凤洲见金瓶中供梅，遂以《金瓶梅》答之，但字迹漫灭，容钞正送览。退而构思数日，借《水浒传》西门庆故事为蓝本，缘世蕃居西门，乳名庆，暗讥其闺门淫放，而世蕃不知，观之大悦，把玩不置。

相传世蕃最喜修脚，凤洲重赂修工，乘世蕃专心阅书，故意微伤脚迹，阴擦烂药，后渐溃腐，不能入直，独其父嵩在阁，年衰迟钝，票本批拟，不称上旨，宠日以衰。御史邹应龙等乘机劾奏，以至于败。

徐树丕的《识小录》又以为汤裱褙之证画为伪，系受贿不及之故，把张择端的时代由宋升至唐代，画的内容也改为汴人掷骰：

汤裱褙善鉴古，人以古玩赂严世蕃必先贿之，世蕃令辨其真伪，其得贿者必曰真也。吴中一都御史偶得唐张择端《清明上河图》临本馈世蕃而贿不及汤。汤直言其伪，世蕃大怒，后御史竟陷大辟。而汤则先以诓谝遣戍矣。

余闻之先人曰《清明上河图》皆寸马豆人，中有四人樗蒲，五子皆六而一犹旋转，其人张口呼六，汤裱褙曰："汴人呼六当撮口，而今张口是采闽音也。"以是识其伪。此与东坡所说略同，疑好事者伪为之。近有《一捧雪》传奇亦此类也，特甚世蕃之恶耳。

（三）况叔祺及其他

梁章钜《浪迹丛谈》记此事引王襄《广汇》之说，即本《识小录》所载，所异的是不把识画人的名字标出，他又以为王忬之致祸是由于一诗一画：

王襄《广汇》："严世蕃常索古画于王忬，云值千金，忬有临幅绝类真者以献。乃有精于识画者往来忬家有所求，世贞斥之。其人知忬所献画非真迹也，密以语世蕃。会大同有虏警，巡按方辂劾忬失机，世蕃遂告嵩票本论死。”

又孙之騄《二申野录注》：“后世蕃受刑，弇州兄弟赎得其一体，熟而荐之父灵，大恸，两人对食，毕而后已。诗画贻祸，一至于此，又有小人交构其间，酿成尤烈也。”

按所云诗者谓杨椒山（继盛）死，弇州以诗吊之，刑部员外郎况叔祺录以示嵩，所云画者即《清明上河图》也。

综合以上诸说，归纳起来是：

（1）《金瓶梅》为王世贞作，用意：（甲）讥刺严氏；（乙）作对严氏复仇的《督亢图》；（丙）对荆川复仇。

（2）唐荆川谮杀王忬，忬子世贞作《金瓶梅》，荆川于车中阅之中毒卒。

（3）世贞先行刺荆川不遂，后荆川向其索书，遂撰《金瓶梅》以毒之。

（4）唐、王结怨之由是荆川识《清明上河图》为伪，以致王忬被刑。

（5）《金瓶梅》为某孝子报父仇作，荆川因以被毒。

（6）汤裱褙识王忬所献辋川真迹为伪，唐顺之行边与王忬忤，两事交攻，王忬以死。

（7）《清明上河图》为王鏊家物，世蕃门客汤臣求之不遂，托王忬想法也不成功，王忬只得拿摹本应命，汤裱褙又自发其覆，遂肇大祸。

（8）严世蕃强索《清明上河图》于王忬，忬以赝本献，为旧所提携汤姓者识破。

（9）世蕃向世贞索小说，世贞撰《金瓶梅》以讥其闺门淫放，而世蕃不知。

（10）世贞赂修工烂世蕃脚，不能入直，严氏因败。

（11）王忬献画于世蕃，而贿不及汤裱褙，因被指为伪，致陷大辟。

（12）王忬致祸之由为《清明上河图》及世贞吊杨继盛诗触怒严氏。

以上一些五花八门的故事，看起来似乎很多，其实包含着两个有联系的故事——《清明上河图》和《金瓶梅》。

二、王忬的被杀与《清明上河图》

按《明史》卷二〇四《王忬传》："嘉靖三十六年（1557）部臣言蓟镇额兵多缺，宜察补。乃遣郎中唐顺之往核。还奏额兵九万有奇，今唯五万七千，又皆羸老，忬与……等俱宜按治。……三十八年（1559）二月把都儿辛爱数部屯会州挟朵颜为乡导……由潘家口入渡滦河，……京师大震。御史王渐、方辂遂劾忬及……罪，帝大怒……切责忬令停俸自效。至五月辂复劾忬失策者三，可罪者四，遂命逮忬及……下诏狱……明年冬竟死西市。忬才本通敏，其骤拜都御史及屡更督抚也，皆帝特简，所建请无不从。为总督，数以败闻，由是渐失宠。既有言不练主兵者，帝益大恚，谓忬怠事负我。嵩雅不悦忬，而忬子世贞复用口语积失欢于嵩子世蕃，严氏客又数以世贞家琐事构于嵩父子，杨继盛之死，世贞又经纪其丧，嵩父子大恨，滦河变闻，遂得行其计。"

当事急时，世贞"与弟世懋日蒲伏嵩门涕泣求贷，嵩阴持忬狱，而时为谩语以宽之。两人又日囚服跽道旁遮诸贵人舆搏颡请救，诸贵人畏嵩，不敢言。"（《明史》卷二八七《王世贞传》）

王忬死后，一般有人说他"死非其罪"的，也有人说他是"于法应诛"的，他的功罪我们姑且不论，要之，他之死于严氏父子之手，却是一件不可否认的事实。

我们要判断以上所记述的故事是否可靠，要研求王忬和严氏父子结仇的因素，关于这一点最好拿王世贞自己的话来说明。

《弇州山人四部稿》卷一二三《上太傅李公书》：

……至于严氏所以切齿于先人者有三：其一，乙卯冬仲芳兄（杨继盛）且论报，世贞不自揣，托所知向严氏解救不遂，已见其嫂代死疏辞戆，少为笔削。就义之后，躬视含殓，经纪其丧。为奸人某某（按即指况叔祺）文饰以媚严氏。先人闻报，弹指唾骂，亦为所诇。其二，杨某为严氏报仇曲杀沈錬，奸罪万状，先人以比壤之故，心不能平，间有指斥。渠误谓青琐之抨，先人预力，必欲报之而后已。其三，严氏与今元老相公（徐阶）方水火，时先人偶辱见收葭莩之末。渠复大疑有所弃就，奸人从中构牢不可解。以故练兵一事，于拟票内一则曰大不如前，一则曰一卒不练，所以阴夺先帝（嘉靖帝）之心而中伤先人者深矣。预报贼耗，则曰王某恐吓朝廷，多费军饷。虏贼既退，则曰将士欲战，王某不肯。兹谤既腾，虽使曾参为子，慈母有不投杼者哉！

以上三个原因：①关于杨继盛；②关于沈錬；③关于徐阶。三者都看不出有什么书画肇祸之说。试再到旁的地方去找，《明史》卷二八七《王世贞传》说：

奸人阎姓者犯法，匿锦衣都督陆炳家，世贞搜得之。炳介严嵩以请，不许。杨继盛下吏，时进汤药。其妻讼夫冤，为代草。既死，复棺殓之。嵩大恨。吏部两拟提学，皆不用。用为青州兵备副使。父忬以滦河失事，嵩构之论死。

沈德符《野获编》卷八《严相处王弇州》：

王弇州为曹郎，故与分宜父子善。然第因乃翁思质（忬）方总督蓟、辽，姑示密以防其忮，而心甚薄之。每与严世蕃宴饮，辄出恶谑侮之，已不能堪。会王弟敬美继登第，分宜呼诸孙切责以"不克负荷"诃诮之，世蕃益恨望，日谮于父前，分宜遂欲以长史处之，赖徐华亭（阶）力救得免，弇州德之入骨。后分宜因唐荆川阅边之疏讥切思质，再入鄢剑泉（懋卿）之赞决，遂置思质重辟。

这是说王忬之得祸，是由于王世贞之不肯趋奉严氏和谑毒世蕃，可用以和《明史》相印证。所谓恶谑，丁元荐《西山日记》曾载有一则：

王元美先生善谑，一日与分宜胄子饮，客不任酒，胄子即举杯虐之，至淋漓巾帻。先生以巨觥代客报世蕃，世蕃辞以伤风不胜杯杓，先生杂以诙谐曰："爹居相位，怎说出伤风？"旁观者快之。

也和《清明上河图》之说渺不相涉。

现在我们来推究《清明上河图》的内容和它的流传经过，考察它为什么会和王家发生关系，衍成如此一连串故事的由来。

《清明上河图》到底是一幅怎样的画呢？李东阳《怀麓堂集》卷九题《清明上河图》一诗描写得很清楚详细：

宋家汴都全盛时，四方玉帛梯航随，清明上河俗所尚，倾城士女携童儿。城中万屋翚甍起，百货千商集成蚁，花棚柳市围春风，雾阁云窗粲朝绮。芳原细草飞轻尘，驰者若飙行若云，红桥影落浪花里，捩舵撇篷俱有神。笙声在楼游在野，亦有驱牛种田者，眼中苦乐各有情，纵使丹青未堪写！翰林画史张择端，研朱吮墨镂心肝，细穷毫发夥千万，直与造化争雕镌。图成进入缉熙殿，御笔题签标卷面，天津一夜杜鹃啼，倏忽春光几回变。朔风卷地天雨沙，此图此景复谁家？家藏私印屡易主，赢得风流后代夸。姓名不入《宣和谱》，翰墨流传藉吾祖，独从忧乐感兴衰，空吊环州一抔土！丰亨豫大纷彼徒，当时谁进流民图？乾坤頫仰意不极，世事荣枯无代无！

钱谦益《牧斋初学集》卷八五《记清明上河图卷》：

嘉禾谭梁生携《清明上河图》过长安邸中，云此张择端真本也。……此卷向在李长沙家，流传吴中，卒为袁州所钩致，袁州籍没后已归御府，今何自复流传人间？书之以求正于博雅君子。天启二年（1622）壬戌五月晦日。

按长沙即李东阳，袁州即严嵩。据此可知这图的收藏经过是：

（一）李东阳家藏。

（二）流传吴中。

（三）归严氏。

（四）籍没入御府。

一百年中流离南北，换了四个主人，可惜不知道在吴中的收藏家是谁。推测当分宜籍没时，官中必有簿录，因此翻出《胜朝遗事》所收的文嘉《钤山堂书画记》，果然有详细的记载，在《名画部》宋有：张择端《清明上河图》。

图藏宜兴徐文靖（徐溥）家，后归西涯李氏（东阳），李归陈湖陆氏，陆氏子负官缗，质于昆山顾氏，有人以一千二百金得之。然所画皆舟车城郭桥梁市廛之景，亦宋之寻常画耳，无高古气也。

按田艺蘅《留青日札》严嵩条记嘉靖四十四年（1565）八月抄没清单有：

石刻法帖三百五十八册轴，古今名画刻丝纳纱纸金绣手卷册共三千二百零一轴。内有……宋张择端《清明上河图》……乃苏州陆氏物，以千二百金购之，才得其赝本，卒破数十家。其祸皆成于王彪、汤九、张四辈，可谓尤物害民。

这一条记载极其重要，它所告诉我们的是：

（一）《清明上河图》乃苏州陆氏物。

（二）其人以千二百金问购，才得赝本，卒破数十家。

（三）诸家记载中之汤裱褙或汤生行九，其同恶为严氏鹰犬者有王彪、张四诸人。

考陈湖距吴县三十里，属苏州。田氏所记的苏州陆氏当即为文氏所记之陈湖陆氏无疑。第二点所指明的也和文氏所记吻合。由苏州陆氏的渊源，据《钤山堂书画记》："陆氏子负官缗，质于昆山顾氏。"两书所说相同，当属可信。所谓昆山顾氏，考《昆新两县合志》卷二〇《顾梦圭传》：

> 顾懋宏字靖甫，初名寿，一字茂俭，潜孙，梦圭子。十三补诸生，才高气豪，以口过被祸下狱，事白而家壁立。依从父梦羽蕲州官舍，用蕲籍再为诸生。寻东还，游太学，举万历戊子乡荐。授休宁教谕，迁南国子学录，终莒州知州。自劾免。筑室东郊外，植梅数十株吟啸以老。

按梦圭为嘉靖癸未（1523）进士，官至江西布政使。他家世代做官，为昆山大族。其子懋宏十三补诸生。嘉靖四十一年（1562）五月严嵩事败下狱，四十四年（1565）三月严世蕃伏诛，严氏当国时代恰和懋宏时代相当，由此可知传中所谓"以口过被祸下狱，事白而家壁立"一段隐约的记载，即指《清明上河图》事，和文田两家所记相合。

这样，这图的沿革可列成：

（一）宜兴徐氏。

（二）西涯李氏。

（三）陈湖陆氏。

（四）昆山顾氏。

（五）袁州严氏。

（六）内府。

在上引的史料中，最应注意的是《钤山堂书画记》。因为文嘉家和王世贞家是世交，他本人也是王世贞好友之一。他在嘉靖四十四年（1565）应何宾涯之召检阅籍没入官的严氏书画，到隆庆二年（1568）整理所记录成功这一卷书。时世贞适新起用由河南按察副使擢浙江布政使司左参政分守湖州。假如王氏果和此图有关系，并有如此悲惨的故事包含在内，他决不应故没不言！

在以上所引证的《清明上河图》的经历过程中，很显明安插不下王忬或王世贞的一个位置。那么，这图到底是怎样才和王家在传说中发生关系的呢？按《弇州山人四部稿续稿》卷一六八《清明上河图》别本跋：

> 张择端《清明上河图》有真赝本，余均获寓目。真本人物舟车桥道宫室皆细于发，而绝老劲有力，初落墨相家，寻籍入天府为穆庙所爱，饰以丹青。
>
> 赝本乃吴人黄彪造，或云得择端稿本加删润，然与真本殊不相类，而亦自工致可念，所乏腕指间力耳，今在家弟（世懋）所。此卷以为择端稿本，似未见择端本者。其所云于禁烟光景亦不似，第笔势遒逸惊人，虽小麄率，要非近代人所能办，盖与择端同时画院祗候，各图汴河之胜，而有甲乙者也。吾乡好事人遂定为真稿本，而谒彭孔嘉小楷，李文正公记，文徵仲苏书，吴文定公跋，其张著、杨准二跋，则寿承、休承以小行代之，岂惟出蓝！而最后王禄之、陆子傅题字尤精楚。陆于逗漏处，毫发贬驳殆尽，然不能断其非择端笔也。使画家有黄长睿那得尔？

其第二跋云：

> 按择端在宣政间不甚著，陶九畴纂《图绘宝鉴》，搜括殆尽，而亦不载其人。昔人谓逊功帝以丹青自负，诸祗候有所画，皆取上

旨裁定。画成进御，或少增损。上时时草创下诸祗候补景设色，皆称御笔，以故不得自显见。然是时马贲、周曾、郭思、郭信之流，亦不致泯然如择端也。而《清明上河》一图，历四百年而大显，至劳权相出死构，再损千金之值而后得，嘻！亦已甚矣。择端他图余见之殊不称，附笔于此。

可知此图确有真赝本，其赝本之一确曾为世贞爱弟世懋所藏，这图确曾有一段悲惨的故事；“至劳权相出死构，再损千金之值而后得”。这两跋都成于万历三年（1575）以后，所记的是上文所举的昆山顾氏的事，和王家毫不相干。这一悲剧的主人公是顾懋宏，构祸的是汤九或汤裱褙，权相是严氏父子。

由以上的论证，我们知道一切关于王家和《清明上河图》的记载，都是任意捏造，牵强附会。无论他所说的是辋川真迹，是《清明上河图》，或是黄彪的临本，或是王鏊家藏本，或是王忬所藏的，都是无中生有。失去事实的根据，当然唐顺之或汤裱褙甚至第三人的行谮或指证的传说，都一起跟着不存在了。

但是，像沈德符、顾公燮、刘廷玑、梁章钜等人，在当时都是很有名望的学者，沈德符和王世贞是同一时代的人，为什么他们却会捕风捉影，因讹承讹呢?

这原因据我的推测，以为是：

（一）看不清《四部稿》两跋的原意，误会所谓“权相出死力构”是指他的家事，因此而附会成一串故事。

（二）信任《野获编》作者的时代和他与王家的世交关系，以为他所说的话一定可靠，而靡然风从，群相应和。

（三）故事本身的悲壮动人，同情被害人的遭遇，辗转传述，甚或替它装头补尾，虽悖“求真之谛”亦所不惜。

次之因为照例每个不幸的故事中，都有一位丑角在场，汤裱褙是当时的名装潢家，和王、严两家都有来往，所以顺手把他拉入做一点缀。

识画人的另一传说是唐顺之，因为他曾有疏参王忬的事迹，王忬之死他多少应负一点责任。到了范允临的时候，似乎又因为唐顺之到底是一代大儒，不好任意得罪，所以在他的剧本——《一捧雪》传奇中仍旧替回了汤裱褙。几百年来，这剧本到处上演，剧情的凄烈悲壮，深深地感动了千万的人，于是汤裱褙便永远留在这剧本中做一位挨骂的该死丑角。

三、《金瓶梅》非王世贞所作

最早提到《金瓶梅》的，是袁宏道的《觞政》：

凡《六经》《语孟》所言饮式，皆酒经也。其下则汝阳王《甘露经酒谱》……为内典。……传奇则《水浒传》《金瓶梅》为逸典。（《袁中郎全集》卷一四，十之《掌故》）

袁宏道写此文时《金瓶梅》尚未有刻本，已极见重于文人，拿它和《水浒》并列了。可惜袁宏道只给了我们一个艺术价值的暗示，没提出它的著者和其他事情。稍后沈德符的《野获编》卷二五《金瓶梅》所说的就详细多了，沈德符说：

袁中郎《觞政》以《金瓶梅》配《水浒传》为外典，予恨未得见。丙午（1606）遇中郎京邸，问曾有全帙否？曰第睹数卷甚奇快，今唯麻城刘延白承禧家有全本，盖从其妻家徐文贞录得者。又三年小修（袁中道，宏道弟）上公车，已携有其书，因与借抄挈归。吴友冯犹龙见之惊喜，怂恿书坊以重价购刻。马仲良时榷吴关，亦劝予应梓人之求，可以疗饥。予曰："此等书必遂有人板行，但一刻则家传户到，坏人心术，他日阎罗究诘始祸，何辞置对？吾岂以刀锥博泥犁哉！"仲良大以为然，遂固箧之。未几时而吴中悬之国门矣。然原本实少五十三回至五十七回。遍觅不得。有陋儒补以入刻，无论肤浅鄙俚，时作吴语，即前后血脉，亦绝不贯串，一见知其赝作矣。

闻此为嘉靖间大名士手笔，指斥时事，如蔡京父子则指分宜，林灵素则指陶仲文，朱勔则指陆炳，其他各有所属云。

关于有刻本前后的情形和书中所影射的人物，他都讲到了，单单我们所认为最重要的著者，他却只含糊地说了“嘉靖间大名士”了事，这六个字的含义是：

（一）作者是嘉靖时人。

（二）作者是大名士。

（三）《金瓶梅》是嘉靖时的作品。

几条嘉靖时代若干大名士都可适用的规限，更不妙的是他指这书是“指斥时事”的，平常无缘无故的人要指斥时事干什么呢？所以顾公燮等人便因这一线索推断是王世贞的作品，牵连滋蔓，造成上述一些故事。康熙乙亥（1695）刻本《金瓶梅》谢颐作的序便说：

《金瓶梅》一书传为凤洲门人之作也。或云即出凤洲手。然洋洋洒洒一百回内，其细针密线，每令观者望洋而叹。

到了《寒花庵随笔》《缺名笔记》一些人的时代，便索性把或字去掉。一直到近人蒋瑞藻《小说考证》还认定是弇州之作而不疑：

《金瓶梅》之出于王世贞手不疑也。景倩距弇州时代不远，当知其详。乃断名士二字了之，岂以其诲淫故为贤者讳欤！（《小说考证》二，第96页）

其实，一切关于《金瓶梅》的故事，都只是故事而已，都不可信。

应该根据真实史料，把一切荒谬无理的传说，一起踢开，还给《金瓶梅》以一个原来的面目。

第一，我们要解决一个问题，要先抓住它的要害点，关于《清明上河图》，在上文已经证明和王家无关。次之就是这一切故事的焦点——作《金瓶梅》的缘起和《金瓶梅》的对象严世蕃或唐荆川之被毒或被刺。因为这书据说是作者来毒严氏或唐氏的，如两人并未被毒或无被毒之可能时，这一说当然不攻自破。

甲：严世蕃是正法死的，并未被毒，这一点《寒花庵随笔》的作者倒能辨别清楚。顾公燮便不高明了，他以为王忬死后世贞还去谒见世蕃，世蕃索阅小说，因作《金瓶梅》以讥刺之。其实，王忬被刑在嘉靖三十九年（1560）十月初一，殁后世贞兄弟即扶柩返里，十一月二十七日到家，自后世贞即屏居里门，到隆庆二年（1568）始起为河南按察副使。另外，严嵩于四十一年（1562）五月罢相，世蕃也随即被刑。王忬死后世贞方痛恨严氏父子之不暇，何能觍颜往谒贼父之仇？而且世贞于父死后即返里屏居，中间无一日停滞，南北相隔，又何能与世蕃相见？即使可能，世蕃已被放逐，不久即死，亦何能见？如说此书之目的专在讽刺，则严氏既倒，公论已明，亦何所用其讽刺？且《四部稿》中不乏抨责严氏之作，亦何庸写此洋洋百万言之大作以事此无谓之讽刺？

顾氏说严氏之败是由世贞贿修工烂世蕃脚使不能入值致然的，此说亦属无稽，据《明史》卷三〇八《严嵩传》所言：

> 嵩虽警敏，能先意揣帝指，然帝所下手诏语多不可晓，唯世蕃一览了然。答语无不中。及嵩妻欧阳氏死，世蕃当护丧归，嵩请留侍京邸，帝许之，然自是不得入直所代嵩票拟，而曰纵淫乐于家。嵩受诏多不能答，遣使持问世蕃，值其方耽女乐，不以时答，中使相继促嵩，嵩不得已自为之，往往失旨。所进青词又多假手他人不能工，以是积失帝欢。

则世蕃之不能入值是因母丧，嵩之败是因世蕃之不代票拟，也和王世贞根本无关。

乙：关于唐顺之，按《明史》："顺之出为淮扬巡抚，兵败力疾过焦山，三十九年（1560）春卒。"王忬死在是年十月，顺之比王忬早死半年。世贞何能预写《金瓶梅》报仇？世贞以先一年冬从山东弃官省父于京狱，时顺之已出官淮扬，二人何能相见于朝房？顺之比王忬早死半年，世贞又安能遣人行刺于顺之死后？

第二，"嘉靖中大名士"是一句空洞的话，假使可以把它迁就为王世贞，那么，又为什么不能把它归到曾著有杂剧四种的天都外臣汪道昆？为什么不是以杂剧和文采著名的屠赤水、王百谷或张凤翼？那时的名士很多，又为什么不是所谓"前七子""广五子""后五子""续五子"以及其他的山人墨客？我们有什么反证说他们不是"嘉靖间的大名士"？

第三，再退一步承认王世贞有作《金瓶梅》的可能（自然，他不是不能作）。但是问题是他是江苏太仓人，并且是土著，有什么保证可以断定他不"时作吴语"？《金瓶梅》用的是山东的方言，王世贞虽曾在山东做过三年官（1557—1559），但是能有证据说他在这三年中，曾学会了甚至和土著一样地使用当地的方言吗？假使不能，又有什么根据使他变成《金瓶梅》的作者呢？

前人中也曾有人断定王世贞绝不是《金瓶梅》的作者，清礼亲王昭梿就是其中的一个，他说：

> 《金瓶梅》其淫亵不待言。至叙宋代事，除《水浒》所有外，俱不能得其要领。以宋、明二代官名羼杂其间，最属可笑。是人尚未见商辂《宋元通鉴》者，无论宋元正史！弇州山人何至谫陋若是，必为赝作无疑也。（《啸亭续录》卷二）

作小说虽不一定要事事根据史实，不过假如是一个史学名家作的小说，纵使下笔十分不经意，也不至荒谬到如昭梿所讥。王世贞在当时学者中堪称博雅，时人多以有史识史才许之，他自身亦以此自负。且毕生从事著述，卷帙甚富，多为后来修史及研究明代掌故者所取材。假使是他作的，真的如昭梿所说："何至谫陋若是！"不过昭梿以为《金瓶梅》是赝作，这却错了。因为以《金瓶梅》为王世贞作的都是后来一般的传说，在《金瓶梅》的本文中除掉应用历史上的背景来描写当时的市井社会奢侈放纵的生活以外，也丝毫找不出有作者的什么本身的暗示存在着。作者未冒王世贞的名字来增高他著述的声价，说他是赝作，岂非无的放矢。

四、《金瓶梅》是万历中期的作品

小说在过去时代是不登大雅之堂的，尤其是"猥亵"的作品。因此小说的作者姓名往往不敢署名，而致埋没不彰。更有若干小说家不但不敢署名，并且还故意淆乱书中史实，极力避免含有时代性的叙述，使人不能捉摸这一作品的著作时代。《金瓶梅》就是这样的一个作品。

但是，一个作家要故意避免含有时代性的记述，虽不是不可能，却也不是一件容易的事。因为他不能离开他的时代，不能离开他的现实生活，他是那个时代的人，无论他如何避免，在对话中，在一件平凡事情的叙述中，多少总不能不带有那时代的印记。即使他所叙述的是假托古代的题材，无意中也不能不流露出那时代的现实生活。我们要从这些作者所不经意的疏略处，找出他原来所处的时代，把作品和时代关联起来。

常常又有原作者的疏忽为一个同情他的后代人所删削遮掩，这位同情者的用意自然是匡正作者，这举动同样不为我们所欢迎。这一事实可以拿《金瓶梅》来做一例证。

假如我们不能得到一个比改订本更早的本子的时候，也许我们要被作者和删节者瞒过，永远不能知道他们所不愿意告诉我们的事情。

幸而，最近我们得到一个较早的《金瓶梅词话》刻本，在这本子中我们知道许多前人所不知道的事。这些事都明显地刻有时代的痕迹。因此，我们不但可以断定这部书的著作时代，并且可以明白这部书产生的时代背景，为什么这样一部名著却包含有那样多的描写性生活部分的原因。

（一）太仆寺马价银

《金瓶梅词话》本第七回九至十页有这样一段对话：

> 张四道："我见此人有些行止欠端，在外眠花宿柳，又里虚外实，少人家债负，只怕坑陷了你！"
>
> 妇人道："四舅，你老人家，又差矣！他就外边胡行乱走，奴妇人家只管得三层门内，管不得那许多三层门外的事，莫不成日跟着他走不成！常言道：世上钱财倘来物，那是长贫久富家。紧着起来，朝廷爷一时没有钱使，还问太仆寺支马价银子来使。休说买卖人家，谁肯把钱放在家里！各人裙带上衣食，老人家倒不消这样费心。"

在崇祯本《金瓶梅》（第七回第十页）和康熙乙亥（1695）本第一奇书（第七回第九页）中，孟三儿的答话便删节成：

> 妇人道："四舅，你老人家又差矣！他少年人就外边做些风流勾当，也是常事。奴妇人家，那里管得许多。若说虚实，常言道，世上钱财倘来物，那是长贫久富家。况姻缘事皆前生分定，你老人家倒不消这样费心。"

天衣无缝，使人看不出有删节的痕迹。

朝廷向太仆寺借银子用，这是明代中叶以后的事，《明史》卷九二《兵志·马政》：

成化二年（1466）以南土不产马，改征银。四年（1468）始建太仆寺常盈库，贮备用马价。……隆庆二年（1568），提督四夷馆太常少卿武金言，种马之设，专为孳生备用，备用马既别买，则种马可遂省。今备用马已足三万，宜令每马折银三十两解太仆，种马尽卖输兵部，一马十两，则直隶山东河南十二万匹，可得银百二十万，且收草豆银二十四万。御史谢廷杰谓："祖制所定，关军机，不可废。"兵部是廷杰言。而是时内帑乏，方分使括天下逋赋，穆宗可金奏，下部议。部请养、卖各半，从之。太仆之有银也自成化时始，然止三万余两。及种马卖，银日增。是时通贡互市，所贮亦无几。及张居正做辅，力主尽卖之议。……又国家有兴作赏赉，往往借支太仆银，太仆帑益耗。十五年（1587），寺卿罗应鹤请禁支借。二十四年（1596），诏太仆给陕西赏功银，寺臣言先年库积四百余万，自东西二役兴，仅余四之一。朝鲜用兵，百万之积俱空。今所存者止十余万。况本寺寄养马岁额二万匹，今岁取折色，则马之派征甚少，而东征调兑尤多，卒然有警，马与银俱竭，何以应之！章下部，未能有所厘革也。崇祯初，核户、兵、工三部借支太仆马价至一千三百余万。

由此可知太仆寺之贮马价银是从成化四年（1468）起，但为数极微。到隆庆二年（1568）百年后定例卖种马之半，藏银始多。到万历元年（1573）张居正做首相尽卖种马，藏银始达四百余万两。又据《明史》卷七九《食货志》三《仓库》：

太仆，则马价银归之。……隆庆中……数取光禄太仆银，工部尚书朱衡极谏不听。……至神宗万历六年（1578）……久之，太仓、光禄、太仆银括取几尽，边赏首功向发内库者亦取之太仆矣。

则隆庆时虽曾借支太仆银，尚以非例为朝臣所谏诤。到了张居正死后

（1582），神宗始无忌惮地向太仆支借，其内库所蓄，则靳不肯出。《明史》卷二一三《张居正传》载居正当国时：

太仓粟充盈可支十年。互市饶马，乃减太仆种马，而令民以价纳，太仆金亦积四百余万。

在居正当国时，综核名实，令出法行，所以国富民安，号称小康，即内廷有需索，亦往往为言官所谏止，如《明史》卷二二九《王用汲传》说：

万历六年（1578）……上言……陛下……欲取太仓光禄，则台臣科臣又言之，陛下悉见嘉纳，或遂停止，或不为例。

其用途专充互市抚赏，《明史》卷二二二《方逢时传》说：

万历五年（1577）召理戎政。……言……财货之费，有市本有抚赏，计三镇岁费二十七万，较之乡时户部客饷七十余万，太仆马价十数万，十才二三耳。

到了居正死后，朝政大变，太仆马价内廷日夜借支，宫监佞幸，为所欲为，专以货利导帝，《明史》卷二三五《孟一脉传》说：

居正死，起故官。疏陈五事：言……数年以来，御用不给，今日取之光禄，明日取之太仆，浮梁之磁，南海之珠，玩好之奇，器用之巧，日新月异。……锱铢取之，泥沙用之。

不到十年工夫，太仆积银已空；《明史》卷二三三《何选传》：

光禄太仆之帑，括取几空。

但还搜括不已，恣意赏赐，如《明史》卷二三三《张贞观传》所记：

三王并封制下，……采办珠玉珍宝费至三十六万有奇，又取太仆银十万充赏。

中年内外库藏俱竭，力靳内库银不发，且视太仆为内廷正供，廷臣请发款充军费，反被谯责。万历三十年（1602）时：

国用不支，边储告匮，……乞发内库银百万及太仆马价五十万以济边储，复忤旨切责。（《明史》卷二二〇《赵世卿传》）

万历时代借支太仆寺马价银的情形，朱国桢《涌幢小品》卷二说得很具体：

太仆寺马价隆庆年间积一千余万，万历年间节次兵饷借去九百五十三万。又大礼大婚光禄寺借去三十八万两。零星宴赏之借不与焉。至四十二年（1614）老库仅存八万两。每年岁入九十八万余两，随收随放支，各边年例之用尚不足，且有边功不时之赏，其空虚乃尔，真可寒心。

明神宗贪财好货，至为御史所讥笑，如《明史》卷二三四《雒于仁传》所载四箴，其一即为戒贪财：

十七年（1589）……献四箴。……传索帑金，括取币帛，甚且掠问宦官，有献则已，无则谴怒，李沂之疮痍未平，而张鲸之赀贿复入，此其病在贪财也。

再就嘉靖、隆庆两朝内廷向外库借支情况做一比较，《明史》卷二〇六

《郑一鹏传》：

> 嘉靖初……宫中用度日侈，数倍天顺时，一鹏言：今岁灾用诎，往往借支太仓。

《明史》卷二一四《刘体乾传》：

> 嘉靖二十三年（1544）……上奏曰：又闻光禄库金自嘉靖改元（1522）至十五年（1536），积至八十万，自二十一年（1542）以后，供亿日增，余藏顿尽。……隆庆初进南京户部尚书，……召改北部，诏取太仓银三十万两，……是时内供已多，数下部取太仓银。

据此可知嘉、隆时代的借支处只是光禄和太仓，因为那时太仆寺尚未存有大宗马价银，所以无借支的可能。到隆庆中叶虽曾借支数次，却不如万历十年（1582）以后的频数。穆宗享国不到六年（1567—1572），朱衡以隆庆二年（1568）九月任工部尚书，刘体乾以隆庆三年（1569）二月任户部尚书，刘氏任北尚书后才疏谏取太仓银而不及太仆，则朱衡之谏借支太仆银自必更在三年（1569）二月以后。由此可知在短短的两三年内，即使借支太仆，其次数绝不甚多，且新例行未久，其借支数目亦不能过大。到了张居正当国，厉行节俭，足国富民，在这十年中帑藏充盈，无借支之必要，且神宗慑于张氏之威棱，亦无借支之可能。由此可知《金瓶梅词话》中所指“朝廷爷还问太仆寺借马价银子来使”必为万历十年（1582）以后的事。

《金瓶梅词话》的本书包含有万历十年（1582）以后的史实，则其著作的最早时期必在万历十年（1582）以后。

（二）佛教的盛衰和小令

《金瓶梅》中关于佛教流行的叙述极多，全书充满因果报应的气味。如丧事则延僧作醮追荐（第八回，第六十二回），平时则许愿听经宣卷（第三十九回，第五十一回，第七十四回，第一百回），布施修寺（第五十七回，第八十八回），胡僧游方（第四十九回），而归结于地狱天堂，西门庆遗孤且入佛门清修。这不是一件偶然的事实，假如作者所处的时代佛教并不流行，或遭压迫，在他的著作中绝不能无中生有捏造出这一个佛教流行的社会。

明代自开国以来，对佛道二教，初无歧视，后来因为政治关系，对喇嘛教僧稍予优待，天顺、成化间喇嘛教颇占优势，佛教徒假借余光，其地位在道教之上。到了嘉靖时代，陶仲文、邵元节、王金等得势，世宗天天在西苑玄修作醮，求延年永命，一般方士偶献一二秘方，便承宠遇。诸宫僚翰林九卿长贰入直者往以青词称意，不次大拜。天下靡然风从，献灵芝、白鹿、白鹊、丹砂，无虚日。朝臣亦天天在讲符瑞，报祥异，甚至征伐大政，必以告玄。在皇帝休养或做法事时，非时上奏的且得殊罚。道士遍都下，其领袖贵者封侯伯，位上卿，次亦绾牙牌，跻朝列，再次亦凌视士人，作威福。同时又焚佛牙，毁佛骨，逐僧侣，没庙产，熔佛像，佛教在世宗朝算是销声匿迹，倒尽了霉。

到隆、万时，道教失势了，道士们或贬或逐，佛教徒又承渥宠，到处造庙塑佛，皇帝且有替身出家的和尚，其煊赫比拟王公（明列帝俱有替身僧，不过到万历时代替身僧的声势，则为前所未有）。《野获编》卷二七《释教盛衰》条：

> 武宗极喜佛教，自列西番僧，呗唱无异。至托名大庆法王，铸印赐诰命。世宗留心斋醮，置竺乾氏不谈。初年用工部侍郎赵璜言，刮正德所铸佛镀金一千三百两。晚年用真人陶仲文等议，至焚佛骨万二千斤。逮至今上，与两宫圣母首建慈寿、万寿诸寺，俱在京师，穹丽冠海内。至度僧为替身出家，大开经厂，颁赐天下名刹殆遍。去焚佛骨时未二十年也。

由此可知武宗时为佛教得势时代，嘉靖时则完全为道教化的时代，到了万历时代佛教又得势了。《金瓶梅》书中虽然也有关于道教的记载，如第六十二回的潘道士解禳，第六十五回的吴道士迎殡，第六十七回的黄真人荐亡，但以全书论，仍是以佛教因果轮回天堂地狱的思想做骨干。假如这书著成于嘉靖时代，绝不会偏重佛教到这个地步！

再从时代的习尚去观察，《野获编》卷二五《时尚小令》：

> 元人小令行于燕、赵，后浸淫日盛。自宣、正至成、宏后，中原又行《锁南枝》《傍妆台》《山坡羊》之属，李崆峒先生初自庆阳徙居汴梁，闻之以为可继国风之后。何大复继至，亦酷爱之。今所传《泥捏人》及《鞋打卦》《熬鬏髻》三阕为三牌名之冠，故不虚也。自兹以后，又有《耍孩儿》《驻云飞》《醉太平》诸曲，然不如三曲之盛。嘉、隆间乃兴《闹五更》《寄生草》《罗江怨》《哭皇天》《乾荷叶》《粉红莲》《桐城歌》《银纽丝》之属，自两淮以至江南，渐与词曲相远，不过写淫媟情态，略具抑扬而已。比年以来又有《打枣竿》《挂枝儿》二曲。其腔调约略相似，则不问南北，不问男女，不问老幼良贱，人人习之，亦人人喜听之，以至刊布成帙，举世传诵，沁人心腑。其谱不知从何来，真可骇叹！又《山坡羊》者，李、何二公所喜，今南北词俱有此名，但北方唯盛爱数落《山坡羊》，其曲自宣、大、辽东三镇传来。今京师妓女惯以此充弦索北调，其语秽亵鄙浅，并桑濮之音亦离去已远，而羁人游婿嗜之独深，丙夜开樽，争先招致。

《金瓶梅词话》（以下简称《金瓶梅词话》）中所载小令极多，约计不下六十种。内中最流行的是《山坡羊》，综计书中所载在二十次以上（见第一、八、三十三、四十五、五十、五十九、六十一、七十四、八十九、九十一诸回）；次为《寄生草》（见第八、八十二、八十三诸回）；《驻云飞》（见第十一、四十四诸回）；《锁南枝》（见第

四十四、六十一诸回）；《要孩儿》（见第三十九、四十四诸回）；《醉太平》（见第五十二回）；《傍妆台》（见第四十四回），《闹五更》（见第七十三回）；《罗江怨》（见第六十一回）。其他如《绵搭絮》《落梅风》《朝天子》《折桂令》《梁州序》《画眉序》《锦堂月》《新水令》《桂枝香》《柳摇金》《一江风》《三台令》《货郎儿》《水仙子》《荼蘼香》《集贤宾》《一见娇羞》《端正好》《宜春令》《六娘子》……散列书中，和沈氏所记恰合。另外，沈氏所记万历中年最流行的《打枣竿》《挂枝儿》二曲，却又不见于《金瓶梅词话》。《野获编》书成于万历三十四年（丙午，1606），由此可见《金瓶梅词话》是万历三十四年（1606）以前的作品，《金瓶梅词话》的作者比《野获编》的作者时代略早，所以他不能记载到沈德符时代所流行的小曲。

（三）太监、皇庄、皇木及其他

太监的得势用事，和明代相终始。其中只有一朝是例外，这一朝代便是嘉靖朝。从正德宠任刘瑾、谷大用等八虎，坏乱朝政以后，世宗即位，力惩其敝，严抑宦侍，不使干政作恶。嘉靖九年（1530）革镇守内臣。十七年（1538）从武定侯郭勋请复设，在云贵、两广、四川、福建、湖广、江西、浙江、大同等处各派内臣一人镇守，到十八年（1539）四月以彗星示变撤回。在内廷更防微极严，不使和朝士交通，内官因之奉法安分，不敢恣肆。根基不厚的大珰，有的为了轮值到请皇帝吃一顿饭而倾家荡产，无法诉苦。在有明一代中嘉靖朝算是宦官最倒霉失意的时期。反之在万历朝则从初年冯保、张宏、张鲸等柄用起，一贯地柄国作威，政府所有设施，须先请命于大珰，初年高拱任首相，且因不附冯保而被逐。张居正在万历初期的新设施，新改革，所以能贯彻实行，是因为在内廷有冯保和他合作。到张居正死后，宦官无所顾惮，权势更盛，派镇守，采皇木，领皇庄，榷商税，采矿税。地方官吏降为宦寺的属下，承其色笑，一拂其意，缇骑立至。内臣得参奏当地督抚，在事实上几成地方最高长官。在天启以前，万历朝可说是宦官最得势的时代。

《金瓶梅词话》中有许多关于宦官的记载，如清河一地就有看皇庄的薛太监、管砖厂的刘太监，花子虚的家庭出于内臣，王招宣家与太监缔姻。其中最可看出当时情形的是第三十一回西门庆宴客一段：

说话中间，忽报刘公公、薛公公来了。慌得西门庆穿上衣，仪门迎接。二位内相坐四人轿，穿过肩蟒，缨枪队喝道而至。西门庆先让至大厅上，拜见叙礼，接茶。落后周守备、荆都监、夏提刑等武官，都是锦绣服，藤棍大扇，军牢喝道，僚掾跟随，须臾都到了门口，黑压压的许多伺候，里面鼓乐喧天，笙箫迭奏。上坐递酒之时，刘、薛二内相相见。厅正面设十二张卓席，都是帏拴锦带，花插金瓶，卓上摆着簇盘定胜，地下铺着锦茵绣毯。

西门庆先把盏让坐次，刘、薛二内相再三让逊："还有列位大人！"周守备道："二位老太监齿德俱尊。常言三岁内宦，居于王公之上，这个自然首坐，何消泛讲。"彼此逊让了一回。薛内相道："刘哥，既是列位不首，难为东家，咱坐了罢。"

于是罗圈唱了个喏，打了恭，刘内相居左，薛内相居右，每人膝下放一条手巾，两个小厮在傍打扇，就坐下了。其次者才是周守备，荆都监众人。

一个管造砖和一个看皇庄的内使，声势便煊赫到如此，在宴会时座次在地方军政长官之上，这正是宦官极得势时代的情景，也正是万历时代的情景。

皇庄之设立，前在天顺、景泰时代已见其端，正德时代达极盛期。世宗即位，裁抑恩幸，以戚里佞幸得侯者著令不许继世。中唯景王就国，拨赐庄田极多。《明史》卷七七《食货志》一说：

世宗初命给事中夏言等清核皇庄田，言极言皇庄为厉于民。自是正德以来投献侵牟之地，颇有给还民者。而宦戚辈复中挠之。户部尚书孙交造皇庄新册，额减于旧，帝命核先年顷亩数以闻，改称官地，不复名皇庄。诏所司征银解部。

由此可知嘉靖时代无皇庄之名，只称官地。《食货志》一又记：

神宗赉予过侈，求无不获。潞王、寿阳公主恩最渥，而福王分封，括河南山东湖广田为王庄，至四万顷，群臣力争，乃减其半。王府官及诸阉丈地征税，旁午于道，扈养厮役，廪食以万计，渔敛惨毒不忍闻，驾帖捕民，格杀庄佃，所在骚然。

由此可知《金瓶梅词话》中的管皇庄太监，必然指的是万历时代的事情。因为假如把《金瓶梅词话》的时代放在嘉靖时的话，那就不应称为管皇庄，应该称为管官地的才对。

所谓皇木，也是明代一桩特别的恶政，《金瓶梅词话》第三十四回有刘百户盗皇木的记载：

西门庆告诉："刘太监的兄弟刘百户因在河下管芦苇场，撰了几两银子。新买了一所庄子。在五里店拿皇木盖房。……"

明代内廷兴大工，派官往各处采大木，这木就叫"皇木"。这事在嘉靖万历两朝特别多，为民害极酷。《明史》卷八二《食货志》六说：

嘉靖元年（1522）革神木千户所及卫卒。二十年宗庙灾，遣工部侍郎潘鉴、副都御史戴金于湖广四川采办大木。

二十六年（1547）复遣工部侍郎刘伯跃采于川、湖、贵州。湖广一省费至三百三十九万余两。又遣官核诸处遗留大木，郡县有司以迟误大工，逮治褫黜非一，并河州县尤苦之。

万历中三殿工兴，采楠杉诸木于湖广、四川、贵州，费银九百三十余万两，征诸民间，较嘉靖年费更倍。而采鹰平条桥诸木于南直浙江者，商人逋直至二十五万。科臣劾督运官迟延侵冒，不报。虚糜乾没，公私交困焉。

按万历十一年（1583）慈宁宫灾，二十四年（1596）乾清、坤宁二宫灾，《金瓶梅词话》中所记皇木，当即指此而言。

《金瓶梅词话》第二十八回有女番子这样一个特别名词。

经济道："你老人家是个女番子，且是倒会的放刁……"

所谓番子，《明史·刑法志》三说：

东厂之属无专官，掌刑千户一，理刑百户一，亦谓之贴刑，皆卫官。其隶役悉取给于卫。最轻黠狷巧者乃拨充之。役长曰档头，帽上锐，衣青素褷褶，系小绦，白皮靴，专主伺察。其下番子数人为干事，京师亡命诓财挟仇视干事者为窟穴，得一阴事，由之以密白于档头，档头视其事大小，先予之金。事曰起数，金曰买起数。既得事，帅番子至所犯家左右坐曰打桩，番子即突入执讯之，无有左证符牒，贿如数，径去。少不如意，榜治之名曰干榨酒，亦曰搬罾儿，痛楚十倍官刑。且授意使牵有力者，有力者予多金，即无事，或靳不予，予不足，立闻上、下镇抚司狱，立死矣。

番子之刺探官民阴事为非作恶如此，所以在当时口语中就称平常人的放刁挟诈者为番子，并以施之女性。据《明史》在万历初年冯保以司礼监兼厂事，建厂东上北门之北曰内厂，而以初建者为外厂，声势煊赫一时，至兴王大臣狱，欲族高拱。但在嘉靖时代，则以世宗驭中官严，不敢恣，厂权且不及锦衣卫，番子之不敢放肆自属必然。由这一个特别名词的被广义地应用的情况说，《金瓶梅词话》的著作时代亦不能在万历以前。

（四）古刻本的发现

两年以前《金瓶梅》的最早刻本，我们所能见到的是康熙三十四年（乙亥，1695）皋鹤草堂刻本张竹坡批点《第一奇书金瓶梅》和崇祯本《新刻绣像金瓶梅》。在这两个本子中没有什么材料可以使我们知道这书最早刊行的年代。

最近北平图书馆得到了一部刊有万历丁巳（1617）序文的《金瓶梅词话》，这本子不但在内容方面和后来的本子有若干处不同，并且在东吴弄珠客的序上也明显地载明是万历四十五年（丁巳，1617）冬季所刻。在欣欣子的序中并具有作者的笔名兰陵笑笑生（也许便是作序的欣欣子吧）。这本子可以说是现存的《金瓶梅》最早的刊本。其内容最和原本相近，从它和后来的本子不相同处及被删改处比较的结果，使我们能得到这样的结论，断定它的最早开始写作的时代不能在万历十年（1582）以前，退一步说，也不能过隆庆二年（1568）。

但万历丁巳本并不是《金瓶梅》第一次的刻本，在这刻本以前，已经有过几个苏州或杭州的刻本行世，在刻本以前并且已有抄本行世。因为在袁宏道的《觞政》中，他已把《金瓶梅》列为逸典，在沈德符的《野获编》中他已告诉我们在万历三十四年（丙午，1606）袁宏道已见过几卷，麻城刘氏且藏有全本。到万历三十七年（1609）袁中道从北京得到一个抄本，沈德符又向他借抄一本。不久苏州就有刻本，这刻本才是《金瓶梅》的第一个本子。

袁宏道的《觞政》在万历三十四年（1606）以前已写成，由此可以断定《金瓶梅》最晚的著作时代当在万历三十年（1602）以前。退一步说，也绝不能晚于万历三十四年（1606）。

总结上文所说，《金瓶梅》的成书时代大约是在万历十年到三十年（1582—1602）这二十年中。退一步说，最早也不能过隆庆二年，最晚也不能晚于万历三十四年（1568—1606）。

五、《金瓶梅》的社会背景

《金瓶梅》是一部现实主义小说，它所写的是万历年中的社会情形。它抓住社会的一角，以批判的笔法，暴露当时新兴的结合官僚势力的商人阶级的丑恶生活。透过西门庆的个人生活，由一个破落户而土豪、乡绅而官僚的逐步发展，通过西门庆的社会联系，告诉了我们当时封建统治阶级的丑恶面貌和这个阶级的必然没落。在《金瓶梅》书中没有说到那时代的农民生活，但在它描写市民生活时，却已充分地告诉我们，那时农村经济的衰颓和崩溃的必然前景。当时土地集中的情形，万历初年有的大地主拥田到七万顷，粮至二万石（张居正《张文忠公集书牍》卷六《答应天巡抚宋阳山论均粮足民》）。据万历六年（1578）全国田数七百一万三千九百七十六顷计算，这一个大地主的田数就占全国田数的百分之一。又如皇庄，嘉靖初年达数十所，占地至三万七千多顷。夏言描写皇庄破坏农业生产的情形说：

> 皇庄既立，则有管理之太监，有奏带之旗校，有跟随之名目，每处动至三四十人。……擅作威福，肆行武断。……起盖房屋，架搭桥梁，擅立关隘，出给票帖，私刻关防。凡民间撑架舟车，牧放牛马，采捕鱼虾蚤蚌莞蒲之属，靡不括取。而邻近土地，则展转移筑封堆，包打界至，见亩征银。本土豪猾之民，投为庄头，拨置生事，帮助为恶，多方掊克，获利不赀。输之宫闱者曾无十之一二，而私入囊橐者盖不啻十八九矣。是以小民脂膏，吮剥无余，由是人民逃窜而户口消耗，里分减并而粮差愈难。卒致辇毂之上，生理寡遂，闾阎之间，贫苦到首，道路嗟怨，邑里萧条。
>
> 公私庄田，跨庄逾邑，小民恒产，岁朘月削，产业既失，税粮犹存，徭役苦于并充，粮草苦于重出，饥寒愁苦，日益无聊，展转流亡，靡所底止。以致强梁者起而为盗贼，柔善者转死于沟壑。其

巧黠者或投存势家庄头家人名目，恣其势以转为善良之害，或匿入海户陵户勇士校尉等籍，脱免徭役，以重困敦本之人。凡所以蹙民命脉，竭民膏血者，百孔千疮，不能枚举。（《桂洲文集》卷十三《奉敕勘报皇庄及功臣国戚田土疏》）

虽然说的是嘉靖前期的情况，但是也完全适用于万历时代，而且应该肯定，万历时代的破坏情形只会比嘉靖时代更严重。据《明史》《景王潞王福王等传》：景恭王于“嘉靖四十年（1561）之国，……多请庄田，……其他土田湖陂侵入者数万顷”。潞王“居京邸，王店王庄遍畿内，……居藩多请赡田食盐无不应，……田多至四万顷”。福王之国时，“诏赐庄田四万顷，……中州腴土不足，取山东、湖广田益之”，尺寸皆夺之民间，“伴读承奉诸官假履亩为名，乘传出入，河南北、齐、楚间所至骚动”。潞王是明穆宗第四子，万历十七年（1589）之藩；福王是明神宗爱子，万历四十二年（1614）就藩。三王的王庄多至十数万顷，加上宫廷直属的皇庄和外戚功臣的庄田，超经济的剥削，造成人民逃窜，户口消耗，道路嗟怨，邑里萧条，强梁者起而为“盗贼”，柔善者转死于沟壑的崩溃局面。

除皇庄以外，当时农民还得摊派商税，如毕自严所说山西情形：

榷税一节，病民滋甚。山右僻在西隅，行商廖廖。所有额派税银四万二千五百两，铺垫等银五千七百余两，皆分派于各州府。于是斗粟半菽有税，沽酒市脂有税，尺布寸丝有税，羸特蹇卫有税，既非天降而地出，真是头会而箕敛。（《石隐园藏稿》卷五《嵩祝陛辞》疏）

明末侯朝宗描写明代后期农民的被剥削情况说：

明之百姓，税加之，兵加之，刑加之，役加之，水旱灾祲加之，官吏之渔食加之，豪强之吞并加之，是百姓一而所以加之者七也。于是百姓之富者争出金钱而入学校，百姓之黠者争营巢窟而充吏胥，是加者七而因而诡之者二也。即以赋役之一端言之，百姓方苦其穷极而无告而学校则除矣，吏胥则除矣，……天下之学校吏胥渐多而百姓渐少，……彼百姓之无可奈何者，不死于沟壑即相率而为盗贼耳，安得而不乱哉。（《壮悔堂文集·正百姓》）

农民的生活如此。另外，由于倭寇的肃清，商业和手工业的发达，海外贸易的扩展，国内市场的扩大，计亩征银的一条鞭赋税制度的实行，货币地租逐渐发展，高利贷和商业资本更加活跃，农产品商品化的过程加快了。商人阶级兴起了。亲王勋爵官僚士大夫都经营商业，如“楚王宗室错处市廛，经纪贸易与市民无异。通衢诸绸帛店俱系宗室。间有三吴人携负至彼开铺者，亦必借王府名色”（包汝楫《南中纪闻》）。如翊国公郭勋京师店舍多至千余区（《明史》卷一三〇《郭英传》）。如庆云伯、周瑛于河西务设肆邀商贾，虐市民，亏国课。周寿奉使多挟商艘（《明史》卷三〇〇《周能传》）。如吴中官僚集团的开设囤房债典百货之肆，黄省曾《吴风录》说：

自刘氏、毛氏创起利端，为鼓铸囤房，王氏债典，而大村名镇必张开百货之肆，以榷管其利，而村镇之负担者俱困。由是累金百万。至今吴中搢绅仕夫，多以货殖为急，若京师官店六郭开行债典兴贩屠酤，其术倍克于齐民。

嘉靖初年夏言疏中所提到的“见亩征银”，和顾炎武所亲见的西北农民被高利贷剥削的情况：

日见凤翔之民，举债于权要，每银一两，偿米四石，此尚能支持岁月乎！（《亭林文集》卷三《病起与蓟门当事书》）

商人阶级因为海外和内地贸易的关系，他们手中存有巨额的银货，他们一方面利用农民要求银货纳税的需要，高价将其售出；另一方面又和政府官吏勾结，把商品卖给政府，收回大宗的银货，如此循环剥削，资本积累的过程，商人阶级壮大了，他们日渐成为社会上的新兴力量，成为农民阶级新的吸血虫。

西门庆所处的就是这样一个时代，他代表他所属的那个新兴阶级，利用政治的和经济的势力，加紧地剥削着无告的农民。

在生活方面，因此就表现出两个绝对悬殊的阶级，一个是荒淫无耻的专务享乐的上层阶级，上自皇帝，下至市侩，莫不穷奢极欲，荒淫无度。就过去的历史事实说："皇帝家天下"，天下的财富即是皇帝私人的财富，所以皇帝私人不应再有财富。可是在这个时代，连皇帝也殖私产了，金花银所入全充内帑，不足则更肆搜括。太仓太仆寺所藏本供国用，到这时也拼命借支，藏于内府，拥宝货做富翁。日夜希冀求长生，得以永保富贵。和他的大臣官吏上下一致地讲秘法，肆昏淫，明穆宗、谭纶、张居正这一些享乐主义者的死在醇酒、妇人手中，和明神宗的几十年不接见朝臣，深居宫中的腐烂生活正足以象征这个时代。社会上的有闲阶级，更承风导流，夜以继日，妓女、小唱、优伶、赌博、酗酒，成为日常生活，笙歌软舞，穷极奢华。在这集团下面的农民，却在另一个极端，过着饥饿困穷的生活。他们受着十几重的剥削，不能不在温饱水平线下生活着，流离转徙，一遭意外，便只能卖儿鬻女。在他们面前只有两条道路：一条是转死沟壑，另一条是揭竿起义。

西门庆的时代，西门庆这一阶级人的生活，我们可以拿两处地方的记载来说明。《博平县志》卷四《人道》六《民风解》：

……至正德、嘉靖间而古风渐渺，而犹存什一于千百焉。……乡社村保中无酒肆，亦无游民。……畏刑罚，怯官府，窃铁攘鸡之讼，不见于公庭。……由嘉靖中叶以抵于今，流风愈趋愈下，惯习骄吝，互尚荒佚，以欢宴放饮为豁达，以珍味艳色为盛礼。其流至

> 于市井贩鬻厮隶走卒，亦多缨帽缃鞋，纱裙细袴，酒庐茶肆，异调新声，汩汩浸淫，靡焉勿振。甚至娇声充溢于乡曲，别号下延于乞丐。……逐末游食，相率成风。

截然地把嘉靖中叶前后分成两个时代。崇祯七年（1634）刻《郓城县志》卷七《风俗》：

> 郓地……称易治。迩来竞尚奢靡，齐民而士人之服，士人而大夫之官，饮食器用及婚丧游宴，尽改旧意。贫者亦槌牛击鲜，合飧群祀，与富者斗豪华，至倒囊不计焉。若赋役施济，则毫厘动心。里中无老少，辄习浮薄，见敦厚俭朴者窘且笑之。逐末营利，填衢溢巷，货杂水陆，淫巧恣异，而重侠少年复聚党招呼，动以百数，椎击健讼，武断雄行。胥隶之徒亦华侈相高，日用服食，拟于市宦。

所描写的“市井贩鬻”“逐末营利”商业发展情形和社会风气的变化，及其生活，不恰就是《金瓶梅》时代的社会背景吗？

我们且看西门庆和税关官吏勾结的情形：

> 西门庆叫陈经济后边讨五十两银子来，令书童写了一封书，使了印色，差一名节级，明日早起身，一同去下与你钞关上钱老爹，叫他过税之时，青目一二。（第五十八回）
>
> 西门庆听见家中卸货，吃了几盅酒，约掌灯以后就来家。韩伙计等着见了，在厅上坐的，悉把前后往回事，说了一遍。西门庆因问钱老爹书下了，也见些分上不曾？韩道国道：“全是钱老爹这封书，十车货少使了许多税钱，小人把缎箱两箱并一箱，三停只报两停，都当茶叶马牙香，柜上税过来了。通共十大车，只纳了三十两五钱钞银子，老爹接了报单，也没差巡捕拦下来查点，就把车喝过

来了。”

西门庆听言，满口欢喜，因说：“到明日少不得重重买一分礼，谢那钱老爹。”（第五十九回）

和地方官吏勾结，把持内廷进奉的情形：

应伯爵领了李三来见西门庆。……李三道：“今有朝廷东京行下文书，天下十三省，每省要万两银子的古器，咱这东平府，坐派著二万两，批文在巡按处，还未下来。如今大街上张二官府破二百两银子，干这宗批要做，都看有一万两银子寻。……”西门庆听了说道：“批文在那里？”李三道：“还在巡按上边，没发下来呢。”西门庆道：“不打紧，我这差人写封书，封些礼，问宋松原讨将来就是了。”李三道：“老爹若讨去，不可迟滞，自古兵贵神速，先下米的先吃饭，诚恐迟了，行到府里，乞别人家干的去了。”西门庆笑道：“不怕他，设使就行到府里，我也还教宋松原拿回去就是，胡府尹我也认的。”（第七十八回）

当时商人进纳内廷钱粮的内幕：

李三黄四商量向西门庆再借银子，应伯爵道：“你如今还得多少才勾？”黄四道：“李三哥他不知道，只要靠着问那内臣借一般，也是五分行利。不如这里借着，衙门中势力儿，就是上下使用也省些。如今找着，再得出五十个银子来，把一千两合用，就是每月也好认利钱。”

应伯爵听了，低了低头儿，说道：“不打紧……管情就替你说成了。找出了五百两银子来，共捣一千两文书，一个月满破认他五十两银子，那里不去了，只当你包了一个月老婆了。常言道：秀才取添无真，进钱粮之时，香里头多上些木头，蜡里头多搀些柏

> 油，那里查账去！不图打点，只图混水，借着他这名声儿，才好行事。”（第四十五回）

西门庆不但勾结官吏，偷税漏税，营私舞弊，并且一般商人还借他做护符，赚内廷的钱！

另外，另一阶级的人，却不能不卖儿鬻女。《金瓶梅词话》第三十七回：

> 冯妈妈道：“爹既是许了，你拜谢拜谢儿。南首赵嫂儿家有个十三岁的孩子，我明日领来与你看，也是一个小人家的亲养孩儿来，他老子是个巡捕的军，因倒死了马，少桩头银子，怕守备那里打，把孩子卖了，只要四两银子，教爹替你买下吧！”

这样的一个时代，这样的一个社会，农民的忍耐终有不能抑制的一天。不到三十年，火山便爆发了！张献忠、李自成的大起义，正是这个时代、这个社会的必然发展。

这样的一个时代，这样的一个社会，才会产生《金瓶梅》这样的一部作品。

晚明仕宦阶级的生活

一

晚明仕宦阶级的生活，除了少数的例外（如刘宗周之清修刻苦，黄道周之笃学正身），可以用“骄奢淫逸”四字尽之。田艺衡《留青日札》记：“严嵩孙严绍庚、严鹄等尝对人言，一年尽费二万金，尚苦多藏无可用处。于是竞相穷奢极欲。”《明史·严嵩传》记鄢懋卿之豪奢说：“鄢懋卿持严嵩之势，总理两浙两淮长芦河东盐政，其按部尝与妻偕行，制五彩舆，令十二女子舁之。”万历初名相张居正奉旨归葬时：“真定守钱普创为坐舆，前舆后室，旁有两庑，各立一童子供使令，凡用舁夫三十二人。所过牙盘上食味逾百品，犹以为无下箸处。”[①]这种闹阔的风气，越来越厉害，直到李自成、张献忠等起事，这风气和它的提倡者才同归于尽。

其实，说晚明才有这样的放纵生活，也不尽然，周玺《垂光集·论治化疏》说：“中外臣僚士庶之家，靡丽奢华，彼此相尚，而借贷费用，习以为常。居室则一概雕画，首饰则滥用金宝，倡优下贱以绫缎为袴，市井光棍以锦绣缘袜，工匠役之人任意制造，殊不畏惮。虽朝廷禁止之诏屡下，而奢靡僭用之习自如。”[②]周玺是弘正时人（？—1508），可见在16世纪初期的仕宦生活已经到这地步。风俗之侈靡，自上而下，风行草偃，渐渐地浸透了整个社会。堵允锡曾畅论其弊，他

---

①《明史》卷二一三，《张居正传》。（此条引文出处似有误。——编者注）

②《垂光集》卷一。

说："冠裳之辈，恬堂成习，厝火忘危，膏粱文绣厌于口体，宫室妻妾昏于志虑，一篡之费数金，一日之供中产，声伎优乐，日缘而盛。夫缙绅者士民之表，表之不戒，尤以成风。于是有纨绔子弟，益侈豪华之志以先其父兄，温饱少年亦竞习裘马之容以破其家业，挟弹垆头，吁庐伎室，意气已骄，心神俱溃，贤者丧志，不肖倾家，此士人之蠹也。于是又有游手之辈，习谐媚以蛊良家子弟，市井之徒，咨凶谲以行无赖之事，白日思群，昏夜伏莽，不耕不织，生涯问诸傥来，非士非商，自业寄于亡命，狐面狼心，冶服盗质，此庶人之蠹也。如是而风俗不致颓坏，士民不致饥寒，盗贼不致风起者未之有也。"①

二

大人先生有了身份有了钱以后，饱食终日，无所用心，自然而然会刻意去谋生活的舒适，于是营居室，乐园亭，侈饮食，备仆从，再进而养优伶，召伎女，事博弈，蓄姬妾，雅致一点的更提倡玩古董，讲版刻，组文会，究音律，这一集团人的兴趣，使文学、美术、工艺、金石学、戏曲、版本学等部门有了飞跃的进步。

八股家幸而碰上了机会，得了科第时，第一步是先娶一个姨太太（相较于昔日，他们的黄脸婆还有不致被休的运气），王崇简《冬夜笔记》："明末习尚，士人登第后，多易号娶妾。故京师谚曰：改个号，娶个小。"第二步是广营居室，做大官的邸舍之多，往往骇人听闻，田艺蘅记严嵩籍没时之家产，光是宅第房屋一项，在江西原籍共有六千七百四间，在北京共一千七百余间。②陆炳当事时，营别宅至十余所，庄园遍四方。③郑芝龙田园遍闽粤，在唐王偏安一隅的小朝廷下，

---

①《堵文忠公集·救时十二议疏》。

②《留青日札》。

③《明史》卷三〇七，《陆炳传》。

秉政数月，增置仓庄至五百余所。[①]

士大夫园亭之盛，大概是嘉靖以后的事。陶奭龄说："少时越中绝无园亭，近亦多有。"[②] 奭龄是万历时代人，可见在嘉隆前，即素称繁庶的越中，士大夫尚未有经营园亭的风气。园亭的布置，除自己出资建置外，大抵多出于门生故吏的报效。顾公燮《消夏闲记》卷上说："前明缙绅虽素负清名者，其华屋园亭佳城南亩，无不揽名胜、连阡陌。推原其故，皆系门生故吏代为经营，非尽出己资也。"王世贞《游金陵诸园记》记南京名园除王公贵戚所有者外，有王贡士杞园、吴孝廉园、何参知露园、卜太学味斋园、许典客长卿园、李象先茂才园、汤太守熙召园、陆文学园、张保御园等。《娄东园亭志》仅太仓一邑有田氏园、安氏园、王锡爵园、杨氏日涉园、吴氏园、季氏园、曹氏杜家桥园、王世贞弇州园、王士骐约园、琅玡离赘园、王敬美澹园等数十园。园亭既盛，张南垣至以叠石成名："三吴大家名园，皆出其手。其后东至于越，北至于燕，召之者无虚日。"[③]

对于饮食衣服尤刻意求精，互相侈尚。《小柴桑喃喃录》卷上记："近来人家酒席，专事华侈，非数日治具，水陆毕集，不敢轻易速客。汤饵肴蔬，源源而来，非唯口不给尝，兼亦目不周视，一筵之费，少亦数金。"平居则"耽耽逐逐，日为口腹谋"。张岱《陶庵梦忆》自述："越中清馋无过余者，喜啖方物。北京则苹婆果、黄鼠、马牙松；山东则羊肚菜、秋白梨、文官果、甜子；福建则福橘、福橘饼、牛皮糖、红腐乳；江西则青根、丰城脯；山西则天花菜；苏州则带骨鲍螺、山查丁、山查糕、松子糖、白圆、橄榄脯；嘉兴则马交鱼脯、陶庄黄雀；南京则套樱桃、桃门枣、地栗团、窝笋团、山查糖；杭州则西瓜、鸡豆子、花下藕、韭芽、元笋、塘栖蜜橘；萧山则杨梅、莼菜、鸠鸟、青

---

① 林时对：《荷锸丛谈》卷四。

②《小柴桑喃喃录》下。

③ 黄宗羲：《撰杖集·张南垣传》。

鲫、方柿；诸暨则香狸、樱桃、虎栗；嵊则蕨粉、细榧、龙游糖；临海则枕头瓜；台州则瓦楞蚶、江瑶柱；浦江则火肉；东阳财南枣；山阴则破塘笋、谢橘、独山菱、河蟹、三江屯蛏、白蛤、江鱼、鲥鱼、里河鰦。远则岁致之，近则月致之，日致之。”[①] 衣服则由布袍而为䌷绢，由浅色而改淡红。范濂《云间据目钞》记云间风俗，虽然只是指一个地方而言，也足以代表这种由俭朴而趋奢华的时代趋势。他说：“布袍乃儒家常服，周年鄙为寒酸，贫者必用绸绢色衣，谓之薄华丽。而恶少且从典肆中觅旧缎旧服翻改新起，与豪华公子列坐，亦一奇也。春元必用大红履，儒童年少者必穿浅红道袍，上海生员冬必穿绒道袍，暑必用绉巾绿伞，虽贫如思丹，亦不能免。稍富则绒衣巾，盖益加盛矣。余最贫，尚俭朴，年来亦强服色衣，乃知习俗移人，贤者不免。”明代制定庶士服饰，不许混淆，嘉靖以后，这种规定亦复不能维持，上下群趋时髦，巾履无别。范濂又记：“余始为诸生时，见朋辈戴桥梁绒线巾，春元戴金线巾，缙绅戴忠靖巾。自后以为烦俗，易高士巾素方巾，复变为唐巾晋巾汉巾褊巾。丙午（1606）以来皆用不唐不晋之巾，两边玉屏花一双，而年少貌美者加犀玉奇簪贯发。”他又很愤慨地说：“所可恨者，大家奴皆用三镶宦履，与士官漫无分别，而士官亦喜奴辈穿着，此俗之最恶者也。”

三

士大夫居官则狎优纵博，退休则广蓄声伎，宣德年间，都御史刘观每赴人邀请，辄以伎自随。户部郎中肖翔等不理职务，日唯伎妓酣饮恣乐。[②] 曾下饬禁止：“宣德四年（1429）八月丙申，上谕行在礼部尚书胡濙曰：祖宗时文武官之家不得挟伎饮宴。近闻大小官私家饮酒，

---

① 张岱：《陶庵梦忆》卷四，《方物》。

②《明宣宗实录》卷五六。

辄命伎歌唱，沉酣终日，怠废政事。甚者留宿，败礼坏俗。尔礼部揭榜禁约，再犯者必罪之。”[①]妓女被禁后，一变而为小唱，沈德符说：“京师自宣德顾佐疏后，严禁官妓，缙绅无以为娱，于是小唱盛行，至今日几如西晋太康矣。”[②]实际上这项禁令也只及于京师居官者，易代之后，勾栏盛况依然。《冰华梅史》有《燕都妓品序》：“燕赵佳人，颜美如玉，盖自古艳之。矧帝都建鼎，于今为盛，而南人风致，又复袭染熏陶，其色艳宜惊天下无疑。万历丁酉庚子（1597—1600）其妖冶已极。”所定花榜借用科名条例有状元榜眼探花之目。称妓则曰老几，茅元仪《暇老齐杂记》卷四：“近来士人称妓每曰老，如老一老二之类。”同时曹大章有《秦淮士女表》，《萍乡花史》有《广陵士女殿最序》。余怀《板桥杂记》记南京教坊之盛：“南曲衣裳妆束，四方取以为式。”崇祯中四方兵起，南京不受丝毫影响，依然征歌召妓：“宗室王孙，翩翩裘马，以及乌衣子弟湖海宾游，靡不挟弹吹箫，经过赵李，每开筵宴，则传呼乐籍，罗绮芬芳，行酒纠觞，留髡送客，酒阑棋罢，堕珥遗簪，真欲界之仙都，升平之乐国也！”[③]

私家则多蓄声伎，穷极奢侈。万历时理学名臣张元忭后人的家伎在当时最负盛名。《陶庵梦忆》卷四《张氏声伎》条记：“我家声伎，前世无之。自大父于万历年间与范长白邹愚公黄贞父包涵所诸先生讲究此道，遂破天荒为之。有可餐班，次则武陵班……再次则梯仙班……再次则吴郡班……再次则苏小小班……再次则平子茂苑班……主人解事日精一日，而傒僮伎艺则愈出奇愈。”阮大铖是当时最负盛名的戏曲作家，他的家伎的表演最为张宗子所称道。同书卷八记：“阮元海家优讲关目，讲情理，讲筋节，与他班孟浪不同。然其所打院本又皆主人自制，笔笔勾勒，苦心尽出，与他班卤莽者又不同。故所扮演本本出色，脚脚

①《明宣宗实录》卷五七。

②《野获编》卷二四。

③余怀：《板桥杂记》。

出色，出出出色，句句出色，字字出色。”士大夫不但蓄优自娱，谱制剧曲，并能自己度曲，压倒伶工。沈德符记：“近年士大夫享太平之乐，以其聪明寄之剩技。吴中缙绅留意音律，如太仓张工部新、吴江沈吏部璟、无锡吴进士澄时俱工度曲，每广座命伎，即老优名倡俱皇遽失措，真不减江东公瑾。”[①]风气所趋，使梨园大盛，所演若《红梅》《桃花》《玉簪》《绿袍》等记不啻百种：“括共大意，则皆一女游园，一生窥见而悦之，遂约为夫妇。其后及第而归，即成好合。皆徒撰诡名，毫无古事可考，且意俱相同，毫无足喜。”乡村每演剧以祷神：“谓不以戏为祷，则居民难免疾病，商贾必值风涛。”[②]豪家则延致名优，陈懋仁《泉南杂志》：“优伶媚趣者不吝高价，豪奢家攘而有之，婵鬓傅粉，日以为常。”使一向被贱视的伶工，一旦气焰千丈。徐树丕《识小录》记吴中在崇祯十四年（1641）奇荒后的情形：“辛巳奇荒之后……优人鲜衣美食，横行里中。人家做戏一台，一本费至十余金，而诸优犹恨恨嫌少。甚至有乘马者，乘舆者，在戏房索人参汤者，种种恶状。然必有乡绅主之，人家惴揣奉之，得一日无事便为厚矣。”优人服节有至千金以上者。[③]男优之外，又有女戏：“十余年来苏城女戏盛行，必有乡绅主之。盖以倡兼优而缙绅为之主。”[④]亦有缙绅自教家姬演戏者，张岱记朱云崃女戏，“西施歌舞，对舞者五人，长袖缓带，绕身若环，曾挠摩地，扶旋猗那，弱如秋乐；女官内侍，执扇葆璇盖、金莲宝炬、纨扇宫灯二十余人，光焰荧煌，锦绣纷叠，见者错愕”[⑤]。刘晖吉女戏则以布景著：“刘晖吉奇情幻想，欲补从来梨园之缺陷；如唐明皇游月宫，叶法善作，场上一时黑魆地暗，手起剑落，霹雳一声，黑幔忽收，露出一月，其圆如规，四下以

①《野获编》卷二四。

② 汤来贺：《梨园说》。

③ 黄宗羲：《南雷集子·刘子行状》。

④《识小录》卷二。

⑤《陶庵梦忆》卷二。

其羊角染五色云气，中坐常仪，桂树吴刚，白兔捣药。轻纱幔之内，燃赛月明数株，光焰青黎，色如初曙，撤布成梁，遂蹑月窟，境界神奇，忘其为戏也。”①

四

士大夫的另一种娱乐是赌博。顾炎武《日知录》记：“万历之末太平无事，士大夫无所用心，间有相从赌博者。至天启中始行马吊之戏，而今之朝士若江南山东几于无人不为此。”有如韦昭论所云：“穷日尽明，继以脂烛，人事旷而不修，宾旅阙而不接。”甚至有“进士有以不工赌博为耻”的情形。吴伟业又记当时有叶子戏：“万历末年，民间好叶子戏，图赵宋时山东群盗姓名于牌而斗之，至崇祯时大盛。有曰闯，有曰献，有曰大顺，初不知所自起，后皆验。”②缙绅士大夫以纵博为风流，《列朝诗集小传》记：“福清何士壁跅弛放迹，使酒纵博。”“皇甫冲博综群籍，通挟凡击毬音乐博弈之戏，吴中轻侠少年咸推服之。”“万历间韩上桂为诗多倚待急就，方与人纵谈大噱，呼号饮博，探题立就，斐然可观。”此风渐及民间，结果是如沈德符所说：“今天下赌博盛行，其始失货财，甚则鬻田宅，又甚则为穿窬，浸成大伙劫贼，盖因本朝法轻，愚民易犯。”③

自命清雅一点的则专务搜古董，巧取豪夺：“嘉靖末年海内宴安，士大夫富厚者以治园亭教歌舞之际，间及古玩。如吴中吴文恪之孙，溧阳史尚宝之子，皆世藏珍秘，不假外索。延陵则稽太史应科，云间则朱太史大韶，携李项太学，锡山安太学华户部辈不吝重资收购，名播江南。南部则姚太史汝循、胡太史汝嘉亦称好事。若辈下则此风稍逊，唯

①《陶庵梦忆》卷五。

②《绥寇纪略》卷一二。

③《野获编补遗》卷三。

分宜严相国父子、朱成公兄弟并以将相当途，富贵盈溢，旁及雅道，于是严以势劫，朱以货贿，所蓄几及天府。张江陵当国亦有此嗜。董其昌最后起，名亦最重，人以法眼归之。”[①] 年轻气盛少肯读书的则组织文社，自相标榜，以为名高。《消夏闲记》下：“文社始于天启甲子张天如等之应社……推大讫于四海。于是有广应社，复社，云间有几社，浙江有闻社，江北有南社，江西有则社，又有历亭席社，昆阳云簪社，而吴门别有羽朋社，武林有读书社，山左有大社，佥会于吴，统于复社。”以讥弹骂詈为事，黄宗羲讥为学骂，他说：“昔之学者学道者也，今之学者学骂者也。矜气节者则骂为标榜，志经世者则骂为功利，读书作文者则骂为玩物丧志，留心政事者则骂为俗吏，接庸僧数辈则骂考亭为不足学矣，读艾千子定待之尾，则骂象山阳明为禅学矣。濂溪之主静则盘桓于腔子中者也，洛下之持敬则曰是有方所之学也。逊志骂其学误主，东林骂其党亡国，相讼不决，以后息者为胜。”[②] 老成人物则伪标讲学，内行不修。艾南英《天傭子集》曾提及江右士夫情形：“敝乡理学之盛，无过吉安，嘉隆以前，大概质行质言，以身践之。近岁自爱者多而亦不无仰愧前哲者。田土之讼，子女之争，告讦把持之风日有见闻，不肖视其人皆正襟危坐以持论相高者也。”[③]

仕宦阶级有特殊地位，也自有他们的特殊风气。《小柴桑喃喃录》卷下说：“士大夫膏肓之病，只是一俗，世有稍自脱者即共命为迂为疏为腐，于是一入仕途，则相师相仿，以求入乎俗而后已。如相率而饮狂泉，亦可悲矣。”在这情形的社会，谢肇淛说得最妙：“燕云只有四种人多，奄竖多于缙绅，妇女多于男子，倡伎多于良家，乞丐多于商贾。”[④]

①《野获编》卷二六。

②《南雷文案》卷一七。

③ 艾南英：《天傭子集》卷六，《复陈怡云公祖书》。

④《五杂俎》卷三。

第五章

错失的机遇：海洋经营政策的变化

“北虏”、南倭问题

这里谈谈一个问题，就是如何对待明朝和蒙古族的关系问题。明朝和蒙古族的关系始终是敌对的。从1368年以后，一直到明朝灭亡，几百年始终是敌对的关系。我们今天来研究过去的历史，应该实事求是地处理这个问题。在历史上是敌对的关系，你就不能说那个时候我们已经贯彻了民族政策，汉族和兄弟民族都是友好相处的。这是一方面。另一方面，今天我们国家是各民族团结的大家庭，实行民族团结的政策，各民族互相尊重，友好相处。在这样的情况下，我们怎么来看待历史上的民族关系？譬如明朝和蒙古族的关系、北宋和契丹的关系、清朝满族和汉族的关系，等等。对这些问题，有不少人感到难以处理。其实很简单，从今天学习历史的角度来说，从几千年各个民族发展的历史来说，我们应该把我们国家历史上的民族关系当作内部矛盾来处理。无论是蒙古族或者契丹，无论是西夏或者女真，都是这样。经过几年的研究，我们得出这样的看法：凡是今天在我们中华人民共和国的疆域之内的各民族，不论是哪一个民族，历史上的关系，都是我们自己内部的问题，不能当作敌我矛盾来处理，不能把它们当作外国。要是当作外国，那问题就严重了。我们不能继承解放以前那些历史书、教科书和某些论文中的带有民族偏见的错误观点。总之，我们今天的看法可以分为两个方面：一方面，必须实事求是，历史是怎么样就怎么样写。明朝和蒙古族是打了几百年的仗，这个历史事实不能改，在当时是敌对关系，这一点不能隐讳，也不能歪曲。另一方面，凡是我国疆域以内的各民族，不管在历史上是什么关系，今天我们看都是内部问题、内部矛盾。两个兄弟吵架，不能作为侵略和被侵略来处理。今天，蒙古族是我们五十六个兄弟民族里面的一个，我们今天来讲这段历史的时候，就不能像当时那样对蒙古族采取诬蔑、谩骂、攻击的语言，要互相尊重。明朝是骂蒙古族的，蒙古族也骂明朝，这是历史事实。但这是他们在骂，不是我们在骂，我们应该实事求是地记录。如果我们也用自己的话来骂就不对了。你有什么道理骂蒙古族？你根据什么事情骂？所以要正确处理历史上的民族关系。

至于区别战争的性质问题，是正义战争还是非正义战争的问题，我们不能把少数民族打汉族的战争不加区别地都说成非正义的，也不能把汉族为了自卫而进行的战争都说成是正义的。应该就事论事，就战争发生的原因、经过情况、是非来判断战争的性质。比如说，汉朝和匈奴的关系。匈奴来打汉朝，他抢人家的东西，屠杀人畜；汉朝为了自卫，就应该还击，这当然是正义的。唐朝和突厥的关系也是一样。突厥经常来打，唐朝为了自卫进行还击，也是正义的。明朝和蒙古族的关系。蒙古族要南下，明朝组织力量反抗，这同样也是正义的。但是，历史上汉族与少数民族之间的战争，也不是正义都在汉族的一边，这需要根据当时历史情况做出具体分析，不能一概而论。汉族经常欺侮一些小民族，打人家，这是非正义的。少数民族中的一些统治阶级为了自己的阶级利益，闹分裂，闹割据，打汉族，也同样是非正义的。所以要具体分析，不能笼统地对待。不是哪个民族大、哪个民族小的问题，也不是简单的谁打谁的问题，而是要根据战争的情况、双方人民的利益来判断战争的正义性与非正义性。

明朝和蒙古的关系始终是敌对的关系，这个问题一直到清朝才解决。清朝打明朝经过了长期的战争，在这个战争中清朝采取联合蒙古族的政策，取得了蒙古族的支持。在入关之后，清朝对待蒙古族的政策是通过婚姻关系来保持满、蒙两个民族之间的和平，清朝皇帝总是把自己的女儿嫁给蒙古族的酋长。乾隆过生日时，来拜寿的一些蒙古族酋长都是他的女婿、孙女婿、曾孙女婿。所以，万里长城在清朝失去了意义。秦始皇修筑万里长城在历史上是起了作用的。早在战国时期，北方一些国家，像燕国、赵国为了抗拒外族的侵略，已经修筑了一些城墙。秦始皇统一六国之后，把这些国家所修的城墙联结起来加以扩展，就成为万里长城。我们现在看到的长城是经过许多朝代修建的，特别是青龙桥八达岭这一段不是秦始皇修的，而是明朝后期修的。我们在评论历史上某件事情的好坏时，应该用辩证的方法。秦始皇修万里长城花了很大的力量，死了不少人，这是坏的一方面；好的一方面，长城在漫长的历史过程中也的确起了作用。虽然它不能完全堵住北方各民族向南发动战争，但是，无论如何，它起了一部分作用，至少因为有了这样一个防御工事，使得长城以南众多的人口可以从事和平的生产。把长城的作用估计过高，认为有了这一条防线，北方的少数民族就进不来了，这是错误的。他们还是进来了，而且进来不止一次。但是，有了这个防御工事，使得北方一些少数民族的军事进攻受到阻碍，这种作用，直到明朝还是存在的。所以明朝还继续修缮长城。只有到了清朝，这样的作用才不再存在了。当然，清朝和蒙古族也有过几次战争，不过跟明朝的情况比较起来就不同了。明朝和蒙古始终是敌对的关系。清朝不是这样，清朝和蒙古族只是个别时候发生过战争。今天情况就更不同了，国家性质改变了，我们采取民族团结、民族区域自治的政策，内蒙古自治区是我们中华人民共和国组成部分之一，现在长城只是作为一个历史文物而保留着。世界上有七大奇迹，长城是其中之一，是世界上最伟大、最古老的工程之一。

明朝和蒙古的关系，是明朝历史上的一个特征，跟过去的情况不一样，跟以后的情况也不一样。此外，明朝和倭寇的关系，即所谓南倭问题，也是这个时代很突出的一个问题。明朝以前没有这样的情况，明朝以后也没有这样的情况。

研究明朝和倭寇的关系，光从中国的情况、中国的材料出发，还不可能得到全面的理解。还必须研究日本的历史。不研究日本的历史就很难理解当时为什么会有那么一些人专门从事抢劫，进行海盗活动，而且时间是如此之长，破坏是如此之严重。但是看看当时日本国内的情况，问题就很容易理解了。所以我们先讲讲日本的情况。

明朝的历史是从1368年开始的。而日本从1336年起，内部分裂为南朝、北朝。京都是北朝的政治中心，吉野是南朝的政治中心。这个分裂的局面，长达六十年之久。一直到1392年南朝站不住了，才投降了北朝。分裂期间，日本有两个天皇：京都有一个天皇，吉野有一个天皇。正当日本南北朝分裂的时候（1336—1392），明朝建立起来了。明朝建立初年，正是日本南北朝分裂的后期。

当时日本的政治形势怎么样呢？日本有天皇，可是那个天皇是虚的、无权的，是一个傀儡。不只是那个时候的天皇是傀儡，凡是明治维新以前的天皇都是傀儡，地位很高，可是政治上没有实际权力。掌握实权的是谁呢？是将军。当时的将军称为征夷大将军。将军有幕府，当时的幕府叫室町幕府，也叫足利幕府。那时日本处在封建社会，有很多封建领主，这些封建领主有很多庄园，占有很多土地，有自己的军事力量，他们不完全服从幕府的命令，各自在自己的势力范围内实行封建割据。足利幕府建立之后，由于它的经济基础很薄弱，不能完全控制他们。所以，在足利幕府时代，由于地方经济的发展，封建领主势力强大，在幕府控制下的中央财政发生了困难。怎么办呢？它就要求和明朝通商，做买卖。足利幕府的第三代将军叫足利义满，他派人到明朝来，要求和明朝通商。明朝政府当然欢迎，但是对日本的情况不了解，对国际形势缺乏认知，不知道日本国内已经有了天皇，糊里糊涂地就封足利义满为日本国王。足利义满希望通过和明朝通商来加强自己的经济地位，减少财政困难。但是，由于当时日本是处在一种分裂割据的状态，那些大封建领主并不听他的话。而在那些大封建领主下面有一批武士，由于得不到土地，生活困难，于是他们就到海上去抢劫，成为倭寇。这就是倭寇的来源。所以当时的情况是，一方面幕府和明朝有交往；另一方面幕府下面那些封建领主一批批地来破坏这种交往，到处抢劫。幕府不能控制那些诸侯、封建领主，最后发生了内战。从1467年到1573年这个时期，是日本历史上的“战国时期”。这个时期延续了一百多年，日本国内到处打来打去，战争频繁，人民不能正常地进行生产，因而土地荒废，粮食不够。这样，就使更多的人参加到倭寇的队伍中来。这就是日本在“战国时期”，也就是明朝中期（1467—1573）之后，倭寇侵略更加严重的原因。

从中国的情况来说，中国遭受倭寇的侵犯从明朝一开始就发生了。在明朝建立以前，倭寇已经侵略高丽。那时候，高丽王朝的政治很腐败，没有能力抵抗。接着倭寇南下骚扰我国沿海各地，从辽东半岛到山东半岛，到江苏、浙江、福建、广东，到处侵犯。洪武二年（1369）明朝政府派海军去抵抗倭寇。1384年之后派了一个大将在山东、江苏、浙江沿海地区修了五十九个军事据点防御倭寇。1387年又在福建沿海地区修建了十六个军事据点。所以，从洪武时代起，倭寇就已在危害中国。在永乐时代，1419年倭寇大举进攻山东沿海地区。明朝军队狠狠地打了它一下，把这一股倭寇全部消灭了。倭寇的侵扰引起了明朝政府内部在政治上的争论。当时明朝政府专门设立了三个对外贸易机构，叫作“市舶司”。这三个市舶司设在广州、宁波和泉州。这些地方是当时的对外通商口岸，外国人可以到这里来做买卖。当倭寇侵略发生之后，有的人认为，倭寇之起是由于对外通商的缘故，因为你要做买卖，所以日本海盗就来了。最好的办法就是把市舶司封闭掉，对一切国家一概不做买卖。这种论调在明朝政府中占了优势，结果在1523年把三个市舶司撤销了。

撤销市舶司之后发生了另外一个问题。浙江、福建、广东等东南沿海地区，人口密度高，人多耕地少，不少人没有生产资料。这些人做什么呢？在通商的时候他们借一点资本出去做买卖，买一些外国货到中国来卖；把中国的土产卖出去。因此，这些人是依靠通商来维持生活的。这是一种情况。另外有一种情况，就是东南沿海的一些大地主，他们看到对外通商的收入比在农业生产上进行剥削要多好几倍，因此从事对外贸易。他们自己搞了很多海船载运中国土产出国；同时把外国商品带回来卖。沿海大地主依靠通商发财，这在当时叫作“通蕃”。“通蕃”的历史已经很久了，宋朝后期就有许多大地主组织船队出海通商的事。宋代关于这一类事情的记载很多。元朝也有。民间有这样一个传说，说明朝有一个大富翁叫沈万三，他家里有一个聚宝盆，这个盆里可以出很多宝贝。这是传说，事实并不是这样。事实是他搞对外贸易发了财。有人说他富到这样的程度，明太祖修建南京城时，有一半是他出的钱；此外，每年还要他出很多钱。因为在明朝和元朝做斗争的时候，他曾经站在元朝这一边。所以后来明太祖干脆把他的家产全部没收了，把他充了军。有的说是充军到云南，也有的说是充军到东北。这个故事说明，当时有这么一部分人是依靠通商和对外贸易来发财的。所以，当时东南沿海地区的情况是，一方面，许多贫民依靠对外通商来维持生活，其中有一些穷苦的人长期停留在国外，这一批人就成为华侨。现在南洋各个地方都有华侨，大体上以广东、福建人为多；另一方面，沿海一些大地主依靠通商来发财。因此，当1523年，由于倭寇不断骚扰沿海，明朝政府封闭了市舶司，断绝了对外通商关系时，就发生了新的问题：一方面，很多穷苦人失去了生活来源；另一方面，沿海大地主失去了发财机会。他们要求恢复通商。在这种情况下，某些地主集团便采取反抗手段。你禁止通商，他就秘密通商。他们自己组织船队出去，其中有一些照样发了财，有一些就遭到倭寇的抢劫；而另一些则采取和倭寇合作的办法，他们也变成了倭寇。他们组织船队出去，能够做买卖就做买卖，不能做买卖就抢。因此，倭寇主要是日本海盗，但其中也有一部分是中国人。

除了倭寇之外，当时还有一种情况，即在16世纪初（1513），葡萄牙人到东方来了。这些葡萄牙人一方面进行通商活动；另一方面也进行海盗活动。不但进行海盗活动，而且占据了我国福建沿海的一些岛屿。

1546年，也就是日本的“战国时期”，倭寇对沿海的侵略更加严重了，浙江宁波一带受到严重的损害。明朝政府派了一个官员总管浙江、福建两省的军事，防御倭寇。这个官员叫朱纨，他坚决执行禁海方针，任何人都不许出去。坚决用军事力量打击倭寇，打击葡萄牙海盗。把抓到的九十多个海盗头目——有日本人，有葡萄牙人，也有中国人——都杀掉了。这样一来引起政治上的一场轩然大波。因为被杀的这些人里面，有一些是沿海的大地主派出去的，把这些人杀了，就损害了沿海大地主阶级的利益。这些大地主集团在北京中央政权机构里的代言人（主要是一些福建人）大叫起来了，他们向皇帝控告朱纨，说他在消灭海盗时，错杀了良民和好百姓。这样就展开了政治斗争。在政府里和地方上形成两派：一派要求对外通商；另一派反对通商。大体上沿海一些大地主坚决主张通商，而内地一些大地主反对。为什么内地的大地主反对呢？因为他们不但得不到通商的好处，而且海盗扰乱的时候，还要出钱。他们吃了亏。通商派和反通商派的斗争很激烈，代表闽浙沿海大地主利益的许多官员都起来反对朱纨。朱纨也向皇帝上疏为自己辩护，并且很愤慨地说：“去外国盗易，去中国盗难；去中国濒海之盗易，去中国衣冠之盗尤难。”这样，浙江、福建沿海的大地主集团更加恨他，对他的攻击更厉害了。结果明朝政府就把他负责的浙江、福建两省的军事指挥权撤销了，并且派了一个官员来查办这件事。最后朱纨在“纵天子不欲死我，闽浙人必杀我”的情况下自杀了。

朱纨失败了，倭寇问题没有解决。1552年之后，情况更加严重。在浙江沿海一带，倭寇长驱直入。一直到1563年的十一年中，不但江苏、浙江、福建的许多城市、农村受到倭寇的烧杀、抢劫，倭寇甚至打到南京城下，打到苏州、扬州一带。

这个时候，明朝的军事力量已经腐化了。明朝在地方的军事制度是卫所制，一个卫所有5600人，一个千户所有1120人，一个百户所有120人。军队和老百姓分开，军户和民户分开。军人是世袭的，父亲死了以后，儿子接着当兵。明朝初年的军事力量是相当强大的，因为它有经济做基础。那时，明朝实行屯田政策，军队要参加生产。办法是国家拨一部分土地给军队，军队里抽一部分人，参加农业生产。自己生产粮食供应军队的需要，国家再补贴一部分。所以，尽管军队的数量很大，最多时达到二百多万人，可是国家的财政开支并不大。以后由于许多地主官僚把屯田吞没了，把军队的钱贪污了，所以屯田的面积愈来愈小，粮食收入愈来愈少。同时，有些军官把士兵拉来替他搞私人劳动，在家里服役。此外，由于军队和老百姓是分开的，军户和民户是分开的，军人的服装、武器要自备；把河北人派到云南去，山东人派到浙江去，世世代代当兵，结果部队中逃亡的比例越来越大。从明朝初年一直发生军队减员的现象，以后越来越严重，往往一个单位的逃亡比例达到十分之七八，一百人当中只剩下二三十人。怎么办呢？明朝政府就采取这样的办法：张三如果逃跑了，就把他的弟弟、侄子抓去顶替。如果他家里没有人可以顶替，就抓他的邻居去代替。但是这些被抓去顶替的人又逃跑了。所以军队数量越来越少，质量越来越低。军官也腐化了。

从明太祖到明成祖，在沿海建立了许多军事据点，组织了海军，建造了一些战船。到这时这些战船因为用的时间太久了，破破烂烂，不能再用了。按照规定，船过一定时期要修一次。可是由于修船的钱也被军官贪污了，没办法修，所以战船越来越少。

由于上面这几方面的原因，明朝的军事力量腐化了，军队不能打仗了。1552年之后，往往是数量不多的倭寇登陆之后，一抢就是几十个城市，抢了就跑。各地方尽管有很多军队，但是不能抵抗。人民遭受到深重的灾难。特别应该指出的是，倭寇所侵犯的这些地区都是粮食产区，是最富庶的地方。像江苏（包括长江三角洲）、浙江及福建沿海地区，都是最富庶的地区，经济最发达的地区。这些地方长期遭到抢劫一直到什么时候呢？一直到1564年才改变这种局面。这时，出现了戚继光、俞大猷等有名的军事将领。戚继光看到原来的军队不能作战了，就自己练兵。他了解浙江义乌县的农民很勇敢，便招募了义乌县的农民3000人，成立了一支新军，进行严格的军事训练。他根据东南地区的地形，组织了一个新的阵法，叫作“鸳鸯阵法”。这个阵法的主要特点是各个兵种互相配合，长武器和短武器结合使用。更重要的是他有严格的军事纪律，对士兵进行严格的军事训练。经过两三年之后，他的这支军队便成了最有战斗力的军队。当倭寇入侵浙江的时候，在台州地区，戚继光的军队九战九胜，把浙江地区的倭寇消灭光了，这之后把福建地区的倭寇也消灭了。他和俞大猷及其他地区的军事将领经过十年左右的努力，彻底解决了倭寇问题。

可是，在倭寇问题解决之后，又发生了新的问题。这时日本国内的情况发生了变化，原来的幕府被推翻了，新的军阀起来了。这就是丰臣秀吉。丰臣秀吉用军事力量统一了国内。不过这是表面上的统一，实际上国内各地还是一些封建领主在统治着。这些封建领主拥有强大的军事力量，他不能完全控制。为了把尚未完全控制的封建领主（大名）的目标转向国外，并消耗他们的实力，以稳固自己的统治，于是丰臣秀吉就发动了一次侵朝战争，派军队去打朝鲜。他写信给朝鲜国王，说他要去打明朝，要朝鲜让路，让他通过朝鲜进入我国东北，他的军事野心非常狂妄，准备征服整个中国，然后把他的天皇带到中国来，以宁波为中心，建立一个庞大的帝国。步骤是：第一步占领朝鲜；第二步占领中国；第三步以中国为中心，向南洋群岛扩张。面临着这样的形势，明朝政府怎么办？有两种主张：一种认为日本打朝鲜与中国无关；另一些人看到了唇亡齿寒的关系，认为朝鲜是我们友好的邻国，丰臣秀吉占领朝鲜以后就会向中国进攻，因此援助朝鲜也就是保卫自己。经过一番争论，后一种意见占了优势，明朝派了军队出去援助朝鲜。这时候，朝鲜已经很混乱，大部分地区被日本军队占领，国王逃跑。明朝政府动员全国的力量来帮助朝鲜，前后打了七年（1592—1598）。由于中国人民的援助，朝鲜军队的奋勇抗战，特别是朝鲜海军名将李舜臣使用一种叫

"龟船"的战舰，发挥了很大的作用，最后把日本侵略军打败了。1598年，丰臣秀吉病死。日本侵略朝鲜的军队跑掉了，战争结束了。

所以，我们和朝鲜的历史关系很深远，在甲午战争前三百年，中国就出兵援助过朝鲜，共同反抗外来的侵略。在中华人民共和国成立之后，我们的经济还没有恢复，美帝国主义就越过"三八线"，向朝鲜民主主义人民共和国进攻。情况很严重。我们又进行了抗美援朝运动，派出了志愿军支援了朝鲜人民。

这一段历史使我们得到这样的认识：日本军国主义者不是这个时代才有，而是有其长远的历史原因。它总是要侵略别人的，从倭寇起，以后不断地向外侵略，1598年侵略朝鲜，甲午战争时期占领我国东北，1937年以后占领了我国大部分地方。我们进行了抗日战争才取得了胜利。要了解和熟悉日本的情况，必须了解和熟悉我们自己的历史情况，这样才能对我们很接近的国家有正确的看法。当然，说日本的军国主义有长远的历史原因，绝对不等于说日本人民都是侵略者。如果得出这样的结论，那就是错误的。但是日本的统治者，不管是过去的封建主，或者是近代的军国主义者，都是侵略成性的。中国与日本是一衣带水的邻邦，两国之间有着悠久的历史文化联系。但是在近代的半个多世纪中，日本军国主义的侵略，给中日两国人民带来了灾难。现在中日两国人民，都要从惨痛的历史中吸取有益的经验教训，使惨痛的历史永不重演，建立和巩固两国人民的友好关系。

明朝的历史情况与过去不同。与倭寇的斗争，与蒙古贵族的斗争贯穿着这个时代。明朝以前没有这样的情况，明朝以后也没有这样的情况，这是明朝历史独有的特征。要抓住这个特征才能够了解明朝人民的负担为什么那么重。因为北边有蒙古问题，沿海有倭寇问题，就要有军队打仗。军队要吃饭，要花钱，这些负担都落在人民身上。所以明朝的农民受着无比深重的苦难。在这样的情况下，从明朝开国一直到灭亡，都不断发生农民战争。农民战争次数之多、规模之大、时间之久、分布地区之广，在历史上没有任何一个时期可以和明朝相比。

16世纪前之中国与南洋——南洋之开拓

一

现代人所称的南洋，前人称为东西洋。据明张燮《东西洋考》载，分当时南洋诸国为东洋、西洋两部。西洋指中南半岛、马来半岛、苏门答腊、爪哇及婆罗洲之西南海岸诸国。东洋则以菲律宾群岛为中心，包含马六甲诸岛及婆罗洲北岸之文莱国。以文莱为东西洋之交点，谓为"东洋尽处，西洋所自起也"[①]。此种名词之构成，至晚亦当在元代以前。[②]系基于航海路线之东洋铖路、西洋铖路[③]而区分。[④]

公元前3世纪时，秦之国力已达今日之东京及安南地方，其地土著已受印度化，百年之后，汉武帝时南海诸国皆来朝贡。《汉书·地理志》记：

> 自日南障塞、徐闻、合浦船行可五月，有都元国……又船行可二十余日，有谌离国；步行可十余日，有夫甘都卢国（蒲甘）。自夫甘都卢国船行可二月余，有黄支国，民俗略与珠厓相类。其州广大、户口多，多异物。自武帝（前140—前86）以来皆献见，有译长属黄门，与应募者俱入海市明珠璧流离，奇石异物，赍黄金杂缯而

①《东西洋考》卷五，《文莱》。

② 元汪大渊《岛夷志略》苏录条："（珠）重者出于西洋之第三港。"毗舍耶条："故东洋闻毗舍耶之名，皆畏而逃焉。"

③《东西洋考》卷九，《舟师考》二，《洋铖路》。

④ 和田清：《明代以前中国人所知之菲律宾群岛》，载《东洋学报》一二卷三号。

往，所至国皆禀食为耦，蛮夷贾船转送致之。亦利交易，剽杀人，又苦逢风波溺死，不者数年来还，大珠至围二寸以上。平帝元始中（1—6）王莽辅政，欲耀威德，厚遗黄支王，令遣使献生犀牛。自黄支船行可八月，到皮宗；船行可二月，到日南、象林界云。黄支之南有已程不国，汉之译使自此还矣。[①]

当时译使出发的目的第一是耀武海外，令诸国奉正朔，来贡献。第二是以国家为主体去经营国际贸易。在后来的两千年历史中，这种统系政策始终未曾改变。吴孙权时遣宣化从事朱应、中郎康泰通海南诸国，其所经及传闻则有百数十国。[②]晋义熙七年（411），求法僧人法显自多摩梨帝海口载商人大舶汎海西南行至师子国，住二年后复附舶到耶婆提国，再附商船东北趋广州，被风漂到长广郡界。[③]据其所撰《佛国记》，知在5世纪初年南洋商业已渐趋兴盛，有经十三昼夜大风而不沉没，与能储多人粮食水浆，经八十余日而不竭之大船，为交通上之利器。当时与南洋贸易，以广州为市场，商人来往频繁，故深悉南洋之地理及航路。[④]商业发达及航海术进步之结果，使南洋诸国逐渐与中国发生政治关系。中国之求法僧人接踵出国，印度高僧亦陆续来华，沟通两地之文化。

宋元嘉五年（428），师子国王刹利摩河南遣使奉表来献。[⑤]诃罗陁国于元嘉七年（430）遣使请求保护及准许通商。其表文云：

臣国先时人众殷盛，不为诸国所见陵迫。今转衰弱，邻国竞侵。伏愿圣王远垂覆护，并市易往返，不为禁闭。若见哀念……愿

①《汉书》卷二八下；琅费：《昆仑及南海古代航行考》（冯承钧译本）。

②《梁书》卷五四，《诸夷传序》。

③ 法显：《佛国记》；《高僧传》初集卷三，《法显传》。

④ 刘继宣：《中华民族南洋拓殖史》，第一章《隋以前南洋之归化》，商务印书馆。

⑤《宋书》卷九七。

敕广州时遣舶还，不令所在有所陵夺。[①]

其他诃罗单（在今爪哇）、婆皇、婆达（巴塔克人，印度尼西亚民族之一）诸国并遣使来献，受中国策命，王其国中。阇婆婆达国表文有“虽隔巨海，常遥臣属”[②]之语。据正史所记当时婆罗洲、马来半岛、苏门答腊岛中诸国，均航海来称臣纳贡。中国朝廷视此类使臣之来朝，即为外国臣服之证，于其地之土地及政权初不过问，其唯一之条件即为奉中国正朔。而在实际上，除少数例外，大多国家之入贡，常以请求通商权利及得中国朝廷之赏赉逾于贡品之价值为目的，马端临所谓“岛夷朝贡，不过利于互市赐予，岂真慕义而来”者也。此种情形，中国朝廷亦未尝不明知，例如明洪武十三年（1380）明太祖谕爪哇（Java）国王诏所云：

圣人之治天下，四海内外，皆为赤子，所以广一视同仁之心。朕君主华夷，按驭之道，远迩无间。尔邦僻居海岛，顷尝遣使中国，虽云修贡，实则慕利，朕皆推诚以礼待焉。[③]

不过是要自居天朝，“君主华夷”，不得不用赏赐名器和通商利益去羁縻，以为夸耀中外之计而已。

中国与南洋贸易之中枢为广州，据唐僧鉴真所记：“749年（唐玄宗天宝八年）时，广州珠江之中，有婆罗门波斯昆仑舶无数。”[④]昆仑一名据费琅考定，在13世纪以前，中国人以之统名苏门答腊、爪哇印度化之群岛人民，与大陆上印度化之占波、吉蔑、得楞诸种，同用昆

①②《宋书》卷九七。

③ 严从简：《殊域周咨录》八，《爪哇》，中华书局。

④ 唐僧鉴真，赴日本传布戒律之始祖也。其弟子Soemi no Matto Genkn撰有《唐大和尚（鉴真）东征传》（《群书类从》第四辑卷六九）。此据费琅《昆仑及南海古代航行考》引文。

仑语（古爪哇之Kawi语）之人民。[①] 当时往来东洋之商舶，较法显时代已大有进步，“船大者长二十丈载六七百人”[②]。以师子国舶为最大，梯而上下数丈，皆积宝货，豢养白鸽为通消息及搜索陆地之用。[③] 至11世纪、12世纪之交，华船航行已知利用指南针。[④] 外商之来广州多乘中国船。[⑤] 中国船之往大食，则以形体重大，于波斯湾航行不便，必自故临易较小之波斯船以往。[⑥] 南洋航业几为中国及波斯商人所垄断。至元世祖注意海外，至元二十一年（1284）由国家造船给本，选人入番贸易诸货。[⑦] 其构造设备及载量皆冠绝千古。[⑧] 百余年后遂有郑和下西洋之壮举。

海外贸易渐盛，中国商船之出口及外国之商船之来华者日多，于是政府不得不设官管理。唐开元（713—741）初期已设市舶使之官，专司市舶。[⑨] 广州、交州、扬州、泉州、福州、明州（今宁波）、温州、松江并为当时贸易要港，而以广州为最繁盛。[⑩] 宋初指定广州、明州、杭州为外国贸易港，各置市舶司以征关税，凡与外国贸易有关者，一切均由其主管，当时谓之三司。北宋末年泉州之外国贸易渐盛，亦置市舶司。南渡后，以地近首都，贸易日盛，海舶辐辏，遂成为当时世界最大之贸易港。[⑪] 元至元十四年（1277）于泉州、庆元（宁波）、上海、澉浦立市舶司，每岁招集舶商，于蕃邦博易珠翠香

---

① 费琅：《昆仑及南海古代航行考》，中华书局。

② 玄应：《一切经音义》卷一，商务印书馆。

③ 李肇：《国史补》卷下，四库馆。

④ 朱彧：《萍洲可谈》，博古斋。

⑤ 周去非：《岭外代答》卷三，《航海外夷》。

⑥ 周去非：《岭外代答》卷二，《故临国》；Reinaud: *Relation des Voyages faits par les Arabes et les Persans dans I'Inde et a la Chinel*。

⑦《元史》卷九四，《市舶》。

⑧ Hans Von Mzik: *Reisedes Arabers Ibn Batuta durcl Indi en and China*, pp.303—305.

⑨《册府元龟》卷五四六；《新唐书》卷一一二，《柳泽传》。

⑩ 参看中村久四郎：《唐代之广东》，载《史学杂志》（大正六年三月至六月）。

⑪ 桑原隲藏：《蒲寿庚考》（陈裕菁译本），第4—5页，本章论列多取材桑原氏此书不备举。

货等物。[①]

中国历代对于南洋贸易，均甚注意。市舶司之职权除“掌蕃货、海舶、征榷、贸易之事，以来远人，通远物”[②]之外，并负有买进政府专卖品及保护外商之责任。[③]自太平兴国初（977）置榷易院后，即诏“诸蕃国香药宝货至广州、交趾、泉州、两浙，非出于官库者不得私相市易”[④]。因香料之需要广，得利厚，故政府专以为利。[⑤]甚至下令舶务监官抽买乳香每及一百万两转一官。蕃商有以贩香料多得官者。[⑥]政府一意招徕蕃商，鼓励贸易，设蕃坊以居蕃商，[⑦]也有杂居民间者。[⑧]在法律上也给予蕃商以特殊便利，“化外人同类自相犯者各依本俗法”[⑨]。后来甚至蕃人和中国人的刑事案件，如非重罪，也只以送交蕃长依本国律处分了事。[⑩]蕃坊置蕃长一人，除管理蕃坊公事外，其职务为“专理招邀蕃商”[⑪]。一面政府也特派人到海外去经营贸易，招揽商贾，宋太宗雍熙四年（987）曾大规模派太监往南洋做此项活动！

> 遣内侍八人，赍敕书金帛，分四纲，各往海南诸蕃国，勾招进奉，博买香药、犀牙、真珠、龙脑。每纲赍空名诏书三道于所至处赐之。[⑫]

---

①《元史》卷九四，《食货志》，《市舶》。

②《宋史》卷一六七，《职官志》七。

③参看藤田丰八：《宋代市舶司及市舶条例》，载《东洋学报》（大正六年五月）。

④ 梁廷枏：《粤海关志》卷二，引《宋会要》。

⑤⑥《宋史》卷一八五，《食货》下七：“宋之经费，茶盐矾之外唯香之为利博，故以官为市焉。”

⑦《萍洲可谈》二：“广州蕃坊海外诸国人聚居。置蕃长一人，管勾蕃坊公事。”

⑧ 岳珂《桯史》卷一一：“番禺有海獠杂居，其最豪者蒲姓……定居城中。”同时泉州也有华夷杂居的现象，楼钥《攻媿集》卷八八《赠特进汪公行状》：“蕃商杂处民间。”

⑨《唐律疏议》卷六，《名例》。

⑩《萍洲可谈》卷二；《宋史》卷三四七，《王涣之传》。

⑪《萍洲可谈》卷二。

⑫《粤海关志》卷二，引《宋会要》。

宋高宗南渡后，经费困乏，更一切倚办海舶。[①]绍兴七年（1137）特下诏奖励外国贸易：

> 市舶之利最厚，若措置得宜，所得动以百万计，岂不胜取之于民。朕所以留意于此，庶几可以少宽民力耳。[②]

结果市舶司岁入至占全国总收入二十分之一。[③]至元代亦积极招徕，至元十五年（1278）诏行中书省唆都、蒲寿庚等曰：

> 诸蕃国列居东南岛砦者，皆有慕义之心。可因蕃舶人宣布朕意，诚能来朝，朕将宠礼之，其往来互市，各从所欲。[④]

以唆都为左丞行省泉州，奉玺书十道招谕南夷诸国。[⑤]次年（1279）复遣广东招讨使达噜、噶齐、杨廷璧招俱蓝，十八年（1281）复命噶扎尔、哈雅、杨廷璧再往招谕，到马八儿时，其宰相言：

> 算端闻天使来，对众称本国贫陋，此是妄言。凡回回国金珠宝贝尽出本国，其余回回，尽来商贾。[⑥]

元使一到即对众宣称本国贫陋，由此可见当时出使招谕蕃国的目的实在贸易。使臣中最著者有亦黑迷失，曾四次奉使海外，至元二十九年（1292）以爪哇黥朝使右丞孟琪面，大发兵征讨，以亦黑迷失领海军，

---

①顾炎武：《天下郡国利病书》卷二〇，《海外诸蕃》。

②《粤海关志》卷三，引《宋会要》。

③《蒲寿庚考》，第200页。

④《元史》卷一〇，《世祖本纪》。

⑤《元史》卷一二九，《唆都传》；卷二一〇，《马八儿等国》。

⑥《元史》卷二一〇，《马八儿等国》。

发舟千艘往征。谕降南巫里、速木都剌诸国。[1]

海上交通频繁，香药、珠玉、象牙、犀角诸宝货输入日多，政府虽得巨额之关税以补岁入之不足，但输出额与输入额不能相抵，钱货遂如漏卮外溢，源源不绝。东至日本，南至南海诸国，均行用中国铜钱。[2]输入为奢侈品，输出则为正货，虽年年铸钱，而不能补其不足，遂发生“钱荒”之弊。[3]自唐宋以来，历朝均有极严厉之禁令，禁钱币出口。宋宁宗嘉定十二年（1219）下令凡买外货，以绢帛锦绮瓷漆为代价，不以金银铜钱。[4]法令虽严而钱币之流出仍有增无减。上流社会除好用外货之习惯外，并有蓄养黑奴之风气，此风自南北朝以来即已盛行[5]，宋时广中富人多蓄之[6]。至元代则显贵家有不蓄黑奴者为人所笑。[7]上行下效，外货之需要日增，中国与南洋诸国之贸易亦日盛。华人至海外贸易，特被敬礼。如爪哇则“中国贾人至者，待以宾馆，食丰洁”[8]。浡泥则“尤敬爱唐人，醉则扶之以归歇处”[9]。宋赵汝适曾记当时华商到浡泥时之贸易情形云：

> 蕃舶抵岸三日，其王与眷属率大人（王之左右号曰大人）到船问劳，船人用锦借跳板迎肃，款以酒醴，用金银器皿、褥席、凉伞等分献有差。既泊舟登岸，皆未及博易之事，商贾日以中国饮食献

---

①《元史》卷一三一，《亦黑迷失传》；卷二一〇，《爪哇传》。关于元代与南海之交通，可参看Rockhill: *Notes on the Relations and Trade of China with the Eastern Malay Archipelago and the Coast of the Indian Ocean during the 14th Century*。

②《大日本史》，《食货志》卷一五；马欢：《瀛涯胜览》，爪哇国条，旧港条。

③《宋史》卷一八〇。

④《宋史》卷一八五，《食货志》下七。

⑤《通鉴·宋纪》卷一一大明七年条：“（帝）又宠一昆仑奴，令以杖击群臣。”唐人有《昆仑奴传》。

⑥《萍洲可谈》卷二。

⑦叶子奇《草木子》卷三下《杂制篇》：“北人女使得高丽女孩童，家僮必得黑厮。不如此谓之不成仕宦。”

⑧《文献通考》三，卷三三二，《阇婆》。

⑨《岛夷志略》，《浡泥》。

其王，故舟往佛泥，必挟善庖者一二辈与俱。朔望并讲贺礼。几月余，方请其王与大人论定物价，价定然后鸣鼓以召远近之人，听其贸易。价未定而私贸者罚。俗重商贾，有罪抵死者罚而不杀。船回日，其王亦醧酒椎牛祖席酢以脑子番布等称其所施。[①]

往往有侨居不归，至长子孙者。[②]打板国之建筑受华侨影响，与中国同。[③]三佛齐至有中国文字，专用于朝贡中国时之章表。[④]元人记龙牙门有中国人侨居，勾栏山有唐人与蕃人杂居，马鲁涧国之长酋长陈姓为元临漳人，威逼诸蕃。[⑤]明初人记爪哇国有三等人，“一等唐人，皆是广东、漳泉等处人窜居此地，食用亦美洁，多有从回回教门受戒持斋者”。国中杜板多有广东及漳州人流居。革儿昔原系沙滩之地，因中国之人来此创居，遂名新村，村主为广东人，有千余家。各处蕃人多到此处买卖，民甚殷富。苏鲁马益亦有中国人。[⑥]满剌加国肤白者为唐人种。[⑦]又据传说，14世纪（略当元代）有闽人林旺者航海到菲律宾，为菲人猎山泽，驱猛兽，教菲人以种种耕稼上之知识，菲人始由游牧时代渐入农业时代。[⑧]由此可知在14世纪以前华侨已遍布南洋，握有其地之经济权，筚路蓝缕，为其地之开发者。积千余年之经验，航舶往来，直同内地，政府极力鼓励国际贸易，商人极力向外发展，中国在政治上为诸国宗主，在文化上为诸国先驱，到明初更极意经营，郑和七下西洋，兵威远届，中国在南洋的势力遂达顶点。

---

①《诸蕃志》上，《浡泥国》。

②《诸蕃志》，麻逸条。阿拉伯人于石晋天福八年（943）至苏门答腊见其地有华人甚多，从事耕植，而巴邻旁尤为荟萃之区。见其所著《黄金牧地》。

③《诸蕃志》，苏吉丹条。

④《诸蕃志》，三佛齐条。

⑤《岛夷志略》，龙牙门条，勾栏山条，马鲁涧条。

⑥马欢：《瀛涯胜览》，爪哇条。

⑦费信：《星槎胜览前集》，《满剌加国》。

⑧郑民：《菲律宾》，据刘继宣、束世澂《中华民族南洋拓殖史》引文。

二

明太祖（1368—1398）承元而起，一面继续用武力削平大陆上的割据者，另一面派使臣到南洋诸国，说明中朝已经换了朝代，命令他们向新统治者表示臣服的仪节。这仪节的手续分为几部分：第一是缴还元代所颁的印绶册诰，表示他们已和元室脱离关系。第二是重新颁赐新的印绶册诰，表示他们自此受新朝的册封，在名义上是新朝的藩国。第三是颁赐大统历，表示受新朝的正朔，永为藩臣。在受册封者应表示的仪节是派使称臣入贡，恢复正常的外交关系。所受的权利是得和中国通商，外交上的使节同时也是商船上的领袖。

洪武初年出使南洋的使臣，二年（1369）有吴用、颜宗鲁使爪哇[①]，刘叔勉使西洋琐里，三年（1370）有赵述使三佛齐，张敬之、沈秩使浡泥，塔海帖木儿使琐里。永乐元年（1403）有中官尹庆使满剌加、古里、柯枝国，闻良辅、宁善使西洋琐里、苏门答腊。[②]足迹已遍南洋。洪武二年（1369）谕爪哇之诏书纯为说明统治权之转移，书曰：

> 中国正统，胡人窃据百有余年，纲常既隳，冠履倒置。朕以是起兵讨之，垂二十年，海内悉定。朕奉天命以主中国，恐遐迩未闻，故专报王知之。颁去大统历一本，王其知正朔所在，必能奉若天道，俾爪哇之民安于生理，王亦永保禄位，福及子孙。其勉图之勿怠。[③]

次年其王昔里八达剌蒲[④]遣使朝贡，纳前元所授宣敕二道，诏封为国

①《明史》卷三二四，《爪哇传》；《殊域周咨录》卷八，《爪哇》。

② 据《明史》卷三二四至卷三二五《外国传》。

③《殊域周咨录》卷八，《爪哇》。

④ 此据《明史》，《殊域周咨录》作昔里达，《东西洋考》作昔里八达剌八剌蒲。

王。[①]其他使臣之出发均负同样使命。

明太祖是个脚踏实地的消极主义者，在他在位的期间用全力去削平割据势力，奠定统一的规模，一面致力于沿海的海防，抵御倭寇的侵入，巩固北边的边防，防止蒙古人的南犯。另一面内地诸蛮族叛乱纷起，自宁夏、凉州、洮州到湖南、湖北、四川、两广、云南、贵州诸蕃蛮，三十年中几乎没有一年不用兵。他审虑自己的国力，只能巩固国内和抵御外来的侵犯，绝不能有余力去向外发展，因此他就立定主意不再南迈，洪武二年（1369）编定《皇明祖训·箴戒章》时就特别指出，不可倚中国富强，无故对外兴兵，他也看出元代征爪哇失败的教训，特别列出不征的十五夷国，叫后人遵守。他说：

> 四方诸夷皆限山隔海，僻在一隅，得其地不足以供给，得其民不足以使令，若其自不揣量，来挠我边，则彼为不祥。彼既不为中国患，而我兴兵轻犯，亦不祥也。吾恐后世子孙倚中国富强，贪一时战功，无故兴兵，致伤人命，切记不可。但胡戎与西北边境，互相密迩，累世战争，必选将练兵，时谨备之。
>
> 今将不征诸国名列后：
>
> 东北：朝鲜国
>
> 正东偏北：日本国　虽朝实诈，暗通奸臣胡惟庸谋为不轨，故绝之。
>
> 正南偏东：大琉球国　小琉球国
>
> 西南：安南国　真腊国　暹罗国　占城国　苏门答腊　西洋国　爪哇国　彭亨国　白花国　三佛齐国　浡泥国[②]

除即位后派使臣去招谕之外，即采取大陆政策，不再向海外谋发展。在通

---

①《殊域周咨录》卷八，《爪哇》。《明史》作洪武二年（1369）太祖遣使以即位诏谕其国，三年（1370）以平定沙漠颁诏，九月其王昔里八达剌蒲遣使奉金叶表来朝贡方物，宴赉如礼。五年又遣使随朝使常克敬来贡，上元所授宣敕三道。

②《皇明祖训》首章，第5页。

商方面，也循前朝旧例，海外诸国入贡，许附载方物，与中国贸易，设市舶司，置提举官以领之。洪武初设于太仓黄渡，寻罢[①]，复设于宁波、泉州、广州。[②]宁波通日本，泉州通琉球，广州通占城、暹罗、西洋诸国。永乐三年（1405）以诸蕃贡使益多，乃置驿于福建、浙江、广东三市舶司以馆之，福建曰来远，浙江曰安远，广东曰怀远。寻设交趾、云南市舶提举司，[③]接西南诸国朝贡者。[④]凡贡使附至蕃货，欲与中国贸易者，官抽六分，给价以偿之，仍除其税。[⑤]为招谕蕃商计，货舶亦有时得邀免税的特典。[⑥]

贡使之来往往多挟蕃货，国家所费不赀。其馆驿又依例由地方人民负责，[⑦]官民为之交病。洪武七年（1374）以倭寇猖獗，罢三市舶司不

---

①《明太祖实录》卷二八："吴元年（1367）十二月庚午置市舶提举司，以浙东按察司陈宁等为提举"；卷四九："洪武三年（1370）二月甲戌罢太仓黄渡市舶司，凡蕃舶至太仓者，令军卫有司同封借其数，送赴京师。"

② 洪武中曾一度废止，《明太祖实录》卷九三："洪武七年（1374）九月辛未罢福建泉州、浙江明州、广东广州三市船司。"永乐初复设，《明成祖实录》卷二三："元年（1403）八月丁已，上以海外蕃国朝贡之使，附带物货前来交易者，须有官专主之。遂命吏部依洪武初制，于浙江、福建、广东设市舶提举司，隶布政司，每司置提举司一员，从五品，副提举二员，从六品，吏目一员，从九品。""寻命内臣提督之。嘉靖元年（1522）给事中夏言奏倭祸起于市舶，遂革福建、浙江二市舶司，唯存广东市舶司。"（《明史》卷七五，《职官志》四）市舶提举司之职掌为"掌海外诸蕃朝贡市易之事，办其使人表文勘合之真伪，禁通蕃，征私货，平交易，闲其出入而慎馆谷之"。

③《明成祖实录》卷七五："六年（1408）正月戊辰设交阯、云南市舶提举司，置提举副提举各一员。"

④《明史》卷八一，《食货志》，《市舶》。

⑤《明太祖实录》卷四五。

⑥《明史》卷三二四《三佛齐》："洪武四年（1371）户部言其货舶至泉州宜征税，命勿征。"

⑦《明成祖实录》卷二三六永乐十九年（1421）四月条："连年四方蛮夷朝贡之使，相望于道，实罢中国。"《明宣宗实录》卷五八宣德四年（1429）八月条："琉球国往来使臣俱于福州停住，馆谷之需，所费不赀。通事林惠、郑长所带番梢从人二百余人，除日给廪米之外，其茶盐醯酱等物出于里甲，相沿已有常例。乃故行刁蹬，勒折铜钱，及今未半年，已用铜钱七十九万六千九百有余，按数取足，稍或稽缓，辄肆詈殴。"卷六七宣德五年（1430）六月条："庚午上谕行在礼部臣曰：闻西南请蕃进贡海舶初到，有司封识，遣人入奏，俟有命然后开封起运。使人留彼，动经数月，供给皆出于民，所费多矣。其令广东、福建、浙江三司，今后蕃舡至，有司遣人驰奏，不必待报，三司官即令市舶司称盘明注文籍，遣官同使人运送，庶省民间供馈。"此虽洪武以后之记载，但俱为常例，则此种情形洪武时即已有之明甚。

设。同时又谕中书及礼部臣曰：

> 古诸侯于天子，比年一小聘，三年一大聘。九州之外，则每世一朝，所贡方物，表诚敬而已……远国如占城、安南、西洋琐里、爪哇、浡泥、三佛齐、暹罗斛、真腊诸国，入贡既频，劳费太甚。今不必复尔，其移牒诸国俾知之。

可是诸国仍贪入贡之利，来者不止。[①]当时朝廷以为海寇之起，多缘于通商互市，因之废市舶司不设。同时下禁海令，不许人民私自出海贸易。洪武十四年（1381）禁濒海民私通海外诸国。[②]可是沿海居民，迫于生计，仍私自出外贸易，禁令愈严，获利愈大，私出贸易者因之愈多，货币之流出亦愈不可问。二十三年（1390）诏户部申严交通外蕃之禁："上以中国金银铜钱段匹兵器等物，自前代以来，不许出蕃。令两广、浙江、福建愚民无知，往往交通外蕃，私易货物，以故严禁之。沿海军民官司纵令私相交易者悉治以罪。"[③]二十七年（1394）又下令禁民间用蕃香蕃货，使这一些蕃商失去市场，为釜底抽薪之计："先是上以海外诸夷多诈，绝其往来，唯琉球、真腊、暹罗许入贡。而沿海之人，往往私下诸蕃，贸易香货，因诱蛮夷为盗。命礼部严禁绝之，敢有私下诸蕃互市者，必寘之重法。凡蕃香蕃货皆不许贩鬻，其见有者限以三月销尽，民间祷祀止用松柏枫桃诸香，违者罚之。其两广所产香木听土人自用，亦不许越岭货卖，盖虑其杂市蕃香，故并及之。"[④]三十年（1397）又申禁人民无得擅出海与外国互市。[⑤]

成祖（1403—1424）于建文四年（1402）六月入南京即帝位，在

---

①《明史》卷三二四，《暹罗传》。

②《明太祖实录》卷一三九。

③《明太祖实录》卷二〇五。

④《明太祖实录》卷二三一。

⑤《明太祖实录》卷二五二。

他的登基诏书中，重又申明通蕃的禁例："沿海军民人等近年以来，往往私自下蕃，交通外国，今后不许，所司一遵洪武事例禁治。"[①]这命令仍是一纸虚文，不能禁遏这一股向南洋发展的洪流。政府没有法子，只好于次年（1403）八月重新恢复久已废置的三处市舶提举司[②]，希望将互市的权利收回国家，明认通商为合法，只要商人肯照例缴纳货税，便听其出入诸蕃。然而在事实上，一般商人久已习惯于无约束的自由贸易，海禁虽开，仍不愿领政府的执照，向政府缴纳出入口税。政府没有办法拘束这群私商，于是又想出一个主意，航海必须海船，把海船禁止航行，私商自然无法出海了。永乐二年（1404）正月又颁布了一条新禁令，《明成祖实录》记：

> 时福建濒海居民，私载海船，交通外国，因而为寇，郡县以闻。遂下令禁民间海船，原有海船者悉改为平头船，所在有司防其出入。[③]

这法子虽好，可是还要"所在有司防其出入"，海舶为当时最大利源，地方官每居为奇货，哪肯认真替国家查禁，而且沿海的文武官吏多半就是这些海舶的实际股东，即不然，也有豪富的士绅为之撑腰，例如太祖时的军官通蕃案：

> 洪武四年（1371）十二月乙未，上谕大都督府臣曰：朕以海道可通外邦，故尝禁其往来。近闻福建兴化卫指挥李兴、李春私遣人出海行贾，则滨海军卫岂无如彼所为者乎？[④]

周玄暐记通蕃情形：

---

①《明成祖实录》卷一〇上。

② 见本书第247页注②。

③《明成祖实录》卷二七。

④《明太祖实录》卷七〇。

闽广奸商，惯习通番，每一舶推豪富者为主。中载重货，余各以己资市物往，牟利恒百余倍。①

而且即使私商肯报官纳税，也是弊窦百出，政府所得无几，例如广州的市舶收入情形：

广属香山为海舶出入咽喉，每一舶至，常持万金，并海外珍异诸物，多有至数万者。先报本县申达藩司，令舶提举司县官盘验，各有长例，而额外隐漏，所得不赀。其报官纳税者不过十之一二而已。②

试验尽了各种法子，私商依然照样出海，市舶司等于虚设。几条路都走不通，这才毅然决定了国营海外贸易的政策，由政府备船只武器资本货物大规模地派武装舰队到南洋诸国去贸易。这一政策的实现者是威震一代的明成祖，执行和代表者是历史上有名的三保太监郑和。

明初对南洋诸国的态度，从明太祖的消极的保境安民政策突转而为明成祖的积极经营海外政策，实有其内在的原因。原来自太祖建国后，连年征战，北征蒙古，东南防倭，西南蕃蛮迭次叛乱，加以宫室城庙的营建，诸王就封的王府兴造，国帑空虚，民生凋瘁。到建文帝（1399—1402）继位以后，靖难师起，转战四年，赤地千里。到成祖继位后，国家财政已经到了没有办法的地步，不能不改变政策，掉转头来向南洋发展，从国际贸易的收入上来解救当前的难关。关于这一历史事实的说明，我们有明代人的记载可以引证：

自永乐改元，遣使四出，招谕海番，贡献迭至，奇货重宝，前代所希，充溢府库。贫民承令博买，或多致富，而国用亦羡裕矣。③

---

①②《泾林续记》（《涵芬楼秘籍》本）。

③《殊域周咨录》卷九，《佛郎机》。

使臣派出之目的在贸采琛异：

太宗皇帝入缵丕绪，将长驭远驾，通道于乖蛮革夷，乃大赉西洋贸采琛异……由是明月之珠，鸦鹘之石，沉南龙速之香，麟狮孔翠之奇，梅脑薇露之珍，珊蝴瑶琨之美，皆充舶而归。[①]

曾从郑和数度出使的回教徒马欢，在他的纪行书中有关于宝船和南洋诸国贸易的详细记载。《瀛涯胜览》古里条记当时贸易情形：

其二大头目受朝廷升赏。若宝船到彼，全凭二人主为买卖，王差头目并哲地未讷儿计书算于官府，牙人来会，领船大人议择某日打价，至日，先将带去锦绮等物，逐一议价已定，随写合同价数，彼此收执。其头目哲地即与内官大人众手相挈。其牙人则言某月某日于众手中拍一掌已定，或贵或贱，再不悔改。然后哲地富户才将宝石、珍珠、珊瑚等物来看，议价非一日能定，快则一月，缓则二三月。若价钱较议已定，如买一主珍珠等物，该价若干，是原经手头目未讷儿计算该还纻丝等物若干，照原打手之货交还，毫厘无改。

溜山条：

中国宝船一二只亦到彼处收买龙涎香、椰子等物。

祖法儿国条：

中国宝船到彼，开读赏赐毕。其王差头目遍谕国人，皆将乳香

① 黄省曾：《西洋朝贡典录序》。

血竭芦荟没药安息香苏合油木别子之类，来换易纻丝磁器等物。

阿丹国条：

分䑸内官周口领驾宝船数只到彼，王闻其至，即率大小头目至海滨迎接诏敕赏赐。至王府行礼甚恭谨感服。开读毕，即谕其国人，但有珍宝，许令卖易。在彼买得重二钱许大块猫睛石，各色雅姑等异宝。大颗珍珠，珊瑚树高二尺者数株，又买得珊瑚枝五柜、金珀、蔷薇露、麒麟、狮子、花福鹿、金钱豹、驼鸡、白鸠之类而还。

柯枝国条：

第三等人名哲地，系有钱财主。专一收买下宝石珍珠、香货之类候中国宝石（石字疑衍）船或别国蕃船客人来买。

暹罗条：

国之西北去二百余里，有一市镇名上水。中国宝船到暹罗，亦用小船去做买卖。

而以满剌加为博易总枢，严密警卫。同书满剌加条：

凡中国宝船到彼，则立排栅如城垣，设四门更鼓楼，夜则提铃巡警。内又立重栅如小城，盖造库藏仓廒，一应钱粮屯在其内。去各国船只回到此处取齐，打整蕃货，装载船内。等候南风正顺，于五月中旬开洋回还。

一方面南洋物产丰富，若干物货均为中国人日常生活所不可缺。所谓“夷中百货，皆中国不可缺者，夷必欲售，中国必欲得之”[①]。故不能不开放海禁，并且用国家的力量去经营。在贫民方面则更非开海禁不能生活：

海滨一带，田尽斥卤，耕者无所望岁，只有视渊若陵，久成习惯。富家征货，固得捆载归来，贫者为佣，亦博升斗自给。一旦戒严，不得下水，断其生活，若辈悉健有力，不肯搏手困穷，于是所在连结为乱，溃裂以出。[②]

因禁海后，沿海平民无从资生，往往流为海寇，“其久潜踪于外者，既触网不敢归，又连结远夷向导以入”[③]。要解决沿海平民的生活和海寇的骚扰，也不能不使朝廷突然改变计划，开海通商，使平民得沾贸易之利。同时武装舰队之派出目的，固在贸易蓄货，也附带解决海寇之使命。

而另一方面，郑和一行人的出使，还负有重要的秘密使命，郑晓说得好：

高皇何以有海外之使也？更始也。成祖西洋之舰，不已劳乎？郑和之泛海，胡濙之颁书也，国有大疑焉耳。[④]

所谓“大疑”，《明史·郑和传》已明白指出：

成祖疑惠帝亡海外，欲踪迹之。且欲耀兵异域，示中国富强，永乐三年（1405）六月命和及其侪王景弘等通使西洋。[⑤]

---

①《殊域周咨录》卷八，《暹罗》。

②③ 张燮：《东西洋考》卷七，《饷税考》。

④《皇明四夷考序》。

⑤《明史》卷三〇四。卷一六九《胡濙传》亦云：“传言建文帝蹈海去，帝分遣内臣郑和数辈，浮海下西洋。”

次之，自洪武末年以来，西南诸国久不通贡：

> 三十年，礼官以诸蕃久缺贡，奏闻。帝曰：洪武初，诸蕃贡使不绝。迩者安南、占城、真腊、暹罗、爪哇、大琉球、三佛齐、浡泥、彭亨、百花、苏门答腊、西洋等三十国，以胡惟庸作乱，三佛齐乃生间谍，绐我使臣至彼。爪哇王闻知，遣人戒饬，礼送还朝。自是商旅阻遏，诸国之意不通。唯安南、占城、真腊、暹罗、大琉球朝贡如故。①

成祖是一个好大喜功的英主，他要恢复洪武初年诸蕃朝贡的盛况，令海南诸国都稽首阙下，同为王臣，所以一即位便先派中官尹庆、马彬等出使爪哇、满剌加、柯枝、古里、西洋琐里、苏门答腊诸国，通告新帝的登基，一面调查南洋诸国的情形，做武装舰队派出的准备。

经过了洪武朝三十年的努力，叛侧尽平，国内无事。在极北对蒙古人的防御，明成祖自以身当敌冲，长驻北平，集中军力，使敌不敢南犯。在极南，郑和所率领的舰队第一次便得了相当的成功，成宣相继在三十年中，北则六次亲征，南则七下西洋，为有史以来之盛事。

三

在郑和所率领之远征军未出发之前二年，政府已着手大造海船，以其为下西洋取宝之用，又称宝船，或称宝舡。其承造者或为军卫有司②，或

---

①《明史》卷三二四，《三佛齐传》。

②《明成祖实录》卷二〇上："元年（1403）五月辛巳命福建都司造海船百三十七艘。"卷二七："二年（1404）正月壬戌命京卫造海船五十艘。"癸亥将遣使西洋诸国"命福建造海船五艘"。卷四三："三年（1405）六月命浙江等都司造海舟千一百八十艘。"有一部分海船是由海运船（由海道运粮之船）改造，卷七一："五年（1407）九月乙卯命都指挥汪浩改造海运船二百四十九艘，备使西洋诸国。"十一月丁巳"命浙江、湖广、江西改造海运船十六艘"。卷七六："六年（1408）二月命浙江、金乡等卫改造海运船三十三艘。"卷九七："七年（1409）十月壬戌命江西、湖广、浙江及苏州等府卫造海船三十五艘。"卷九九："七年（1409）十二月丁未命扬州等卫造海船五艘。"卷一二〇："九年（1411）十月辛丑命浙江、临山、观海、定海、宁波、昌国等卫造海船四十八艘。"

为工部[1]。至永乐十八年（1420）八月始置大通关提举司，置官如南京龙江提举司，专造舟舰。[2]在南京则有宝船厂，专造西洋宝船。[3]所造船，大船长四十四丈四尺，阔一十八丈；中船长三十七丈，阔一十五丈。[4]就第一次远征军之人数计之，每船平均可载四百五十人左右。远征军之组织，除使臣外，有“官校、旗军、火长、舵工、斑碇手、通事、办事、书算手、医士、铁锚木艌搭材等匠、水手、民梢人等”[5]。平均每次出发之人数约为二万七八千人。[6]占远征军中最多数之军人，大抵由南京及直隶卫所运粮官军和水军右卫等卫官军中临时抽调。[7]将校亦由各卫军官中选用。[8]当时南洋诸国大抵多奉回教，故远征队中之通事（翻译人员）多为回教徒，今可知者有会稽马欢，仁和郭崇礼[9]，西安

---

①《明成祖实录》卷七五：“六年（1408）正月丁卯命工部造宝船四十八艘。”卷二一五：“十七年（1419）八月己卯造宝船四十一艘。”

②《明成祖实录》卷二二八。

③④顾起元：《客座赘语》卷一，宝船厂条。

⑤祝允明：《前闻记》（沈节甫：《纪录汇编》本卷二〇二）。

⑥第一次远征军二万七千八百余人，见《明史·郑和传》；第二次二万七千余人，见费信：《星槎胜览》；第七次二万七千五百五十人，见《前闻记》。

⑦《明宣宗实录》卷六四：“五年（1430）三月己巳平江伯陈瑄言：南京及直隶卫所运粮官军，今年选下西洋及征进交阯，分调北京，通计二万余人。又水军右卫等卫官军，今年选下西洋者亦多。”

⑧例如《明成祖实录》卷一一八：“九年（1411）十月壬辰论锡兰山战功，升锦衣卫指挥佥事李实、何义宗俱为本卫指挥同知。正千户彭以胜、旗手卫正千户林全俱为本卫指挥同知佥事。”卷一六六：“十三年（1415）九月壬寅命兵部录苏门答腊战功。于是水军右卫流官指挥使唐敬、流官指挥佥事王衡、金吾左卫流官指挥使林子宣、龙江左卫流官指挥佥事胡复宽、河卫流官指挥同知哈只皆命世袭。锦衣卫正千户陆通、马贵、张通、刘海俱升流官指挥佥事。”卷一七一：“十三年（1415），升千户徐政、汪海为府军右卫指挥佥事，小旗张通为锦衣卫指挥佥事，以使西洋有劳也。”

⑨马欢、郭崇礼，曾三次随使西洋［永乐十年（1412），十九年（1421），宣德五年（1430）］，欢撰有纪行书名《瀛涯胜览》，古朴《瀛涯胜览》后序：“崇礼乃杭之仁和人，宗道乃越之会稽人，皆西域天方教，实奇迈之士也。昔太宗皇帝敕令太监郑和统率宝船往西洋诸蕃开读赏劳，而二君善通译蕃语，遂膺斯选，三随轺轺，跋涉万里。”（据冯承钧：《瀛涯胜览校注本》）

羊市大清真寺掌教哈三[①]。郑和本人亦为一回教徒[②]，亦奉佛教，受菩萨戒[③]。其幕下书手有太仓费信[④]，应天巩珍[⑤]，各有纪行书传世[⑥]。南洋诸国亦有奉佛教者，故在第四次出发时有僧人胜慧同行[⑦]。前后同奉命远征之使臣中，可考者有内官王景弘[⑧]、侯显[⑨]、杨庆、洪保[⑩]、杨敏、李恺[⑪]、李兴、朱良、杨真、周福、张达[⑫]诸人。将校中在锡兰山、苏门答腊两次战役中有功者有李实、何义宗、彭以胜、林全、唐敬、王衡、林子宣、胡复、哈只、陆通、马贵、张通、刘海诸人。[⑬]

郑和，云南昆阳州人。本姓马，祖父均为回教徒。[⑭]其被阉入宫，

---

① 西安羊市大清真寺嘉靖二年（1523）《重修清净寺记》："永乐十一年（1413）四月，太监郑和奉敕差往西域天方国，道出陕西，求所以通译国语可佐信使者，乃得本寺掌教哈三焉。"

② 觉明：《三宝太监下西洋的几种资料》，载《小说月报》第二〇卷一号。

③ 冯承钧：《瀛涯胜览校注序》。

④ 字公晓。《星槎胜览序》："永乐至宣德间，选往西洋，四次随征正使太监郑和等至诸海外。"

⑤ 钱曾《读书敏求记》："永乐初敕遣中外重臣循西海诸国。宣宗嗣位，复命正使太监郑和、王景弘等往海外遍谕诸蕃。时金陵巩珍从事总制之幕往还三年。所至蕃邦二十余处。"

⑥ 费信所撰有《星槎胜览》二卷。有陆楫《古今说海》本（四卷），沈节甫《纪录汇编》本（一卷），《学海类编》本（四卷），《借月山房汇钞》本（四卷），《百名家书》本（一卷），《格致丛书》本（一卷），《国朝典故》本（二卷），罗以智校本（二卷），广州中山大学覆天一阁本（二卷），《历代小史》本（四卷），《小方壶斋舆地丛书》本；巩珍所撰有《西洋蕃国志》（一卷），见《四库存目》及《读书敏求记》。今未见传本。

⑦ 见永乐十八年（1420）刊本《太上说天妃救苦灵验经本后题记》。（据冯承钧：《郑和下西洋考序》）

⑧ 见《明史》卷三〇四，《郑和传》。七次远征中第一次、第二次、第七次均参加。

⑨《明史》附见《郑和传》："五使绝域，劳绩与郑和亚。"郎瑛《七修类镐》卷一二《三保太监》条："永乐丁亥（1407）命太监郑和、王景弘、侯显三人往东南诸国赏赐宣谕。"伯希和《郑和下西洋考》以为丁亥（五年）乃七年之误。因郑和于五年（1407）十月二日回京，是年所余之日无几也（冯承钧译本，第35页）。

⑩《读书敏求记》，西洋蕃国志条。

⑪ 冯承钧：《瀛涯胜览校注序》，第9页。

⑫《读书敏求记》，西洋蕃国志条；钱谷：《吴都文粹续集》卷二八，郑和：《娄东刘家港天妃宫石刻通蕃事迹记》（《四库全书珍本初集本》）。

⑬ 见本书第255页注⑧。

⑭ 袁嘉谷：《滇绎》卷三，李至刚撰：《昆阳马公墓志铭》。

在洪武十四年（1381）傅友德、沐英定云南时。[①]事燕王于藩邸，从起兵有功，累擢太监。[②]姿貌才智内侍中无与比者。[③]永乐三年（1405）六月受命出使西洋，带领空前绝后之远征军出发。

第一次远征军航行印度洋时，其任务为“多赍金币”经营大规模的国际贸易，和“遍历诸番国，宣天子诏，因给赐其君长”，做经济和政治的活动。率领将士二万七千八百余人，分乘六十二艘大舶。拥有最新组织和设备的海军，所到处有不服从的便用武力解决。[④]当时印度洋上海盗纵横，剽掠商旅，此次远征除负有上述任务外，附带有解决海盗、肃清航路的使命。

自唐宋以来，三佛齐[⑤]即为东西贸易之中心。[⑥]至明代仍为诸蕃要

---

① 明初诸将用兵边境，有阉割俘虏幼童之习惯。例如叶盛《水东日记》所记：陈芜交阯人，以永乐丁亥侍太孙于潜邸。《明史·金英传》：“范弘交阯人，初名安。永乐中英国公张辅以交童之美秀者还，选为奄。弘及王瑾、阮安、阮浪等与焉。”王瑾即《水东日记》所记之陈芜。永乐丁亥（1407）张辅定安南，陈芜等盖即此役之俘虏。又沈德符《野获编补遗》阉幼童条：“正统十四年（1449）麓川之役，靖远伯王骥都督宫聚奏征思机发，擅用阉割之刑，以进御为名，实留自用。为四川卫训导詹英所奏。天顺四年镇守湖广、贵州太监阮让阉割东苗俘获童稚一千五百六十五人，即奏闻，病死者三百二十九人，复买之以足数，仍阉之。”比附上举诸例，则郑和当即洪武十四年（1381）定云南时所俘被阉之幼童。初侍燕王时其年当在十岁以内。靖难兵起时适为三十岁左右之壮年军官。是后七奉使海外，历成祖、仁宗、宣宗三朝，最后一次出使为宣德五年（1430），不久即老死，则其生卒年约为（1371—1435），存年约六十五岁。

②《明史》卷三〇四，《郑和传》。

③ 袁忠彻：《古今识鉴》卷八。

④《明史》卷三〇四，《郑和传》。

⑤ 即今苏门答腊。古名室利佛逝。自904年始迄于宋明，复有三佛齐或佛齐之号。冯承钧译费琅《苏门答腊古国考》，考证极详，可参看。

⑥《诸蕃志》上《三佛齐》条：“土地所产，玳瑁脑子沉速暂香粗熟香香降真丁香檀香蔻豆外，有真珠乳香蔷薇水栀子花膃肭脐没药芦荟阿魏木香苏合油象牙珊瑚树猫儿睛琥珀蕃布蕃剑等，皆大食诸蕃所产，萃于本国。蕃商（指中国商人）与贩用金银瓷器锦绫缬绢糖铁酒米干良姜大黄樟脑等物博易。其国在海中，扼诸蕃舟车往来之咽喉，古用铁链为限，以备他盗，操纵有机，若商舶至则纵之……若商舶过不入，即出船合战，期以必死。故国之舟辐凑焉。”

会。[1]故华人之侨居者最多。在郑和未出使以前，有梁道明雄长其地。《明史》记：

> 有梁道明者广州南海县人，久居其国，闽粤军民泛海从之者数千家，推道明为首，雄视一方。会指挥孙铉使海外，遇其子挟与俱来。永乐三年（1405）成祖以行人谭胜受与道明同邑，命偕千户杨信等赍诏招之。道明及其党郑伯可随入朝贡方物，受赐而还。[2]

又有陈祖义亦广东人，亦为旧港（Palembang）头目，远征军过苏门答腊时祖义出降，遣使入贡：

> 永乐四年（1406）七月壬子，旧港头目陈祖义遣子士良，梁道明遣侄观政来朝，赐钞币有差。[3]

一面仍为盗海上[4]，剽掠商旅[5]，贡使往来者苦之[6]。远征军回帆时，复谋要劫，被擒伏诛，《明成祖实录》记：

---

①《明史》卷三二四，《三佛齐传》。

②《明史》卷三二四，《三佛齐传》；《明史》卷三〇四，《郑和传》。《明成祖实录》卷三八永乐三年（1405）正月戊午条："遣行人谭胜受千户杨信等往旧港（Palembang）招抚逃民梁道明等……"卷四八："三年（1405）十一月甲寅行人谭胜受等使旧港还。以头目梁道明、郑伯可等来朝，贡马方物，赐道明等袭衣及钞百五十锭，文绮二十表里，绢七十匹。"

③《明成祖实录》卷五六。按《明史·三佛齐传》："五年（1407）郑和自西洋还，遣人招谕之，祖义诈降，潜谋要劫……"据《实录》祖义之入贡在四年（1406）七月，郑和之出发在三年（1405）六月，则招降当在第一次路经旧港时，故即于次年（1406）入贡。要劫则为归途经旧港时事，时为永乐五年（1407）。若招降为七年（1409）事，则四年（1406）之入贡在事实上为不可能。若以祖义之四年（1406）入贡同为谭胜受等所招谕，则梁道明之初次入贡在三年（1405）十一月，与其党郑伯可偕贡，初不及祖义。四年（1406）七月第二次入贡始与祖义使同来，可知系分作两次招谕，谭胜受初无招谕陈祖义之举。《明史》误系郑和招降陈祖义事于永乐五年（1407）即续记要劫被擒事，误。

④《明史》卷三二四，《三佛齐传》。

⑤《明史》卷三〇四，《郑和传》。

⑥《明史》卷三二四，《三佛齐传》。

五年（1407）九月壬子太监郑和使西洋诸国还[①]。械至海贼陈祖义等。初和至旧港，遇祖义等，遣人招谕之，祖义诈降，而潜谋要劫官军。和等觉之，整兵堤备。祖义率众来劫，和出兵与战，祖义大败，杀贼党五千余人，烧贼船十艘，获其七艘，及伪铜印二颗。生擒祖义等三人。既至京师，命悉斩之。[②]

陈祖义的“潜谋要劫”，实由于施进卿之告密。施进卿为梁道明之副酋[③]，亦广东人[④]。

祖义诈降，潜谋要劫。有施进卿者告于和。祖义来袭，被擒，献于朝伏诛。[⑤]

即遣使随郑和入朝，以功授旧港宣慰使：

五年（1407）九月戊午旧港头目施进卿遣婿邱彦诚朝贡，设旧港宣慰使司，命进卿为宣慰使，赐印诰冠带文绮纱罗。[⑥]

后其子济孙袭职，亦遣使朝贡：

二十二年（1424）正月甲辰，旧港故宣慰使施进卿之子济孙遣

---

① 伯希和：《郑和下西洋考》第29页：“永乐五年九月癸亥（1407年10月2日）郑和复使西洋。”（《明史》卷六，第3页）注五：钧案伯希和译文解作郑和还。晗案郑和第一次出使归国，《明实录》及《明史》本纪俱作五年（1407）九月壬子，伯希和以为是五年（1407）九月癸亥，未知何据。《明史》本纪明记“郑和还”，伯希和译文不误，冯先生改译为“复使西洋”，亦不知何据。

②《明成祖实录》卷七一。

③《东西洋考》卷三，旧港条。

④《瀛涯胜览》，旧港条。

⑤《明史》卷三二四，《三佛齐传》。

⑥《明成祖实录》卷七一。

使邱彦诚请袭父职，并言旧印为火所毁。上命济孙袭宣慰使，赐纱帽及花金带金织文绮袭衣银印，令中官郑和赍往给之。[①]

洪熙元年（1425）复遣使来贡金银香象牙等物。[②]其后朝贡渐稀。[③]

第一次之远征军于永乐五年（1407）九月返国，在海上往返之三年中，此远征军曾至爪哇[④]、苏门答腊[⑤]、南巫里[⑥]、古里[⑦]、锡兰[⑧]诸地，其行踪似未越过印度海岸以外。

郑和一行人之使命，第一次远航即得满意的收获，海盗肃清，航路无阻。遂于次年（1408）九月癸亥复奉命统领官兵，驾驶海舶四十八艘[⑨]，赍敕使古里、满剌加、苏门答腊、阿鲁、加异勒、爪哇、暹罗、占城、柯枝、阿拨把丹、小阿兰、南巫里、甘巴里诸国，赐其王锦绮纱罗。[⑩]

前一次之海外贸易，顺利归来，此次贸易，又大获而归，遂为锡兰国王亚烈苦奈儿所觊觎，发兵要劫，为郑和所败，生擒亚烈苦奈儿而归。《明成祖实录》记：

---

①《明成祖实录》卷二六七。

②《明宣宗实录》卷五。

③《明史》卷三二四，《三佛齐传》。

④《明史》卷三二四，《爪哇传》。

⑤《明史》卷三二五，《苏门答腊传》。

⑥《明史》卷三二六，《南巫里传》。

⑦《瀛涯胜览》古里条；何乔远《王享记》三："永乐元年（1403）酋长马那必加剌满遣使朝贡，三年（1405）复贡，诏封为国王，郑和下蕃自古里始，西洋诸蕃之会也。"是郑和于永乐三年（1405）曾至古里封王。伯希和于《郑和下西洋考》中以为《瀛涯胜览》所记之五年（1407）是三年（1405）之误《郑和下西洋考》（30页注②）。与何氏所记正合。

⑧《郑和下西洋考》，31页注①。

⑨《星槎胜览》前集，《占城国》；陆容：《菽园杂记》。

⑩《明成祖实录》卷八三。按《娄东刘家港天妃宫石刻通蕃事迹记》记第二次航行以五年（1407）往，七年（1409）还；"永乐五年（1407）统领舟师往爪哇、古里、柯枝、暹罗等国，其国王各以方物珍禽兽贡献，至七年（1409）回还。"和《明成祖实录》及诸纪行书都不合。

九年（1411）六月乙巳内官郑和等使西洋诸蕃还国。[①]献所俘锡兰山国王亚烈苦奈儿并其家属。和等初使诸蕃，至锡兰山，亚烈苦奈儿侮慢不敬，欲害和，和觉而去。亚烈苦奈儿又不辑睦邻国，屡邀劫其往来使臣，诸蕃皆苦之。及和归复经锡兰山，遂诱和至国中，令其子纳颜[②]索金银宝物，不与。潜发蕃兵五万余劫和舟，而伐木拒险，绝和归路，使不得相援，和等觉之，即拥众回船，路已阻绝。和语其下曰："贼大众既出，国中必虚，且谓我客军孤怯，不能有为。出其不意攻之，可以得志。"乃潜令人由他道至船，俾官军尽死力拒之。而躬率所领兵二千余由间道急攻王城破之，擒亚烈苦奈儿并家属头目。蕃军复围城，交战数合大败之。遂以归。群臣请诛之，上悯其愚无知，命姑释之，给与衣服，命礼部议择其属之贤者为王以承国祀。[③]

礼部询所俘国人，国人皆举耶巴乃那。永乐十年（1412）十一月复遣郑和使西洋赍诏印往封，并送亚烈苦奈儿归国。时国人已立不剌葛麻巴忽剌查[④]为王，诏使逊位[⑤]。

远征军至苏门答腊时，王子苏干剌以赏赐不及，举兵邀杀，又为郑和所擒，献俘阙下，国威大振。《明成祖实录》记：

十三年（1415）九月壬寅，郑和献所获苏门答腊贼酋苏干剌

①《王享记》三：锡兰国条记有行人诸蕃偕郑和同使其国。诸蕃一名不见他书著录，或为诸蕃国之省文。

②《王享记》作纳言。

③《明成祖实录》卷一一六。

④ 不剌葛麻巴思剌查应作不剌葛麻巴忽剌查。

⑤《王享记》三，锡兰条。邪巴乃那即不剌葛麻巴忽剌查，明人不知误以为二，见郑晓：《吾学编》卷六八。参看《郑和下西洋考》，33页。按擒亚烈苦奈儿，《通蕃事迹记》以为第三次航行事，"永乐七年（1409）统领舟师前往各国，道经锡兰山国，其王亚烈苦奈儿负固不恭，谋害舟师，赖神灵显应知觉，遂生擒其王，至九年（1411）归献。寻蒙思宥，俾复归国"。以七年（1409）出发，九年（1411）还国，与《明成祖实录》不合。

等。初，和奉使至苏门答腊，赐其王宰奴里阿必丁彩币。苏干剌乃前伪王弟，方谋弑宰阿必丁以夺其位，且怒使臣赐不及己，领兵数万邀杀官军。和帅众及其国兵与战，苏干剌败走，追至南浡利国，并其妻子俘以归。至是献于行在。兵部尚书方宾言：苏干剌大逆不道，宜付法司正其罪，遂命刑部按法诛之。①

此行据马欢所撰纪行诗及《明史·外国传》之记载，凡占城、阇婆、三佛齐、苏门答腊、锡兰、柯枝、古里、五屿、溜山、忽鲁谟斯、加异勒、彭亨、急兰丹、阿鲁、南浡利诸国，均为航线所经，始越过印度南境，而抵于波斯湾中。②

第三次航行返国时，诸蕃国使臣随同朝贡。次年（1416）十二月，郑和又奉命赍敕及锦绮纱罗等物，偕诸蕃国使臣赐各国王。③此次航路除遍历前三次所经国家以外，并曾到过阿丹、麻林④、沙里湾泥⑤、木骨都束、不剌哇、剌撒（《武备志图》位置剌撒于阿拉伯半岛阿丹之西北）⑥，

①《明成祖实录》卷一六八，《明史·郑和传》本此。按《瀛涯胜览》及《明史·苏门答腊传》并云："其苏门答腊国王先被那孤儿花面王侵略战斗，身中药箭而死。有一子幼小，不能与父报仇。其王之妻与众誓曰：'有能报夫死之仇，复全其地者吾愿妻之，共主国事。'言讫，本处有一渔翁，奋志而言，我能报之。遂领兵众当先杀败花面王，复雪其仇。花面王被杀，其众退伏，不敢侵扰。王妻于是不负前盟，即与渔翁配合，称为老王，家室地赋之类，悉听老王裁制。永乐七年（1409）效职进贡而沐天恩，永乐十年（1412）复至其国。其先王之子长成，阴与部领合谋弑义父渔翁，夺其位，管其国。渔翁有嫡子苏干剌领众挈家逃去邻山，自立一寨，不时率众侵复父仇。永乐十三年（1415）正使太监郑和等统领大䑸宝船到彼，发兵擒获苏干剌，赴阙明正其罪。其王子感荷圣恩，常贡方物于朝廷。"与《明成祖实录》不合。

②《郑和下西洋考》，43页，《通报》1933年，第30期。

③《明成祖实录》卷一八三。《通蕃事迹记》记第四次航行往返年月："永乐十二年（1414）统领舟师往忽鲁谟斯等国，其苏门答腊国伪王苏干剌寇侵本国，其王遣使赴阙陈诉，就率官兵剿捕，遂生擒伪王，至十三年（1415）归献。"

④《明史》，《成祖本纪》三。

⑤《明史》卷三二六；《郑和下西洋考》，46页。

⑥《明史》卷三二六。

横断印度洋而远至非洲，于十七年（1419）七月返国。[①]

永乐十九年（1421）正月，郑和等又奉命做第五次之航行。《明成祖实录》记：

> 癸巳，忽鲁谟斯等十六国使臣还，赐钞币表里，复遣太监郑和等赍敕及锦绮纱罗绫绢等物赐诸国，就与使臣偕行。[②]

在这一次航行的两年中，国内发生了一件可笑的大事，原来在远征军派出后的三个月，新建筑落成的奉天、华盖、谨身三殿忽然闹火灾，照着传统的习惯，临时开放言禁，诏群臣直陈阙失。大概群臣中就有一部分人是反对由国家经营海外贸易的，也许这一些反对者同时就是闽广一带的豪富。结果是明令停止下蕃；其条款为：

> 一、下蕃一应买办物件并铸造铜钱，买办麝香、生铜、荒丝等物暂停。
>
> 二、往诸蕃国宝舡及迤西迤北等处买马等项暂行停止。
>
> 三、修造往诸蕃舡只，暂行停止，毋得重劳军民。[③]

可是事实上，下蕃舰队早已派出，这命令也只是一种官样文章而已。

照着旧例，送每次随同入贡的使臣还国，这一次的航行又到了非

---

①《明史》，《成祖本纪》三。第四次航行返国后，曾对屡次出使之将校加以升赏，《明成祖实录》卷二二五："十八年（1420）五月辛未命行在兵部，凡使西洋忽鲁谟斯等国回还官旗二次至四次者俱升一级。于是升龙江左卫指挥朱真为大宁都指挥佥事，掌龙江左卫事。水军右卫指挥使唐敬为都指挥佥事。"

②《明成祖实录》卷二三三。第五次航行《通蕃事迹记》作永乐十五年（1417）事："永乐十五年（1417）统领舟师往西域，其忽鲁谟斯国进狮子、金钱豹、西马，阿丹国进麒麟，番名祖剌法，并长角马哈兽，木骨都束国进花福禄并狮子，卜剌哇国进千里骆驼并驼鸡，爪哇国进糜里羔兽。各进方物，皆古所未闻者。及遣王男王弟捧金叶表文朝贡。"

③《明成祖实录》卷二三六。

洲东岸的木骨都束和不剌哇，阿拉伯沿岸的祖法儿、阿丹。[①]二十年（1422）八月壬寅还，暹罗、苏禄、苏门答腊、哈丹等国悉遣使随和贡方物。[②]

二十二年（1424）正月旧港酋长施济孙请袭宣慰使职，郑和又奉命做第六次之旅行。回国时明成祖已经晏驾，仁宗继位，罢西洋宝船，命和以下蕃诸军守备南京。[③]

仁宗宽宏仁厚，是一个守成的中主。在位几个月便死了，宣宗（1426—1435）继位。这青年皇帝从幼便为其祖父所钟爱，在性格和魄力方面也受了他祖父的遗传，很是精明强干。郑和这时位高望重，郁郁处南京，不能再做海上壮游，行动不免有些地方越轨，虽是三朝老臣，也不免被这一位青年皇帝所申斥。《明宣宗实录》记有一事，可以略见郑和这一时期的情形：

> 元年（1426）四月壬申，命司礼监移文谕太监郑和毋妄请赏赐。先是遣工部郎中冯春往南京，修理宫殿工匠各给赏赐。至是春还奏南京国师等所造寺宇工匠亦宜加赏。上谕司礼监曰："佛寺僧所自造，何预朝廷事！春之奏必和等所使，春不足责。其遣人谕和谨守礼法，毋窥伺朝廷。一切非理之事，不可妄有陈请。"[④]

据《古今图书集成·职方典》所记：

---

①《明成祖实录》卷二三三。

②《明成祖实录》卷二五〇。

③《明史》卷三〇四，《郑和传》；《仁宗本纪》。第六次航行《通蕃事迹记》作永乐十九年（1421）事："永乐十九年（1421）统领舟师，遣忽鲁谟斯等各国使臣久侍京师者悉还本国。其各国王贡献方物视前益加。"

④《明宣宗实录》卷一六。

静觉寺在府治三山门内。明洪武间敕赐，宣德年重修。郑和题请其子孙世守之。[①]

可知郑和这时期已极不得意，乞寺庙为皈依之计。

可是这老军人和老航海家命运中注定还有一次周历印度洋的海上旅行。宣德五年（1430）帝以外蕃贡使多不至，遣和及王景弘遍历诸国。[②]又奉命仆仆做海上之行。《明宣宗实录》记：

五年六月戊寅，遣太监郑和等赍诏往谕诸蕃国，凡所历忽鲁谟斯、锡兰山、古里、满剌加、柯枝、卜剌哇、木骨都束、喃渤利、苏门答腊、剌撒、溜山、阿鲁、甘巴里、阿丹、佐法儿、竹步、加异勒等二十国及旧港宣慰司，其君长皆赐彩币有差。[③]

据祝允明所记此次航海里程郑和所率领之舰队以宣德五年（1430）闰十二月六日于南京龙湾开舡。[④]然据《明宣宗实录》则宣德六年（1431）二月中曾令满剌加使臣附郑和舟返国：

六年（1431）二月壬寅，满剌加国头目巫宝赤纳等至京，言国王欲躬来朝贡，但为暹罗国王所阻。暹罗素欲侵害本国，本国欲奏，无能书者。今王令臣三人潜附苏门答腊舟来京，乞朝廷遣人谕暹罗王无肆欺陵，不胜感恩之至。上命行在礼部赐赍巫宝赤纳等。

---

①《古今图书集成》卷六六一，江宁府部汇考江宁府祠庙。

②《明史》卷三二五，《苏门答腊传》。

③《明宣宗实录》卷六七。

④《纪录汇编》卷二〇二；《前闻记》。按《通蕃事迹记》：“宣德五年（1430）冬复奉使诸蕃国牺舟（娄东刘家港天妃宫）祠下。”又云：“宣德五年（1430）仍往诸番开诏，舟师泊于祠下。”又云“明宣德六年（1431）岁次辛亥春朔正使太监郑和、王景弘副使太监朱良、周福、洪保、杨真左少监张达等”，则和等虽于五年（1430）六月奉命，十二月自龙湾开舡而自太仓启行则为六年（1431）春初事也。

遣附太监郑和舟还国。令和赍敕谕暹罗国王。[①]

由是可知舰队系分别出发，故满剌加使臣得附后发海船还国。主队出发时，并曾派分队到古里，由古里复派人赍货物到天方贸易：

天方……又曰默伽，水道由忽鲁谟斯四十日始至。自古里西南行三月始至。宣德五年郑和使西洋分遣其侪诣古里，闻古里遣人往天方，因使人赍货物附其舟偕行，往返经岁，市珍奇异宝及麒麟、狮子、驼鸟以归。其国王亦遣陪臣随朝使来贡。[②]

于宣德八年（1433）七月六日回京。[③]

第七次远征军返国后的第三年，宣宗崩，英宗（1435—1449，1457—1464）冲龄继位，杨士奇、杨荣、杨溥诸老臣当国，于是又重新回到太祖时代的保守政策，不再想向海外发展。同时郑和也已到了望七的高龄，不能再做远行，三十年来的海外活动，于此告一结束。《明史》记：

和经事三朝，先后七奉使，所历占城、爪哇、真腊、旧港、暹罗、古里、满剌加、浡泥、苏门答腊、阿鲁、柯枝、大葛兰、小葛兰、西洋琐里、琐里、加异勒、阿拨把丹、南巫里、甘把里、锡兰山、喃渤利（南巫里）、彭亨、急兰丹、忽鲁谟斯、比剌、溜山、孙剌、木骨都束、麻林、剌撒、祖法儿、沙里湾泥、竹步、榜葛剌、天方、黎伐、那孤儿[④]，凡三十余国。所取无名宝物，不可

---

①《明宣宗实录》卷七六。

②《明史》卷三三二，《天方传》；《瀛涯胜览》，天方国条。

③祝允明：《前闻记》，商务印书馆。

④冯承钧《瀛涯胜览校注序》："考阿丹一国，名见马欢、费信、巩珍之书，亦系郑和所历之地，郑和本传漏举其名。《星槎胜览》之卜剌哇亦系宝船所至之地，亦不见于郑和本传，有人以为即是传中之比剌，然与对音未合，未敢以为是也。"

胜计，而中国耗费亦不赀。自宣德以还，远方时有至者，要不如永乐时，而和亦老且死。自和后，凡将命海表者，莫不盛称和以夸外番，故俗传三保太监[①]下西洋，为明初盛事云。[②]

在三十年中郑和已遍历印度洋沿岸之地。据祝允明《前闻记》所记宝船里程，可知其前后七次航行之航线。据载由南京龙湾开船经刘家港而至长乐港，约停七月，乃开船出五虎门到占城，由占城到爪哇之苏鲁马益，由苏鲁马益到苏门答腊东南角之旧港，由旧港到满剌加，由满剌加到苏门答腊西北角之亚齐，由亚齐到锡兰，由锡兰到古里，由古里到波斯湾口之忽鲁谟斯，复由忽鲁谟斯回到古里。大宗宝船由古里回洋，历经亚齐、满剌加、占城等地，径航太仓。

分队（明人称分宗）出发之航线，大致有五：一为昔日占城之新州今日安南之归仁，其航线大致有三：一为赴浡泥岛文莱之航线，二为赴暹罗之航线，三为赴爪哇岛苏鲁马益之航线。后一线应经过假里马打、麻叶瓮两岛之间，主队（明人称大宗宝船）所循者盖为此第三线。自是

① 三保太监一名词，明人有谓为郑和旧名者，如《七修类稿》卷一二三保太监条："永乐丁亥命太监郑和、王景弘、侯显三人往东南诸国赏赐宣谕。今人以为三保太监下（西）洋。不知郑和旧名三保，皆靖难内臣有功者。"有谓为合郑和、王景弘、侯显三人称三保太监者，如严从简《殊域周咨录》卷七《占城传》4页："三保之称，不知系是郑和旧名，抑岂西洋私尊郑和、王景弘、侯显等为三太保故耶。"有谓为三下西洋有功故称三宝太监者，王世贞《弇山堂别集》卷九《中官考》："永乐三年（1405）三月命太监郑和等率兵二万七千人行赏赐西洋、古里、满剌（加）诸国。案此内臣将兵之始也。和自是凡三下西洋皆有功。人谓之三宝太监。"按明初内官多有以三保为名者，如永乐八年（1410）五月初九谕谭青诏："说与都督谭青、薛禄……内官王安、王彦、三保、脱脱尔等……"八年（1410）六月三十日敕王友、刘才诏："尔等启行之时，朕又遣内官三保说与尔等，但遇胡寇，务立奇功头功。"有内官三保。并见《弇山堂别集》卷八八，《诏令杂考》四。《明史》卷三三一《尼八剌传》有内官杨三保："永乐十一年（1413）命杨三保赍玺书银币赐其嗣王沙葛新的及地涌塔王可般。"此杨三保与永乐八年（1410）随征之内官三保虽未能定其即为一人与否，然明初内官中除郑和外另有名三保者，三保非尊称，乃系一普通人名，其例正如王彦之即为内官狗儿。则三保似即是郑和旧名也。和之僧名福善已见上文。

②《明史》卷三〇四，《郑和传》。

由苏鲁马益历旧港、满剌加、哑鲁而至亚齐。

二为亚齐，其航线有二：一为赴榜葛剌之航线，二为赴锡兰之航线，兹二航线虽在亚齐分道，似皆经过喃浡利、翠蓝屿两地，然后分途航行，主队所循者乃后一航线也。

三为锡兰岛之别罗里（在今高郎步附近），其航线亦有二：一为西赴溜山群岛之航线，二为西北赴小葛兰之航线，亦即主队所经之航线，《明史》说锡兰可通非洲东岸之不剌哇，大概就是溜山一线的延长线。

四为小葛兰，其航线亦有二：一为径航非洲东岸木骨都束之线，二为北赴柯枝之线，主队即遵此线经过柯枝而至古里。当时宝船似未北行至阿拉伯人之沙里八丹，今Cananore及很奴儿二国。

五为古里，其航线似亦有二：一为西北赴波斯湾口忽鲁谟斯岛之航线，二为赴阿拉伯南岸祖法儿（或应加入今地未详之剌撒）、阿丹等国之航线。当时宝船虽未径航默伽，所遣通事七人附载之古里舶，应亦循此线西北行而抵秩达。①

明初出使海外著劳绩的除郑和外，还有太监杨敕（敏）、侯显、尹庆诸人。杨敕于永乐十年（1412）奉使往榜葛剌等国，十二年（1414）回京，《星槎胜览》之作者费信此次曾在行中。②侯显继之，二使榜葛剌：

> 十三年（1415）帝欲通榜葛剌（Bengal）诸国，复命显率舟师以行。其国即东印度之地，去中国绝远。其王赛佛丁遣使贡麒麟及诸方物，帝大悦，锡予有加。榜葛剌日西有国曰沼纳朴儿者，地居西印度中，古佛国也。侵榜葛之。赛佛丁告于朝。十八年（1420）

---

① 以上一段据冯承钧：《瀛涯胜览校注序》。

②《星槎胜览》前集。

九月命显往宣谕赐金币，遂罢兵。[①]

后又命周鼎等往使：

二十一年（1423）九月江阴等卫都指挥佥事周鼎等九百九十二人奉使榜葛剌等国回，皇太子令礼部赏钞有差。[②]

尹庆于永乐元年（1403）九月使满剌加、柯枝诸国。[③]三年（1405）九月返国，苏门答腊酋长宰奴里阿必丁、满剌加国酋长拜里迷苏剌、古里国酋长沙米的俱遣使随还朝见。诏俱封为国王，与印诰，并赐彩币袭衣。复命尹庆往使。十年（1412）命甘泉送满剌加王侄还国。[④]尹庆第一次使满剌加时，内官马彬亦同时被命使爪哇、西洋、苏门答腊诸蕃[⑤]，随行者有金吾左卫千户李名道、林子宣诸将校[⑥]。后又数奉命使占城。[⑦]张谦于六年（1408）与行人周航使浡泥国，十年（1412）、十四年（1416）、十八年（1420）复奉命往使，十五年（1417）九月又出使古麻剌郎国。[⑧]杨庆于十八年（1420）奉命往西洋公干，洪保于次年（1421）奉命送各蕃国使臣回还。[⑨]吴宾于永乐初曾使爪哇。[⑩]永乐三年（1405）朝使曾往招谕吕宋、麻叶瓮、番速儿、来囊葛卜、南

①《明成祖实录》卷一六六：“十三年（1415）七月甲辰使太监侯显等使榜葛剌诸番国。”卷二二八：“十八年（1420）八月乙亥遣中官侯显等使沼纳朴儿国。时榜葛剌国王言沼纳朴儿国王亦不剌金数以兵挠其境。故遣显等赍敕谕之，俾相辑睦，各保境土。因赐之彩币，并赐所过金刚宝座之地酋长彩币。”《明史》卷三〇四，《郑和传》。

②《明成祖实录》卷二六三。

③《明成祖实录》卷二三。

④《明成祖实录》卷四六；《明史》卷三二五，《满剌加传》。

⑤《明成祖实录》卷二三。

⑥《明成祖实录》卷四七。

⑦《东西洋考》卷二，《占城》。

⑧《明成祖实录》卷一〇八，卷一九〇，卷二三〇；《明史》卷三二五，《浡泥传》。

⑨《读书敏求记》，《西洋蕃国志》条。

⑩《殊域周咨录》卷八，《爪哇》。

巫里、婆罗六国。[①]朝臣奉使西洋者有闻良辅、宁善[②]、王复亨[③]、马贵[④]诸人。

四

成宣年间（1402—1435）努力向南洋发展之结果，第一为经济上之收获，用瓷器丝茶诸货物到南洋博易，政府和人民两受其益。第二是政治上的成功，国威远播，南洋诸国王，稽首来庭，甘为臣属。第三是文化的传播，宝船迭出，信使往来，使南洋诸国均染华风。第四是华侨移殖之增加及势力之发展，因航路之开辟及航海技术之进步，加以郑和一行使者在南洋之成功，使中国人在南洋之地位陡然提高，在各方面均得便利。因之渡海博易及留居之人数顿增，以其灵敏耐劳的手腕渐得当地人之信仰，华商遂取得南洋经济上领袖之地位，同时参与当地政治，有为当地执政者，甚至有为国王者。

当时人对于南洋通商的见解，以为“舶之为利也，譬之矿然，封关矿洞，驱斥矿徒，是为上策。度不能闭，则国收其利权，而自操之，是为中策。不闭不收，利孔漏泄，以资奸萌，啸聚其中，斯无策矣”[⑤]。以矿洞喻市舶司，矿徒喻海商。上策指洪武时代，中策指永乐至正德时代。无策指因倭寇而罢市舶之嘉靖时代。所谓“国收其利权而自操之”，实即指郑和时代所代表之国营贸易。

在郑和以前及以后，政府对蕃货的处置是用抽分的办法：“朝贡附

---

①《明成祖实录》卷四七；《明史》卷三二三，《吕宋传》。

②《明成祖实录》卷四六。

③《明成祖实录》卷四三：“永乐三年（1405）六丹壬辰，升正千户王复亨、副千户李满、总旗刘海、小旗马贵俱为锦衣卫指挥佥事。初满等由仪卫司校卫从征渡江，出使西洋，累著勋绩，故有是命。”

④《明成祖实录》卷一一二：“九年（1411）正月辛未升锦衣卫百户马贵为本卫指挥同知，录其奉使西洋、古里等处劳绩也。”

⑤《天下郡国利病书》卷九三，《福建洋税》。

至蕃货欲与中国贸易者，官抽六分，给价偿之，仍免其税。”[①]政府有优先权抽买全部货物十分之六，以免税为交换条件。蕃货有贡蕃与私商之别，旧制应入贡蕃先给以符簿[②]，凡贡至，三司以合文视其表文方物无伪，乃送入京。若国王、王妃、陪臣等附至货物，抽其十分之五，其余官给之直。暹罗、爪哇二国免抽。[③]其蕃商私赍货物入为易市者，舟至水次，悉封籍之，抽其十二，乃听贸易。[④]永乐、宣德时除市舶抽分以外，直接由国家派远征舰队去海外博易，所得利益更大。宣德以后，宝船不出，诸蕃贡使来市，“椒木铜鼓，戒指宝石，溢于库市。蕃货甚贱，贫民承令博买，多致富”[⑤]。

市舶之利，嘉靖中都御史林富曾上疏言之。他说：

> 中国之利，盐铁为大，有司取办，仡仡终岁，仅充常额。一有水旱，劝民纳粟，犹惧不充。旧规至广蕃舶，除贡物外，抽解私货，俱有则例，足供御用，此其利之大者一也。蕃货抽分，解京之外，悉充军饷，今两广用兵连年，库藏日耗，借此足以充羡而备不虞，此其利之大者二也。广西一省全仰给于广东，今小有征发，即

---

①《明太祖实录》洪武二年（1369）九月。

②《大明会典》卷一〇八《朝贡通例》：“凡勘合号簿，洪武十六年（1383）始给暹罗国，以后渐及诸国。每国勘合二百道，号簿四扇。如暹罗国暹字号勘合一百道及罗字号底簿各一扇俱送内府。罗字勘合一百道，及暹字号簿一扇，发本国收填。罗字号簿一扇发广东布政司收比。余国亦如之。每改元则更造换给。计有勘合国分：暹罗，日本，占城，爪哇，满剌加，真腊，苏禄国东王，苏禄国西王，苏禄国峒王，柯枝，浡泥，锡兰山，古里，苏门答腊，古麻剌。”

③《大明会典》卷一一一《给赐》二外夷上贡物给价：琉球国：正贡外附来货物，官抽五分，买五分；暹罗：使臣人等进到货物，例不抽分，给与价钞；爪哇：贡物给价；浡泥国：正贡外附带货物俱给价；苏门答腊国：正贡外使臣人等自进物俱给价；苏禄国：货物例给价，免抽分；西洋琐里：永乐元年（1403）来朝，附载胡椒等物皆免税；满剌加国：正贡外，附来货物皆给价，其余货物许令贸易；榜葛剌国：使臣人等自进物俱给价。

④⑤《天下郡国利病书》卷一二〇，海外诸蕃条。

措办不前，虽折俸椒木[①]，久已缺乏，科扰于民，计所不免。查得旧蕃舶通时，公私饶给，在库蕃货旬月可得银两数万，此其为利之大者三也。货物旧例有司择其良者如价给值，其次资民买卖，故小民持一钱之货，即得握菽，展转贸易，可以自肥，广东旧称富庶，良以此耳，此其为利之大者四也。助国给军，既有赖焉，而在官在民，又无不给，是因民之所利而利之者也，非所谓开利孔而为民罪梯也。[②]

互市之利如此，在成宣时代又加上大规模的国营贸易，虽然现在没有确切记载证明当时的国库收入是如何浩大惊人，至少也可从这文件看出国家和地方政府靠互市收入的需要程度。照这情形类推，可以想见成宣时代郑和在南洋活动的成绩和当时朝野的需要。

四十年后，有太监迎合宪宗（1464—1487）的意思，到兵部查索宣德间郑和出使的水程，再做远征海外的壮举，为台谏所阻而罢：

成化间[③]有中贵迎合上意者举永乐故事以告，诏索郑和出使水程[④]。兵部尚书项忠命吏入库检旧案不得。盖先为车驾郎中刘大夏所匿。忠笞吏，复令入检，终莫能得。大夏秘不言。会台谏论止其事，忠诘吏谓库中案卷宁能失去，大夏在旁对曰："三保下西洋，费钱粮数十万，军民死且万计，纵得奇宝而回[⑤]，于国家何益！此特一敝政，大臣所当切谏者也。旧案虽存，亦当毁之以拔其根，尚何追究其有无哉！"[⑥]

---

① 明代广州官史，多以胡椒苏木折俸。《天下郡国利病书》卷一二〇"俸粮折色，椒木兼支。都布按三司文武官员及在省文职官吏于广丰库贮抽四胡椒苏木，计算各名下折色俸银每一两折八钱，折苏木一百斤，尚余二钱，胡椒五斤八两六钱八分。其余卫所武职官吏与夫境外各属，则无折支椒木之例。"

②《殊域周咨录》卷九，佛郎机。

③《刘忠宣公年谱》列此事于成化九年（1473）。

④《年谱》作上命中官至兵部查宣德间王三保出使西洋水程。

⑤《年谱》作纵得珍宝而回。

⑥《殊域周咨录》卷八，古里条。

在政治方面，南洋诸国经过几度郑和所率领的远征军的武力制裁和外交手腕的发挥，莫不来朝恐后，除循常例遣使臣入贡外，诸国王中有亲自航海到京师朝贡，表示臣属者。

永乐四年（1406）东洋冯嘉施兰土酋嘉马银等来朝。[①]六年（1408）八月浡泥国王麻那惹加那[②]率王妃及弟妹子女陪臣泛海来朝：

舟次福建，守臣以闻，遣中官往宴赉，所过州县皆宴，入朝朝见，帝奖劳之。王跪致词曰：陛下膺天宝命，统一万方，臣远在海岛，荷蒙天恩，赐以封爵，自是国中雨旸时顺，岁屡丰登，民无灾厉，山川之间，珍奇毕露，草木鸟兽，亦悉繁育，国中耆老咸谓此圣天子复冒所致，臣愿睹天日之表，少输诚悃，不惮险远，躬率家属陪臣诣阙献谢。帝慰劳再三。命王妃所进中宫笺及方物陈之文华殿，王诣殿进献毕，自王及妃以下悉赐冠带袭衣。帝乃飨王于奉天门，妃以下飨于他所。礼讫送于会同馆。礼官请王见亲王仪，帝令准公侯礼。寻赐王仪仗交椅银器伞扇销金鞍马金织文绮纱罗绫绢，衣十袭。余赐赉有差。

十月王卒于馆。帝哀悼，辍朝三日，遣官致祭，赙以缯帛。东宫亲王皆遣祭，有司具棺椁明器葬之安德门外石子冈，树碑神道，又建祠墓侧，有司春秋祀以少牢。谥曰恭顺。赐敕慰其子遐旺，命袭封国王。

十年（1412）遐旺复偕其母来朝。[③]满剌加国嗣王拜里迷苏剌于九年（1411）率妻子陪臣五百四十余人来朝。十年（1412）王侄入谢，十二年（1414）王子母干撒于的儿沙来朝，告其父讣，即命袭封。十七年（1419）王率妻子陪臣来朝。二十二年（1424）西里麻哈剌以父没嗣

①《明成祖实录》卷五八。

②《王享记》三，《殊域周咨录》卷八作麻那惹加那乃，此据《明史》。

③《明史》卷三二五。

位，率妻子陪臣来朝。[①]十年中国王五次亲朝。苏禄有三王，十五年（1417）东王巴都葛叭哈剌、西王麻哈剌叱葛剌麻丁峒、王妻叭都葛巴剌卜并率其家属头目，凡三百四十余人桴海朝贡，东王次德州，卒于馆，帝遣官赐祭，命有司营葬，勒碑墓道，谥曰恭定。命其长子都马含继位。[②]菲律宾群岛中之古麻剌郎王干剌义亦奔敦亦于十八年（1420）率妻子陪臣来朝，受封爵封诰，还至福建，遘病卒，谥曰康靖，有司治坟，葬以王礼，命其子剌苾嗣为王。[③]

诸王除亲自入朝受中国册封外，并请求封其国中之山，如浡泥之长宁镇国山：

> 初故王（麻那惹加那）言：臣蒙恩赐爵，臣境土悉属职方，乞封国之后山为一方镇。新王（遐旺）复以为言，乃封为长宁镇国之山，御制碑文，令（中官张）谦等勒碑其上。[④]

满剌加之西山[⑤]。其他未经特封之山川，则附祭于沿海各省，如广西则附祭安南、占城、真腊、暹罗、琐里，广东则附祭三佛齐、爪哇，福建则附祭日本、琉球、浡泥，将祭则遣官一人往监其祀。[⑥]

南洋各地政治上的领袖和著名的山川都受中国册封，在经济方面，更是贸迁有无，息息相关。两地交通经过几千年的历史，更经过成宣时代的积极经营，南洋的社会文物渐有华北的趋势。如北婆罗洲之杜森族为土著狄亚克族与中国人之混合种，自称为中国人之苗裔，其耕织均用中国之法。[⑦]菲律宾之由游牧时代而进入农业时代，实由于闽人林旺之

---

①《明史》卷三二五，《满剌加传》。

②《明史》卷三二五，《苏禄传》。

③《明史》卷三二三，《古麻剌郎传》。

④《明史》卷三二五，《浡泥传》。

⑤《明史》卷三二五，《满剌加传》。

⑥《天下郡国利病书》卷一一九，《海外诸蕃》。

⑦ 温雄飞：《南洋华侨通史》，64页，东方印书馆。

启导。[①]爪哇旧港南浡利诸地多使中国铜钱。[②]甚至地各亦中国化，如爪哇之新村，北婆罗洲之中国河、中国寡妇峰，拉布恩岛之中国河。[③]

据《明史》："万历时为（婆罗）王者闽人也。或言郑和使婆罗，有闽人从之，因留居其地，其后人竟据其国而王之。"[④]苏禄史亦言14世纪时有中国使臣黄森屏到浡泥，后任支那[⑤]巴坦加总督。其女嫁文莱第二苏丹阿合曼，凡二十余传以迄今。其王统由女系递传。阿合曼之女嫁爱丽，后继王位，即今文莱王始祖也。[⑥]郑和部下留居南洋，确有史料可据。《明英宗实录》记前随郑和下蕃之太监洪保所属一船，由西洋发碇时船中凡三百人，后遭风漂泊，辗转流徙，经十八年后，得回国者仅府军卫卒赵旺等三人。[⑦]其余未能返国之二百余人，当然留居各地，从事于蛮荒之开发。又如商人下蕃者亦往往留居，如苏禄之留人为质：

> 土人以珠与华人市易，大者利数十倍。商舶将返，辄留数人为质，冀其再来。[⑧]

美洛居有香山，雨后香堕，沿流满地，居民拾取不竭，其酋委积充栋，以待商舶之售。东洋不产丁香，独此地有之，可以辟邪，故华人多市易。以此侨居者亦众。万历时荷兰人与葡萄牙人因争美洛居构兵，华人流寓者，游说两国，令各罢兵。[⑨]吕宋尤多华侨，以去漳近故贾舶多往。往往久住不归，名为压冬，聚居洞内为生活，渐至数万，间有削发

---

①郑民：《菲律宾》，商务印书馆。
②《瀛涯胜览》。
③ 张星烺：《南洋史地》，135页。
④《明史》卷三二三，《婆罗传》。
⑤ 为Kina的音译，属于时代原因造成的用语差别，无特殊感情色彩。
⑥ Baring Gould：《沙捞越史》。
⑦《明史》卷一六九。
⑧《明史》卷三二五，《苏禄传》。
⑨《明史》卷三二三，《美洛居传》。

长子孙者。[①]

华商久居南洋，占有势力。成化二十一年（1485）至令东莞商人张宣率官军二千送占城王古来还国。[②]或即为当地官吏执政，如漳州人张姓之为浡泥那督，那督华言尊官也。[③]汀州人谢文彬之为暹罗岳坤，岳坤犹华言学士之类。[④]饶州人朱复、南安人蔡璟之为琉球国相。[⑤]诸国来朝之译人及使臣亦多由华人充任，如万安人萧明举之为满剌加通事[⑥]，火者亚三之为葡萄牙人使者[⑦]，琉球使者则多为闽人[⑧]。

罪人及海盗以在中国境内不能立足，亦多避居南洋，如前文所引之梁道明、陈祖义、郑彦诚、施进卿诸人之雄长旧港，南海叛民何八观等之屯聚岛外[⑨]，嘉靖末年海寇余众遁居吉兰丹，生聚至两千余人，行劫海中，商舶苦之。[⑩]广东大盗张琏[⑪]逃居旧港，列肆为蕃舶长，漳泉人多附之，犹中国市舶官。[⑫]林凤、林道乾为官军所败，逃至海外，与西班牙人争夺菲律宾群岛，为中国及西班牙两国军队所击退。[⑬]

---

①《东西洋考》卷五，《吕宋传》。

②《东西洋考》卷二，《占城传》。

③《明史》卷三二五，《浡泥传》。

④《殊域周咨录》卷八，《暹罗传》。

⑤《明史》卷三二三，《琉球传》。

⑥《明史》卷三二五，《满剌加传》。

⑦《明史》卷三二五，《佛郎机传》。

⑧《明史》卷三二三，《琉球传》。

⑨《东西洋考》卷二，《暹罗传》。

⑩《东西洋考》卷三，《大泥传》。

⑪ 藤田丰八以为即西班牙史家Fr. Juan de la Concepcion所记之Jchang Si Lao，见《东洋学报》八卷一号《葡萄牙人之占据澳门》文中。按《续文献通考》作林朝曦："万历丁丑中国人见大盗林朝曦在三佛齐列肆为蕃舶长，如中国市舶官。"

⑫《明史》卷三二四，《三佛齐传》。

⑬《明史》卷二二二，《凌云翼传》；卷三二三，《吕宋传》。L. H. Fermandez: *A Brief History of the Philippines*, pp.89-94。参看《东洋学报》八卷一号藤田丰八：《葡萄牙人之占据澳门：《燕京学报》第八期张星烺：《菲律宾史上李马奔Limahong之真人考》；第九期李长傅：《菲律宾史上李马奔Limahong之真人考补遗》，第十期黎光明：《菲律宾史上之李马奔Limahong真人考补正》。

从成宣时代积极经营南洋以后，南洋已成为中国之一部，无论在政治方面、经济方面、文化方面，均为中国之附庸。南洋之开拓及开化完全属于中国人之努力，假如政府能继续经营，等不到欧洲人的东来，南洋诸国已成为中国之领地，合为一大帝国，或许世界史要从此变一样子。可是政府放弃了这责任，并且不愿继承前人的伟绩，退缨自守，听其自然。这担子便又重新放到无数千万的无名英雄身上，他们不但没有国家的力量做后盾，并且冒着违犯国家法令的危险，凭着勇气和求生的欲望，空拳赤手，乘风破浪，到海外去开辟他们的新世界新事业，凭着优秀民族的智慧去征服环境，做当地人的领导者。南洋群岛之有今日的繁荣正如沙捞越王查尔斯·布罗克所言："使南洋而无华侨，吾人将一无所能。"英总督瑞天咸所言："马来半岛之有今日，皆华侨劳力之所赐。"①

正统（1436—1449）以后，对南洋取放任政策。结果在商业方面由国营而恢复到以前的私人经营，在政治方面，南洋诸国复由向心力而恢复到以前的离心力。八十年后欧洲人为了找寻香料群岛陆续东来，他们不但拥有武力，做有组织的经营，并且有国家的力量做后盾，得以进步；不到几十年便使南洋改了一个样子，自然而然地替代了以前中国人的地位，瓜分豆剖，南洋成为欧洲人的殖民地。华侨寄居篱下，备受虐待和残杀，中国政府不能过问。这是中国史上一个大转变，也是世界史上一个大关键。

① 刘继宣：《中华民族拓殖南洋史》，6页，商务印书馆。

郑和下西洋

首先说明西洋是指什么地方。明朝的时候把现在的南洋地区统称为东洋和西洋。西洋指的是现在的印度半岛、马来半岛、印度尼西亚、婆罗洲等地区；东洋指的菲律宾、日本等地区。在元朝以前已经有了东、西洋之分，为什么有这样的分法呢？因为当时在海上航行要靠针路（指南针），针路分东洋指针和西洋指针，因此在地理名词上就有“东洋”和“西洋”。郑和下西洋指的是什么地方呢？主要是指现在的南洋群岛。

中国人到南洋去的历史很早，并不是从郑和开始的。远在公元以前，秦朝的政治力量已经达到现在的越南地区。到了汉武帝的时候，现在的南洋群岛许多地区已经同汉朝有很多往来。这种往来分两类：一类是官方的，即政府派遣的商船队；另一类是民间的商人。可是像郑和这样由国家派遣的船队，一次出去几万人、几十条大船（这些船是当时世界上最大的船，也就是当时世界上最大的海军），不但到了现在南洋群岛的主要国家，而且一直到了非洲。其规模之大、人数之多、范围之广，是历史上前所未有的，就是明朝以后也没有。这样大规模的航海，在当时世界历史上也没有过。郑和下西洋比哥伦布发现新大陆早八十七年，比迪亚士发现好望角早八十三年，比达·伽马发现新航线早九十三年，比麦哲伦到达菲律宾早一百一十六年。比世界上所有著名的航海家的航海活动都早。可以说郑和是历史上最早的、最伟大的、最有成绩的航海家。

问题是为什么在15世纪的前期中国能派出这样大规模的航海舰队，而不是别的时候？这个问题历史记载上有一种说法，说郑和下西洋仅仅是为了寻找建文帝的下落。这种说法是不正确的。上次我们讲到，明成祖从北京打到南京，夺取了他的侄子建文帝的帝位。建文帝是明太祖的孙子，他做了皇帝以后，听信了齐泰、黄子澄等人的意见，要把他的一些叔叔——明太祖封的亲王的力量消灭掉，以加强中央集权。他解除了一些亲王的军事权力，亲王有的被关起来，有的被废为庶人。于是燕王便起兵反抗，打了几年，最后打到南京。历史记载说燕王军队打到南京后，“宫中火起，帝不知所终”。“帝不知所终”这句话是经过了认真研究的，因为当时宫里起了火，把宫里的人都烧死了，烧死的尸首分不清到底是谁。于是就发生了一个建文帝到底死了没有的疑案。假如没有死，他跑出去了的话，那么，他就有可能重新组织军队来推翻明成祖的统治。从当时全国的形势来看是存在这个问题的。因为建文帝是继承他祖父明太祖的，全国各个地方都服从他的指挥。明成祖虽然在军事上取得了胜利，但是并没有把建文帝的整个军事力量摧毁，他的军事力量只是在今天从北京到南京的铁路沿线上，其他地方还是建文帝原来的势力范围。因此明成祖就得考虑建文帝到底还在不在？如果逃出去了，又逃到了什么地方？他得想办法把建文帝逮住。于是他派了礼部尚书（相当于现在的内务部长）胡濙，名义上是到全国各地去找神仙（当时传说有一个神仙叫张三丰），实际上是去寻找建文帝。前后找了二三十年。《明史·胡濙传》中说胡濙每次找了回来都向明成祖报告。最后一次向皇帝报告时，成祖正在军中，胡濙讲的什么别人都听不到，只见他讲了以后明成祖很高兴。历史学家们认为，最后这一次报告，可能是说建文帝已经死了。另外，明成祖又怕建文帝不在国内，跑到国外去了。所以他在派郑和下西洋的时候，要郑和在国外也留心这件事。这是可能的，但这不是郑和下西洋的主要目的。郑和下西洋主要是由于经济上的原因。

这里插一个问题，讲讲明成祖和建文帝之间的斗争说明了什么。明成祖以后的各代对建文帝的下落一事也非常重视。万历皇帝就曾经同他的老师谈起这个问题，问建文帝到底到哪里去了，为什么经过一百多年还搞不清楚。当时出现了很多有关建文帝的书，这些书讲建文帝是怎么逃出南京的，经过些什么地方，逃到了什么地方。有的书说他到了云南，当了和尚，跟他一起逃走的那些人也都当了和尚。诸如此类的传说越来越多。此外，记载建文帝事迹的书也越来越多。这说明什么问题呢？说明一个政治问题。建文帝在位期间，改变了他祖父明太祖的一些做法。他认为明太祖所定下来的一些制度，现在经过了几十年，应该改变。当时建文帝周围的一些人都是些儒生，缺乏实际斗争经验，他们自己想出的一些办法也并不高明。尽管如此，建文帝的这种举动还是得到了不少人的支持。但是明成祖起兵反对他。在明成祖看来，明太祖所规定的一切制度都是尽善尽美的。他不容许建文帝改变祖先的东西。因此，明成祖和建文帝之间的斗争就是保持还是改变明太祖所定的旧制度的斗争。在这个斗争中建文帝失败了。明成祖做了皇帝以后，把建文帝改变了的一些东西又全部恢复过来。一直到明朝灭亡，二百多年都没有变动。

在这种情况下，有不少的知识分子对明成祖的政治思想感到不满，不满意他的统治。他们通过什么方式来表达这种不满呢？公开反对不行，于是通过对建文帝的怀念来表达。他们肯定建文帝，赞扬建文帝，实际上就是反对明成祖。因此，关于建文帝的传说就越来越多了。现在我们到四川、云南这些地方旅行，到处都可以发现所谓建文帝的遗址。这里有一个庙说是建文帝住过的；那里有一个寺院，里头有几棵树，说是建文帝栽的。有没有这样的事情呢？没有。明末清初有个文人叫钱谦益（这个人政治上很糟糕）写了文章专门研究这个问题。当时许多书上都说：当南京被燕兵包围时，城门打不开，建文帝便剃了头发，跟着几个随从由下水道的水门跑出去了。钱谦益认为这张说法靠不住，南京下水道的水门根本不能通出城去。他当时做南京礼部尚书，宫殿里的情况是很熟悉的。此外，还有很多不合事实的传说，他都逐条驳斥了。最后他做了这样的解释：假如建文帝真的跑出去了，当时明成祖所统治的地区只是从北京到南京的交通线附近，只要建文帝一号召，全国各地都会响应他，他还可以继续进行斗争。但结果并不是这样。这就可以得出一个结论：建文帝是死在宫里了。但当时不能肯定，万一他跑了怎么办？所以就派人去找。我认为这样解释比较说得通。

现在我们继续讲郑和下西洋的问题。如果说郑和下西洋的主要目的是找建文帝，那是不合事实的；但也不能说完全没有这方面的动机。因为当时的怀疑不能解决，通过他出去访问，让他注意这个问题是可能的。那么，郑和下西洋的主要目的到底是什么呢？这就是上次所说的，是国内经济发展的必然结果。经过1348年到1368年之间二十年的战争，经济上受到了很大的破坏。但是经过洪武时期采取的恢复生产、发展生产的措施以后，人口增加了，耕地面积扩大了，粮食、棉花、油料的产量都提高了，人民的生活有了改善，政府的财政税收比以前多了。随之而来的，对国外物资的需要也增加了。这种对国外物资需要的增加主要在两个方面：一方面是人民日常生活所需要的物资，主要是香料、染料。香料主要是用在饮食方面做调料，就是把菜做得更好一些，或者使某种菜能收藏得更久。像胡椒就是人民所需要的东西。胡椒从哪里来呢？是从印度来的，一直到现在还是如此。还有其他许多香料也大多是从南洋各岛来的。在南洋有个香料岛，专门出产香料。另一种是染料，为什么对染料的需要这样迫切呢？明朝以前，我们的祖先常用的染料都是草木染料，譬如蓝色是草蓝，或者是矿物染料。这样的染料一是价钱贵，二是容易褪色。进口染料就可以解决这些问题。朝鲜族喜欢穿白衣服，我们国内有些人也喜欢穿白衣服，为什么？原因很简单，因为买不起染料。封建社会里，皇帝穿黄衣服，最高级的官穿红衣服，再下一级的官穿紫衣服，穿蓝衣服，最下等的穿绿衣服。为什么用衣服的颜色来区别呢？也很简单，染料贵。老百姓买不起染料，只好穿白衣服。所以古人说“白衣”“白丁”，指的是平民。这些封建礼节都是由物质基础决定的。因此就有向国外去寻找染料的要求。这一类，是人民的日常生活所需要的。另一方面是毫无意义的消费品，主要是珠宝。这是专门供贵族社会特别是宫廷里享受的。有一种宝石叫“猫儿眼”，还有一种叫“祖母绿”，过去谁也不知道是什么样子，只知道是宝石。最近我们在万历皇帝的定陵里发现了这两种东西。这些东西都是从外国买来的。除了珠宝以外，还有一些珍禽异兽。当时的人把一种兽叫作麒麟，实际上就是动物园里的长颈鹿。与对外物资需要增加的同时，由于国内经济的发展，一些可供出口的物资，如绸缎、瓷器（主要是江西瓷，其他地区也有一些）、铁器（主要生产工具）的产量也增加了。

除了经济上的条件以外，还有一个很重要的条件，就是当时中国对外的航海通商已有悠久的历史。从秦朝开始，经过唐朝、南宋到元朝，在这个漫长的时期内，政府的商船队、私人的商船队不断出去。有些私人商船队发了财。到了明朝，由于长期的积累，已经具备了丰富的航海知识和有经验的航海人员。有了这些条件，就出现了从明成祖永乐三年（1405）到他的孙子明宣宗宣德五年（1430）近三十年之间以郑和为首的七次下西洋的事迹。

郑和出去坐的船叫作“宝船”，政府专门设立了制造宝船的机构。这种船有多大呢？大船长四十丈，宽十八丈；中船长三十七丈，宽十五丈。当时在全世界再没有比这更大的船了。一条船可以载多少人呢？根据第一次派出的人数来计算，平均每条船可以坐四百五十人。每次出去多少人呢？有人数最多的军队，此外还有水手、翻译、会计、修船工人、医生等，平均每次出去两万七八千人。这样的规模是了不起的，后来的哥伦布、麦哲伦航海每次不过三四只船，百八十人，是不能和这相比的。谁来带领这么多人的航海队呢？明朝政府选择了郑和。因为郑和很勇敢，很有能力。同时，当时南洋的许多国家都是信仰回教的，而郑和也是个回教徒（但他同时也信仰佛教），他的祖父和父亲都曾经朝拜过麦加。回教徒一生最大的愿望就是到麦加去磕一个头，凡是去过麦加的人就被称为哈只。选派这样的回教徒到信仰回教的地方去就可以减少隔阂，好办事。在郑和带去的翻译里面也有一些人是回教徒，这些人后来写了一些书，把当时访问的一些国家的情况记载下来了。这些书有的流传到现在。有人问：郑和是云南人，他怎么成了明成祖部下的大官呢？这很简单，洪武十四年（1381）的时候，明太祖派兵打云南，把元朝在云南的残余势力打败了，取得了云南。在战争中俘虏了一些人，郑和就是在这次战争中被俘虏的。他当时还是一个小孩，后来让他做太监，分给了明成祖。他跟明成祖出去打仗时，表现很勇敢，取得了明成祖的信任。因此明成祖让他担负了到南洋各国去访问的任务。

他们第一次出去坐了六十二艘大船，带了很多军队。这里发生了这样的问题：他们既然是到外国去通商、去访问，为什么要带这么多军队？这是因为当时从中国去南洋群岛的航线上有海盗，这些海盗不但抢劫中国商船，而且别的国家到我们这里来做买卖的商船也抢。郑和用强大的军事力量把海盗消灭了，这样就保证了航路的畅通。另外，为了防止外国来侵犯他们，也需要带足够的军事力量。郑和到锡兰的时候，锡兰国王看到中国商船队的物资很多，他就抢劫这些物资。结果郑和把他打败了，并把他俘虏到北京。后来明朝政府又把他放回去，告诉他，只要你今后不再当强盗就行了。可见为了航行的安全，郑和带军队去是必要的。郑和率领的军事力量虽然很强大，用现在的话来说，他带去了好几个师的军队，而当时南洋没有一个地区有这样强大的军事力量。但是郑和的军队只是用于防卫的。他所进行的是和平通商。尽管当时有这样的力量，这样的可能，但是没有占领别人的一寸土地。后来，比郑和晚一百年的西方人到东方来就不同了。他们一手拿商品，一手拿宝剑，把所到的地方都变成他们的殖民地。如葡萄牙人到了南洋以后就占领了南洋的一些岛屿。当然，在我们的历史上个别的时候也有占领别人的土地的事情。但总的来说，我们国家不是好侵略的国家，我们国家没有占领别国的领土，这和西方资本主义国家有本质的不同。根据当时保留下来的记载，可以看出郑和和南洋各国所进行的贸易是平等的，而不是强加于人的。交易双方公平议价，有些书上记载得很具体，说双方把手伸到袖子里摸手指头议价。现在我们国内有些地方还用这种办法。郑和所到的地区都有中国的侨民，有开矿的，有做工的，有做买卖的，各方面的人都有。有的地方甚至是以华侨为中心，华侨在经济上占主导地位。因此郑和每到一个地方都受欢迎。

郑和每到一个国家，除了把自己带去的大量商品卖给他们外，也从这些国家带一些商品到中国来。从第一次出去以后，他就选择了南洋群岛的一个岛屿作为根据地，贮积很多货物，以此地为中心，分派商船到各地贸易，等各分遣船队都回到此地后，再一同回国。在前后不到三十年的时期中，印度洋沿岸地区他都走到了，最远到达了红海口的亚丁和非洲的木骨都束。木骨都束就是今索马里的首都，现在叫作摩加迪沙。前年摩加迪沙的市长访问北京的时候，我们对他讲：我们的国家五六百年前就有人访问过你们。他听了很高兴。

通过郑和七次下西洋，中国和南洋的航路畅通了，对外贸易大大地发展了，出国的华侨也就更多了。通过这几十年的对外接触，中国跟南洋这些地区的关系越来越深，来往也越来越多。由于华侨的活动，以及中国的先进的生产工具传入这些国家，这样，南洋地区的生产也越来越进步。所以，郑和下西洋的历史事实说明，我们这个国家有这样一个很好的传统：就是不去侵略人家。正因为这样，直到现在，尽管时间过去了五六百年，但是郑和到过的国家，很多地方都有纪念他的历史遗址。因为郑和叫“三宝太监”，所以很多地方都用三宝来命名。像郑和下西洋这样的事以往历史上是没有的，明朝以后也没有，这是明朝历史上一件很突出的事情。

现在要问：郑和第七次下西洋以后，为什么不去第八次呢？这里有客观的原因，也有主观的原因。客观原因是八十多年以后，欧洲人到东方来进行殖民活动，阻碍了中国和南洋诸国的往来。主观的原因有这几方面：第一，政治上的原因。明成祖死了以后，他的儿子做皇帝。这个短命皇帝很快又死了，再传给下一代，这就是宣宗。宣宗做皇帝时还是个八九岁的小孩，不懂事。于是宫廷里便由他的祖母当权；政府则由“三杨”（杨士奇、杨荣、杨溥）掌握。三杨在朝廷里当了二三十年的机要秘书。三个老头儿加上一个老太太掌握国家大权。这些人和明成祖不一样。明成祖有远大的眼光。他们却认为他多事，你派这么多人出去干什么？家里又不是没吃的、没喝的。不过明成祖在世时他们不敢反对，明成祖一死，他们当了家，就不准派人出去了；第二，组织这样的商队需要一个能代替郑和的人，因为郑和这时已经六十多岁，不能再出去了；第三，经济上的原因。从外国进口的物资都是消费物资，不能进行再生产。无论是香料还是染料，都是消费品，珠宝就更不用说了，更是毫无意义的东西。以我们的有用的丝绸、铁器、瓷器来换取珠宝，这样做划不来。虽然能解决沿海一些人的生活问题，但是好处不大，国家开支太多。所以，为了节约国家的财政开支，后来就不派遣商队出国了。正当明朝停止派船出国的时候，欧洲人占领了南洋的香料岛，葡萄牙人占领了我们的澳门。他们是用欺骗手段占领澳门的。开头他们向明朝的地方官说：他们的商船经常到这个地方来，遇到风浪把货物打湿了，要租个地方晒晒货物。最初还给租钱，后来就不给了，慢慢地侵占了这个地方，一直到现在还占领着。[①]

从欧洲人到东方来占领殖民地以后，中国的形势就改变了。经过清朝几百年，特别是鸦片战争以后，许多帝国主义国家从几个方面包围中国：印度被英国占领了；缅甸被英国占领了；越南被法国占领了；菲律宾先被西班牙占领，后又被美国占领了；东方的日本走上了资本主义道路，向外进行侵略扩张。所以近百年的中国，四面被资本主义国家和帝国主义国家所包围，再加上清朝政府的日益腐败，就使中国逐步变成了半殖民地半封建的国家，进入了半封建半殖民地的社会。

---

①“现在”为作者写作时间，与目前有一定时间差距。

第六章 隐忧暗藏：卫所制度的建立与崩溃

明代的军兵

一、军与兵

明初创卫所制度，划出一部分人为军，分配在各卫所，专负保卫边疆和镇压地方的责任。军和民完全分开。中叶以后，卫军废弛，又募民为兵，军和兵成为平行的两种制度。

军是一种特殊的制度，自有军籍。在明代户口中，军籍和民籍、匠籍平行，军籍属于都督府；民籍属于户部，匠籍属于工部。军不受普通行政官吏的管辖，在身份、法律和经济上的地位都和民不同。军和民是截然地分开的。兵恰好相反，任何人都可应募，在户籍上也无特殊的区别。军是世袭的、家族的、固定的，一经为军，他的一家系便永远世代充军，住在被指定的卫所。直系壮丁死亡或老病，便须由次丁或余丁替补。如在卫所的一家系已全部死亡，还须到原籍勾族人顶充。兵则只是本身自愿充当，和家族及子孙无关，也无固定的驻地，投充和退伍都无法律的强制。军是国家经制的、永久的组织，有一定的额数、一定的戍地。兵则是临时招募的，非经制的，无一定的额数，也不永远屯驻在同一地点。

在明代初期，军费基本上是自给自足的，军饷的大部分由军的屯田收入支给。在国家财政的收支上，军费的补助数量不大。虽然全国的额设卫军总数达到二百七十余万人的庞大数字①，国家财政收支还能保持平衡。遇有边方屯田的收入不敷支给时，由政府制定“开中”的办法，让商人到边塞去开垦，用垦出的谷物来换政府所专利的盐引，取得买盐和卖盐的权利。商人和边军双方都得到好处。

兵是因特殊情势，临时招募的。招募时的费用和入伍后的月饷都是额外的支出。这种费用原来没有列在国家预算上，只好临时设法，或加赋，或加税，或捐纳，大部由农民负担。因之兵的额数愈多，农民的负担便愈重。兵费重到超过农民的负担能力时，政府的勒索和官吏的剥削引起农民的武装反抗。政府要镇压农民，又只好增兵，这一笔费用还是出在农民身上。

卫所军经过长期的废弛而日趋崩溃，军屯和商屯的制度也日渐破坏，渐渐地不能自给，需要由国家财政开支。愈到后来，各方面的情形愈加变坏，需要国家的财政供给也愈多。这费用也同样地需由农民负担。同时因为军力的损耗，国防脆弱，更容易引起外来的侵略。卫军不能作战，需要募兵的数量愈多。这两层新负担，年复一年地递加，国家全部的收入不够军兵费的一半，只好竭泽而渔，任意地、无止境地增加农民的负担，终于引起历史上空前的农民暴动。政府正在用全力去镇压，新兴的建州却又乘机而入，在内外交逼的情势下，颠覆了明室的统治权。

除中央的军和兵以外，在地方的有民兵，民壮（弓兵、机兵、快手），义勇种种地方警备兵。在边地的有土兵（土军）、鞑军（蒙古降卒）。在内地的有苗兵、狼兵（广西土司兵）、土兵等土司兵。将帅私

---

①《明史》卷九一《兵志》，弘治十四年（1501）兵部侍郎李孟旸《请实军伍疏》：“天下卫所官军原额二百七十余万。”

人又有家丁、家兵、亲兵。各地职业团体又有由矿工所组织的矿兵，盐丁所组织的盐兵，僧徒所组织的少林兵、伏牛兵、五台兵。也有以特别技艺成兵的，如河南之毛葫芦兵、习短兵，长于走山；山东有长竿手；徐州有箭手；井陉有蚂螂手，善运石，远可及百步；福建闽漳泉之镖牌兵；等等。[①]

从养军三百万基本上自给的卫兵制，到军兵费完全由农民负担，国库支出；从有定额的卫军，到无定额的募兵；从世袭的卫军，到雇佣的募兵，这是明代历史上一件大事。

次之，军因历史的、地理的、经济的关系，集中地隶属于国家。在战时，才由政府派出统率总兵，调各卫军出征。一到战事终了，统帅立刻被召回，所属军也各归原卫。军权不属于私人，将帅也无直属的部队。兵则由将帅私人所招募、训练，和国家的关系是间接的。兵费不在政府的岁出预算中，往往须由长官向政府力争，始能得到。同时，兵是一种职业，在中央权重的时候，将帅虽有私兵，如嘉靖时戚继光之戚家军，俞大猷之俞家军，都还不能不听命于中央。到明朝末年，民穷财尽，内外交逼，在非常危逼的局面下，需要增加庞大的兵力，将帅到处募兵，兵饷都由将帅自行筹措，发生分地分饷的弊端，兵皆私兵，将皆藩镇，兵就成为扩充将帅个人权力和地位的工具了。

二、卫所制度

明太祖即皇帝位后，刘基奏立军卫法。（《明史》卷一二八《刘基传》）《明史》卷八九《兵志序》说：

> 明以武功定天下，革元旧制，自京师达于郡县，皆立卫所。外统之都司，内统于五军都督府。而上十二卫为天子亲军者不与焉。

①《明史》卷九一《兵志》，弘治十四年（1501）兵部侍郎李孟旸《请实军伍疏》。

征伐则命将充总兵官，调卫所军领之。既旋则将上所佩印，官军各回卫所，盖得唐府兵遗意。

这制度的特点是平时把军力分驻在各地方，战时才命将出师，将不专军，军不私将，军力全属于国家。卫所的组织，《兵志》二《卫所门》记：

天下既定，度要害地系一郡者设所，连郡者设卫。大率五千六百人为卫，千一百二十人为千户所，百十有二人为百户所。所设总旗二，小旗十，大小联比以成军。

卫有指挥使，所有千户百户。总旗辖五十人，小旗辖十人。各卫又分统于都指挥使司（简称都司），司有都指挥使，为地方最高军政长官，和治民事的布政使司，治刑事的按察使司，并称三司，洪武二十六年（1393）时定天下都司卫所，共计都司十七（北平、陕西、山西、浙江、江西、山东、四川、福建、湖广、广东、广西、辽东、河南、贵州、云南、北平三护卫、山西三护卫）；行都司三（北平、江西、福建）；留守司一（中都）；内外卫三百二十九；守御千户所六十五。成祖以后，多所增改，都司增为二十一（浙江、辽东、山东、陕西、四川、广西、云南、贵州、河南、湖广、福建、江西、广东、大宁、万全、山西、四川行都司、陕西行都司、湖广行都司、福建行都司、山西行都司）；留守司二（中都、兴都）；内外卫增至四百九十三；守御屯田群牧千户所三百五十九。①

全国卫军都属于中央的大都督府。大都督府掌军籍，是全国的最高军事机关。洪武十三年（1380）分大都督府为中、左、右、前、后五军都督府。洪武二十六年（1393）定分领在京各卫所及在外各都司卫所。其组织如下：

---

①按《明史·职官志》五："计天下内外卫，凡五百四十有七，所凡二千五百九十有三。"

- 五军都督府
  - 左军都督府
    - 在京卫所
    - 浙江都司
    - 辽东都司
    - 山东都司
  - 右军都督府
    - 在京卫所
    - 云南都司
    - 贵州都司
    - 四川都司
    - 陕西都司
    - 广西都司
  - 中军都督府
    - 在京卫所
    - 中都留守司
    - 河南都司
    - 在外直隶扬州卫等卫所
  - 前军都督府
    - 在京卫所
    - 湖广都司
    - 福建都司
    - 福建行都司
    - 江西都司
    - 广东都司
    - 在外直隶九江卫
  - 后军都督府
    - 在京卫所
    - 北平都司
    - 北平行都司
    - 山西都司
    - 山西行都司
    - 北平三护卫
    - 山西三护卫

每府设左右都督各一，掌治府事。成祖以后，又改组如下：

- 五军都督府
  - 左军都督府
    - 在京卫所
    - 浙江都司
    - 辽东都司
    - 山东都司
  - 右军都督府
    - 在京卫所
    - 陕西都司
    - 陕西行都司
    - 四川都司及土官（天全六番招讨司、陇本头长官司等土司）
    - 四川行都司及土官（昌州长官司等土司）
    - 广西都司
    - 云南都司及土官（茶山长官司等土司）
    - 贵州都司及土官（新添长官司等土司）
    - 在外直隶宣州卫
  - 中军都督府
    - 在京卫所
    - 中都留守司
    - 河南都司
    - 在外直隶扬州卫等卫所
  - 前军都督府
    - 在京卫所
    - 湖广都司及土官（永顺军民宣慰司等土司）
    - 湖广行都司
    - 兴都留守司
    - 福建都司
    - 福建行都司
    - 江西都司
    - 广东都司
    - 在外直隶九江卫
  - 后军都督府
    - 在京卫所
    - 大宁都司
    - 万全都司
    - 山西都司
    - 山西行都司
    - 在外直隶蓟州卫等卫所

各地都司分隶于各都督府，其组织如下：

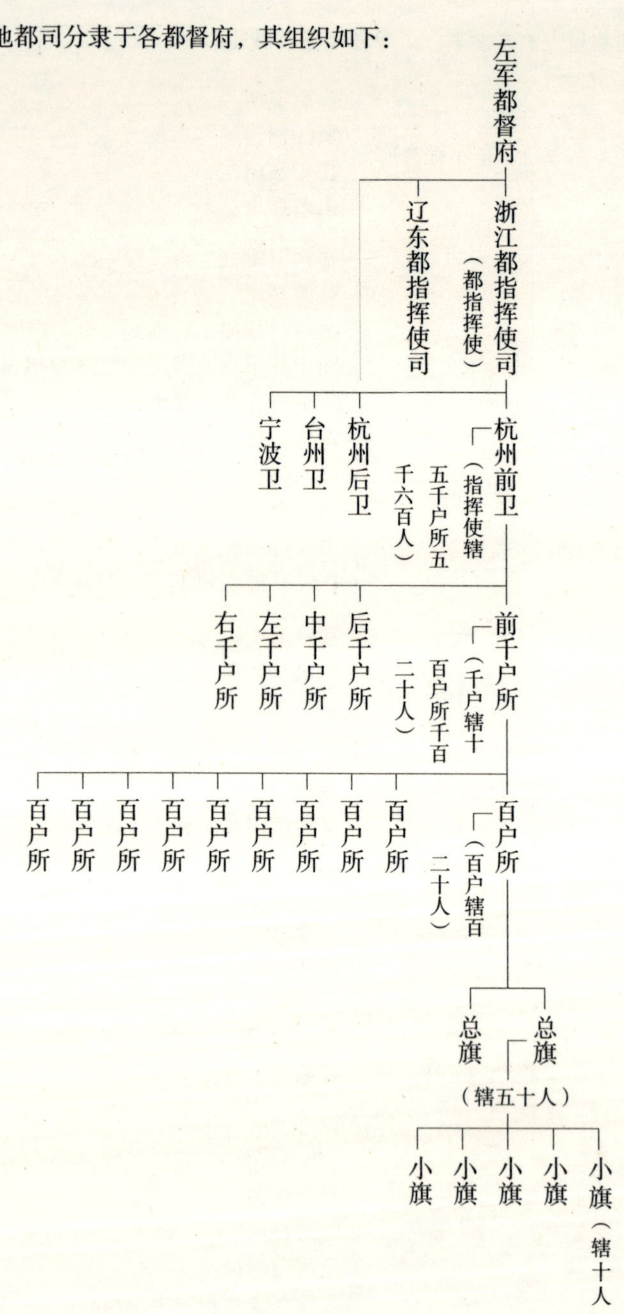

和都督府相配合的机关是兵部，长官为兵部尚书，“掌天下武卫官军选授简练之政令”，其下设四清吏司，各设郎中一人，员外郎一人，主事二人：

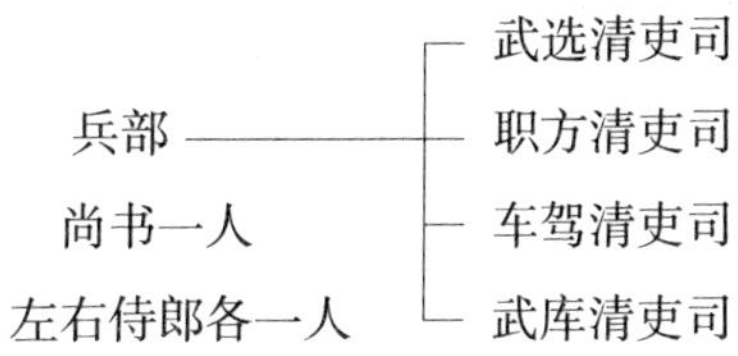

兵部（尚书一人，左右侍郎各一人）	清吏司	职掌
	武选清吏司	掌卫所土官选授升调袭退功赏之事
	职方清吏司	掌舆图军制城隍镇戍简练征讨之事
	车驾清吏司	掌卤簿仪仗禁卫驿传厩牧之事
	武库清吏司	掌戎器符勘尺籍武学薪隶之事

都督府是统军机关，各省各镇镇守总兵官副总兵都以三等[①]真署都督及公侯伯充任。有大征讨，则由政府指派挂诸号将军[②]或大将军前将军副将军印总兵出，事定缴印回任。明初开国时，武臣最重[③]，英国公张辅兄信，至以侍郎换授指挥同知。武臣出兵，多用文臣参赞，如永乐六年（1408）黔国公沐晟讨交趾简定，以尚书刘俊参军事。宣德元年（1426）成山侯王通讨交趾黎利，以尚书陈洽参赞军务。正统以后，文臣的地位渐高，出征时由文臣任总督或提督军务，经画一切，武臣只负领军作战的任务。如正统六年（1441）麓川之役，定西伯蒋贵充总兵官，以兵部尚书王骥总督军务，正统十四年（1449）讨福建邓茂七，宁

---

① 左右都督，都督同知，都督佥事。

②《明史》卷六八《舆服志》四：“武臣受重寄者，征西、镇朔、平蛮诸将军银印虎纽，方三寸三分，厚九分，柳叶篆文。洪武中尝用上公佩将军印，后以公侯伯及都督充总兵官，名曰挂印将军。有事征伐，则命总兵佩印以往，旋师则上所佩印于朝。”卷七六《职官志》五：“其总兵挂印称将军者，云南曰征南将军，大同曰征西前将军，湖广曰平蛮将军，两广曰征蛮将军，辽东曰征虏前将军，宣府曰镇朔将军，甘肃曰平羌将军，宁夏曰征西将军，交趾曰副将军，延绥曰镇西将军［诸印洪熙元年（1425）制颁］。其在蓟镇、贵州、湖广、四川及儹运淮安者，不得称将军挂印。”

③《明史》卷一四五《张玉传》：“帝尝谓英国公辅有兄弟可加恩者乎？辅顿首言輗軏蒙上恩，借近侍，然皆奢侈。独从兄侍郎信贤可使也。帝召见信曰：是英国公兄耶？趣武冠冠之，改锦衣卫指挥同知世袭。时去开国未远，武阶重故也。”

阳侯陈懋为总兵官，以刑部尚书金濂提督军务。成化元年（1465）讨大藤峡傜，都督同知赵辅为征夷将军，以左佥都御史韩雍赞理军务。同年出兵镇压荆、襄农民暴动，抚宁伯朱永充靖虏将军，以工部尚书白圭提督军务。三年（1467）讨建州，武靖伯赵辅充总兵官，以左都御史李秉提督军务。从此文臣统帅，武臣领兵，便成定制。在政府的用意是以文臣制武臣，防其跋扈。结果是武臣的地位越来越低。正德以后幸臣戚里多用恩幸得武职，愈为世所轻。在内有部、科，在外有监军、总督、巡抚，重重弹压，五军都督府职权日轻，将弁大帅如走卒，总兵官到兵部领敕，必须长跪，“间为长揖，即谓非体”。到了末年，卫所军士，虽一诸生，都可任意役使了。

各省都指挥使是地方的最高军政长官，统辖省内各卫所军丁，威权最重。在对外或对内的战事中，政府照例派都督府官或公侯伯出为总兵官，事后还任。明初外患最频的是北边的蒙古，派出边地防御的总兵官渐渐地变成固定，冠以镇守的名义，接着在内地军事要害地区也派总兵官镇守，独任一方的军务。又于其下设分守，镇守一路；设守备，镇守一城或一堡。至和主将同城的则称为协守。总兵之下有副总兵、参将、游击将军、守备、把总等名号。总兵是由中央派出的，官爵较高，职权较专，都指挥使是地方长官，渐渐地就成为总兵官的下属了。后来居上，于是临时派遣的总兵官驻守在固定的地点，就代替了都指挥使原来的地位了。

总兵官变成镇守地方的军事统帅以后，在有战事时，政府又派中央大员到地方巡抚，事毕复命，后来巡抚也成固定的官名，驻在各地方。因为这官的职务是在抚安军民，弹压地方，所以以都御史或副佥都御史派充。因为涉及军务，所以又加提督军务或赞理军务，参赞军务名义。巡抚兼治一方的民事和军务，不但原来的都、布、按三司成为巡抚的下属，即总兵官也须听其指挥。景泰以后因军事关系，在涉及数镇或数省的用兵地区，添设总督军务或总制、总理，派重臣大员出任。有的兵事终了后即废不设，有的却就成为长设的官。因为辖地涉及较广，地位和职权也就在巡抚之上。末年“流寇”和建州内外夹攻，情势危急，政府又特派枢臣（兵部尚书）外出经略，后来又派阁臣（大学士）出来督师，权力又在总督之上。这样层层叠叠地加上统辖的上官，原来的都指挥使和总兵官自然而然地每况愈下，权力愈小，地位愈低了。综合上述的情形，从图1中我们可以看出明代地方军政长官地位的演变。

图1

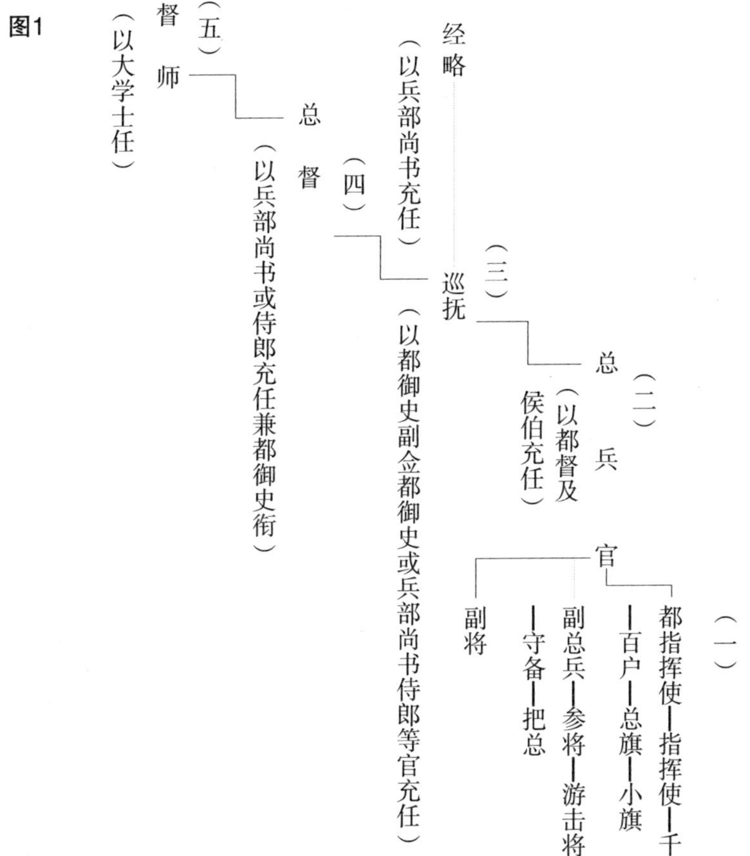

卫所军丁的总数，在政府是军事秘密，绝对不许人知道。[①]甚至掌治军政的兵部尚书，和专司纠察的给事御史也不许预闻。[②]我们现在就《明太祖实录》卷二二三记载看，洪武二十五年（1392）的军数如下。

在京武官……2747员　　在外武官……13742员

军士……206280人　　军士……992154人

马……4751匹　　马……40329匹

总数超过一百二十万。洪武二十六年（1393）以后的军数，按卫所添设的数量估计，应该在一百八十万以上。明成祖以后的军数，在二百八十万左右。[③]万历时代的军数如表1所示[④]：

表1　各镇军马额数

各镇	军数		马数	
	原额	现额	原额	现额
蓟镇：蓟州	39 339	31 658	10 700	6 399
密云	9 065	33 569	2 032	13 120 ▲
永平	22 307	39 940	6 083	15 080 ▲
昌平	14 295	19 039	3 015	5 625 ▲
辽东	94 693	83 340	77 001	41 830 ▲
保定	29 308	34 697	1 199	4 791 ▲
宣府	151 452	79 258	55 274	33 147 ▲
大同	135 778	85 311	51 654 ▲	35 870 ▲

①敖英《东谷赘言》下："我国初都督府军数，太仆寺马数，有禁不许人知。"

②陈衎《槎上老舌》："祖制五府军外人不得预闻，唯掌印都督司其籍。前兵部尚书邝埜向恭顺侯吴某索名册稽考，吴按例上闻，邝惶惧疏谢。"《明史》卷六九《兵志》一："先是京师立神机营，南京亦增设，与大小二教场同练军士，常操不息，风雨方免，有逃籍者。宪宗命南给事御史时至二场点阅。成国公朱仪及太监安宁不便，诡言军机密务，御史诘问名数非宜。帝为罪御史，仍令守备参赞官阅视，著为令。"

③《明史》卷九一《兵志》，弘治十四年（1501）兵部侍郎李孟旸《请实军伍疏》："天下卫所官军原额二百七十余万。"

④《大明会典》卷一二九至一三〇各镇分例。

续表

各镇	军数		马数	
	原额	现额	原额	现额
山西	25 287	55 295	6 551 ▲	24 764 ▲
延绥	80 196	53 254	45 940	32 133 ▲
宁夏	71 693	27 934	22 182	14 657 ▲
固原	126 919	90 412	32 250 ▲	33 842 ▲
甘肃	91 571	46 901	29 318	21 660 ▲
四川	14 822	10 897		
云南	63 923	62 593		
贵州		28 355		
广西	121 289	13 097		
		25 854		
湖广		68 829		
广东		29 947		
		35 268		
南直隶	102 167			
		7 149		
浙江	130 188	78 062		
江西	39 893	20 848		
（江西）南赣		9 148		
		8 171		
		829		
		1 928		
福建	125 381	38 475		
山东	43 631			
	2 217			
	3 177			
河南	20 020			
总共	1 586 611	1 120 058	343 199	282 918

原额：永乐初年以后。　　现额：万历初年。

▲包括马驼牛骡在内。

明初卫所军士的来源，大概可分四类，《明史》卷九〇《兵志》二记：

> 其取兵有从征，有归附，有谪发。从征者诸将所部兵，既定其地，因以留戍。归附则胜国及僭伪诸降卒。谪发以罪迁隶为兵者。其军皆世籍。

从征和归附两项军士都是建国前后的旧军。谪发一项则纯以罪人充军。名为恩军[①]，亦称长生军[②]。如永乐初屠杀建文诸臣，一人得罪，蔓连九族外亲姻连都充军役。[③]成化四年（1468）项忠平荆、襄农民暴动，俘获三万余人，户选一丁戍湖广边卫（《明史》卷一八七《项忠传》）。都是著例。

除以上三项外，第四类是垛集军，是卫军最大的来源。《明史》卷九二《兵志》四说：

> 明初垛集令行，民出一丁为军，卫所无缺伍，且有羡丁。……成祖即位，遣给事等官分阅天下军，重定垛集军更代法。初三丁已上垛正军一，别有贴户，正军死，贴户丁补。至是令正军贴户更代，贴户单丁者免，当军家蠲其一丁徭。

平民一被佥发充军，便世世子孙都入军籍，不许变易。民籍和军籍的区分极为严格。[④]民户有一丁被垛为军，政府优免他的原籍老家的一丁差

---

①《明太祖实录》卷二三二：“洪武二十七年（1394）四月癸酉，诏兵部凡以罪谪充军者，名为恩军。”

② 陆容《菽园杂记》八：“本朝军伍皆谪发罪人充之，使子孙世世执役，谓之长生军。”

③ 黄佐《双槐岁钞》四：“齐（泰）黄（子澄）奸恶九族外亲姻连亦皆编伍，有遍一县连蔓尽而及他邦者，人最苦之。”

④《明太祖实录》卷一三一：“洪武十三年（1380）五月乙未，诏曰：军民已有定籍。敢有以民为军，乱籍以扰吾民者禁止之。”

徭，以为弥补。军士赴戍所时，宗族为其治装，名为封桩钱。[①]在卫军士除本身为正军外，其子弟称为余丁或军余，将校的子弟则称为舍人。宣德四年（1429）定例免在营余丁一丁差役，令其供给军士盘缠（《大明会典》卷一五五）。边军似乎较受优待，如辽东旧制，每一军佐以三余丁。[②]内地的余丁亦称帮丁，专供操守卒往来费用。[③]日常生活则概由政府就屯粮支给，按月发米，称为月粮。其多少以地位高下分等差。洪武时令在京在外各卫马军月支米二石，步军总旗一石五斗，小旗一石二斗，军一石。守城者如数给，屯田者半之。[④]恩军家四口以上一石，三口以下六斗，无家口者四斗。月盐有家口者二斤，无者一斤（《明史》卷八二《食货志》六《俸饷》）。衣服则岁给冬衣棉布棉花夏衣夏布，在出征时则例给胖袄鞋裤（同上书卷一七七《王复传》）。

三、京军

明初定都南京，集全国卫军精锐于京师。有事以京军为主力，抽调各地卫军为辅。又因蒙古人时图恢复，侵犯北边，命将于沿边安置重兵防守，分封诸子出王边境，大开屯田，且耕且守。靖难役后，明成祖迁都北京，以首都置于国防前线，成为全国的军事中心。定制立三大营，一曰五军，一曰三千，一曰神机，合称为京军。

五军营的组织，太祖时设大都督府，节制中外诸军，京城内外置

---

① 宋濂《宋学士文集》补遗三《棣州高氏先茔石表辞》："北兵戍南土者宗族给其衣费，谓之封桩钱。"这名称到明代也仍沿用。

②《明史》卷二三《潘埙传》："故事每海军一，佐以余丁三。"

③《明史》卷二〇五《李遂传》："嘉靖三十九年（1560）江北河池营卒以千户吴钦革其帮丁，驱而缚之竿。帮丁者操守卒给一丁资往来费也。"

④《明史》卷一七七《李秉传》："景泰二年（1451）言：军以有妻者为有家，月饷一石。无妻者减其四。即有父母兄弟而无妻，概以无家论，非义，当一体增给。从之。"同书卷二〇五《李遂传》："旧制南军有妻者月粮米一石，无者减其四。春秋二仲月米石折银五钱。"

大小二场，分教四十八卫卒。洪武四年（1371）士卒之数二十万七千八百有奇。洪武十三年（1380）分大都督府为前、后、中、左、右五军都督府。成祖北迁后，增为七十二卫。永乐八年（1410）亲征本雅失里，分步骑军为中军，左、右掖，左、右哨，称为五军。除在京卫所外，每年又分调中都、山东、河南、大宁各都司兵十六万人，轮番到京师操练，称为班军。

三千营以边外降丁三千人组成。

神机营专用火器，永乐时平交趾得到火器，立营肄习。后来又得到都督谭广进马五千，置营名“五千”，掌操演火器。

三大营在平时，五军肄营阵，三千肄巡哨，神机肄火器。在皇帝亲征时，大营居中，五军分驻，步内骑外，骑外为神机，神机外为长围，周二十里，樵采其中。

皇帝侍卫亲军有锦衣卫和十二卫亲军。御马监又有武骧，腾骧，左、右卫，称四卫军。

明初京军总数在八十万以上。①永乐时征安南，用兵至八十万（《明史》卷一五四《张辅传》）。正统中征麓川，用兵亦十五万（同上书卷一七一《王骥传》）。永乐宣德二朝六次对蒙古用兵，都以京军为主力。到正统十四年（1449）土木之变，丧没几尽。《明史》卷一七〇《于谦传》说：

> 时京师劲甲精骑皆陷没。所余疲卒不及十万。人心恐慌，上下无固志。

事后一面补充，一面着手改革。当时主持兵政的兵部尚书于谦以

①《明史》卷一八五《吴世忠传》：“弘治十一年（1498）言：国初设七十二卫，军士不下百万。”同书卷八九《兵志》一：“嘉靖二十九年（1550）吏部侍郎王邦瑞摄兵部，因言：‘国初京营劲旅不减七八十万。’”

为三大营的缺点，是在分作三个独立组织，各为教令。临时调发，军士和将弁都不相习。乘机改革，在诸营中选出精兵十万，分作十营集中团练，名为团营。其余军归本营，称为老家。京军之制为之一变。到成化时又选出十四万军分十二营团练，称为选锋，余军仍称老家，专任役作。团营之法又稍变。到正德时因“流寇”之乱，调边军入卫，设东西官厅练兵，于是边军成为选锋，十二团营又成为老家了。嘉靖时经过几次严重的外患，几次改革，又恢复三大营旧制，改三千为神枢营，募兵四万充伍。形式上虽然似乎还原，可是以募兵代世军，实质上已大不相同了。

京军内一部分由外卫番上京师者称为班军。在名义上是集中训练，巩卫京师。实际上却被政府和权贵役作苦工，《明史》卷九〇《兵志》二说：

> 成化间海内燕安，外卫卒在京只供营缮诸役，势家私占复半之，卒多畏苦，往往愆期。

修建宫殿陵墓，浚理城池，一切大工程都以班军充役，使供役军士，财力交殚，每遇班操，宁死不赴。[①]甚至调发出征的也被扣留役使，《明史》卷一九九《郑晓传》记：

> 俺答围大同右卫急。……晓言：今兵事方棘，而所简听征京军三万五千人，乃令执役赴工，何以备战守，乞归之营伍。

结果使各地卫军以番上为畏途。有的私下纳银于所属将弁，求免入京。有事则招募充数，名为“折乾”。嘉靖二十九年（1550）职方主事沈朝

---

①《明史》卷一八一《李东阳传》，同书卷一九三《费宏传》：“太仓无三年之积，而冗食日增，京营无十万之兵，而赴工不已。”卷一九四《梁材传》：“嘉靖六年（1527）时修建两宫七陵，役京军七万，大役频兴，役外卫班军四万六千人，郭勋籍其不至者，责输银雇役，廪食视班军。”

焕在点发班军月饷时，发现有大部分是雇乞丐代替的。后来索性专以班军做工，也不营操了。班军不做工和不在工作期间的便改行做商贩工艺，按时给他们所属的班将一点钱。到末年边事日急，又把班军调到边方，做筑垣负米的劳役。从班军一变而为班工，从应役番上到折乾雇募，虽然名义上还仍旧贯，可是实质上已经变质了。

在京卫军的情形，也和班军一样地困于役作。成化时以太监汪直总督团营，此后京军便专掌于内臣。其他管军将弁也照例由勋戚充任。在这一群贪婪的太监和纨绔的将弁统率之下，发生了种种弊端：第一是占役，军士名虽在籍，实际上却被权贵大官所隐占，替私人做工服役，却向政府领饷。第二是虚冒，军籍本来无名，却被权贵大官硬把家人苍头假冒选锋壮丁名色，月支厚饷。有人领饷，却无人应役（《明史》卷二六五《李邦华传》）。第三是军吏的舞弊，军士在交替时，军吏需索重贿，贫军不能应付，虽然老羸，也只好勉强干下去。精壮子弟反而不得收练。以此军多老弱。第四是富军的贿免，有钱的怕营操征调，往往贿托将弁，把他搁在老家数中。贫军虽极疲老，也只能勉强挨命。积此四弊，再加上在营军士的终年劳作，没有受训练的机会，名虽军士，实则工徒。结果自然营伍日亏，军力衰耗，走上崩溃的途径（同上书卷八九《兵志》一）。成化末年京军缺伍至七万五千有奇。到武宗即位时，十二团营锐卒仅六万五百余人，稍弱者二万五千。武宗末年给事中王良佐奉敕选军，按军籍应当有三十八万余人，较明初时已经只剩十分之五，实存者不及十四万，较原额缺伍至六分之五，较现额也缺伍到五分之三强。可是中选者又只二万余人。世宗立，额兵只有十万七千余人，实存者仅半。嘉靖二十九年（1550）俺答围都城，兵部尚书丁汝夔核营伍不及五六万人，驱出都门，皆流涕不敢前。吏部侍郎王邦瑞摄兵部，疏言：

> 国初京营劲旅，不减七八十万，元戎宿将，常不乏人。自三大营变为十二团营，又变为两官厅，虽浸不如初，然额军尚三十八万有奇。今武备积弛，见籍止十四万余，而操练者不过五六万。支粮

则有，调遣则无。比敌骑深入，战守俱称无军。即见在军率老弱疲惫市井游贩之徒，衣甲器械，取给临时。此其弊不在逃亡而在占役，不在军士而在将领。盖提督坐营号头把总诸官，多世胄纨绔，平时占役营军，以空名支饷，临操则肆集市人，呼舞博笑而已。（《明史》卷八九《兵志》一）

到崇祯末年简直无军可用。《明史》卷二六六《王章传》记：

十七年（1644）王章巡视京营，按籍额军十一万有奇。喜曰："兵至十万，犹可为也。"及阅视，半死者，余冒伍，惫甚，闻炮声掩耳，马未驰而堕，而司农缺饷，半岁未发。

即勉强调发出征，也是雇充游民，名为京军，实则招募。如崇祯十四年（1641）兵部侍郎吴甡所言：

京营承平日久，发兵剿贼，辄沿途雇充。将领利月饷，游民利剽敚，归营则本军复充伍。（同上书卷二五二《吴甡传》）

积弊之极，京军仅存空名。可是，相反地，军官与日俱增，越来越多。洪武二十五年（1392）京军军官的总数是二千七百四十七员，六十几年后，到景泰七年（1456）突增三万余员，较原额加了十一倍。[①]再过十几年，到成化五年（1469）又增加到八万余员，较原额增加了三十倍（同上书卷二十《刘体乾传》）。正德时嬖佞以传奉得官，琐滥最甚。世宗即位，裁汰锦衣诸卫内监局旗校工役至十四万八千七百人。岁减

① 《明史》卷一八〇《张宁传》："景泰七年（1456）言：京卫带俸武职，一卫至二千余人，通计三万余员，岁需银四十八万，米三十六万，他折俸物动经百万。耗损国储，莫甚于此。而其间多老弱不娴骑射之人。"

漕粮百五十三万二千余石（同上书卷一九〇《杨廷和传》）。不久又汰去京卫及亲军冗员三千二百人（同上书卷一九六《夏言传》）。虽然经过这两次大刀阔斧地裁汰，可是不久又继续增加："边功升授，勋贵传请，曹局添设，大臣恩荫，加以厂卫监局勇士匠人之属，岁增月益，不可胜数"（同上书卷二十《刘体乾传》）。到万历时，神宗倦于政事，大小臣僚多缺而不补，可是武职仍达八万二千余员。到天启时魏忠贤乱政，武职之滥，打破了历朝的纪录，连当时人也说："不知又增几倍？"[①]军日减而官日增，军减而粮仍旧额，国家负担并不减轻，官增则冗费愈多，国库愈匮。并且养的是不能战的军，添的也是不能战的官。到崇祯末年，内外交逼，虽想整顿，也来不及了。

从京军军伍的减削情形看，明初到正统可说是京军的全盛时期。土木之变后，经过于谦一番整顿，军力稍强，可是额数已大减于旧，可说是京军的衰落时期。从成化到明末，则如江河日下，一年不如一年，是京军的崩溃时期。在全盛时期，明成祖和宣宗六次打蒙古，三次打安南，京军是全军中最精锐的一部分。在衰落时期，军数虽少，还能打仗。到成化以后，京军虽仍四出征讨，却已没有作战能力了。《明史》卷一八〇《曹璘传》说：

> 弘治元年（1488）言：诸边有警，辄命京军北征。此辈骄惰久，不足用。乞自今勿遣，而以出师之费赏边军。

《刘健传》也说：

> 弘治十七年（1504）夏，小王子谋犯大同。健言京军怯不任战，乞自今罢其役作，以养锐气。（《明史》卷一八一）

---

①《明史》卷二七五《解学龙传》："天启二年（1622）疏言：国初文职五千四百有奇，武职二万八千有奇。神祖时文增至一万六千余，武增至八万二千余。今不知又增几倍？"

同时的倪岳则说京军之出，反使边军丧气，他说：

京军素号冗怯，留镇京师，犹恐未壮根本。顾乃轻于出御，用亵天威。临阵辄奔，反隳边军之功。为敌人所侮。（同上书卷一八三《倪岳传》）

这时离开国不过一百四十年，京军已以冗怯著称，政府中人异口同声地以为不可用了。

四、卫军的废弛

京外卫所军的废弛情形也和京军一样。

明代军士的生活，我们可用明太祖的话来说明，他说：

那小军每一个月只关得一担儿仓米。若是丈夫每不在家里，他妇人家自去关呵，除了几升做脚钱，那害人的仓官又斛面上打减了几升。待到家里■（音伐）过来呵，止有七八斗儿米，他全家儿大大小小要饭吃，要衣裳穿，他那里再得闲钱与人。（《大诰》武臣科敛害军第九）

正军衣着虽由官库支给，家属的却须自己制备。一石米在人口多的家庭，连吃饭也还不够，如何还能顾到衣服！《明史》卷一八五《黄绂传》：

成化二十二年（1486）巡抚延绥，出见士卒妻衣不蔽体。叹曰：健儿家贫至是，何面目临其上。亟预给三月饷，亲为抚循。

黄绂所见的是卫军的普遍情形，延绥士卒的遭遇却是一个难得的例外。甚至病无药医，死无棺敛，《明史》卷一六〇《张鹏传》：

鹏景泰二年（1451）进士。……出按大同宣府，奏两镇军士敝衣菲食，病无药，死无棺。乞官给医药棺槥，设义冢，俾瘗厉祭。死者蒙恩，则生者劝。帝立报可，且命诸边概行之。

经过张鹏的提议，才由官给医药棺槥，却仍只限于诸边，内地的不能享受这权利。卫军生活如此，再加以上官的剥削和虐待，假如有办法，他们是会不顾一切，秘密逃亡的。

除从征和归附的军士以外，谪发和垛集军是强逼从军的。他们被威令所逼，离开所习惯的土地和家族，到一个辽远的陌生的环境中去，替统治阶级服务。一代一代地传下去，子子孙孙永远继承这同一的命运和生活。大部分的军士发生逃亡的现象，特别是谪发的逃亡最多。万历时章潢说：

国初卫军籍充垛集，大县至数千名，分发天下卫所，多至百余卫，数千里之远者。近来东南充军亦发西北，西北充军亦多发东南。然四方风土不同，南人病北方之苦寒，北人病南方之暑湿。逃亡故绝，莫不由斯。道里既远，勾解遂难。（章潢《图书编》卷一一七）

据正德时王琼的观察，逃亡者的比例竟占十之八九。他以为初期经大乱之后，民多流离失恒产，乐于从军。同时法令严密，卫军不敢逃亡。后来政府不能约束官吏，卫军苦于被虐待、剥削和迫于乡土之思，遂逃亡相继（王琼《清军议》）。卫所的腐败情形，试举数例：

宣德九年（1434）二月壬申，行在兵部右侍郎王骥言：中外都司卫所官，唯知肥己，征差则卖富差贫，征办则以一科十，或占纳月钱，或私役买卖，或以科需扣其月粮，或指操备减其布絮。衣食既窘，遂致逃亡。（《明宣宗实录》卷一〇八）

弘治时刘大夏《条列军伍利弊疏》也说：

> 在卫官军苦于出钱，其事不止一端：如包办秋青草价；给与勇士养马；比较逃亡军匠；责令包工雇役；或帮贴锦衣卫夷人马匹；或加贴司苑局种菜军人；内外宫人造坟，皆用夫价；接应公差车辆，俱费租钱，其他使用，尚不止此。又管营内外官员，率于军伴额数之外，摘发在营操军役使，上下相袭，视为当然。又江南军士漕运，有修船盘削之费，有监收斛面之加，其他掊克，难以枚举。以致逃亡日多，则拨及全户，使富者贫，贫者终至于绝。江南官军每遇营操，虽给行粮，而往返之费，皆自营办。况至京即拨做工雇车运料，而杂拨纳办，有难以尽言者。（《刘忠宣公集》卷一）

卫军一方面被卫官私家役使[①]，甚至被逼为朝中权要种田[②]。月粮既被克扣[③]，又须交纳月钱，供上官挥霍。[④]隆庆三年（1569）萧廪出核陕西四镇兵食，发现被隐占的卒伍至数万人（《明史》卷二二七《萧廪

---

①《明成祖实录》卷六八："永乐五年（1407）六月辛卯，御史蒋彦禄言：国家养军士以备攻战。暇则教之，急则用之。今各卫所官夤缘为奸，私家役使，倍蓰常数。假借名义以避正差，贿赂潜行，互相蔽隐。"

②《明史》卷一七七《年富传》："英国公张懋及郑宏各置庄田于边境，岁役军耕种。"

③ 王鏊《王文恪公文集》卷一九《上边议八事》："今沿边之民，终年守障，辛苦万状。而上之人又百方诛求，虽有屯田而子粒不得入其口，虽有月粮而升斗不得入其家，虽有赏赐而或不得给，虽有首级而不得为己功。"《明史》卷一八二《刘大夏传》："弘治十七年（1504）召见大夏于便殿……问军，对曰：穷与民等。帝曰：居有月粮，出有行粮，何故穷？对曰：其帅侵克过半，安得不穷！"《明英宗实录》卷一二六："正统二年（1437）十月辛亥，直隶巡按御史李奎奏：沿海诸卫所官旗，多克减军粮入己，以致军士艰难，或相聚为盗贼，或兴贩私盐。"

④《明史》卷一六四《曹凯传》："景泰中擢浙江右参政。时诸卫武职役军办纳月钱，至四千五百余人。"同书卷一八〇《汪奎传》："成化二十一年（1485）言：内外座营监枪内官增置过多，皆私役军士，办月钱。多者至二三百人。武将亦多私役健丁，行伍唯存老弱。"甚至余军亦被私役，《明英宗实录》卷一八六："正统十四年（1449）十二月壬申，兵科给事中刘斌奏：近数十年典兵官员既私役正军，又私役余丁。甚至计取月钱，粮不全支。是致军士救饥寒之不暇，尚何操习训练之务哉！"

传》)。军士无法生活，一部分改业为工人商贩，以所得缴纳上官。景帝即位时，刘定之上言十事，论当时情形：

天下农出粟，女出布，以养兵也。兵受粟于仓，受布于库，以卫国也。向者兵士受粟布于公门，纳月钱于私室，于是手不习击刺之法，足不习进退之宜，第转货为商，执技为工，而以工商所得，补纳月钱。民之膏血，兵之气力，皆变为金银，以惠奸宄。一旦率以临敌，如驱羊拒狼，几何其不败也。(《明史》卷一七六)

大部分不能忍受的，相率逃亡，有的秘密逃回原籍，如正统时李纯所言：

三年(1438)十月辛未，巡按山东监察御史李纯言：辽东军士往往携家属潜从登州府运船，越海道逃还原籍。而守把官军，受私故纵。(《明英宗实录》卷四七》

有的公开请假离伍：

正统十一年(1446)五月己卯，福建汀州府知府陆征言：天下卫所军往往假称欲往原籍取讨衣鞋，分析家赀，置备军装。其官旗人等贪图贿赂，从而给与文引遣之。及至本乡，私通官吏乡里，推称老病不行，转将户丁解补。到役未久，托故又去。以致军伍连年空缺。(《明英宗实录》卷一四一)

其因罪谪戍的，则预先布置，改换籍贯，到卫即逃，无从勾捕：

宣德八年(1433)十二月庚午，巡按山东监察御史张聪言：辽东军士多以罪谪戍，往往有亡匿者。皆因编发之初，奸顽之徒，改易籍贯，至卫即逃。比及勾追，有司谓无其人，军伍遂缺。(《明

宣宗实录》卷一百七）

沈德符记隆万时戍军之亡匿情形，直如儿戏。他说：

吴江一叟号丁大伯者，家温而喜谈饮，久往来予家。一日忽至邸舍，问之，则解军来。其人乃捕役妄指平民为盗，发遣辽东三万卫充军，亦随在门外。先人语之曰：慎勿再来，倘此犯逸去，奈何！丁不顾，令之入叩头，自言姓王，受丁恩不逸也。去甫一月，则王姓者独至邸求见。先人骇问之，云已讫事，丁大伯亦旦夕至矣。先人细诘其故，第笑而不言。又匝月而丁来，则批回在手。其人到伍，先从间道逸归，不由山海关，故反早还。因与丁做伴南旋。近闻中途亦有逃者，则长解自充军犯，雇一二男女，一为军妻，一为解人，投批到卫收管，领批报命时竟还桑梓。彼处戍长，以入伍脱逃，罪当及己，不敢声言。且利其遗下口粮，潜入囊橐。而荷戈之人，优游闾里，更无谁何之者。（《野获编补遗》）

卫所官旗对于卫军之逃亡缺额，非但毫不过问，并且引为利源。因为一方面他们可以干没逃亡者的月粮，另一方面可以向逃亡者需索贿赂。永乐十二年（1414）明成祖曾申说此弊：

十月辛巳上谕行在兵部臣曰：今天下军伍不整肃，多因官吏受赇，有纵壮丁而以罢弱充数者；有累岁缺伍不追补者；有伪作户绝及以幼小纪录者；有假公为名而私役于家者。遇有调遣，十无三四。又多是幼弱老疾，骑士或不能引弓，步卒或不能荷戈，缓急何以济事！（《明成祖实录》卷一五七）

五年后监察御史邓真上疏说军卫之弊，也说：

内外各卫所军士，皆有定数，如伍有缺，即当勾补。今各卫所官吏唯耽酒色货贿，军伍任其空虚。及至差人勾补，纵容卖放，百无一二到卫，或全无者；又有在外娶妻生子不回者。官吏徇私蒙蔽，不行举发。又有勾解到卫而官吏受赃放免；及以差使为由，纵其在外，不令服役。此军卫之弊也。（《明成祖实录》卷二一九）

在这情形下，《明史·兵志》记从吴元年（1367）十月到洪武三年（1370）十一月，三年中军士逃亡者四万七千九百余。到正统三年（1438）离开国才七十年，这数目就突增到一百二十万有奇，占全国军伍总数二分之一弱。①据同年巡按山东监察御史李纯的报告，他所视察的某一百户所，照理应有旗军一百十二人，可是逃亡所剩的结果，只留一人（《明英宗实录》卷四七）。

边防和海防情况：辽东的兵备在正德时已非常废弛，开原尤甚，士马才十二，墙堡墩台圮殆尽，将士依城堑自守，城外数百里，悉为诸部射猎地（《明史》卷一九九《李承勋传》）。蓟镇兵额到嘉靖时也十去其五，唐顺之《覆勘蓟镇边务首疏》：

从石塘岭起，东至古北口墙子岭马兰谷，又东过滦河，至于太平寨燕河营，尽石门寨而止，凡为区者七。查得原额兵共七万六百零四名，见在四万六千零三十七名。逃亡二万四千五百六十七名。又从黄花镇起，西至于居庸关，尽镇边城而止，凡为区者三，查得原额兵共二万三千二十五名，逃亡一万零一百九十五名。总两关十区之兵，原额共九万三千八百二十四名，见在五万九千六十二名，逃亡三万四千七百六十二名。蓟兵称雄，由来久矣。比臣等至镇，则见其人物琐软，筋骨绵缓，靡靡然有暮气之惰，而无朝气之锐。

---

①《明英宗实录》卷四六：“正统三年（1438）九月丙戌，行在兵部奏：天下都司卫所发册坐勾逃故军士一百二十万有奇。今所清出，十无二三。未几又有逃故，难以遽皆停止。”

就而阅之，力士健马，什才二三，钝戈弱弓，往往而是。其于方圆牝牡九阵分合之变，既所不讲，剑盾枪箭五兵之长，亦不能习。老羸未汰，纪律又疏，守尚不及，战则岂堪。（《荆川外集》卷二）

沿海海防，经积弛后，尤不可问。《明史》卷二〇五《朱纨传》记嘉靖二十六年（1547）时闽浙情形说：

漳、泉巡检司弓兵旧额二千五百余，仅存千人。……浙中卫所四十一，战船四百三十九，尺籍尽耗。

海道副使谭纶述浙中沿海卫所积弊：

卫所官军既不能以杀贼，又不足以自守，往往归罪于行伍空虚，徒存尺籍，似矣。然浙中如宁、绍、温、台诸沿海卫所，环城之内，并无一民相杂，庐舍鳞集，岂非卫所之人乎？顾家道殷实者，往往纳充吏承，其次赂官出外为商，其次业艺，其次投兵，其次役占，其次搬演杂剧，其次识字，通同该伍放回附近原籍，岁收常例，其次舍人，皆不操守。即此八项，居十之半，且皆精锐。至于补伍食粮，则反为疲癃残疾，老弱不堪之辈，军伍不振，战守无资，弊皆坐此。至于逃亡故绝，此特其一节耳。（胡宗宪《筹海图编》卷一一《经略一·实军伍》）

以致一卫军士不满千余，一千户所不满百余（同上兵部尚书张时彻语）。一遇事变，便手足无措。倭寇起后，登陆屠杀，如入无人之境。充分证明了卫军的完全崩溃，于是有募兵之举，另外招募壮丁，加以训练，抵抗外来的侵略。

五、勾军与清军

卫所军士之不断地逃亡，使统治阶级感觉恐慌，努力想法挽救。把追捕逃军的法令订而又订，规定得非常严密。《明史》卷九二《兵志》四记：

> 大都督府言：起吴元年（1367）十月至洪武三年（1370）十一月，军士逃亡者四万七千九百余。于是下追捕之令，立法惩戒。小旗逃所隶三人降为军，上至总旗百户千户皆视逃军多寡，夺俸降革。其从征在外者罚尤严。

把逃军的责任交给卫所官旗，让他们为自己的利益约束军士，这办法显然毫无效果，因为在十年后又颁发了同样性质的法令：

> 洪武十三年（1380）五月庚戌，上谕都督府臣曰：近各卫士卒率多逋逃者，皆由统之者不能抚恤。宜量定千百户罚格。凡一千户所逃至百人者千户月减俸一石，逃至二百人减二石。一百户所逃及十人者月减俸一石，二十人者减二石，若所管军户不如数，及有病亡事故残疾事，不在此限。（《明太祖实录》卷一三一）

洪武十六年（1383）又命五军都督府檄外卫所，速逮缺伍士卒，名为勾军。特派给事中潘庸等分行清理，名为清军。洪武二十一年（1388）以勾军发生流弊，命卫所及郡县编造军籍：

> 九月庚戌，上以内外卫所军伍有缺，遣人追取户丁，往往鬻法，且又骚动于民。乃诏自今卫所以亡故军士姓名乡贯编成图籍送兵部，然后照籍移文取之，毋擅遣人，违者坐罪。寻又诏天下郡

县，以军户类造为册，具载其丁口之数，如遇取丁补伍，有司按籍遣之，无丁者止。（同上书卷一九三）

军籍有三份，一份是清勾册（卫所的军士逃亡及死亡册），一份是郡县的军户原籍家属户口册，还有一份是收军册。卫所的军额是一定的，卫军规定必须有妻，不许独身不婚。[①]父死子继。如有逃亡缺伍或死绝，必须设法补足。补额的方法是到原籍追捕本身或其亲属。同年又置军籍勘合：

是岁命兵部置军籍勘合，遣人分给内外卫所军士，谓之勘合户由。其中间写从军来历，调补卫所年月，及在营丁口之数。遇点阅则以此为验。其底薄则藏于内府。（《明太祖实录》卷一九五）

这两种制度都为兵部侍郎沈溍所创。《明史》曾对这新设施的成效加以批评：

明初卫所世籍及军卒勾补之法，皆沈溍所定。然名目琐细，簿籍繁多，吏易为奸。终明之世颇为民患，而军卫亦日益耗。（《明史》卷一三八《唐铎传》）

实际上不到四十年，这两种制度都已丧失效用了。不但不能足军，反而扰害农民。第一是官吏借此舞弊：

宣德八年（1433）二月庚戌，行在兵部请定稽考勾军之令。盖故事都司卫所军旗伍缺者，兵部预给勘合，从其自填，遣人取补。及所遣之人，事已还卫，亦从自销，兵部更无稽考。以故官吏夤缘

①《筹海图编》卷一一《实军伍》，兵部尚书张时彻云："（卫军）无妻者辄罢革。"《明史》卷九二《兵志》四："军士应起解者皆佥妻。"

为弊，或移易本军籍贯，或妄取平民为军，勘合或给而不销，限期或过而不罪。致所遣官旗，迁延在外，娶妻生子，或取便还乡，二三十年不回原卫所者，虽令所在官司执而罪之，然积弊已久，猝不能革。（《明宣宗实录》卷九九）

使奉命勾军的官旗，自身也成逃军。第二是军籍散失，无法勾补：

宣德八年（1433）八月壬午，河南南阳府知府陈正伦言：天下卫所军士，或从征，或屯守，或为事调发边卫。其乡贯姓名诈冒更改者多。洪武中二次勘实造册，经历年久，簿籍鲜存，致多埋没。有诈名冒勾者，官府无可考验虚实。（同上书卷一〇四）

政府虽然时派大臣出外清理军伍，宣德三年（1428）且特命给事中御史按期清军。清军条例也一增再增，规定得非常严密，军籍也越来越复杂。嘉靖三十一年（1552）又增编兜底、类卫、类姓三册，合原有之军黄总册（户口册）为四册。[①]但是这一切的条例和繁复的手续，只是多给予官吏以舞弊的机会，卫军的缺伍情形，仍不因之稍减。

在明代前期，最为民害的是勾军。军士缺伍，勾捉正身者谓之跟捕，勾捕家丁者谓之勾捕。勾军的弊害，洪熙元年（1425）兴州左屯卫军士范济曾上书说：

---

①《大明会典》卷一五五《兵部三八·军政二·册单》：“凡大造之年，除军黄总册照旧攒造外，又造兜底一册，细开各军名贯，充调来历，接补户丁，务将历年军册底查对明白，毋得脱漏差错。又别造类姓一册；不拘都图卫所，但系同姓者摘出类编。又别造类卫一册，以各卫隶各省，以各都隶各卫，务在编类详明，不许混乱。其节年问发永远新军亦要附入各册，前叶先查概县军户总数以递合图，以图合都，以都合县。不许户存户绝，有无勾单，务寻节年故牍，补足前数。每于造册之年，另造一次，有增无减，有收无除。每县每册各造一样四本，三本存各司府州县，一本送兵部备照。册高阔各止一尺二寸，不许宽大，以致吏书作弊。”按军黄《明史》及《明史稿·兵志》均作军贯，今从《会典》。

臣在行伍四十余年，谨陈勾军之弊：凡卫所勾军有差官六七员者，百户所差军旗二人或三人者，俱是有力少壮，及平日结交官长，畏避征差之徒，重贿贪饕官吏，得往勾军。及至州县，专以威势虐害里甲，既丰其馈馔，又需其财物，以合取之人及有丁者释之。乃诈为死亡，无丁可取，是以留宿不回。有违限二三年者，有在彼典雇妇女成家者。及还，则以所得财物，贿其枉法官吏，原奉勘合，朦胧呈缴。较其所取之丁，不及差遣之官，欲求军不缺伍，难矣。（《明宣宗实录》卷五）

官校四出，扰乱得闾里不宁，却对军伍之缺，一无裨补。正统元年（1436）九月分遣监察御史轩輗等十七人清理军政，在赐敕中也指出当时的弊害，促令注意。敕书说：

武备立国之重事。历岁既久，弊日滋甚。军或脱籍以为民，民或枉指以为军。户本存而谓其为绝，籍本异而强以为同。变易姓名，改易乡贯，夤缘作弊，非止一端。推厥所由，皆以军卫有司及里甲人等贪赂挟私，共为欺蔽，遂致妄冒者无所控诉，埋没者无从追究，军缺其伍，民受其殃。（《明英宗实录》卷二二）

在实际上，不但法外的弊害，使农民受尽苦痛，即本军本户的勾捕，对农民也是极大灾难。试举数例说明。第一例要七十老翁和八岁孩子补伍：

洪武二十五年（1392）四月壬子，怀远县人王出家儿年七十余，二子俱为卒从征以死。一孙甫八岁，有司复追逮补伍。出家儿诉其事于朝，令除其役。（《明太祖实录》卷二七）

第二例单丁补役，田地无人耕种：

永乐八年（1410）四月戊戌，湖广郴州桂阳县知县梁善言：本县人民充军数多，户有一丁者发遣补役，则田地抛荒，税粮无征，累及里甲。（《明成祖实录》卷一〇二）

第三例地方邻里因勾军所受的损失。万历三年（1575）徐贞明疏言：

东南民素柔脆，莫任远戍。今数千里勾军，离其骨肉。军壮出于户丁，帮解出于里甲，每军不下百金。而军非土著，志不久安，辄赂卫官求归。卫官利其赂且可以冒饷也，因而纵之。是困东南之民，而实无补于军政也。（《明史》卷二二三）

解除军籍的唯一途径，明初规定，必须做到兵部尚书才能脱籍为民。[①]《明史》卷一三八《唐铎传》记陈质许除军籍，称为特恩：

潮州陈质父在戍籍。父殁，质被勾补，请归卒业，帝命除其籍。（兵部尚书）沈溍以缺军伍持不可。帝曰：国家得一卒易，得一士难。遂除之。然此皆特恩云。[②]

后定制生员特许免勾，但要经考试合格：

---

①《明史》卷九二《兵志》清理军伍。同书卷一三八《陈修传》："翟善迁吏部尚书，帝欲除其家戍籍。善曰：戍卒宜增，岂可以臣破例。帝益以为贤。"

②《明史》卷一四二《陈彦回传》："彦回莆田人。父立诚为归安丞，被诬论死，彦回谪戍云南，家人从者多道死，唯彦回与祖母郭在。会赦又弗原，监送者怜而纵之，贫不能归，依乡人知县黄积良。……彦回后擢徽州知府。……当彦回之戍云南也，其弟彦囦亦戍辽东。至是诏除彦回籍。"按以罪谪戍者，如罪不至全家，经请求得由子弟代役，《明史》卷一四三《高巍传》："由太学生试前军都督府左断事，……寻以决事不称旨当罪，减死戍贵州关索岭。特许弟侄代役，曰旌孝子也。"《周缙传》："遣戍兴州，有司遂捕缙械送戍所。居数岁，子代还。"

凡开伍免勾，洪武二十三年（1390）令生员应补军役者，除豁遣归卒业。二十九年（1396）令生员应起解者，送翰林院考试，成效者开伍，发回读书。不成者照旧补役。（《大明会典》卷一五四）

永乐时又定例现任官吏免勾：

二年（1404）令生勾军有见任文武官及生员吏典等，户止三丁者免勾，四丁以上者勾一丁补伍。（同上）

从此官僚阶级得豁去当军的义务，军伍的勾取只限于无钱无势的平民了。

勾军之害，已如上述。一到大举清军时，其害更甚。清军官吏是以清出军伍的多少定考成的，因此肆意诛求，滥及民户，唯恐所勾太少。《明史》记宣德时清军情形：

（赵豫）官松江知府。清军御史李立至，专务益军，勾及亲戚同姓，稍辩则酷刑榜掠，人情大扰。诉枉者至一千一百余人。[①]

正德时武定清军，一州至万余人：

（郭侃）官武定知州。会清军籍，应发遣者至万二千人。侃曰：武定户口三万，是空半州也。力争之得寝。（《明史》卷二八一《郭侃传》）

---

①《明史》卷二八一《赵豫传》，同上《张宗琏传》："朝遣李立理江南军籍，檄宗琏自随。立受黠军词，多逮平民实伍。"吴宽《匏翁家藏集》卷三三《崔巡抚辩诬记》："宣德初所谓军政条例始行于天下。御史李立往理苏、常等府。立既刻薄，济以苏倅张徽之凶暴，专欲括民为军。民有与辩者，徽辄怒曰：汝欲为鬼耶？抑为军耶？一时被诬与死杖下者，多不可胜数。苏人恨入骨髓。然畏其威，莫敢与抗也。"

王道论清军之弊有三：第一是清勾不明；第二是解补太拘；第三是军民并役。他说：

> 清勾之始，执事不得其人，上官不屑而委之有司，有司不屑而付之吏胥，贿赂公行，奸弊百出。正军以富而幸免，贫民无罪而干连，有一军缺而致数人之命，一户绝而破荡数家之产者矣，此清勾不明之弊一也。国初之制，垛集者不无远近之异，谪戍者多罹边卫之科，承平日久，四海一家，或因迁发，填实空旷，或因商宦，流寓他方，占籍既久，桑梓是怀。今也勾考一明，必欲还之原伍，远或万里，近亦数千，身膺桎梏，心恋庭闱，长号即路，永诀终天，人非木石，谁能堪此，此解补太拘之弊二也。迩年以来，地方多事，民间赋役，十倍曩时，鬻卖至于妻子，算计尽乎鸡豚，苦不聊生，日甚一日，而又忽加之以军伍之役，重之以馈送之繁，行赍居送，无地方可以息肩，死别生离，何时为之聚首？民差军需，交发互至，财殚力竭，非死即亡，此军民并役之弊三也。（《顺渠先生文集》卷四）

至嘉靖时，军伍更缺，法令愈严，有株累数十家，勾摄经数十年者，丁口已尽，犹移覆纷纭不已。万历中南直隶应勾之军至六万六千余，株连至二三十万人（《明史》卷九二《兵志四》）。卫军已逃亡的，“勾军无虚岁，而什伍日亏”；未逃亡或不能逃亡的，却“平居以壮仪卫，备国容犹不足”[①]。卫所制度到这时候，已经到了完全崩溃的阶段了。

---

① 顾起元：《客座赘语》二《勾军可罢》：“南都各卫军在卫者，余尝于送表日见之。尪羸饥疲，色可怜，与老稚不胜衣甲者居大半。平居以壮仪卫，备国容犹不足，脱有事而责其效一臂力，何可得哉！其原繇尺籍，皆系祖军，死则其子孙或其族人充之，非盲瞽废疾，未有不编于伍者。又户绝必清勾，勾军多不乐轻去其乡，中道辄逃匿，比至又往往不习水土，而病且死。以故勾军无虚岁而什伍日亏。且勾军之害最大，一户而株累数十户不止。比勾者至卫所，官卫又以需索困苦之，故不病且死，亦多以苦需索而窜。”

六、募兵

从永乐迁都北京以后，每年须用船运东南米数百万石北来，漕运遂为明代要政。运粮多由各地卫军负责。宣宗即位后，始定南北卫军分工之制，南军转运，北军备边。①特设漕运总兵，用卫军十二万人（《明史》卷一五三《陈暄传》）。东南军力由之大困。弘治元年（1488）都御史马文升疏论运军之苦说：

> 各直省运船，皆工部给价，令有司监造。近者漕运总兵以价不时给，请领价自造，而部臣以军士不加爱护，议令本部出料四分，军卫任三分，旧船抵三分。军卫无从措办，皆军士卖资产，鬻男女以供之，此造船之苦也。正军逃亡数多，而额数不减，俱以余丁充之，一户有三四人应役者，春兑秋归，艰辛万状，船至张家湾，又雇车盘拨，多称贷以济用，此往来之苦也。其所称贷，运官因以侵渔，责偿倍息，而军士或自载土产以易薪米，又格于禁例，多被掠夺。（《明史》卷七九《食货志三·漕运》）

江南军士“多因漕运破家”，江北军士则“多以京操失业”②。南北卫军因之都废弛不可用。

明代用全力防守北边，备蒙古入侵。腹地军力极弱，且经积弛之后，一有事故，便手足无措。隆庆时靳学颜疏言：

> 夫陷阵摧坚，旗鼓相当，兵之实也。今边兵有战时，若腹兵则

① 《明史》卷一四五《朱能传》：“朱勇以南北诸卫所军，备边转运，错互非便。请专令南军转运，北军备边。”

② 《刘忠宣公集》卷一《乞休疏》中语。

终世不一当敌，每盗贼窃发，非阴阳医药杂职，则丞贰判薄为之将，非乡民里保，则义勇快壮为之兵，在北则借盐丁矿徒，在南则借狼土，此皆腹兵不足用之明验也。（《明史》卷二一四《靳学颜传》）

所说的虽然是后期情形，其实在前期即已如此。正统时邓茂七起义，将帅尪怯退避，反由文吏指挥民兵作战。①天顺初年两广“盗”起，将吏率缩朒观望，怯不敢战。②至正德时刘宠、刘辰起义，腹地卫军已全不能用：

正德六年（1511）刘宠刘辰等自畿辅犯山东河南，下湖广，抵江西。复自南而北，直窥霸州。杨虎等自河北入山西，复东抵文安，与宠等合。破邑百数，纵横数千里，所过若无人。（《明史》卷一八七《马中锡传》）

只好调边兵来作战。西南和东南则调用素称剽悍嗜杀的狼土兵。③可是狼土兵毫无军纪，贪淫残杀，当时有“贼如梳，军如篦，土兵如鬀”④和“土贼尤可，土兵杀我”之谣。⑤甚或调用土鞑⑥，如毛胜（原名福寿）之捕苗云南：

---

①《明史》卷一六五《丁瑄传》：“当是时浙闽盗所在剽掠为民患，将帅率玩寇，而文吏励民兵拒贼往往多斩获。闽则有张英王得仁之属，浙江则金华知府石瑁擒遂昌贼苏才。处州知府张佑击贼众，擒斩千余人。”

②《明史》卷一六五《叶祯传》卷一七七《叶盛传》：“天顺二年（1458）巡抚两广，时两广盗贼蜂起，所至破城杀将，诸将怯不敢战，杀平民冒功，民相率从贼。”

③狼兵和土兵是湖南、广西一带土司的军队，参看《明史》卷三一〇《土司传》和毛奇龄《蛮司合志》。

④《明史》卷一八七《洪钟传》：“正德五年（1510），保宁贼起。官兵不敢击，潜蹑贼后，馘良民为功，土兵虐民尤甚。时有谣曰：贼如梳，军如篦，土兵如鬀。”

⑤《明史》卷一八七《陈金传》：“正德六年（1511），江西盗起。金以所属郡兵不足用，奏调广西狼土兵，累破剧贼。然所用目兵，贪残嗜杀，剽掠甚于贼。有巨族数百口阖门罹害者。所获妇女率指为贼属，载数十艘去。民间谣曰：土贼尤可，土兵杀我。金亦知民患之，方倚其力不为禁。”

⑥蒙古降人和内地的土著蒙古人。

正统六年（1441），靖远伯王骥请选在京番将舍人捕苗云南，乃命胜与都督冉保统六百人往。……［正统十四年（1449）］以左副总兵统河间东昌降夷赴贵州（平贼）。（同上书卷一五六《毛胜传》）

和勇（原名脱脱孛罗）之平两广“盗”：

天顺间以两广多寇，命充游击将军，统降夷千人往讨。……成化初赵辅、韩雍征大藤峡，诏勇以所部从征。（同上书卷一五六《和勇传》）

又行佥民壮法，增加地方兵力。正统二年（1437）始募所在军余民壮愿自效者。十四年（1449）令各处招募民壮，就令本地官司率领操练，遇警调用，事定仍复为民。弘治二年（1489）又令：

州县选取年二十以上五十以下精壮之人，州县七八百里，每里佥二名。五百里者每里三名。三百里者每里四名。一百里以上者每里五名。春夏秋每月操二次，至冬操三歇三，遇警调集，官给行粮。（《明史》卷九一《兵志》）

富民不愿服务，可纳钱免佥，由官代募。此种地方兵又称机兵，在巡检司者称为弓兵。到此人民又加上一层新负担，军外加兵，疲于奔命。

调用边兵土兵达兵和佥点民壮，虽然解决了一时的困难，可是边兵有守边之责，土兵不易制裁，达兵数目不多，民壮稍后也积弊不可用，而且是地方兵，只供守卫乡里，不能远调。王守仁在正德时曾申说当时兵备情形：

赣州财用耗竭，兵力脆弱，卫所军丁，只存故籍，府县机（兵）快（手），半充虚文，御寇之方，百无一恃，以此例彼，余亦可知。是以每遇盗贼猖獗，辄覆奏请兵，非调土军，即倩狼达，往返之际，辄已经年，靡费所需，动逾数万。逮至集兵举事，即已魍魉潜形，曾无可剿之贼，稍俟班师旋旅，则又鼠狐聚党，复当不轨之群。机宜屡失，备御益弛。征发无救于疮痍，供饩适增其荼毒。群盗习知其然，愈肆无惮，百姓谓莫可恃，竞亦从非。（《阳明集要·经济集一·选拣民兵》）

在这种情况下，不能不另想办法。于是有募兵出现。在卫军民壮以外，又加上第三种军队。募兵出而卫军民壮自以为无用，愈加废弛。[①]

募兵之制，大约开端于正统末年。募兵和民壮不同，民壮是由地方按里数多少或每户壮丁多少佥发的，平时定期训练，余时归农，调发则官给行粮，事定还家。完全为警卫地方之用。募兵则由中央派人招募，入伍后按月发饷，东西征戍，一唯政府之命。战时和平时一样，除退役外不能离开行伍。正统土木之变，京军溃丧几尽，各省勤王兵又不能即刻到达，于是派朝官四出募兵[②]，以为战守之计。嘉靖时倭寇猖獗，沿海糜烂，当时人对于卫军之毫无抵抗能力，不能保卫地方，极为不满。

---

① 顾炎武《亭林文集》卷六《兵制论》："正德末始令郡县选民壮。弘治中制里佥二名若四五名。有调发官给行粮。正德中计丁粮编机兵银，人岁食至七两有奇，悉赋之民。此之谓机（兵）快（手）民壮，而兵一增，制一变。又久备益弛，盗发雍豫，蔓延数省，民兵不足用，募新兵，倍其糈，以为长征之军，而兵再增，制再变。屯卫者曰：我乌知兵，转漕耳。守御非吾任也。故有机壮而屯卫为无用之人。民壮曰：我乌知兵，给役耳。调发非吾任也。故有新募而民壮为无用之人。"

②《明史》卷一五七《杨鼎传》："也先将寇京师，诏以监察御史募兵兖州。"同书卷一六《石玮传》："景帝即位，出募天下义勇。"卷一七五《白圭传》："陷土木脱还，景帝命往泽州募兵。"按同书卷一六四《左鼎传》："初京师戒严，募四方民壮分营训练，岁久多逃，或赴操不如期。建议编之尺籍。（练）纲等言：招募之初，激以忠义，许事定罢遣。今展转轮操，已孤所望。况其逃亡，实迫寒馁。岂可遽著军籍！边方多故，倘更招募，谁复应之。诏即除前令。"此为景泰四年（1453）事，距招募入伍时已五年。似乎这次所募的大部分是各地民壮，虽未著录于中央军籍，却已入伍四五年，编营训练，其性质和后来的兵相同了。至于《杨鼎传》和《白圭传》所记的募兵，当即为和军对称并行的兵，并非地方的民壮。又募兵须由中央，地方长官不得擅募。《明史》卷一六四记李信以擅募被劾可证："景泰中曹凯擢浙江右参政。镇守都督李信擅募民为军，糜饷万余石。凯劾奏之。信虽获宥，诸助信募军者皆获罪。"传中军当作兵。

主张在卫军和募兵两者中择较精锐的精练御敌，即以所淘汰的军的粮饷归之能战的兵，郎瑛所记“近日军”即代表此种意见。他说：

> 古之置军也防患，今之置军也为患。何也？太平无事，民出谷以养军，官有产以助军，是欲藉其有警以守，盗发以讨，所以卫民也。卫民，卫国也。今海贼为害有年矣，未闻军有一方之守，一阵之敌焉。守敌者非招募之土著，则选调别省兵勇。故见戮于贼也，非地方男妇良民，即远近招募之众。是徒有养军之害，而无卫军之实，国非亦为其所损哉！为今之计，大阅军兵，使较射扑，军胜于募，则以募银之半加于军，募胜于军，则扣军粮之半以益募。如此则军兵各为利而精矣。以练精者上阵以杀贼，余当减之也。庶民不费于招募之费，国不至于倍常之费，虽为民而实为国矣。（《七修类稿续稿》卷三）

要求用精练的兵作战。当时将帅都在这要求下纷纷募兵训练，内中最著名的如戚继光：

> 继光至浙，见卫所兵不习战，而金华义乌俗称慓悍，请招募三千人教以击刺法，长短兵迭用，由是继光一军特精。又以南方多薮泽，不利驰逐。乃因地形，制阵法，审步伐便利，一切战舰火器兵械，精求而更制之，戚家军名闻天下。（《明史》卷二一二《戚继光传》）

谭纶：

> 东南倭患已四年，朝议练乡兵御贼。参将戚继光请期三年而后用之。纶亦练千人，立束伍法，自裨将以下节节相制，分数既明，进止齐一，未久即成精锐，益募浙东良家子教之。而继光练兵已及期，

因收之为己用，客兵罢不复调。（同上书卷二一二《谭纶传》）

同时张鏊募兵名振武营[①]，郑晓[②]、朱先募盐徒为兵。[③]名将俞大猷所练兵名俞家军。[④]都卓有成效，在几年中完全肃清了倭寇。

另外，北边的边军也渐渐地用募兵来代替和补充世军。《明史》卷二〇四《陈九畴传》：

世宗即位，巡抚甘肃。抵镇言：额军七万余，存者不及半，且多老弱，请令招募。报可。[⑤]

嘉靖二十九年又令蓟镇自于密云、昌平、永平、遵化募兵一万五千（《大明会典》卷一二九）。隆庆二年（1568）以戚继光为总兵官练蓟镇兵，募浙兵三千做边军模范（《明史》卷二一二《戚继光传》）。后又续募浙兵九千余守边，边备大饬（同上书《谭纶传》）。甚至京军也用募兵充伍：

嘉靖二十九年（1550），遣四御史募兵畿辅、山东、山西、河南得四万人，分隶神枢神机。（同上书卷八九《兵志》一）

从此以后，以募兵为主力，卫军只留空名，置而不用。[⑥]时人以为募兵

---

①《明史》卷二〇五《李遂传》："振武营者（南京）兵部尚书张鏊募健儿以御倭，素骄悍。（以给饷逾期哗变）遂奏调振武军护陵寝，一日散千人。"

②《明史》卷一九九《郑晓传》："募盐徒骁悍者为兵。"

③《明史》卷二一二《戚继光传》："朱先募海滨盐徒自为一军。"

④《明史》卷二一二《俞大猷传》："嘉靖四十二年（1563），惠州府参将谢敕与伍端温七战失利，以俞家军至恐之。"

⑤《明史》卷二〇四《翟鹏传》："嘉靖二十一年（1542），起鹏宣大总督。……修边墙……得地万四千九百余顷。募军千五百人，人给五十亩，省仓储无算。"

⑥《明史》卷二五一《蒋德璟传》："文皇帝设京卫七十二，计军四十万。畿内八府军二十八万，又有中都、大宁、山东、河南入卫班军十六万，春秋入京操演。深得居重驭轻之势。且自来征讨，皆用卫所官军，嘉靖末始募兵，遂置军不用，至加派日增，军民两困。"

较世军有十便：

> 年力强壮者入选，老弱疲癃，毋得滥竽其中，便一。一遇有缺伍，朝募而夕补，不若清勾之旷日持久，便二。地与人相习，无怀故土逃亡之患，便三。人必能一技与善一事者方得挂名什伍，无无用而苟食者，便四。汰减之法，自上为政，老病不任役者弃之，不若祖军顶替，有贿官职而瞒年岁者，便五。部科遴拣，一朝而得数什百人，贪弁不得缘以勒掯需索，便六。有事而强壮者人可荷戈，不烦更为挑选，便七。家有有力者数人，人皆得为县官出力，不愿者勿强也，便八。壮而不能治生产者，得受糈于官，无饥寒之患，便九。猛健豪鸷之材，笼而驭之，毋使流为奸宄盗贼，便十。（《客座赘语》卷二）

万历末年建州勃兴，辽沈相继失守，募兵愈多，国库日绌。募来的兵多未经严格训练，又不能按时发饷，结果也和卫军一样，逃亡相继。熊廷弼《辽左大势久去疏》：

> 辽东见在兵有四种：一曰募兵，佣徒厮役，游食无赖之徒，几能弓马惯熟？几能膂力过人？朝投此营，领出安家月粮而暮逃彼营；暮投河东，领出安家银两而朝投河西。点册有名，及派工役而忽去其半；领饷有名，及闻告警而又去其半。此募兵之形也。（《熊襄愍公集》卷三）

甚至内地兵尚未出关，即已逃亡。[①]在辽就地所募兵，得饷后即逃亡过半。[②]天启时以四方所募兵日逃亡，定法摄其亲属补伍（《明史》

---

①《明史》卷二三七《冯应京传》："辽阳陷，时议募兵。何栋如自请行。遂赍帑金赴浙江，得六千七百人。……所募兵畏出关，多逃亡。"

②《明史》卷二五九《熊廷弼传》："刘国缙募辽人为兵，所募万七千人，逃亡过半。"并参阅《熊襄愍公集》卷四《新兵全伍脱逃疏》。

卷二五六《毕自严传》）。也只是一个空头法令，实际上并不能实行。稍一缺饷，则立刻哗变，崇祯元年（1628）川、湖兵戍宁远时，以缺饷四月大噪，余十三营起应之，至缚系巡抚毕自严（《明史》卷二五九《袁崇焕传》）。“流寇”起后，内外交逼，将帅拥兵的都只顾身家，畏葸不敢作战。政府也曲意宽容，极意笼络，稍有功效，加官封爵，唯恐不及。丧师失地的却不敢少加罪责，唯恐其拥兵叛乱，又树一敌。由此兵骄将悍，国力日蹙。[①]诸将中左良玉兵最强，拥兵自重，跋扈不肯听调遣，《明史》说他：

> 多收降寇以自重，督抚檄调，不时应命。……壁樊城，驱襄阳一郡人以实军，降贼附之，有众二十万。……福王立……南都倚为屏蔽。良玉兵八十万，号百万，前五营为亲军，后五营为降军，每春秋肄兵武昌诸山，一山帜一色，山谷为满。军法用两人夹马驰曰过对，马足动地，殷如雷声。诸镇兵唯高杰最强，不及良玉远甚。（《明史》卷二七三《左良玉传》）

一人拥兵八十万，当时号为左兵。在崇祯时代他为要保全私人实力，不听政府调遣。福王立，他又发动内战，以致清兵乘虚直捣南京。其他镇将如高杰、黄得功、刘泽清、刘良佐在北都亡后，拥兵江北，分地分饷，俨然成为藩镇。他们不但以武力干涉中央政事，还忙于抢夺地盘，互相残杀。高杰、黄得功治兵相攻，刘泽清、刘良佐、许定国则按兵不动。后来许定国诱杀高杰，以所部献地降清，刘泽清、刘良佐也不战降附，黄得功兵败自杀，南都遂亡。

---

①《明史》卷二六四《李梦辰传》：“崇祯六年（1633）冬……累迁本科给事中。复言：将骄军悍，邓玘、张外嘉之兵弑主而叛，曹文诏、艾万年之兵望贼而奔，尤世威、徐来朝之兵离汛而遁。今者张全昌、赵光远之兵且倒戈为乱矣。荥泽劫库杀人，偃师列营对垒，且全昌等会剿豫贼，随处逗留，及中途兵变，全昌竟东行，光远始西向。骄抗如此，安可不重治。帝颇采其言。”

七、军饷与国家财政

明初卫军粮饷，基本上由屯田所入支给。明太祖在初起兵时，即立民兵万户府，寓兵于农：

> 戊戌（1358）十一月辛丑，立管理民兵万户府。令所定郡县民武勇者，精加简拔，编辑为伍，立民兵万户府领之。俾农时则耕，闲则练习，有事则用之。事平有功者一体升擢，无功令还为民。（《明太祖实录》卷六）

又令诸将屯田各处。建国后宋讷又疏劝采用汉赵充国屯田备边的办法，以御蒙古。他说：

> 今海内乂安，蛮夷奉贡。唯沙漠未遵声教。若置之不理，则恐岁久丑类为患，边圉就荒。若欲穷追远击，六师往还万里，馈运艰难，士马疲劳。陛下为圣子神孙万世计，不过谨备边之策耳。备边固在乎兵实，兵实又在乎屯田。屯田之制，必当以法汉（赵充国）。……陛下宜于诸将中选其智勇谋略者数人，每将以东西五百里为制，随其高下，立法分屯。所领卫兵以充国兵数斟酌损益，率五百里一将，布列缘边之地，远近相望，首尾相应，耕作以时，训练有法，遇敌则战，寇去则耕，此长久安边之法也。（《西隐文稿》卷一〇《守边策略》）

同时由海道运粮到辽东，又时遭风覆溺。因之决意兴屯，不但边塞，即内地卫所也纷纷开屯耕种。定制边地卫所军以三分守城，七分屯种；内地二分守城，八分屯种。每军受田五十亩为一分，给耕牛农具，教树植，复租赋。初税亩一斗。建文四年（1402）定科则，军田一分正粮十二石，贮屯仓，听本军自支。余粮为本卫所官军俸粮。永乐时东自辽左，北抵宣大，西至甘肃，南至滇、蜀，极于交趾，中原则大河南北，在在兴屯（《明史》卷七七《食货志一·田制》）。养兵（数）百万，基本上由屯田收入支给（同上书卷二五七《王治传》）。

除军屯外，边上又有商屯。洪武时户部尚书郁新创开中法：

> 新以边饷不继，定召商开中法。令商输粟塞下，按引支盐，边储以足。（同上书卷一五〇《郁新传》）。

商人以远道输粟，费用过大，就自己募人耕种边上闲田，即以所获给军，换取盐引，到盐场取盐贩卖营利，边储以足。

政府经费则户部银专给军旅，不做他用（《明史》卷二二〇《王遴传》）。户部贮银于太仓库，是为国库。内廷则有内承运库，贮银供宫廷费用，收入以由漕粮改折之金花银百万两为大宗。除给武臣禄十余万两外，尽供御用。边赏首功不属经常预算，亦由内库颁发。国家财政和宫廷费用分开（同上书卷七九《食货志三·仓储》）。军饷又概由屯田和开中支给。所以明初几次大规模的对外战争，如永乐、宣德时代之六次打蒙古，三次打安南，七次下西洋，虽然费用浩繁，国库还能应付。

可是军屯和商屯两种制度，不久便日趋废弛，国库也不能维持其独立性，为内廷所侵用。卫军坏而募兵增，政府既须补助卫军饷糈，又加上兵的饷银，国家经费，入不敷出，只好采取饮鸩止渴的办法，以出为入，发生加派增税捐纳种种弊政，农民于缴纳额定的赋税以外，又加上一层军兵费的新负担。

军屯之坏，在宣德初年范济即已上书指出。他说：

> 洪武中令军士七分屯田，三分守城，最为善策。比者调度日繁，兴造日广，虚有屯种之名，田多荒芜。兼养马采草伐薪烧炭，杂役旁午，兵力焉得不疲，农业焉得不废。（同上书卷一六四《范济传》）

屯军因杂役而废耕，屯的田又日渐为势豪所占。[①]正统以后，边患日亟，所屯田多弃不能耕。再加上官吏的需索，军士的逃亡，屯军愈困，卫所收入愈少。[②]政府没有办法，只好减轻屯粮，免军田正粮归仓，只征余粮六石。弘治时又继续减削，屯粮愈轻，军饱愈绌。《明史》记：

> 初永乐时屯田米常溢三之一。常操军十九万，以屯军四万供之。而受供者又得自耕边外，军无月粮，是以边饷恒足。（《明史》卷七七《食货志一·田制》）

正统以后政府便须按年补助边费，称为年例。

军屯以势豪侵占，卫军逃亡而破坏，商屯则以改变制度而废弛。《明史·叶淇传》：

> 弘治四年（1491）为户部尚书。变开中之制，令淮商以银代粟，盐课骤增百余万，悉输之运司，边储由此萧然矣。（同上书卷一八五）

盐商从此可以用银买盐，不必再在边境屯田。盐课收入虽然骤增，可是银归运司，利归商人，边军所需是月粮，边地所缺的是米麦，商屯一

---

①《明史》卷一五七《柴车传》："宣德六年（1431），山西巡按御史张勖言：大同屯田多为豪右占据。命车往按得田几二千顷，还之军。"卷一七六《商辂传》："塞上腴田率为势豪占据，辂请核还之军。"卷一五五《蒋贵传》："成化十年（1474），蒋琬上言：大同、宣府诸塞腴田，无虑数十万，悉为豪右所占。"卷一八〇《张泰传》："弘治五年（1492）泰言：甘州膏腴地，悉为中官武臣所据，仍责军税。城北草湖，资戍卒牧马，今亦被占。"卷二六二《孙传庭传》："崇祯九年（1636）……西安四卫旧有屯田二万四千余顷，其后田归豪右，军尽虚籍。"

② 侯朝宗《壮悔堂文集》卷四《代司徒公屯田奏议》："（诸阃帅荫职以）肥区归己，而以其瘠硗者移之军士，久则窜易厥籍，而粮弥不均。于是不得不寄甲于势要，而欺隐遂多。欺隐多于是不得不摊税于佃军，而包赔愈苦。流病相仍，非朝伊夕，人鲜乐耕，野多旷土，职此之繇。"

空，边饷立绌。《明史·食货志》说：

> 弘治中叶淇变法而开中始坏，诸淮商悉撤业归，西北商亦多徙家于淮。边地为墟，米石直银五两，而边储枵然矣。

后来虽然有若干人提议恢复旧制，但因种种阻碍，都失败了。

明代国家财政每年出入之数，在初期岁收田赋本色米，除地方存留千二百万石外（同上书卷二二五《王国光传》），河、淮以南以四百万石供京师，河、淮以北，以八百万石供边，一岁之入，足供一岁之用（同上书卷二一四《马森传》）。到正统时边用不敷，由中央补助岁费，名为年例。正统十二年（1447）给辽东银十万两，宣大银十二万两（毕自严《石隐园藏稿》卷六《议复屯田疏》）。到弘治时内府供应繁多，“光禄岁供增数十倍，诸方织作，务为新巧，斋醮日费巨万，太仓所储不足饷战士，而内府收入，动四五十万。而宗藩贵戚之求土田，夺盐利者，亦数千万计。土木日兴，科敛不已。传奉冗官之俸薪，内府工匠之饩廪，岁增月积，无有穷期。”（《明史》卷一八一《刘健传》）财用日匮。国库被内廷所提用，军饷又日渐不敷，弘治八年（1495）尚书马文升以大同边警，至议加南方两税折银（《明史》卷一八一《谢迁传》）。正德时诸边年例增至四十三万两（同上书卷二三五《王德完传》），军需杂输，十倍前制（同上书卷一九二《张原传》）。京粮岁入三百五万石，而食者乃四百三万人（同上书卷二〇一《周金传》）。嘉靖朝北有蒙古之入寇，南有倭寇之侵轶，军兵之费较前骤增十倍。田赋收入经过一百五十年的休养生息，反比国初为少。[①]嘉靖五年（1526）银的岁入止百三十万两，岁出至二百四十万两（同上书卷一九四《梁材传》）。光禄库金自嘉靖改元（1522）至十五年（1536）积至八十万两，自

---

①《明史》卷二〇八《黎贯传》：“嘉靖二年（1523）疏言：国初夏秋二税，麦四百七十万，而今损九万，米二千四百七十三万，而今损二百五十万。以岁入则日减，以岁出则日增。”

二十一年（1542）以后，供亿日增，余藏顿尽（同上书卷二一四《刘体乾传》）。嘉靖二十九年（1550）俺答入寇，兵饷无出，只好增加田赋，名为加派，征银一百十五万两。这时银的岁入是二百万两，岁出诸边费即六百余万两，一切取财法行之已尽。[①]接着是东南的倭寇，又于南畿浙闽的田赋加额外提编，江南加至四十万。提编是加派的别名，为倭寇增兵而设，可是倭寇平后这加派就成为正赋（同上书卷七八《食货志二·赋役》）。广东也以军兴加税，到万历初年才恢复常额（同上书卷二五五《李戴传》）。诸边年例增至二百八十万两（同上书卷二〇二《孙应奎传》，同书卷二三五《王德完传》）。隆庆初年马森上书说：

> 屯田十亏七八，盐法十折四五，民运十逋二三，悉以年例补之。在边则士马不多于昔，在太仓则输入不多于前，而所费数倍。（同上书卷二一四《马森传》）

派御史出去搜括地方库藏，得银三百七十万两也只能敷衍一年。内廷在这情形下，还下诏取进三十万两，经户部力争，乃命只进十万两（同上书卷二一四《刘体乾传》）。万历初年经过张居正的一番整顿，综核名实，裁节冗费，政治上了轨道，国库渐渐充实，渐渐成小康的局面。张居正死后，神宗惑于货利，一面浪费无度，另一面肆力搜括，外则用兵朝鲜，内则农民暴动四起，国家财政又到了破产的地步。

万历前期的国家收入约四百万两，岁出四百五十余万两。岁出中九边年例一项即占三百六十一万两[②]，后来又加到三百八十余万两[③]。

---

①《明史》卷二〇〇《孙应奎传》：“俺答犯京师后，羽书旁午征兵饷。应奎乃建议加派，自北方诸府暨广西、贵州外，其他量地贫富，骤增银一百十五万有奇，而苏州一府乃八万五千。”

②《明史》卷二二四《宋纁传》：“万历十四年（1586）迁户部尚书。言：边储大计，最重屯田、盐策。近诸边年例银增至三百六十一万，视弘治初八倍。”

③《明史》卷二三五《王德完传》：“万历十四年（1586）进士……累迁户科都给事中，上筹划边饷议言：诸边岁例，弘正间止四十三万，至嘉靖则二百七十余万，而今则三百八十余万。”

每年支出本来已经不够，内廷还是一味向国库索银，皇帝成婚，皇子出阁成婚，皇女出嫁，营建宫殿种种费用都强逼由国库负担。[①]又从万历六年（1578）起，于内库岁供金花银外，又增买办银二十万两为定制（《明史》卷七九《食货志三·仓库》）。结果是外廷的太仓库光禄寺库太仆寺库的储蓄都被括取得干干净净，内廷内库帑藏山积，国库则萧然一空。[②]万历二十年（1592）哱拜反于宁夏；又接连用兵播州；朝鲜战役历时至七年。支出军费至一千余万两。[③]大半出于加派和搜括所得。《明史·孙玮传》记：

> 朝鲜用兵，置军天津，月饷六万，悉派之民间。（同上书卷二四一）

所增赋额较二十年前十增其四，民户殷足者什减其五。东征西讨，萧然苦兵（《明史》卷二一六《冯琦传》）。到万历四十六年（1618）辽东兵起，接连加派到五百二十万两：

---

①《明史》卷二二〇《王遴传》：“故事户部银专供军团，不给他用。帝大婚，暂取济边银九万两为织造费。至是复欲行之，遴执争。未几诏取金四千两为慈宁宫用，遴又力持，皆不纳。”卷二三七《万象春传》：“皇女生，诏户部光禄寺各进银十万两，象春力谏不听。”卷二二〇《赵世卿传》：“福王将婚，进部帑二十七万，犹以为少。……至三十六年七公主下嫁，宣索至数十万。世卿引故事力争，诏减三之一。世卿复言：陛下大婚止七万，长公主下嫁止十二万，乞陛下再裁损，一仿长公主例。帝不得已从之。”卷二四〇《朱国祚传》：“万历二十六年（1598）诏旨采办珠宝二千四百万，而天下赋税之额乃止四百万。”《王德完传》：“今皇长子及诸王册封冠婚至九百三十四万，而袍服之费复二百七十余万。”卷二四〇《张问达传》：“帝方营三殿，采木楚中，计费二百二十万有奇。”

②《明史》卷二三〇《汪若霖传》：“万历三十六年（1608）巡视库藏，见老库止银八万，而外库萧然。诸边军饷积逋至百余万。”

③《明史》卷二三五《王德完传》：“万历二十八年（1600）起任工科，极陈国计匮乏，言：近岁宁夏用兵费百八十余万，朝鲜之役七百八十余万，播州之役二百余万。”按毕自严所记与此不同，《石隐园藏稿》卷六《清查九边军饷疏》：“征哱拜之费用过一百余万，两次征倭之费用过五百九十五万四千余两，征播之费用过一百二十二万七千余两。”

时内帑充积，帝靳不肯发。户部尚书李汝华乃援征倭征播例，亩加三厘五毫，天下之赋增二百万有奇。明年复加三厘五毫。又明年以兵工二部请，复加二厘。通前后九厘，增赋五百二十万，遂为定额。（同上书卷七八《食货志二·赋役》：卷二二〇《李汝华传》）

接着四川、贵州又发生战事，截留本地赋税做兵饷，边饷愈加不够。从万历三十八年到天启七年（1610—1627）负欠各边年例至九百六十八万五千五百七十一两七钱三分（《石隐园藏稿》卷六《详陈节欠疏》）。兵部和户部想尽了法子，罗掘俱穷，实在到了无办法的地步，只好请发内库存银，权救边难，可是任凭呼吁，皇帝坚决不理，杨嗣昌在万历四十七年（1619）所上的《请帑稿》颇可看出当时情形：

今曰见钱，户部无有，工部无有，太仆寺无有，各处直省地方无有。自有辽事以来，户部一议挪借，而挪借尽矣。一议加派，而加派尽矣。一议搜括，而搜括尽矣。有法不寻，有路不寻，则是户部之罪也。至于法已尽，路已寻，再无银两，则是户部无可奈何，千难万苦。臣等只得相率恳请皇上将内帑多年蓄积银两，即日发出亿万，存贮太仓，听户部差官星夜赍发辽东，急救辽阳。如辽阳已失，急救广宁，广宁有失，急救山海等处，除此见钱急着，再无别法处法。（《杨文弱集》卷二）

疏上留中，辽阳、广宁也相继失陷。

天启时诸边年例又较万历时代增加六十万两，京支银项增加二十余万两（《石隐园藏稿》卷六《清查九边军饷疏》）。辽东兵额九万四千余人，岁饷四十余万两，到天启二年（1622）关上兵只十余万人，月饷至二十二万两（《明史》卷二七五《解学龙传》），军费较前增加六倍。新兵较旧军饷多，在招募时，旧军多窜入新营为兵，一面仍保留原额，政府付出加倍的费用募兵，结果募的大部仍是旧军，卫所方面仍须发饷。[①]从泰昌元年（1620）十月到天启元年（1621）十二月十四个月用去辽饷至九百二十五万一千余两，较太仓岁入总数超过三倍。（《杨文弱集》卷四《述辽饷支用全数疏》）

崇祯初年，一方面用全力防遏建州的入侵，另一方面"流寇"四起，内外交逼，兵愈增，饷愈绌。崇祯二年（1629）三月户部尚书毕自严疏言：

> 诸边年例自辽饷外，为银三百二十七万八千有奇。今蓟、密诸镇节省三十三万，尚应二百九十四万八千。统计京边岁入之数，田赋百九十六万二千，盐课百十一万三千，关税十六万一千，杂税十万三千，事例约二十万，凡三百二十六万五千有奇。而逋负相沿，所入不满二百万，即尽充边饷尚无赢余。乃京支杂项八十四万，辽东提塘三十余万，蓟、辽抚赏十四万，辽东旧饷改新饷二十万，出浮于入已一百十三万六千。况内供召买，宣大抚赏，及一切不时之需，又有出常额外者。（《明史》卷二五六《毕自严传》）

除辽饷不算，把全国收入，全部用作兵费还差三分之一。崇祯三年（1630）又于加派九厘外，再加三厘，共增赋一百六十五万四千有奇。[②]

---

①《明史》卷二七五《杨文弱集》卷一，万历四十七年（1619）九月，《请立兵册清查辽饷确数稿》："新兵原食一两二钱，今递加至一两八钱。旧兵原食四钱，今递加至一两二钱。新兵递加，往开元等一两八钱，往铁岭等一两六钱。旧兵递加，其上等一两二钱，中等者八钱。"天启元年（1621）六月《三覆议山东河北增兵用饷稿》："定辽西新旧兵例分为五等，一等月给银二两，二等月给银一两八钱，三等月给银一两五钱，四等月给银一两二钱，五等月给银八钱。"

②《明史》卷二五六《毕自严传》："兵部尚书梁廷栋请增天下田赋，自严不能止。于是旧增五百二十万之外，更增百六十五万有奇，天下益耗矣。"卷二五七《梁廷栋传》："亩加九厘之外，再增三厘，于是增赋百六十五万有奇，海内益怨咨。"按卷二五二《杨嗣昌传》："神宗末年增赋五百二十万，崇祯初再增百四十万。统名辽饷。"作百四十万，误。

同年度新旧兵饷支出总数达八百七十余万两，收入则仅七百十余万两，不敷至百六十万两（《石隐园藏稿》七《兵饷日增疏》）。崇祯十年（1637）增兵十二万人，增饷二百八十万两，名为剿饷：

> 其筹饷之策有四：曰因粮，曰溢地，曰事例，曰驿递。因粮者，因旧额之粮，量为加派，亩输粮六合，石折银八钱，伤地不与，岁得银百九十二万有奇。溢地者，民间土地溢原额者，核实输赋，岁得银四十万六千有奇。事例者，富民输赀为监生，一岁而止。驿递者，前此邮驿裁省之银，以二十万充饷。……初嗣昌增剿饷，议一年而止，后饷尽而贼未平，诏征其半。至是督饷侍郎张伯鲸请全征。（《明史》卷二五二《杨嗣昌传》）

崇祯十二年（1639）又议练兵七十三万人，于地方练民兵，又于剿饷外，增练饷七百三十万两。时论以为：

> 九边自有额饷，概予新饷，则旧者安归。边兵多虚额，今指为实数，饷尽虚糜而练数仍不足。且兵以分防不能常聚，故有抽练之议。抽练而其余遂不问。且抽练仍虚文，边防愈益弱。至州县民兵益无实，徒糜厚饷。以嗣昌主之，事钜，莫敢难也。（同上）

从万历末年到这时，辽饷的四次递加，加上剿饷、练饷，一共增赋一千六百九十五万两。这是明末农民在正赋以外的新增负担！崇祯十六年（1643）索性把三饷合为一事，省得农民弄不清楚和吏胥的作弊。（同上书卷二六五《倪元璐传》）

因外族侵略和农民起义而增兵，因增兵而筹饷，因筹饷而加赋。赋是加到农民头上的，官吏的严刑催逼和舞弊，迫使农民非参加起义不可，《明史》卷二五五《黄道周传》说：

催科一事，正供外有杂派，新增外有暗加，额办外有贴助。小民破产倾家，安得不为盗贼！

结果是朱明统治的被推翻。“流寇”领袖攻陷北京的李自成起事的口号是：

从闯王，不纳粮！

从士兵到统帅

一、红军的小兵

至正十二年（1352）闰三月初一，元璋到了濠州城下。这时元军仍在濠州附近，虽然按兵不动，红军还是不敢大意，城上布满警戒的部队，巡逻哨探的更是川流不绝。城门的守兵看见一个丑和尚，衣衫褴褛，头上却包着红巾，大模大样走入门内，毫不畏怯。盘问他来踪去路，却只说来求见郭元帅，更无别话，不由得起了疑心，以为是元兵派来的奸细，三言两语，起了冲突，把元璋绑了，派人报告郭元帅，请令旗行刑。子兴听了报告，觉得诧异，心想若是奸细，不该如此从容，头上包有红巾，求见自己，许是来投顺的好汉，不要枉杀了好人。要知道一个究竟，就骑了一匹快马，赶到城门，远远看见四五十个兵围着，人头攒动，指手画脚在呵斥，连忙喝退众兵，只见一个躯干修伟的和尚，五花大绑，捆在拴马桩上，相貌虽丑，却有一股威严的神气，被绑着候令斩决，却毫无畏惧恐慌的模样。心里已有点纳罕，下马上前问了底细，知道果然是来投奔的，子兴大喜，立命解缚，收为步卒。

元璋入了伍，参见了队长，逐日跟着队伍上操习技，因为体格好，记性又强，不上半个月，已是队里顶尖顶上的角色，几次跟着队伍出城哨探，他态度安详，计谋又多，同队的都听他的调度，每次出去，总是得了功，却不损伤一人一卒，慢慢地连队长也遇事和他商量了。不知不觉过了两个多月，一天，郭子兴带了亲兵出来巡察，经过元璋的营房，全队都排成一横列向主帅行礼。元璋个子高大，恰好排在队首。子兴见了记起前事，唤队长来问这新投效的心地和才干如何，队长极口称赞，子兴听了，就吩咐将元璋升为亲兵十夫长，立刻调回帅府。

元璋遇事小心勤谨，却又敢作敢为，几次奉命出征，临阵勇往无前，战胜攻取，所得财帛扫数献与子兴；得有赏赐，又推功分给同伴。说话不多，句句都有斤两。几个月后，不但军中誉声四起，子兴也视同心腹，言听计从了。子兴次妻张夫人抚养马公季女，已经成年，子兴爱重元璋，要他出死力，和张夫人商量，招赘元璋，张夫人也听说元璋才资出众，满口赞成，就择日给两口成婚。从此军中就改称元璋为朱公子。

和子兴同时起事的孙德崖等四元帅，势均位等，谁也不肯服谁，各自发施号令，没有个通盘的调度，占了濠州半年，各人只是带领部下向四乡剽掠，兵力不能出濠州一步。子兴素有大志，看不惯这样行径，几次拿话劝导，说得不投机，竟闹翻了。子兴气极，索性闲住在家里，一切军民大政都不闻不问。元璋看出形势不妙，借一个方便，劝告子兴应该照常视事，不可灰心，假如老躲在家里，他们四个联合起来，对付你一个，这个亏是吃定了。子兴听了，只是摇头叹气而已。元璋见劝不动，只好背地里向孙德崖四人解释，用意联络弥缝，免得伤了和气。

九月间，元丞相脱脱统兵征徐州，招募场下盐丁和城市健儿三万人，黄衣黄帽号为黄军，一口气把徐州攻下，芝麻李落荒逃走，被元兵所杀，同党彭大、赵均用率领残兵投奔濠州。徐、濠都是红军，两下里原是一家，彭、赵起事早，兵多，占的地方也大，到了濠州以后，竟反客为主，郭子兴、孙德崖倒要听客人的调度了。彭大聪明有板眼，和郭子兴相处得很好，赵均用则和孙德崖拉拢。两派明争暗斗，心里都不服气，孙德崖又把话来挑拨赵均用，说郭子兴眼皮浅，只认得彭将军，百般趋奉；对将军却白眼相待，瞧不起人。均用大怒，带领亲兵径来火并。子兴冷不防，被均用的亲兵一索子捆了，带到孙德崖家，锁闭在一间空房子里。这天元璋恰好出差在外，得信奔回，阖家大小忙乱着，要派兵去抢救，元璋连忙止住，叫出子兴二子天叙、天爵，一径去找彭大，彭大听了，勃然大怒说："他们太胡闹了，有我在，谁敢害你元帅！”即刻派兵去孙家，元璋也全身盔甲，把空房子打开，救出子兴，破开镣械，背回家里。赵均用知道彭大出头，怕伤了和气，也就隐忍着算了。

元丞相脱脱乘连下徐州、汝宁之势，分兵派贾鲁进围濠州。大敌当头，红军的几个头脑慌了，才释去旧憾，齐心一志地坚守城池。元璋深得军心，朝夕上城帮同守御，从这年冬天一直到第二年春天，整整被围了五个月，幸得城里粮食丰足，未生他变。一天，元将贾鲁病死，军无斗志，只好解围他去。围虽解了，红军却也折伤不少人马，吃亏不少。

彭大、赵均用兴高采烈，彭大自称鲁淮王，均用自称永义王，子兴和孙德崖等仍然是元帅。

二、带兵官

濠州经过五个月的围攻，不但是粮秣感着缺乏，兵力也衰减得多。元璋细察二王和诸帅，胸襟太窄，眼光太短，都非成事之器。他得了郭子兴的允许，回到钟离，竖起大旗招兵，旬日间得了七百人，乡人徐达、汤和等听说朱元璋已做了红军头目，都来投效。子兴大喜。至正十三年（1353）六月，元璋被署为镇抚，从此一跃为一个带兵官了。

彭、赵二王恣睢自用，遇下苛虐，子兴又兵力衰弱，不能有大作为。元璋把新兵交代以后，禀准了主将，率领徐达、汤和、吴良、吴桢、花云、陈德、顾时、费聚、耿再成、耿炳文、唐胜宗、陆仲亨、华云龙、郑遇春、郭兴、郭英、胡海、张龙、陈桓、谢成、李新、张赫、周铨、周德兴等二十四壮士南取定远，用计降了张家堡驴牌寨的民兵，得兵三千。又招降秦把头，得八百余人。夜袭元将张知院于横涧山，收其卒二万，军声大振。

元璋得到大量生力军，立刻重新部署，加紧训练。他最看重纪律，在检阅新军时，他恳切地训诫将士说：“你们原来是一个很大的部队，可是我很轻易地就把你们归并过来。原因是你们的将官没有纪律，士卒缺乏训练。现在我们要矫正这两个缺点，加紧训练，严明纪律，共立事功”。三军听了，无不踊跃思奋，等候机会，一显身手。

定远人冯国用、冯国胜（后改名胜）兄弟因乱团结义兵，立砦保卫乡里，听说元璋军队的纪律好，率众归附。元璋端详这两兄弟，装束很像读书人，举止谈吐都和众人不同，就问以定天下大计。国用以为建康龙蟠虎踞，帝王之都，先据建康，以为根本，然后命将出师，扫除群寇，救生灵于水火，勿贪子女玉帛，倡仁义以收人心，统一天下不是难事。元璋大喜，留两兄弟在幕府赞兵政，预机密。把两家军队合并编制，南下攻滁阳。

在进军滁阳的道中，定远人李善长到军门谒见。李善长读书有智谋，学的是法家的学问，善于料事。和元璋谈得极为投机，元璋问他天下何时可定？善长劝他取法汉高祖，以为汉高祖起于布衣，豁达大度，知人善任，不嗜杀人，五年工夫，便成帝业。元朝政治混乱，天下土崩瓦解。濠州和沛相去不远，如能取法这位同乡，天下也不足定。元璋连声叫好，留作掌书记，并且告诫他说：“方今群雄并争，参谋人才是很要紧的。我看群雄中，管书记和作参谋的，多毁左右将士，将士不得展其能，以至于败，羽翼既去，头脑也站不住了，自然都被消灭。你要调和诸将，不要学他们的榜样。”从此元璋心目中时时有一个汉高祖在，事事要学他。善长也悉心调护诸将，量才进用，曲布诚款，使他们都能安心。

元璋率大军南下，各地豪杰闻风响应。前锋花云单骑冲破敌阵，一鼓而下濠州。元璋亲侄文正、姊夫李贞带了他的儿子保儿（后改名文忠）得到消息，奔来投靠；定远人沐英父母俱亡，孤苦可怜，元璋把三个孩子都收为义子。收养义子是当时流行的风气，带兵的将领要培养心腹干部人才，喜欢把俊秀勇猛的青年收养，不但临阵时得其死力，在紧要关头，还仗他们以监视诸将。沐英在军中称为周舍，又呼沐舍。元璋义子中除文正、文忠、沐英而外，著名的有柴舍（朱文刚，后死处州之难）、朱文逊（后死太平之役）、道舍（何文辉）、马儿（徐司马）、保儿（平安）等，凡二十余人。

元璋驻师滁州，时赵均用、彭早住（彭大子，彭大先为均用所排挤而死，早住代领其众，仍称鲁淮王）挟郭子兴攻盱眙、泗州。均用深恨子兴，要借题目杀他。又派人来请元璋往守盱眙，元璋推辞了，暗中却派说客去说均用道："当大王穷困时，由徐奔濠，郭帅开门延纳，恩德至厚，大王不但不思报德，反听小人挑拨，要自剪羽翼，失豪杰心，怕不合道理。而且郭帅还容易对付，他部下在滁州的兵势很重，投鼠忌器，大王也得见到这一点。"均用听了，对子兴才放松一点。元璋又派人去贿赂他的左右，替子兴说好话，子兴才得带领自己部下一万多人到滁州，元璋把兵权交出，仍听他的约束。

十四年（1354）冬十月，元丞相脱脱总兵大败张士诚于高邮，分兵围六合。

张士诚小字九四，泰州白驹场亭人。有弟士德、士信，并以操舟、贩盐为业。轻财好施，颇得众心。常时卖盐给富家，受够了富人的欺侮，专捉私盐的弓手丘义，尤其作践得他们很苦。士诚气愤不过，趁着天下大乱，带着兄弟和李伯昇、潘原明、吕珍等十八个壮士，杀了丘义和诸富人，一把火把他们房子烧了，招兵买马，攻下泰州，据高邮，自称诚王，国号大周，建元天祐，这是至正十三年（1353）五月间的事。

元兵围六合，六合主帅到郭子兴处求救。六合和滁州有唇齿之势，六合破，滁州也不能幸存，元璋在子兴前面说明这个道理，可是元兵势盛，诸将无人敢去，元璋慷慨请行，奋力血战，把六合的老弱妇孺撤退到滁州。元兵不久大举攻滁州，元璋设伏大败元兵，得了好多马匹。却顾虑到孤城无援，元兵如再添兵来攻，势不可守。只好预备牛酒，派地方父老把马送还，说城中守卫是防他盗攻掠，本底子全是良民，不敢作反。现在愿意供给军需给养，请大军并力去灭高邮巨寇，不要残杀良民。元军吃了败仗，眼看一时也打不下，兼又得了好处，也就引兵他去，滁州算是保全了。

脱脱用全力攻高邮，城中支持不住，要投降又怕朝廷不肯赦罪。正在两难间，外城又被攻破了，内城指日可下。元兵正在踊跃图功，突然元廷颁下诏旨，解除脱脱兵权，安置淮安路，大军百万，一时四散，无所归附的都投入红军。脱脱受诏罢兵后，又诏使西行，鸩死于吐蕃境上。张士诚因之复振，红军也因之而扩充实力，下一年给元朝以一个致命的打击。

这变化简单说是政权的争夺。脱脱忠贞许国，元顺帝也以全权托付。平徐州后，脱脱威权日盛，顺帝也觉得天下无事，应该好好享乐，宣政院使哈麻阴进西天僧于帝，行房中运气之术，能使人身之气，或消或涨，或伸或缩，号演揲儿法。资政院使陇卜又进西番僧会秘密法的，竞相蛊惑，更使顺帝沉溺女色。复用十亲贵为倚纳，内中有母舅和皇弟，君臣共被，互易妻室，名曰"些郎兀该"（意为"事事无碍"）。哈麻忌脱脱碍眼，谮之令出外总兵。当脱脱全军苦战、正要成功时，哈麻又使人以劳师费财弹击脱脱，罢其兵权，置之死地。脱脱一死，自坏长城，元朝之亡只是时间问题了。

脱脱在政治上是他伯父伯颜的死敌，在对汉、南人的意见上，却继承他伯父的衣钵。当红军初起时，凡议军事，每回避汉人、南人。有一次入内廷奏事，回顾中书韩伯高、韩大雅随后来，忙叫守门人喝住，不许入内。又上奏说，方今河南汉人反，宜榜示天下，令一概剿捕。诸蒙古、色目因迁谪在外的都召还京，免得给汉人荼毒。这榜文一出，不但河南，连河北的汉人也被迫加入红军，红军声势，因之愈盛。

脱脱死后，顺帝肆无忌惮。时天下嚣乱，京师大饥，加以疫疠，人民易子而食。他却于内苑造龙舟，委内官供奉少监塔思不花监工，自制其样。船首尾长一百二十尺，广二十尺，前瓦帘棚穿廊两暖阁，后五殿楼子龙身并殿宇，用五彩金妆，前有两爪，用水手二十四人，身衣紫衫，金荔枝带，四带头巾，于船两旁下各执篙一，从后宫到前宫山下海子内往来游戏。行时其龙首眼口爪尾皆动。内有机括，龙爪自拨水中。帝每登龙舟，用采女盛妆，两岸牵挽。又自制宫漏，高六七寸，宽三四寸，造木为匮，阴藏诸壶其中，运水上下。匮上设西方三圣殿，匮腰立玉女捧时刻筹，时至辄浮水而上。左右列二金甲神，一悬钟，一悬钲，夜则神人自能按时而击，无分毫差。当钟、钲之鸣，狮凤在侧者皆翔舞。匮之西东有日月宫，飞仙六人立宫前，遇子午时飞仙自能耦进，度仙桥达三圣殿，已而复退立如前。其精巧绝出，人谓前代所鲜有。又尝为近幸臣建宅，自画屋样。又自削木构宫，高尺余，栋梁楹槛，宛转皆具，付匠者按其式为之。京师遂称鲁班天子。内侍利其金珠之饰，告帝曰此房屋比某人家殊陋劣，帝辄命易之，内侍由此刮金珠而去。造作不已，怠于政事，荒于游宴。以宫女三圣奴、妙乐奴、文殊奴等十一人按舞，名为十六天魔，首垂发数辫，戴象牙佛冠，身被缨络，大红销金长短裙袄云肩合袖天衣，绶带鞋袜，唱金字经，舞雁儿舞，各执加巴剌盘之器。内一人执铃杵奏乐。又宫女一十一人练槌髻勒帕常服，或用唐帽窄衫。所奏乐用龙笛、头管、小鼓、筝、纂、琵琶、笙、胡琴，响板、拍板，以宦者长安迭不花管领，遇宫中赞佛，则按舞奏乐，宫官受秘密戒者得入，余不得预。帝与倚纳等十人行大喜乐法，以夜作昼，宫廷中充满了穷奢极欲的景象。

滁州在战乱后，突然增加了四五万大兵，粮食不够吃，军心恐慌。元璋建议用计取和阳，移兵就食，郭子兴答应了。虹县人胡大海长身铁面，智力过人，举家归附；元璋一见语合，用为前锋。十五年（1355）正月，克和阳。子兴就用檄文派元璋总诸将兵守和阳。时诸将破城，暴横多杀掠，城中人民夫妇不相保。元璋故意不把檄文宣露，约日和诸将相会。当时席位以右首为尊，诸将恃功骄横，不肯服低，先人都抢右首坐下，元璋后到，坐在左首。等到该处理军务的时候，元璋却剖决如流，事事合理，诸将才稍稍屈服。末了约定分工修城，各人认定地位丈尺，三日完工，到时诸将所认定的都未修好，唯有元璋这一段先期完工。元璋这才拿出檄文，坐在南面，对诸将说："奉主帅令总诸公兵，修城大事，都不齐心；总兵责任大，如无约束，如何办事。自今以后，凡违令的都军法从事。"诸将惶恐谢罪，愿听约束。搜出军中妇女，都放还家。元璋从此又从带兵官的身份一跃而为统帅了。诸将多子兴旧部，地位和元璋一样，未尽心服，只有汤和奉令惟谨，李善长又从中尽心调护，方得无事。

元兵十万围攻和阳，元璋以万人拒守两个多月，粮食快完，城外饷道，又被元太子秃坚、枢密副使绊住马、民兵元帅陈野先三支军队所阻。元璋率诸将出城，各个击破。元兵乘虚攻城，李善长督兵还击，两下夹攻，元兵都渡江逃走。

濠州旧帅孙德崖因濠州缺粮，率领部下到和州就食。子兴知道这消息，也从滁州赶到和阳。德崖听说子兴来了，着了慌，即命全军出发他去，前军已经启行，德崖和后军在城中待发，元璋送前军出城，忽然城中来报，德崖和子兴两军起了冲突，德崖被擒，德崖军愤恨，也扣留元璋作抵。子兴听说元璋被执，如失左右手，连忙派徐达去交涉互换俘虏，德崖军放了元璋，子兴也放了德崖。

子兴深恨德崖，因元璋被留，勉强交换，悒悒不乐，三月，子兴病卒，归葬于滁。孙德崖听了子兴死讯，又卷土重来，要接收子兴的兵权，子兴的儿子天叙大惧，请元璋帮同负责军务，加上子兴妇弟张天祐，成为三头政治的局面。

三、统帅

元至正十五年（宋龙凤元年，1355）二月，红军统帅刘福通派人在砀山访得了韩林儿，迎到亳州，立为皇帝，号小明王，建国曰宋，建元龙凤。拆鹿邑太清宫材，治宫阙于亳。小明王尊母杨氏为皇太后，以杜遵道、盛文郁为丞相，刘福通、罗文素平章政事，福通弟刘六知枢密院事。军旗上写着鲜明的联语道："虎贲三千，直抵幽燕之地；龙飞九五，重开大宋之天。"遵道得宠任事，福通不服气，暗地里派甲士挝杀遵道，自为丞相加太保，东系红军军政大权一归福通。

郭子兴原受亳都节制，子兴死后，小明王檄授子兴子天叙为都元帅，子兴部将张天祐为右副元帅，朱元璋为左副元帅，军中文移从此遵用龙凤年号。

虹县人邓愈年十六，从父兄起兵，父兄战死，愈代领其众，每战必挺身破敌，军中服其勇决。怀远人常遇春刚毅多智勇，膂力绝人，初从巨盗刘聚，聚抄掠无远志，遇春决心离开，愈归元璋为管军总管，遇春投元璋自请为先锋。

和州东南临大江，城小兵多，粮食大成问题。唯一可能的出路和发展，是渡江直取金陵。渡江必须舟楫，载运大军过江的舟楫不是三两日所能造就。元璋正在踌躇思虑，无法解决时，附近巢湖水军头目派人来要求归附。

庐州巢县人廖永安、永忠兄弟，俞廷玉、通海、通源、通渊父子，赵仲中、庸兄弟，合肥人张德胜、叶升，无为人张世杰，和州含山人华高等，各率众泊巢湖，连结水砦，以捍寇盗。红军左君弼据庐州，永安等战败，闻元璋兵盛，以水军千艘归附，元璋大喜，即亲往抚定其众。时元中丞蛮子海牙集楼船塞马肠河口，阻住出路。元璋率舟师出湖口，到和阳铜城闸，忽大雨水涨，从小港径出，大败蛮子海牙军于裕溪口，水军人大江，从归和阳，因定渡江之计。

六月初一，元璋率众渡江，乘风直抵牛渚，遂据采石，缘江诸垒一齐归附。诸将争取资粮，打算运回和州，慢慢享用。元璋和徐达商量，第一仗打得不坏，不如乘胜直取太平，把所有的船缆都切断，放船在急流中，断士卒归路，使其必进。又命李善长预备好戒饬军士榜文。初二日克太平路，执万户纳哈出。揭榜文于街，有一小卒违令，立斩以徇，军中肃然。当地耆儒李习、陶安等，率父老出迎，陶安见元璋师有纪律，实在难得，因进言："方今四方鼎沸，豪杰并争，攻城屠邑，互相雄长，这一般人都不过志在子女玉帛，根本没有拨乱安民、救天下的志气。元帅率众渡江，神武不杀，以此顺天应人而行吊伐，天下统一不成问题。"元璋问以取金陵如何？陶安以为金陵是古代帝王之都，形势险要，又有长江天险，如以金陵作根基，出兵讨伐四方，是绝妙的战略。

两人说得非常投机，就留陶安在幕府参议机密。改太平路为太平府，以李习知府事。置太平兴国翼元帅府，元璋自领元帅，以李善长为帅府都事，汪广洋为帅府令史，潘庭坚为帅府教授。籍乡民为兵，以税户宋成等为千户统领，居民蓄积尽数运入城内，准备固守。

太平在占领以后即被元兵包围，水路方面由元将蛮子海牙、右丞阿鲁灰以巨舟截采石江，闭姑熟口，断绝红军归路及和阳的交通，陆路由山寨民兵元帅陈野先、水军元帅康茂才以兵数万攻城。元璋分兵两路：一支由汤和率领正面迎战，另一支由徐达、邓愈潜师由间道绕到元兵后路，从背面夹攻。元兵腹背受敌大败，野先被擒，蛮子海牙、阿鲁灰得到败讯，也不敢进攻，还军驻裕溪口。元璋释野先缚，令作书招降其部队，第二天其众皆降。分命徐达等取深水、溧阳、句容、芜湖等地。

九月，郭天叙、张天祐和陈野先率兵进攻集庆（金陵）。野先之降，非其本心，被逼写信招降部曲时，以为其众未必从命，不意全军归附，自悔失计，阴谋复兴元合。元璋察知其计，故意交还部队，让他和元集庆守将福寿勾通，攻城时，郭、张二帅攻东门，野先伪攻南门，城中坚守。二帅不知野先底细，以为一家。野先邀天叙喝酒，席间把他杀了，又诱擒天祐献于福寿，天祐亦被杀。回师追袭红军于溧阳，行经葛仙乡，地方民兵恨野先反复，使地方糜烂，设计把他杀死，从子兆先代领其众。郭、张二帅死后，子兴旧部都归元璋，元璋遂独领都元帅，半年来的三头局面到此结束。

元璋率大军渡江，马夫人率将士家属仍留和阳。郭、张二帅被诱杀以后，陈兆先屯方山，蛮子海牙则屯采石，水陆犄角，威胁太平。元璋乘时整顿军队，加强实力。龙凤二年（至正十六年，1356）二月亲率常遇春等大败蛮子海牙军于采石，纵火焚其连舰，蛮子海牙仅以身免，江路始通。三月率诸将进攻集庆，水陆并进，至江宁镇，攻破陈兆先营，降其众三万六千人，释兆先以为元帅，令从征讨。进败元兵于蒋山，直抵城下。城破，福寿战死，得了军民五十余万人，元将康茂才降。元璋入城，剀切告诉军民父老官吏说："元朝政治混乱，战争四起，生民涂炭。我来是为民除乱，大家应该各安职业，不要疑心害怕。贤士吾礼用之，旧政有不便者吾急除之。做官吏的不要贪暴，使百姓吃苦。”简单的几句话，把城中人心定下来，恢复了秩序。改集庆路为应天府，置天兴建康翼统军大元帅府，以廖永安为统军元帅。以赵忠为兴国翼元帅，守太平。置上元、江宁二县。辟儒士夏煜、孙炎、杨宪等十余人，以次录用。亳都得到捷报后，升元璋为枢密院同佥，以帅府都事李善长为经历。不久又升元璋为江南等处行中书省平章，故元帅郭天叙弟天爵为右丞，李善长为左右司郎中，以下诸将都升元帅。元璋这年才二十九岁，已经是独当一面的人物、统领十万大军的统帅了。

元璋据应天后，他的势力，以应天为北境，西起滁州画一直线到芜湖，东起句容，南到溧阳，一块不等边形，横摆着的斗形地带。西线是斗底，东线是斗口。四面的形势，东边元将定定扼守镇江。东南张士诚已据平江（苏州），破常州，转掠浙西。东北面青衣军张明鉴据扬州。南面是元将八思尔不花驻徽州，别不华、杨仲英屯宁国。西面池州已为徐寿辉所据。东南外围则元将石抹宜孙守处州，其弟厚孙守婺州，宋伯颜不花守衢州，真是四面受敌。幸亏这时元兵正用全力对付小明王，前一年十二月元将答失八都鲁大败刘福通于太康，进围亳州，小明王奔安丰（今安徽寿县）。察罕帖木儿和红军转战河南，都无暇南顾。红军势力暂时消沉，张士诚又猖獗于东南，徐寿辉鸱张于襄汉，元兵左支右绌，已苦无法应付。龙凤二年（至正十六年，1356）红军复振，遣兵分出略地，李武、崔德陷商州，破武关，进图关中。毛贵陷胶、莱、益都、滨州，山东郡邑多下。三年刘福通率众攻汴梁，分军三道：关先生、破头潘、冯长舅、沙刘二、王士诚趋晋冀；白不信、大刀敖、李喜喜趋关中；毛贵出山东北犯。第一路军分二路：一出绛州，一出沁州，逾太行，破辽、潞，陷冀宁，攻保定，陷完州，掠大同、兴和塞外诸部，至陷上都，转掠辽阳，抵高丽，从西北折回到东北，绕了一个大圈子。第二路军陷兴元，入凤翔，南入四川。一部又陷宁夏，掠灵武诸边地。第三路军陷东平、济宁、东昌、益都、广平、顺德、济南，北陷蓟州，犯椰州，略柳林以逼大都。福通则陷大名、曹、濮、卫辉，出没河南北。四年（1358）五月，攻下汴梁，迎小明王以为都城。红军所至无不摧破，元州郡长吏闻红军来，往往不战而遁。五六年中，红军长驱深入，来回地兜圈子，元军用全力抵抗和进攻，无力顾到朱元璋，使这个新进最后起的红军小头目，得以从容巩固地盘，扩充实力，得以个别消灭群雄，开辟疆土。而且在地理上，朱元璋和元朝大军中间恰好隔着，东边是张士诚，北面是小明王，西边是徐寿辉，这三个卫星使他无从受到元军的主力攻击，等到红军主力已被元朝消灭的时候，朱元璋已经广土众民，拥有最强大的实力，可以和元军一决雌雄了。

在这斗形地带所受到最大的威胁，东边镇江如为张士诚所据，则可以直捣应天，危及根本。南边的宁国如为徐寿辉所占，则后方又失去屏障。元璋在应天经营甫定，即遣徐达攻克镇江，分兵下金坛、丹阳等县。向东伸出一触角。到六月又派邓愈攻陷广德，堵住徐寿辉的来路。在出师时严申军令，毋焚掠，毋杀掳，犯令者处以军法。破镇江时，号令严肃，城中晏然，不知有兵。改镇江路为江淮府，置淮兴镇江翼元帅府，以徐达、汤和为统军元帅。置秦淮翼元帅府，以俞通海为元帅。改广德路为广兴府，置广兴翼行军元帅府，以邓愈、邵成为元帅。分遣诸将攻克长兴、常州，自将攻克宁国，得军士十余万人，降其将朱亮祖。又克江阴、常熟、徽州、池州、扬州。在龙凤三年（至正十七年，1357）这一年中，把四周敌人的军略据点悉数占领，成为向外发展的前哨阵地。从江阴到长兴画一条直线，构成堵住张士诚西犯的防线。宁国、徽州则是向浙东进展的门户。西线主守，东线主攻，北线和友军接境，形势已和一年前大不相同了。

元璋深知自己的知识太差，对于实际政治尤其隔膜，所以对于知识分子特别看重，虚心听从他们的劝告，完成自己的教育。每克一地，必访求当地的贤才，罗致于自己幕府中，初起略地定远时得毛琪典文书机密，下滁州得范常，克太平用宋思颜。从渡江的幕府人才，有郭景祥、李梦庚、杨元杲、阮洪道、汪河、乐韶凤等。下集庆，王濂来归。克镇江，礼聘秦从龙、陈遇。下徽州，召朱升。从龙之来，元璋亲到龙江迎接，事无大小，都和他商量，呼为先生而不名。陈遇策划帷幄，宠礼之隆，诸臣莫比。两人都不受官职，自处于宾师之间，元璋也不敢强以名位。朱升告诉元璋三句话："高筑墙，广积粮，缓称王。"奠定了元璋后来的帝业从兴军以来，农村壮丁大部分被逼从军，农田荒芜，又不断被战争所蹂躏，粮食收成减少。各处军队的给养多由掠夺，名为寨粮，元璋的部队也不能例外。生产日少，消费日多，百姓被掠夺而饿死沟壑，军队还是吃不饱肚子。扬州的青军甚至演出吃人的惨剧。元璋听了朱升的劝告，龙凤四年（至正十八年，1358）二月以康茂才为都水营田使，专负责修筑堤防，经营水利，恢复农田生产，供给军需。又分命诸将部兵屯田龙江等处，以生产的多少定其赏罚。几年内就显著成绩，仓库充实。军食既足，就明令禁止征收寨粮，民心归附，足食足兵，两件事都做到了。这年十一月，又立管领民兵万户府，把所定郡县，简拔民间武勇之才，编缉为户，由民兵万户府管领。农时则耕，闲时则加以军事训练，有事则征调入伍，事定后，有功的一体升擢，无功的仍还为民户。实行寓兵于农的制度，使作战力量和生产力量合二为一。

外围的威胁解除，内部的生产问题有了办法，元璋的眼光立刻转移到浙东西的谷仓。先命李文忠进取皖南青阳、石棣、太平、旌德诸县，巩固了后方的防务，再会合邓愈、胡大海两支军队，由徽州昱岭关，进攻建德路，一鼓攻克，改建德路为严州府，先头部队东达浦江，构成侧面包围婺州的形势。十二月元璋亲率军十万出徽州进攻婺州，大败元处州援兵于城下，婺州降，改为宁越府，置中书分省，于省门建二旒大黄旗，上面写着："山河奄有中华地，日月重开大宋天。"下揭二牌："九天日月开黄道，宋国江山复宝图。"辟儒士范祖干、许元、叶瓒玉、胡翰、汪仲山等十三人分直讲经史。立郡学，延儒士叶仪、宋濂为五经师，戴良为学正，吴沈、徐原为训导。丧乱之余，学校久废，元璋在这个两百年来的理学中心，号为"小邹鲁"的地方，复兴儒学，不但表示他在政治上的远见，也是收拾人心——尤其是士大夫——的最好办法。由此也可看出这个划时代的巨人、红军的头目，这时已开始反叛，倾向儒家，虽然中书分省省门的标语还是复宋。

宁越既下，分兵取浙东未下诸路，龙凤五年（至正十九年，1359）正月克诸暨，五月汴都升元璋为仪同三司江南等处行中书省左丞相。六月自宁越还应天，留胡大海守宁越。八月元察罕帖木儿攻陷汴梁，刘福通奉小明王退保安丰。浙东驻军先后克衢州、处州，元璋的领土，遂成北邻张士诚、西邻陈友谅、东邻方国珍、南邻陈有定的局面。士诚最富，友谅最强，国珍和有定都龌龊自保。因之在整个战略上，又改采东南取守势，西北线取攻势的策略。以士诚和友谅比较，士诚迟疑顾虑，友谅轻佻猛鸾，士诚保守，友谅进取，以此，在西北的攻势又分轻重，对士诚是以守为攻，扼住江阴、常州、长兴几个据点，使士诚不能西迈一步。对友谅则以攻为守，使友谅兵力分散，不能集中攻击。

浙东虽已大部平定，可是浙东的几家豪族，尤其是原来在元将石抹宜孙幕府的名士刘基、叶琢、章溢等，有重名，得民心，都避不肯出，元璋遣使致书礼聘，总制孙炎又陈书开谕，基等不得已，和宋濂于龙凤六年（1360）三月应征到应天，元璋大喜，筑礼贤馆以处基等。这几个人，在思想方面继承宋儒的传统，和明教和红军无渊源。在社会地位方面，是浙东的豪绅巨室，声望笼罩一方。他们遵礼法，重保守，在行动上的表现是团结土著，保卫地方。元璋千方百计把他们拉拢到手，固然地方问题是解决了，“山越清宁”。可是他们的思想和主张都自成一系统，和红军格格不相入。被逼出山以后，也就改变作风，利用元璋的雄厚军力，拥之建立新朝，以保持几千年来的传统的秩序、习惯和文化，保持巨室豪绅的利益。结果，自然和出自明教红军的诸将，成地主与流氓、儒生和武弁的相持之局。元璋也利用巨室豪绅之护持，儒术之粉饰，建立他的万年基业。在红军实力尚存、对元仍须利用红军拥护的时期，他是红军的别部，不免两面敷衍。一到小明王军力完全被元军消灭以后，他就完全倾向儒生，剥去宗教的外套，自命为旧秩序之恢复者和旧文化的护法人了。从这时以后，他深受这几人的影响，和红军的关系逐渐疏远，和儒家日益接近。

四、陈友谅和张士诚

西系红军的组织人彭莹玉经营十数年，到至正十一年（1337），才和麻城邹普胜纠集徒党，以红巾为号，约期举事。

罗田人徐寿辉（又名真逸、真一）以贩布为业，生得魁梧奇伟，一表人才，被彭莹玉看中了，推为头目。这年九月间发动，陷蕲水及黄州路，以蕲水为都城，拥寿辉为皇帝，国号天完，建元治平。分兵陷湖广、江西诸郡县，出昱岭关，陷杭州，又陷太平等路。天完军队所到处，宣扬弥勒佛出世救民的教义，不杀不淫，招民投附者，登记姓名，单只运走府库金帛。相对的所占城池被元军克复后，却大杀大掠，放火焚城。尤其是从湖广调来的苗军，奸淫掳掠，无恶不作，屯军之所，毒过寇乱，民间有谣曰："死不怨泰州张（士诚），生不谢宝庆杨。"政府刑赏不当，民间豪杰倾家起兵，保卫乡里，剿捕寇盗的，百战辛劳，因为是南人，便恩赏不及。反之，如方国珍、张士诚起兵叛乱，政府无力平定，只好招安，抚以好官高爵，反一次，官爵便高一次。因之，平民都相率从乱，像火烧荒山一般，蔓延日广。

徐寿辉到底是卖布出身的，没有多大的见识，所占的地方虽大，却不能守住，随得随失，像拉锯一样，只苦了老百姓。不久迁都到汉阳，为其丞相倪文俊所制。倪文俊兵权在手，谋杀寿辉自立不成功，奔黄州。文俊部将陈友谅，原系沔阳人，家世打鱼营生，他自己在县里当一名小吏，不甘心埋没，投身红军。学文俊的榜样，用计把文俊谋杀，夺过兵权，自称宣慰司，不久又改称平章政事。龙凤四年（1358）陷安庆、龙兴（南昌）、抚州诸地，和元璋境壤相邻。江南群雄以他为最强，野心也最大。龙凤六年（1360），挟徐寿辉东下克太平，进驻采石矶，杀寿辉，自立为皇帝，国号汉，改元大义，尽有江西、湖广之地。

友谅兵精地广，气吞一世，遣使于张士诚，约夹攻应天。自引兵从江州东下。应天大震，诸将或议出降，或议出奔，或议先复太平以牵制友谅兵势，元璋都置不答，独引刘基于内室问计。刘基以为主降和主出奔都该杀：友谅兵骄，引其深入，以伏兵围歼，天道后举者胜，取威定霸，以建王业，在这一战！元璋决定了战略，唯一的困难是怕友谅和士诚同时进攻，首尾受敌，如能设法使友谅先来，便可集中军力，个别击破。友谅破，则士诚胆落，东线便无问题。

元璋一面派胡大海以兵直捣广信，扰乱友谅的后方，一面派康茂才骗友谅速进，茂才和友谅是故旧，茂才的阍人从前跟过友谅，茂才便遣阍人带书信给友谅约降，告以城中虚实，劝其分三路进攻。友谅问阍人："康将军现在何处？"阍人回说："现守江东桥。"问："桥是什么材料？"回说："是木头的。"友谅大喜，约进兵江东桥时以呼"老康"为信号。元璋派人赶夜把江东木桥毁了，新建石桥，以惑友谅。分遣兵埋伏各要地，准备水陆夹攻。

到了约定时日，友谅果然亲统大军来攻，径到江东桥，一看是大石桥，情形不对，连喊："老康！老康！"发现无人理会，情知中计。元璋军奋起，水陆夹攻，友谅军大败。元璋军乘胜克复太平，下安庆。胡大海亦取信州，改为广信府。徐寿辉旧将恨友谅杀主，亦以袁州来降。

龙凤七年（元至正二十一年，1361），元璋以功封吴国公。

七月，友谅复遣将陷安庆。时友谅降将具说友谅自弑徐寿辉后，又杀骁将赵普胜，将士离心，政令不一。元璋因定计西伐，以友谅降将做向导，以巨舰溯流西上，连克安庆、江川，友谅将丁普郎、傅友德迎降，友谅奔武昌。南、康、饶、蕲、黄、广济、抚州、龙兴、袁、瑞、临江、吉安都相继归元璋掌握。

次年（1362）六月，元大将察罕帖木儿遣使招谕元璋。前一年，察罕复关、陇，平山东，降田丰，军威大振。几年来山东都在毛贵治下，毛贵立屯田，设宾兴院，把山东治理得很好。原来由徐州奔濠州的赵均用，和彭早住纵横淮、泗好几年，早住死，均用遂北上和毛贵合伙，两人闹别扭，火并起来，均用杀了毛贵，毛贵部将续继祖又杀了均用，自相残杀，军力衰减，只剩田丰还站得住。田丰一降，察罕军锋就可指日南下，不唯安丰岌岌可危，即便应天也有唇亡齿寒之势。元璋见形势不好，只得派使人去和察罕通好，察罕时方围攻益都，元璋见益州固守，料察罕暂时不能南下，才敢抽空西伐陈友谅。到这时候，察罕的报聘使人才到，乘战胜之威，劝告元璋归附。不久得到消息，说是六月间察罕已被田丰所刺死，养子扩廓帖木儿代领其众，元璋这才放心。到十二月间，元遣尚书张昶航海到庆元，授元璋为荣禄大夫江西行省平章政事。时元兵内讧，大将扩廓帖木儿和孛罗帖木儿互争地盘，更无暇南顾，一发置之不理了。

当察罕报聘使人到了应天之后，宁海人叶兑献书元璋，指陈平定天下大计说：

> 愚闻取天下者必有一定之规模：韩信初见高祖，画楚、汉成败；孔明卧草庐，与先主论三分形势是也。今之规模，宜北绝李察罕，南并张九四，抚温、台，取闽、越，定都建康，拓地江、汉，进则越两淮以北征，退则画长江而自守。夫金陵古称龙蟠虎踞帝王之都，借其兵力资财，以攻则克，以守则固，百察罕能如吾何哉！江之所备，莫急上流，今义师已克江州，足蔽全吴，况自滁、和至广陵，皆吾所有，匪直守江，兼可守淮矣。张氏倾覆可坐而待。淮东诸郡，亦将来归。北略中原，李氏可并也。今闻察罕妄自尊大，致书明公，如曹操之招孙权。窃以元运将终，人心不属，而察罕欲效操所为，事势不侔。宜如鲁肃计，定鼎江东，以观天下大衅，此其大纲也。至其目有三：张九四之地，南包杭、绍，北跨通、泰，而以平江（今吴中区）为巢穴。今欲攻之，莫若声言掩取杭、绍、湖、秀，而大兵直捣平江，城固难以骤拔，则以锁城法困之。于城外矢石不到之地，则筑长围，分命将卒，四面立营，屯田固守，断其出入之路，分兵略定属邑，收其税粮以赡军中，彼坐守空城，安得不困！平江既下，巢穴已倾，杭、越必归，余郡解

体，此上计也。张氏重镇在绍兴，绍兴悬隔江海，所以数攻而不克者，以彼粮道在三斗江门也。若一军攻平江，断其粮道，一军攻杭州，断其援兵，绍兴必拔。所攻在苏、杭，所取在绍兴，所谓多方以误之者也。绍兴既拔，杭城势孤，湖、秀风靡，然后进攻平江，犁其心腹，江北余孽，随而瓦解，此次计也。方国珍狼子野心，不可驯狎，往年大兵取婺州彼即奉书纳款，后遣夏煜、陈显道招谕，彼复狐疑不从，顾遣使从海道报元，谓江东委之纳款，诱令张昶赍诏而来，且遣韩叔义为说客，欲说明公奉诏。彼既降我，而反欲招我降元，其反复狡狯如是，宜兴师问罪。然彼以水为命，一闻兵至，挈家航海，中原步骑，无如之何。夫上兵攻心，彼言宁越既平，即当纳土，不过欲款我师耳。攻之之术，宜限以日期，责之归顺，彼自方国璋之没，自知兵不可用，又叔义还称义师之盛，气已先挫，今因陈显道以自通，正可胁之而从也。事宜速，不宜缓，宣谕之后，更置官吏，拘其舟舰，潜收其兵权，消未然之变，三郡可不劳而定。福建本浙江一道，兵脆城陋，两浙既平，必图归附，下之一辩士力耳。如复稽迟，则大兵自温、处入，奇兵自海道入，福州必克，福州下，旁郡迎刃解矣。声威既震，然后进取两广，犹反掌也。

说得头头是道，元璋心服，要留用他，不肯，力辞去。后几年平定东南和两广的规模和次第，果然和他所说的差不多。

小明王从称帝以来，徒拥虚名，一切军政大事都决于刘福通。诸大将原来和福通同时起事，拥兵在外，不听调度，兵虽强盛，威令不行，得地虽多，却不能守。从三路出兵以后，转战万里，兵多走死，余党又被察罕帖木儿和孛罗帖木儿所消灭。只剩山东一部分军力，掩护安丰。到益都被扩廓包围后，刘福通亲自引大军援助，大败走还。益都破，安丰势孤，龙凤九年（1363）二月张士诚将吕珍乘机攻围安丰，城中粮尽援绝，小明王危迫，告急于元璋求救。

在元璋赴救前，刘基力谏，以为大兵不应轻出，若救出小明王来，发放何处？作何安顿？是自做头目，还是让给他？而且陈友谅虎伺于后，如乘虚来攻，便进退无路。元璋则以为安丰破，应天失去屏蔽，孤立可虑。士诚日益坐大，将不可制。不听劝告，亲自统兵赴援，刘福通突围，乘黑夜疾风暴雨奉小明王居滁州。三月十四日降制赠元璋曾祖考为江南等处行中书省右丞上护军司空吴国公，祖考为江南等处行中书省平章政事上柱国司徒吴国公，考为开府仪同三司录军国重事平章右丞相吴国公，妣皆吴国夫人。

元璋于三月间赴援安丰，陈友谅果然乘虚进攻，于四月大举围洪都（南昌），并分兵陷吉安、临江、无为州。他这次因疆土日蹙，气愤不过，大治楼船数百艘，都高数丈，饰以丹漆，每船三重，置走马棚，上下人语声不相闻。橹箱皆裹以铁。载家属百官，空国而来，兵号六十万，用全力攻南昌。守将朱文正率将士誓死固守，友谅用尽攻城的方法，被围八十五日。到七月元璋亲率二十万大军来救，友谅才解围，东出鄱阳湖迎战。

这一战决定了两雄的命运，两军的主力前后大战三十六日。在会战开始的前四天，元璋先在鄱阳湖出长江的口子安置了几道伏兵，把湖口封锁了，堵住友谅的归路。两军的形势，友谅军号六十万，元璋二十万。友谅联巨舟为阵，楼橹高十余丈，绵亘十余里，旌旗戈盾，望之如山。元璋方面都是小船，相形见绌。论实力和配备都是元璋方面吃亏。却也有占便宜处：第一，友谅军攻围南昌三月不下，空国而来的必胜信念已经动摇，元璋却是千里赴援，决存亡于一战，士气大不相同。第二，友谅船大，又联结为阵，不便转动。元璋船小，操纵自如，在体积上吃亏，在运动上却占优势。第三，元璋善于统率，将士上下一心，人人效死。友谅多疑暴躁，将士自危，内部发生裂痕，不但不肯力战，反而解甲投顺。第四，交通线被封锁，元璋军队数量少，有南昌和后方接济，友谅军则鏖战数月，粮尽士疲，军无斗志。血战三十六日，友谅终于身死军歼。

元璋军主要的战术是火攻：一种方式是用火炮，焚烧敌方大船；另一种是用火药和芦苇装满七条船，用敢死士操船，冲入敌阵，纵火焚舟，和敌方的几百条战舰同归于尽。接战时分舟师为十二队，火器弓弩，以次排列，在接近敌人时，先发火器，次用弓弩，最后是短兵接战。全军踊跃死战，友谅军大败，他的左右金吾将军率部来降，军又乏粮，只好冒死突围，打算冲出湖口。元璋军从后用火舟火筏冲击，前面伏兵迎头截击，友谅中流矢死，其部将以其子理奔武昌。

元璋完成歼灭战后，对刘基说："我真不该到安丰，假如友谅趁我出去，应天空虚，顺流而下，直捣建康，我进无所成，退无所归，大事去矣。幸他不进攻建康，而围南昌，南昌坚守三月，给我以充分的机会，一战功成。这战虽然打胜，却是够侥幸的了。"

友谅败死，劲敌已除。龙凤十年（元至正二十四年，1364）正月，元璋遂自立为吴王，建百官。以李善长为右相国，徐达为左相国，常遇春、俞通海为平章政事，立子标为世子。二月亲帅军征武昌，陈理降，汉、沔、荆、岳皆下，立湖广行中书省，分兵抚定诸未下郡县。到这年年底，友谅疆土，东至赣州，西到辰、澧，南到韶州，都为元璋所有。

元璋既灭汉，第二个目标是讨张士诚。张士诚在前一年九月称吴王。两雄接境，前后相隔不过三个月，都称吴王，这中间也有一个故事。原来几年前民间有一个童谣说："富汉莫砌楼，贫汉莫砌屋；但看羊儿年，便是吴家国。"张士诚和朱元璋的领土都是从前吴地，为着应这童谣，这两雄便先后都称吴王。

元末群雄可分作两个系统：一是红军系，二是非红军系。红军系分东、西两支：东支从小明王到郭子兴、朱元璋；西支从徐寿辉到陈友谅，以及寿辉别部割据川陕的明玉珍。非红军系如吴张士诚，浙方国珍。红军系有政治理想，有民族思想，和元政府势不两立，绝不妥协。从韩、彭起事到朱元璋建国，始终和元政府作战。非红军系相反，他们起事，只为了个人的动机，政府招抚的条件合适就投降，政府也就承认既成事实，任为占领地区的军政首长，投降后对政府要求不能满足，就再度叛变，每反复一次，他们的地位和地盘都有变化。

张士诚时叛时降，到龙凤九年（1363）九月复自立为吴王。所据地南抵绍兴，北逾徐州，达于济宁之金沟，西有汝、颍、濠、泗，东到海，有地两千余里，有兵数十万，据有全国最富饶的一角。士诚为人持重寡言，无远图。既据有吴中，户口繁盛，物产丰富，渐渐奢纵，怠于政事。诸大将也聚敛财物，日夜歌舞自娱，上下穷奢极侈，不以军务为意。从龙凤二年（1356）起和元璋接境，便互相攻伐。士诚多少次进攻常州、江阴、建德、长兴、诸全（诸暨），都得不到便宜。元璋进攻湖州、绍兴、杭州，也是不能得手。到武昌还师以后，西线已无问题，这才集中军力，进攻士诚。

元璋对张士诚的攻势分作三个阶段：

第一个阶段起于龙凤十一年（1365）十月，目标是士诚北境淮东区域，到十二年（1366）四月间，半年工夫把泰州、高邮、淮安、濠、徐、宿、安丰完全占领，使士诚的军力局促于长江之南。

第二个阶段起十二年（1366）八月，兵分两路攻湖州、杭州，切断士诚的两臂，到十一月间湖州、杭州投降，形成北、西、南三面包围的局势。

第三个阶段起十二年（1366）十二月包围平江，到十三年（1367）九月克平江，执士诚，前后一共十个月。

在第一个阶段攻势顺利收到战果以后，龙凤十二年（1366）五月二十一日，元璋以檄文列数士诚罪状，在这檄文中说明元末形势，和自己起兵经过，不但攻击元政府，连红军也被斥为妖术、妖言了。檄文说：

皇帝圣旨，吴王令旨：近睹有元之末，王居深宫，臣操威福，官以贿成，罪以情免。宪台举亲而劾仇，有司差贫而优富，庙堂不以为忧，方添冗官，又改钞法。役数千万民，湮塞黄河，死者枕藉于道，哀苦声闻于天，致使愚民，误中妖术，不解偈言之妄诞，误

> 信弥勒之真有，冀其治世，以苏其苦，聚为烧香之党，根据汝、颍，蔓延河、洛。妖言既行，凶谋遂逞，焚荡城郭，死戮士夫，荼毒生灵，无端万状。元以天下兵马钱粮大势而讨之，略无功效，愈见猖獗，终不能济世安民。是以有志之士，旁观熟虑，乘势而起，或假元氏为名，或托香军为号，或以孤军独立，皆欲自为，由是天下土崩瓦解。余本濠梁之民，初列行伍，渐至提兵，灼见妖言，不能成事，又度胡运，难与立功，遂引兵渡江。

以下列数士诚罪状。檄文声讨张士诚，却跑出题外，攻击元政府还可说，连培养自己的红军也牵涉了，一笔抹杀红军的革命意义，指斥其杀人放火，罪大恶极。使人看了以为这檄文必出于非红军系统的手笔。显然这是刘基、宋濂这一儒生系统的策略，他们过去几年的努力，到这时才具体化，一脚踢开红军，自建一新系统，以求获得地主与巨绅的支持、士大夫的同情。这一檄文把元璋的一生划为两段，过去他是贫农和穷人的领袖，此后则是地主、巨绅的保护人；过去他一力破坏现状，此后则一转而为最保守的现状维持派了。

红军的宣传和教义都被这一纸檄文所打倒，红军最高领袖宋皇帝小明王兵将都无，放在滁州，毫无作用，自然也该跟着淘汰。这年年底元璋派廖永忠到滁州接小明王到应天，船到瓜步，在江心把船凿沉，永忠径回应天复命。小明王、刘福通死，宋亡。

第二个阶段的攻势，所用军力达二十万人。统帅是大将军徐达，副将军常遇春。在出师前商讨战略，常遇春力主直捣平江，以为巢穴既破，其余诸郡可不劳而下。元璋却决定采取叶兑的决策，他说："士诚起自盐枭，和湖、杭诸州守将都是愍不畏死之徒，相为手足。如先攻平江，湖、杭必然齐心并力来救根本，军力集中，不易取胜。不如先分其势，枝叶既去，根本动摇，使士诚疲于奔命，必然可以成功。"于是分兵攻湖州、杭州。元璋亲御戟门誓师，申诫将士以城下之日，毋杀掠，毋毁庐舍，毋发丘垄。士诚母葬在平江城外，毋侵毁。

第三个阶段攻势用叶兑的销城法，筑长围把平江团团围住，士诚外无救兵，突围又不成功。城破后被执到应天，自缢死。

士诚晚年不理政事，国事全交给其弟丞相士信，士信荒淫无识，信用叶、蔡、黄三个参谋，三人弄权舞弊，以致国事日非。元璋听得这情形，就说："我向来无一事不经心，尚被人欺；张九四一年到头不出门理事，岂有不败的道理！"士诚的百姓也有一个民谣："丞相做事业，专凭黄菜叶；一朝西风起——干瘪！"

平江合围后，元璋又遣将讨方国珍。

国珍在群雄中最先起事。他是黄岩人，世以贩盐、浮海为业。至正八年（1348）被仇人告他和海盗通谋，几兄弟杀了仇人，逃入大海，集结了几千人，四处抢劫。地方官发兵追捕，吃了败仗，官也给他俘虏了，只好招安，授定海尉，不久又起兵造反，元兵又吃败仗。统帅被俘。只好再度招安，授以大官，国珍也就听命。如此时降时叛，反复一次，官高一次，到至正十五年（1355）一直做到浙江行省参知政事，开治所于庆元（宁波），兼领温、台，全有三州之地。

元都北平，粮食仰给于东南，平均每年由海道运粮三百万石。东南乱起后贡赋不供，京师缺食。好容易张士诚、方国珍都归附了，士诚有粮，国珍有船，经过多次接洽，由国珍每年替政府运粮十几万石，元因累进国珍官为浙江行省左丞相衢国公。到至正二十三年（1363），士诚和元政府闹别扭，不肯再供给粮食，海运由此停止，给元政府以极严重的打击。

元璋攻取婺州后，和国珍邻境相望，国珍为人狡猾反复，在地理上北有张士诚，西有元璋，南有陈有定，三面受人包围，见元璋兵盛，不敢多树敌人，只好卑辞投顺，同时受元官爵，替元运粮，两面讨好。到元璋攻取杭州后，国珍更加害怕，北通扩廓帖木儿，南联陈有定，打算结成犄角的形势，和元璋对抗。倚仗着有多数海船，事急时奔入大海，一逃了事。

元璋的攻势分水陆两路：陆路军进克台州、温州，直逼庆元；国珍逃入海中，又为水军所败，穷蹙无法，只好哀辞求降。从进攻到凯旋，前后不过三个多月。

五、南征和北伐

当元璋遣将平定方国珍的时候，同时决定了南征和北伐的大计。

元璋的领土，大体上据有现在湖北、湖南、河南东南部、江西、安徽、江苏、浙江。中部最繁盛、人口密度最高的区域，恰好把元帝国切断作南北两块。

南部除元璋以外，分作几个势力：以四川为中心的有夏国明玉珍，原是西系红军徐寿辉的部将，略地入蜀，得寿辉被弑的消息，自立为陇蜀王，以兵塞瞿塘，不与陈友谅通。至正二十二年（1362）即皇帝位于重庆，国号夏，建元天统。二十六年（1366）玉珍死，子昇嗣位，是一个十岁的孩子。

云南有元宗室梁王镇守。两广也是元朝的势力范围。福建陈有定虽然跋扈，仍矢忠于元。

夏主幼弱，云南太远，暂时可以放开，成问题的是福建和两广。

北部在表面上都属于元朝，可是情形更复杂。大概地说，山东是王宣的势力范围，河南属扩廓帖木儿，关、陇则有李思齐、张思道诸军。扩廓和李、张不和，当元璋用兵江、浙的时候，他们正在同室操戈，拼个你死我活。目的是争军权，抢地盘，长期混乱的内战和政变，谁也管不到大局，各人都在想先把内敌消灭，统一军权，再来对付外敌，两方势均力敌，相持不下，正如鹬蚌相争，便宜了渔翁。朱元璋趁机会东征西讨，扩大地盘，充实实力。等到敌人兵临城下，这几“内战英雄”才停止残杀，却又不甘合作，听任友军被个别击破，终之同归于尽，国亡家破。

元军的内讧可以追溯到几年以前。

红军起事后，政府军队完全无用，真正有作战能力的是由地主、巨绅所组织保卫乡里的义军。义军中最强的有两支：一支是起自沈丘的察罕帖木儿、李思齐，几年中连定河北、关、陕，复汴梁，定河南，檄书达江、浙，以兵分镇关、陕、荆、襄、河、洛、江、淮，屯重兵太行，正预备大举恢复山东时，和另一支义军发生冲突。

另一支是以义丁恢复襄阳的答失八都鲁，接着克复亳州，和刘福通作战有功。答失八都鲁死，子孛罗帖木儿领其众，移镇大同。晋、冀之地都由察罕帖木儿平定，察罕东征，孛罗帖木儿要强占晋、冀，两军交战几年，政府几次派人讲和调停，至正二十一年（1361）冬，双方才答应罢兵。察罕被刺，子扩廓领兵平山东，孛罗帖木儿又来争晋、冀，内战又起。

同时元政府和宫廷间也发生重大的政变。名相脱脱贬死，幸臣哈麻代其位。哈麻做了宰相，天良发现，觉得从前进西天僧，劝帝行秘密法，都不是见得人的事。阴谋废帝立太子，事发被诛死。太子母奇皇后和太子也不满意顺帝，仍旧阴谋废立，派宦官朴不花和丞相太平接洽，太平不肯，太子恨太平不肯帮忙，把他害死。这时扩廓帖木儿正和孛罗帖木儿相持不下。于是太子派丞相搠思监和朴不花倚扩廓为外援，皇帝派老的沙则为太子所痛恨，逃奔孛罗军中。太子怨孛罗收容老的沙，搠思监、朴不花等就诬害孛罗帖木儿和老的沙图谋不轨。至正二十四年（1364）四月诏命扩廓帖木儿出兵讨伐，孛罗知道这命令不出于顺帝之意，先发制人，举兵向阙。皇帝派只好杀搠思监、朴不花谢罪，孛罗才回大同。太子失败逃出，再征扩廓军讨孛罗，进攻大同。孛罗还是老文章，又举兵进攻都城，太子战败，逃到太原。孛罗入都，拜中书右丞相。二十五年（1365）太子又调扩廓及诸路兵进讨。孛罗战败，被刺死于宫中，战事算是结束了，扩廓入都代为丞相。

太子奔太原时，打算用唐肃宗灵武故事自立为帝，扩廓不从。到扩廓入都城时，奇皇后授意，令以重兵拥太子入城，逼顺帝禅位，扩廓又不肯。因之，太子母子都深恨扩廓，结了仇。

至正二十六年（1366），扩廓奉令统率全国军队，平定江淮。檄令关中四将会师大举。李思齐得檄大怒说："我和你父亲同起义兵，名位相等，你一个小孩子，乳臭未干，敢命令我！"下令部下一甲不得出武关，张思道、孔兴、脱列伯三军亦不受节制。扩廓无法，只好把南征一事暂且搁起，西入关攻李思齐，思齐等四人也会兵，盟于含元殿旧基，并力拒扩廓，相持经年，数百战未能决。顺帝再三令扩廓罢兵南征，扩廓不听。恰巧扩廓部将貊高部兵多孛罗旧部，胁貊高叛，声讨扩廓。顺帝心忌扩廓兵权太重，太子又从中挑拨，廷臣也上章攻击扩廓跋扈，顺帝乃下诏解除扩廓兵权，分其兵隶诸将，置抚军院，以太子统率全国军马，专备扩廓。

元璋派人侦探元政府和元军内讧的详细情形，决定趁机会南征、北伐同时并进。十月以徐达为征虏大将军，常遇春为副将军，率师二十五万，由淮入河，北伐中原。胡廷瑞为征南将军、何文辉为副将军取福建。湖广行省平章杨璟、左丞周德兴、参政张彬取广西。

取福建兵分三路：胡廷瑞、何文辉率步骑从江西度杉关为正兵，汤和、廖永忠由明州（宁波）以舟师取福州为奇兵，李文忠由浦城攻建宁（建瓯）为疑兵。有定的根据地延平（南平）和福州掎角，建宁则为延平外线据点，驻有重兵。三路大军分别出发，正兵使敌人以主力应战，奇兵使敌人不测所以，疑兵分敌人兵力。

陈有定，福清人，徙居汀州清流，农人出身，沉勇喜游侠，轻财好义，颇为乡里所畏服。地方寇乱，投军立功平贼，友谅遣将入闽，有定击败之，悉复所失郡县，元授官福建行省参知政事，不久又分省延平，以有定为平章，尽有八郡之地，威福自擅，威震八闽，对元朝始终恭顺，年年由海道运粮食到大都，恪尽臣节。元璋克婺州后，就和有定接境。至正二十五年（1365）二月，有定进攻处州，为参军胡深所败，深乘胜追击，连下浦城、松溪，元璋调度江西驻军南下，两路会师，准备一举而下八闽，胡深兵败被俘，为有定所杀，平闽计划因之暂缓实现。

方国珍降后，战胜的舟师就趁势南下，有定和元朝本部隔绝，孤立无援，只好分兵固守，慷慨誓众，以死报国。福州、建宁相继失守，延平被围，城破，有定和僚属诀别，服毒自杀不死，被俘到应天，元璋责备他攻处州，杀胡深。有定不屈，厉声回说："国破家亡，死就算了，何必多说！"和他的儿子一起被杀。

从出兵到克复延平，一共费时四月。从克复延平到平定全闽，又费了八个月工夫。

平定两广的战略，也是兵分三路：第一路杨璟、周德兴、张彬由湖南取广西；第二路陆仲亨由韶州捣德庆；第三路是平闽舟师，以廖永忠、朱亮祖统领，由海道取广州。第一路军于至正二十七年（1367）十月出发，第二、三路军于洪武元年（1368）二月出发，所遇抵抗以第一路军最烈。由衡州入广西的进军路线，第一个名城永州（零陵），第二是全州，都经激烈血战才能占领。时宝庆、武冈犹为元守，为了免除后顾之忧，也次第分兵攻下，军锋直指靖江（桂林）。第二路军于三个月内平定北江和西江的三角地带，英德、清远、肇庆、德庆、连江都归掌握，隔断广州和靖江间的交通。第三路军几乎是兵不血刃，廖永忠在福州奉命后，先派人向元江西分省左丞何真劝告投降，行军到潮州，何真即遣使上印章、图籍、户口，奉表归附。广州附近州县都不战而下。沿西江入广西，梧、容、藤诸州以次降顺，北上会合第一军围攻靖江。合围两月，洪武元年（1368）六月靖江城破，七月广西平。两广俱归入版图。

福建、两广平定后，南部除四川、云南以外，都已统一，打成一片。大后方的人力和财力供给北伐军以无限的助力北伐军在出发前，元璋和刘基等筹定了作战的计划后，又和诸将缜密研究。常遇春提出意见，以为南方已定，兵力有余，如直捣元都，以我百战之师，敌彼久逸之卒，其可必胜。都城既克，乘胜长驱，以建瓴之势，余地可不战而下。元璋的作战计划恰好相反，他指出直攻大都的危险性，以为元建都近百年，城守必固，如悬师深入，顿于坚城之下，馈饷不继，援兵四集，进退不可，非我之利。不如先取山东，撤其屏蔽，旋师河南，断其羽翼，拔潼关而守之，据其户槛，天下形势入我掌握。而后进兵元都，则彼势孤援绝，不战可克。然后鼓行而西，云中、九原以及关、陇，可席卷而下。常遇春还是抱持着前次直攻平江的见解，以为巢穴根本一下，支干自然迎刃而解。他却没顾虑到孤军深入，后方的交通线如何保持，万一被敌人截断，兵员和粮食的补充便陷绝境。奇兵突击，固然可以侥幸取胜，却非万全之计。元璋的计划却是稳扎稳打，立于不败之地，步步扩大，占领地和后方连成一体。诸将都同声说好。

北伐军的统帅机构，也经严密组织。在平陈友谅以前，诸将都直属元璋，不相统率。九华山之役，常遇春坑杀汉降卒，徐达不能止，始以达为大将，尽护诸将。至是以达持重有纪律，战胜攻取，得为将之体，以为征虏大将军，统率全军。常遇春当百万之众，勇敢先登，摧锋陷阵，所向披靡，以为副将军。又担心遇春健斗轻敌，复谆谆告诫，如遇大敌当前，以遇春领前锋，和参将冯胜分左右翼各将精锐进击。右丞薛显、参政傅友德勇冠诸军，使独当一面。达则专主中军，策励群帅，运筹决胜，不可轻动。又复申严纪律，告谕将士，以这一次北伐，目的不在攻城略地，而在平削祸乱，解救生民疾苦，凡遇敌则战，所经地方和攻破城邑，勿妄杀人，勿夺民财，勿毁民居，勿废农具，勿杀耕牛，勿掠人子女，如有遗弃孤幼在营，父母亲戚来求，即时付还。

为使北方人民明了大军北伐的动机和目的，元璋命宋濂草了一道檄文，驰谕齐、鲁、河、洛、秦、晋、燕、蓟各地，这檄文是中华民族革命史上有名的文献，檄文道：

> 自古帝王临驭天下，皆中国居内以制夷狄，夷狄居外以奉中国，未闻以夷狄居中国治天下者也。自宋祚倾移，元以北狄，入主中国，四海内外，罔不臣服。此岂人力，实乃天授，彼时君明臣良，足以纲维天下；然达人志士，尚有冠履倒置之叹。自是以后，元之臣子，不遵祖训，废坏纲常，有如大德废长立幼，泰定以臣弑

君，天历以弟鸩兄，至于弟收兄妻，子烝父妾，上下相习，恬不为怪，其于父子、君臣、夫妇、长幼之伦，渎乱甚矣！夫人君者斯民之宗主，朝廷者天下之根本，礼义者御世之大防，其所为如彼，岂可为训于天下后世哉！

及其后嗣沉荒，失君臣之道，又加以宰相专权，宪台报怨，有司毒虐，于是人心离叛，天下兵起，使我中国之民，死者肝脑涂地，生者骨肉不相保，虽因人事所致，实天厌其德而弃之之时也。古云："胡虏无百年之运"。验之今日，信乎不谬。

当此之时，天运循环，中原气盛，亿兆之中，当降生圣人，驱逐胡虏，恢复中华，立纲陈纪，救济斯民。今一纪于兹，未闻有济世安民者，徒使尔等战战兢兢，处于朝秦暮楚之地，诚可矜悯。

方今河、洛、关、陕，虽有数雄，乃忘中国祖宗之姓，反就胡虏禽兽之名，以为美称。假元号以济私，恃有众以要君，凭陵跋扈，遥制朝权，此河、洛之徒也。或众少力微，阻兵据险，贿诱名爵，志在养力，以俟衅隙，此关、陕之人也。二者其始皆以捕妖人为名，乃得兵权；及妖人已灭，兵权既得，志骄气盈，无复尊元、庇民之意，互相吞噬，反为生民之巨害，皆非华夏之主也。

予本淮右布衣，因天下大乱，为众所推，率师渡江，居金陵形势之地，得长江天堑之险，今十有三年。西抵巴蜀，东连沧海，南控闽、越，湖、湘、汉、沔，两淮、徐、邳，皆入版图，奄及南方，尽为我有。民稍安，食稍足，兵稍精，控弦执矢，目视我中原之民，久无所主，深用疚心。予恭承天命，罔敢自安，方欲遣兵北逐群虏，拯生民于涂炭，复汉官之威仪。虑民人未知，反为我仇，挈家北走，陷溺尤深，故先谕告。兵至，民人勿避，予号令严肃，无秋毫之犯，归我者永安于中华，背我者自窜于塞外。盖我中国之民，天必命我中国之人以安之，夷狄何得而治哉！予恐中土久污膻腥，生民扰扰，故率群雄奋力廓清，志在逐胡虏，除暴乱，使民皆得其所，雪中国之耻，尔民其体之！

如蒙古、色目，虽非华夏族类，然同生天地之间，有能知礼义、愿为臣民者，与中国之民抚养无异。

这是元璋幕中儒生系统的杰作，代表几千年来儒家的正统思想。这文字指出两点：第一是民族革命，强调夷夏的分别，中国人民应由中国人自己治理。过去不幸被外族侵入，冠履倒置，现在应该“驱逐胡虏，恢复中华”。这比之红军初起时，以复宋为号召的狭隘的恢复家族政权，进而为广泛的恢复民族独立，进步何止千里！以此为号召，自然更能广泛地博得全民的拥护和支持，更能吸引儒生和士大夫的注意。第二是文化系统的恢复，礼义为御世大防，换言之，即人生的行为规范，此规范实我民族所以生存所以发展之生命力量。蒙古入主中国，初时尚能遵守此规范，以纲维天下。中期以后，此规范乃被破坏，渎乱父子、君臣、夫妇、长幼之伦，实属不可容忍。北伐目的在“立纲陈纪”，救济斯民，恢复此世世相承之传统文化、生活习惯。这比之红军之弥勒佛或明王出世空幻的理想世界，进而为更切实具体的文化的生活习惯的正常化，自然更能广泛地博得全民的拥护和支持，更能吸引儒生和士大夫的注意。

指斥元廷则分作两点：第一是破坏传统文化，第二是政治贪污和腐化。

指斥元将，河、洛指扩廓帖木儿，扩廓原为汉人王保保，为乃舅察罕帖木儿养子，元帝赐名。关、陕指李思齐、张思道等。扩廓斥其以夷变夏，反用虏名，跋扈要君。李、张斥其制造内乱，不忠负国。妖人指红军，说妖人已灭，事实上无异表白十三年来在红军系统下作战的这一实力，并非红军，至少也已和红军脱离关系。

末了说明要“拯生民于涂炭，复汉官之威仪”，逐虏雪耻之使命。

最后为了缓和蒙古、色目人的反抗，声明只要他们愿意加入中国文化系统，也就承认他是中国的公民，和中国人一样看待。

前一年讨张士诚的檄文只是消极地踢开红军系统，空洞地指斥元政府。到此方才积极地、具体地提出民族革命的口号，保持传统文化的政纲。这是儒生系统的第二次胜利，也是朱元璋的第二次转变。

这一檄文的影响，使北方的儒生士大夫消释了对红军破坏的恐惧心理，使北方的农民了解这支军队之来，是为了恢复秩序、安定生活。使北方的官吏明白他们并非被消灭的对象。也使蒙古、色目人明白，只要加入中国文化系统，便可得到保护，除了蒙古帝室和贵族，全被这檄文所吸引和感动，或则甘心降附，或则停止抵抗，或则起兵参加，使北伐军得以顺利进军，在很短的时间内，收复沦陷已经四百三十年的燕云旧壤，平定西北，统一全国。

北伐军分为两路：徐达一军由淮入河是主力；另一路以邓愈为征戍将军，由襄阳北略南阳以北州郡，分元兵力。

北伐军的进展分为四个步骤：

第一步从出师到洪武元年（1368）正月平定山东，前后三个多月，沂州、益都、东平、济南、东昌以次平定。

第二步由山东西进：一路由南面克永城、归德、许州，和邓愈军联络，拊汴梁之背；一路由北面出郓城，渡黄河，抵陈桥，汴梁不战降。进败元军于洛水，河南（洛阳）降，河南全境平定。别将冯胜克潼关，李思齐、张思道遁走。这是洪武元年（1368）三、四两个月间的事。

鲁、豫既定，渔关一军堵住张、李的出路。四月元璋亲到汴梁，大会诸将，重新检讨战局和战略。

当北伐军连克齐、鲁、河、洛的时候，元军正忙于内战，政局反复和军权转移，交相影响，纠缠不清。扩廓解除兵权后，退兵泽州，其部将关保乘机归附政府。元廷一面命貊高协同诸将守御山东，以关保一军赴援；一面以李思齐为副总统，守御关中。脱列伯、孔兴等出潼关渡河迎战，诸将互相观望，都不奉命。政府无法，只好做和事佬，划分防区，以潼关为界，以东属扩廓，以西属李思齐，各守分地。又命关保总统诸军，如扩廓拒命，即和貊高、李思齐东西合击。扩廓愤极，引军据太原，尽杀元廷所置官吏，于是顺帝下诏尽削扩廓官爵，令诸军四面围讨。时北伐军已下山东，取汴梁，元将望风降附，无一人抵抗，无一军堵截。小城降，大城也降；汉官、汉将弃城逃走，蒙古、色目也弃城逃走。真是所谓“土崩瓦解”，势如破竹。

北伐军克潼关，李思齐、张思道逃走，貊高、关保也为扩廓所擒杀，顺帝大恐，归罪于太子，罢抚军院，尽复扩廓官爵，令和李思齐分道南征，两人这才着了忙，正准备整军出发，可是事势已非，北伐军已经进军元都，挽救无及了。

第三步攻势，起于这年闰七月，徐达檄会诸将，会兵临清，水陆步骑沿运河直上，连克德州、通州，元兵数败无斗志。顺帝大惧，恐被俘虏，蹈徽、钦二帝的覆辙，二十七日夜三鼓，率后妃太子逃奔上都（开平，今位于今内蒙古自治区锡林郭勒盟正蓝旗境内）。八月一日北伐军入大都（今北京），沦陷四百三十年的名都，到这一天才光复旧物！从宋太祖、太宗、神宗以来所未能实践的整个民族的愿望，算是达到目的了；历史上的耻辱的污点，算是湔雪了；战国、秦、汉以来对北族的国防线——长城，从这一天起，又成为我民族生存自卫的堡垒了。中华民族重新做自己国土的主人，不但得救，而且复兴了！

元都虽下，元军实力依然完整。徐达、常遇春奉命西取晋、陕。从洪武元年（1368）八月起到第二年八月，整整一年，才完成第四步的战果。在这一年内，元军不但抵抗较烈，而且几次大规模反攻，在整个北伐战役中，可说是最艰苦的一段。

当西征军南取保定、真定，连下怀庆、泽、潞时，扩廓遣将以吴来争泽州，西征军大败。扩廓乘北平空虚，亲出雁门关，由保安州经居庸关攻北平。徐达得到消息，也不回救北平，径率大军直捣扩廓的根本太原。扩廓东进到半路，只好回军救援，半夜里被袭击；军溃，扩廓遁走，山西平。

洪武二年（1369）三月西征军入奉元路（西安），李思齐奔凤翔。西征军进抵凤翔，思齐又奔临洮。追到临洮，思齐势穷力迫，举众降。时元将攻通州，北平无重兵，于是分军，以常遇春、李文忠率步骑九万还救，直捣元都开平（上都），元帝北走。遇春暴卒，文忠代领其众，回师会大军并力西征。值元军围攻大同，文忠奋击大败之，生擒脱列伯，杀孔兴。元帝见屡次图谋都告失败，知道不行，从此打消了南向恢复的妄想。徐达一军克兰州、平凉，张思道走宁夏，为扩廓所执。其弟良臣以庆阳降，已而良臣复叛，固守了三个多月，援绝粮尽，城破被杀，陕西平。

李思齐、孔兴、脱列伯、张良臣兄弟，或降或死，元大将中只剩扩廓帖木儿还拥兵宁夏，时时出兵攻扰，边戍不得宁息。刘基对元璋说："不可看轻扩廓，此人真是将才！"洪武三年（1370）又命大将军徐达总大兵走西安，捣定西。扩廓方围兰州，回兵赴救，大败于沈儿峪，扩廓奔和林。五年（1372）又分道出塞取扩廓，到岭北为扩廓大败，士卒死了几万。八年（1375）扩廓死，西北边戍从此才得安睡，元璋和他的将军暗地里都吐了一口气。

察罕死后，扩廓继掌兵权，元璋遣使通好，七次去信，使人都被扣留，也不回信。出塞后，又再三遣人招谕，还是不理。最后派李思齐去，见面时以礼相待，辞回时还派骑士送到交界地方，正要分别，骑士说："奉主帅命令，请留一点东西作纪念！"思齐回答："我是一个使人，远道将命，哪来贵重东西呢？"骑士直说："我要的是你一只手臂！"思齐知道不免，只好砍了一只手臂给他，回来后不久就死了。元璋以此益发心敬扩廓。有一天大会诸将，问以谁是天下奇男子，诸将都说："常遇春将不过万人，横行无敌，真奇男子！"元璋笑说："遇春虽然是人杰，我还可以臣服他；可是我不能臣服王保保，这人真是奇男子！"

北方既定，洪武四年（1371）正月遣兵伐夏，兵分两路：汤和为征西将军，周德兴、廖永忠为副将率舟师由瞿塘攻重庆；傅友德为征虏前将军，顾时为副将军率骑兵由秦、陇攻成都。

明玉珍，随州人，农人出身，以信义为乡党所推重。徐寿辉起兵，玉珍集乡兵结棚自固，被逼加入红军。据蜀称帝后，折节下士，节俭爱民，求雅乐，开进士科，定赋税以十取一，下令去释、老二教，止奉弥勒，不务远略。天下大乱，四川独能休兵息民，百姓安居乐业，可说是当时唯一的乐园。在位五年，死时才三十六岁。子明昇以十岁小孩继位，诸将争权，互相残杀，大权旁落，国势渐衰。

夏国小民弱，听说大兵压境，恃瞿塘天险，以铁索横断关口，凿两岸石壁，引铁索为飞桥，用木板平放，置炮石、木杆、铁铳，两岸也置炮，层层设险，以为舟师绝不能过。汤和水军果然被阻，三个月不能前进一步。

夏人以为敌人进攻路线必由瞿塘，把重兵都分配在东线，北边防务空虚，傅友德军乘机进破阶州（武都）、文州，径趋绵、汉，以克地时日写木牌数千投汉江，顺流而下。夏东线军分兵回援汉州失利。廖永忠得到木牌，也从间道绕过敌后，和正面军前后夹攻，断飞桥，烧铁索，直下夔州，水陆并进，明昇乞降。傅友德进围成都，成都和重庆归附，也降。十月，汤和等悉定川蜀诸郡县，夏亡。

明代的火器

火药从中国传到欧洲、东南亚、日本和世界各地。到15世纪，中国又从安南（今越南）、葡萄牙、日本等国输入各种使用火药的火器。

明代最早的火器是从安南传来的，叫作神机枪、炮。

神机枪、炮用熟铜或生、熟赤铜相间铸造。也有用铁的，最好的是建铁，其次是西铁。大小不等，大的用车发，次和小的用架用桩用托，是当时行军的要器。明成祖非常重视这个新武器，特别组织了一支特种部队，叫神机营，并设监枪太监，是京军三大营之一。

永乐十年（1412）下令从开平到怀来、宣府、万全、兴和等山顶，都安放五个炮架，二十年又增设了山西大同、天城、阳和、朔州等地以御敌。[①]缺点是临时装火药，一发之后，装第二发要花很多时间。虽然威力大，敌人摸透了情况，临阵就趴在地下，到神机枪打出之后，立刻冲锋，火器就无从施展威力了。[②]

古代战争是人和人面对面站着打的，有了远距离的火器以后，就非卧倒、趴在地下不可了。武器的改进也改变了战争的方式方法。同时，在战争中战将和战士的武艺的比重，也逐渐为使用远距离的火器的熟练程度所代替了。

第一个帮助明成祖制造神机枪的是安南人黎澄。[③]

第二个是佛郎机。佛郎机即今葡萄牙。1517年葡萄牙商船到广东

---

①《明史·兵志》。

② 丘濬：《大学衍义补·火攻论》。

③ 沈德符：《野获编》。

通商，白沙巡检何儒买了他们的炮，就叫这种炮作佛郎机。用铜制造，长五六尺，大的重一千多斤，小的重一百五十斤，巨腹长颈，腹部有长孔，藏子铳五个，装火药在腹中，射程达到一百多丈，是水战的利器。

1519年宁王宸濠反，福建莆田乡官林俊得到消息，连夜派人用锡做了佛郎机的模型和火药配方，送给统帅王守仁，送到的时候，王守仁已经把宸濠俘虏了，没有用上。[①]到1529年才正式制造，叫作大将军，发给各边镇用于防守。[②]

倭寇侵扰中国，又从日本传入鸟嘴铳。唐顺之记其形制说：

> 佛郎机、子母炮、快枪、鸟嘴铳都是嘉靖时的新武器，鸟嘴铳最后出，也最厉害。铳以铜、铁为管，用木杆装管。中贮铅弹，所击人马洞穿。其点放之法，用手握铳，点燃药线。管背安雌雄两臬（瞄准器），用眼睛对臬，用臬对准所要射击的目标，对准了才发射，要打敌人的眉毛鼻子，没有一失。快于神机枪，准于快枪，是火器中的最好的东西。[③]

宋应星《天工开物》记鸟铳的制造方法很详细，说鸟雀在三十步内被铳击，羽肉皆碎。五十步外方有完形，百步以外，铳力微弱，便不行了。

到明末，又传入红夷炮，长两丈多，重的到三千斤，能够打穿城墙，声闻数十里。天启元年（1621）兵部建议，招寓居澳门，精于火炮的西洋人罗如望、阳玛诺、龙华民来内地制造铳炮。制成后命名为大将军，并派官祭炮。1630年又派龙华民、毕方济到澳门买炮和招募炮手，西洋人陆若汉、公沙的西劳带领西洋人多名带铳炮应募，参加宁远、涿州等战役。[④]1626年明将袁崇焕守宁远，和清军作战，用红夷炮轰击敌

---

①王守仁：《阳明集要》，《文华集》三，《庚辰书佛郎机遗事》。

②《明史·兵志》。

③《荆川外集》卷二，《条陈蓟镇练兵事宜》。

④《明史·兵志》；黄伯禄：《正教奉褒》，第14、15页。

人，打了一个大胜仗，就是著名的宁锦大捷。传说清太祖努尔哈赤就是被红夷炮打伤致死的。1631年明将孔有德带着红夷炮投降清军，1632年清也开始造炮。

现在陈列在北京故宫午门左右阙门的几尊古老的大炮，就是明、清战争的遗物。

一九五九年三月二十四日

第七章 臧否人物：是非功过自有后人评说

明代民族英雄于谦

有一首《石灰吟》：

千锤万击出深山，烈火焚烧若等闲，
粉骨碎身全不怕，要留清白在人间。

这首诗是明朝民族英雄于谦写的，经过千锤万击，不怕烈火焚烧，不怕粉骨碎身，要留下清白在人间，写的是石灰，同时象征了于谦自己的一生。

于谦（1398—1457），字廷益，浙江钱塘（今杭州）人。小时候很聪明，性格坚强。明成祖永乐十九年（1421）二十四岁时中了进士。明宣宗宣德元年（1426）做了御史（监察官），明宣宗的叔父汉王高煦在山东造反，明宣宗亲自带兵讨伐，高煦投降，明宣宗叫于谦当面指斥高煦罪状，于谦义正词严，说得有声有色，明宣宗很赏识他，认为是个了不起的人才。接着于谦被派巡按江西，发现有几百件冤枉的案件，都给平反了。

宣德五年（1430），明朝政府为了加强中央的权力，特派中央比较能干的官员去治理重要的地方，五月间派况钟、何文渊等九人为苏州等府知府。到九月又特派于谦、周忱等六人为侍郎（中央的副部长），巡抚各重要省区。明宣宗亲自写了于谦的名字给吏部，破格升官为兵部右侍郎（国防部的副部长），巡抚河南、山西两省，宰相也支持这主张。明朝制度，除了南北两直隶（以北京和南京为中心的中央直辖地区）以外，地方设有十三个布政使司，每个布政使司（通称为省）设有布政使管民政赋税，按察使管刑名司法，此外还有都指挥使管军政，号称三司，是地方上三个最高长官，职权不同，彼此都不能互相管辖。布政使是从二品官，按察使是正三品官，都指挥使是正二品官，兵部右侍郎虽只是正三品官，却因为是中央官，又是皇帝特派的，奉有敕书（皇帝的手令）可以便宜行事，是中央派驻地方的最高官员，职权就在三司之上了。

于谦做河南山西巡抚，前后一共十九年（1430—1448），除周忱连任江南巡抚二十一年以外，他是当时巡抚当中任期最长的一个。

于谦极重视调查研究工作，一上任便骑马到处视察，所到地方都延请当地有年纪的人谈话，了解地方情况，政治上的得失利弊，老百姓的负担、痛苦，该办的和不该办的事，一发现问题，立刻提出具体意见，写报告给皇帝。遇有水灾、旱灾也及时上报，进行救济。他对地方的情况很清楚，政治上的措施也很及时，因此，得到人民的歌颂和支持。

明英宗正统六年（1441）他向皇帝报告，为了解决缺粮户的暂时困难，当时河南、山西仓库里存有几百万石粮食，建议在每年三月间，由州县官调查，报告缺粮户数的所需粮食数量，依数支借，到秋收时归还，不取利息。对老病和穷极不能归还的特许免还。还规定所有州县都要存有预备粮，凡是预备得不够数的，即使任期满了也不许离任，作为前一措施的物质保证，这一款由监察官按时查考。皇帝批准了这一建议。这样一来，广大的缺粮户，在青黄不接的时候，就可以免除地主的高利贷剥削了，他为穷困的农民办了好事。

黄河经过河南，常常闹决口，造成水灾。于谦注意水利，在农闲时动用民力，加厚堤身，还按里数设亭，亭设亭长，负责及时督促修缮。在境内交通要道，都要种树、凿井，十几年间，榆树、柳树都长成了，一条条的绿化带，无数的水井，使行道的人都觉得阴凉，沿途都有水喝。

大同是边上要塞，巡按山西的官员很少到那里去，于谦建议专设御史监察。边地许多将领私自役使军人，为他们私垦田地，国家的屯田日益减少，边将私人的垦田却日益增加，影响到国家的收入和边防的力量，于谦下令没收边将的私田为国家屯田，供给边军开支。

于谦做了九年巡抚，政治清明，威信很高，强盗、小偷都四散逃避，老百姓过上了比较安定的生活。由于他政治上的成就，明朝政府升他为兵部左侍郎，支二品俸禄，仍旧做巡抚的官。

在这九年中，于谦的建议到了北京，早上到，晚上就批准，是有其政治背景的。原来这时的皇帝是年轻人，明英宗当皇帝时才十岁，太皇太后和皇太后（皇帝的祖母和母亲）很敬重元老重臣三杨：杨士奇、杨溥、杨荣，这三个老宰相都是从明成祖时就当权的，比较正直，有经验，也有魄力，国家大事都由他们作主张。他们同意于谦做巡抚，对于谦很信任，于谦有了朝廷上三杨的支持，才能在地方办一些好事。到了正统后期，正统五年（1440）杨荣死，七年杨士奇死、太皇太后死，十一年杨溥死，三杨死后，朝廷上不但没有支持于谦的力量，反对于谦的政治力量反而日益增加了，于谦的政治地位动摇了。

反对于谦的政治力量主要来自两方面，一是宦官，二是权贵。

宦官王振是明英宗的亲信，英宗做了皇帝，他也做了内廷的司礼监太监（皇帝私人秘书长）。英宗年轻，什么事都听他的，只是宫里有老祖母管着，朝廷上有三杨当家，王振还不大敢放肆。到了正统五年

（1440）以后，太皇太后死了，杨荣也死了，杨士奇因为儿子犯法判死罪不管事，杨溥老病，新的宰相名位都较轻，王振便当起家来了，谁也管不住了，英宗叫他作先生，公侯勋贵叫他作翁父，专权纳贿，无恶不作。他恨于谦不肯逢迎，正统六年（1441）三月，趁于谦入朝的时候，借一个题目，把于谦关在牢里，判处死刑。关了三个月，找不出于谦的罪状，只好放了，降官为大理寺少卿。

另一种反对于谦的力量是权贵。照例地方官入朝，是要送礼以致纳贿赂给朝廷权贵的。于谦是清官，在山西、河南十九年，父母和儿子住在杭州，老婆留在北京，单身过着极清苦的生活。每次入朝，不但不送礼、纳贿，连普通的人事也不送，空手去，空手回，他有一首著名的诗，为河南人民所传诵的：

> 手帕蘑菇与线香，本资民用反为殃，
> 清风两袖朝天去，免得闾阎话短长。

他这样做，老百姓虽然很喜欢，朝廷权贵却恨死他了。

虽然如此，山西、河南的官吏和百姓却非常想念于谦，到北京请愿要求于谦回去的有一千来起。河南的周王和山西的晋王（皇帝的家族）也说于谦确是好官，朝廷迫于民意，只好让于谦再回去做巡抚。

这时，山东、陕西闹灾荒，流民逃到河南的有二十几万人，于谦请准朝廷，发放河南、怀庆两府的存粮救济，又安排田地和耕牛、种子，让流民安居乐业。

这十九年中，于谦的父母先后死了，照当时礼法，应该辞官在家守孝三年，父母两丧合计六年。朝廷特别命令他“起复”，不要守孝，回家办了丧事便复职。

正统十三年（1448）于谦被召入京，回到兵部左侍郎任上。

第二年发生“土木之变”。

瓦剌是蒙古部族之一，可汗脱脱不花、太师也先、知院阿剌各拥重兵，以也先为最强，各自和明朝通好往来，也经常和明朝发生军事冲突。照规定，每次来的使臣不超过五十人，明朝政府按照人数给予各种物资，也先为了多得物资，逐年增加使臣到两千多人，明朝政府要他减少人数，也先不肯。瓦剌的使臣往来，有时还沿途杀掠。到正统末年，也先西破哈密，东破兀良哈，威胁朝鲜，军事力量日益强大。明朝使臣到瓦剌的，也先提出各种无理要求，使臣怕事，一一答应，回来后又不敢报告，也先看到使臣所答应的事都没有下落，认为明朝背信，极不高兴。正统十四年（1449）也先派使臣三千人到北京，还虚报名额，交换的马匹也大多驽劣，礼部（管对外工作和朝廷礼仪的部）按实有人数计算，对提出要求的物资也只给予五分之一，还减了马价，也先大怒，决定发兵入侵。

正统十四年（1449）七月，瓦剌大举入侵，脱脱不花攻辽东，阿刺知院攻宣府（今河北宣化区），也先亲自领军围大同，参将吴浩战死，羽书警报，不断送到北京。

军事情况紧急，王振决策，由明英宗亲自率领军队阻击，朝廷大臣以吏部尚书王直和兵部尚书邝埜、兵部左侍郎于谦为首坚决反对，王振不听，命令英宗的弟弟郕王留守，带领朝廷主要官员和五十万大军向大同出发。邝埜随军到前方，于谦留在北京管理部事。

王振的出兵是完全没有计划的。他根本不会打仗，却指挥着五十万大军。大同守将西宁侯宋瑛、武进伯朱冕、都督石亨等和也先战于阳和（今山西阳高），为王振的亲信监军太监郭敬所制，胡乱指挥，全军覆没，宋瑛、朱冕战死，石亨、郭敬逃归。明英宗的大军到了大同，连日风雨，军中夜惊，人心悔惧，王振还要向北进军，郭敬背地里告诉他敌军情况，才决定退兵。路上又碰着大雨，王振原来打算取道紫荆关经过他的家乡蔚州（今河北蔚县），请明英宗到他家做客的，走了一程，又怕大军过境，会糟蹋他家的庄稼，又下令取道宣府，这样一折腾，闹得军士晕头转向。到宣府时，也先大军追上袭击，恭顺侯吴克忠拒战败死。成国公朱勇、永顺伯薛绶带四万人迎战，到鹞儿岭，敌军设下埋伏，又全军覆没。好容易走到土木堡（今北京市官厅水库附近），诸将商量进入怀来县城据守，王振要保护行李辎重，便下令就地宿营。这地方地形高，没有荫蔽，无险可守，掘地两丈还不见水，也先大军追到，把水源都占据了，军士又饥又渴，挤成一堆。第二天，也先看到明军不动，便假装撤退，王振不知是计，立刻下令移营，阵脚一动，瓦剌骑兵便四面冲锋，明军仓皇逃命，阵势大乱，敌军冲入，明军崩溃，死伤达几十万人，明朝政府的高级官员五十多人都被敌军所杀，王振也死在乱军中。明英宗被敌军俘虏。这次不光彩的战役就叫“土木之变”。

土木败报传到北京，北京震动。这时明军的精锐都已在土木覆没了，北京空虚，形势极为危急。翰林院侍讲（为皇帝讲书的官）徐珵是苏州人，在土木之变前，看到局面不好，就打发妻子老小回苏州去了。败报传到后，郕王召集文武百官商量对策，徐珵大声说，从天文看，从历数看，天命已去了。只有南迁，才能免祸。这个主意是亡国的主意，当时要照他的意见办，明朝政府从北京撤退到南方，瓦剌进占北京，黄河以北便会全部沦陷，造成历史上南北朝和金宋对立的局面。于谦坚决反对说，北京是全国根本，一动便大势去了，宋朝南渡的覆辙，岂可重蹈。并且说主张南迁的人应该杀头。大臣胡濙、陈循和太监金英都赞成于谦的主张，郕王也下了坚守的决心，徐珵不敢再说话了，从此恨死了于谦。

明朝政府虽然决定坚守，但是北京剩下的老弱残兵不满十万人，上上下下都胆战心惊，怕守不住。于谦建议征调各地军队到京守卫，分别部署前方要塞军事，人心才稍稍安定。郕王十分信赖于谦，升他为兵部尚书（国防部部长），领导北京的保卫战。

王振是土木败军的祸首，群臣提出要追究责任，王振的党羽马顺还倚仗王振的威风，当面叱责提出这主张的人，引起了公愤，给事中（官名，管稽察六部和各机关的工作）王竑抓住马顺便打，群臣也跟着打，把马顺打成肉泥，朝班大乱，连守卫的卫士也呼噪起来了。郕王吓得发抖，站起来要走，于谦赶紧上前拉住，并教郕王宣布马顺有罪应该处死，这才扭转了乱纷纷的局面。退朝时，于谦穿的衣裳，袖子和下襟都裂开了。吏部尚书（管选用罢免官员的部长）王直看到他，拉住手叹口气说，国家只靠着你！像今天的事，一百个王直也办不了。从此，郕王和朝廷大臣，京城百姓都倚靠于谦，认为他有担当，可以支撑危局。于谦也毅然决然把国家的事情担当起来。

英宗被俘，他的儿子还是小孩子，当时形势，没有皇帝是不行的。大臣们商量立郕王为皇帝，郕王再三推辞。于谦说，我们是为国家着想，不是为了任何个人。郕王才答应。九月，郕王即位为皇帝，是为明景帝。

于谦建议景帝，瓦剌得胜，一定要长驱南下。一要命令守边诸将协力防守；二要分道招募民兵；三要制造兵器盔甲；四要派遣诸将分守九门，结营城外；五要迁城关居民入城，免遭敌军杀掠；六要派军队自运通州存有的大量粮食作为军饷，不要被敌人利用。又保荐一些有能力的文官出任巡抚，军官用为将帅。景帝一一依从，并命令于谦提督各营军马，统率全军。

也先带着明英宗，率军南下，每到一个城池，便说皇帝来了，要守将开门迎接，守将遵从于谦的指示，说我们已经有了皇帝了，拒不接受。也先利用明英宗要挟明朝政府不成功，很丧气。明朝北部各个城池虽然因此保住了，明英宗却也因此对于谦怀恨在心。

瓦剌大军突破紫荆关，直入包围北京。都督石亨主张收兵入城，坚壁拒守。于谦反对，认为怎么可以向敌人示弱、使敌人越发轻视呢。下令诸将统兵二十二万分别在九门外拒守，亲自率领石亨和副总兵范广、武兴列阵德胜门外，和也先决战。通告全军，将不顾军，先退者斩其将，军不顾将，先退者后队斩前队。将士知道只有决战才有生路，都奋勇争先。由于于谦保卫北京的主张是和北京人民的利益一致的，获得了广大人民的支持。也先原来认为北京不战可下，一见明军严阵以待，便泄气了，派人提出要大臣出迎明英宗，要索金帛，和于谦等大臣出来商议等条款，都被拒绝，越发气沮。进攻德胜门，明军火器齐发，也先弟中炮死。转攻西直门，又被击退。进攻彰义门，当地的老百姓配合守军，爬上房顶呐喊，投掷砖石，又被击退。相持了五天，敌军始终没有占到便宜，听说各路援军就要到达，怕归路被截断，只好解围退兵，北京的保卫战就此胜利结束。景帝以于谦功大，加官为少保（从一品），总督军务。

景泰元年（1450）大同守将报告也先派人来讲和，于谦严令申斥守将，从此边将都坚决主战，没有一个人敢倡议讲和的。

也先看到明朝有了新皇帝，不承认明英宗，便在蒙古重立英宗为皇帝，来和明朝对抗，结果明朝政府置之不理，这个法宝也不灵了。俘虏到皇帝，不但没有用处，还得供养，成了累赘，便另出花招，派使臣声明愿意送还皇帝，制造明朝统治阶级的内部矛盾。明朝大臣都主张派使迎接，景帝很不高兴，说我本来不愿做皇帝，是你们要我当的。于谦说，皇位已定，不可再变。也先既然提出送回皇帝，理当迎接，万一有诈，道理在我们这面。景帝一听说皇位不再更动，忙说依你依你。派大臣接回英宗，一到北京，就把这个皇帝关在南宫里。

从景泰元年到景泰七年（1450—1456），于谦在兵部尚书任上，所提的意见，明景帝没有不同意的。朝廷用人，也一定先征求于谦意见，于谦不避嫌怨，有意见便说，由此，有些做不了大官的人，都恨于谦，有些大官作用比不上于谦的，也恨于谦，特别是徐珵，他一心想做大官，拜托于谦的门客，想做国子祭酒（大学校长），于谦对景帝说了，景帝说，这人倡议逃亡，心术不正，怎能当这官，败坏学生风气。徐珵不知于谦已经推荐，反而以为是于谦阻挠，仇恨越发深了。改名有贞，等候机会报复。大将石亨原先因为打了败仗削职，于谦保荐领军抗敌立了功，封侯世袭。他嫌于谦约束过严，很不乐意。保卫北京之战，于谦是主帅，功劳最大，结果石亨倒封了侯爵，心里过意不去，写信给景帝，保荐于谦的儿子做官。于谦说国家多事，做臣子的照道理讲不该顾私恩。石亨是大将，没有举荐一个好人，一个行伍有功的，却单单举荐我的儿子，这讲得过去吗？而且我对军功，主张防止侥幸，绝不敢以儿子冒功。石亨巴结不上，反而碰了一鼻子灰，越发生气。都督张軏打仗失败，为于谦所劾。太监曹吉祥是王振门下，也深憾于谦。这批人共同对于谦不满，便暗地里通声气，要搞倒于谦，出一口气，做升官的打算。

于谦性格刚直，处在那样一个时代，遇事都有人出来反对，只靠景帝的信任，做了一些事。他在碰到不如意事情的时候，便拍胸叹气说：这一腔热血，竟洒何地？他又看不起那些庸庸碌碌的大臣和勋臣贵戚，语气间时常流露出来，恨他的人便越发多了。他坚决拒绝讲和，虽然明英宗是因为明朝拒和，也先无法利用才被送回来的，心里却不免有些不痛快。这样，在明景帝统治的七年间，在表面上，于谦虽然权力很大，在另一面，却上上下下都有人对他怀恨，只是不敢公开活动而已。

于谦才力过人，当军务紧急，顷刻变化的时候，他指挥若定，眼睛看着报告，手头屈指计算，口授机宜，合于实际，底下的工作人员看着，不由得衷心佩服。号令严明，不管是勋臣宿将，一有错误，便报告皇帝行文申责，几千里外的守将，一得到于谦指示，无不奉行。思虑周密开阔，当时人没有能比得上的。忧国忘身，虽然立了大功，保住了北京城，接还了皇帝，却很谦虚，口不言功。生性朴素俭约，住的地方才蔽风雨，景帝给他一所西华门内的房子，几次辞谢不许才搬过去。“土木之变”后，索性住在办公室里不回家。晚年害了痰病，景帝派人去看，发现他生活过于俭约，特别叫宫内替他送去菜肴。有人说皇帝宠待于谦太过了，太监兴安说，这人日日夜夜为国家操心，不问家庭生活。他要去了，朝廷哪儿能找得这样的人！死后抄家，除了皇帝给的东西以外，更没有别的家财。

景泰八年（1457）正月，明景帝害了重病，不能起床。派石亨代他举行祭天仪式。石亨认为景帝活不长久了，便和徐有贞、曹吉祥、张軏等阴谋打开南宫，迎明英宗复位，史称“夺门之变”。明英宗第三次做了皇帝，办的第一件事就是把于谦和大学士（宰相）王文关在牢里。石亨等诬告于谦、王文谋立外藩（明朝皇帝的本家，封在外地的），法司判处谋逆，应处死刑。审案时，王文据理申辩，于谦笑着说，这是石亨等人的主意，申辩有什么用。判决书送到明英宗那里，英宗还觉得有些过意不去，说于谦实在有功。徐有贞说，不然，不杀于谦，夺门这一着就说不出名堂来了。于谦、王文同时被杀，明景帝也被绞死，这一年于谦六十岁，明景帝才三十岁。

于谦死后，家属被充军到边地。大将范广、贵州巡抚蒋琳也因为是于谦所提拔的牵连被杀。还刻板通告全国，说明于谦的罪状，这个板子一直到成化三年（1467）才因有人提出意见毁掉。

曹吉祥是于谦的死对头，可是他的部下指挥朵儿却深感于谦的忠义，到刑场祭奠痛哭，曹吉祥大为生气，把他打了一顿。第二天，朵儿又去刑场祭奠了。都督同知陈逵冒着危险，收拾于谦的尸首殡葬，过了一年，才归葬杭州。

广大人民深深悼念于谦，当时不敢指名，作了一个歌谣：

鹭鸶冰上走，何处觅鱼嗛？

鱼嗛是于谦的谐音，这个民族英雄的形象是永远留存在人民的记忆中的。明末抗清民族英雄张煌言有一首诗：

国亡家破欲何之？西子湖头有我师，
日月双悬于氏庙，乾坤半壁岳家祠。

于谦的事迹直接教育了这个有骨气的好汉，宁死勿屈，保持了民族的正气。

石亨的党羽陈汝言代于谦做兵部尚书，不到一年就撤职抄家，有很多金银财宝，明英宗叫大臣们参观，并说，于谦在景泰朝极被亲信，死后没有一点家业，陈汝言怎么会有这么多！石亨听了，说不出一句话。过些日子，边方传来警报，英宗很发愁，恭顺侯吴瑾在旁边说，要是于谦在的话，不会有这情况。英宗听了也说不出一句话。

于谦的政敌都先后失败，徐有贞充军云南，石亨下狱死，曹吉祥造反灭族。

明宪宗成化元年（1465），于谦的儿子于冕遇赦回家，写信给皇帝申冤，明宪宗恢复了于谦的官位，派人祭奠，祭文中说：“当国家之多难，保社稷以无虞，唯公道之独持，为权奸所并嫉，在先帝已知其枉，而朕心实怜其忠。”这几句话，传诵一时。于谦的名誉恢复了。明孝宗弘治二年（1489）谥于谦为肃愍，并建立祠堂，号为旌功。明神宗万历时又改谥忠肃。杭州、开封、山西和北京的人民都建立了他的祠堂，广大人民永远纪念这个保卫北京城的民族英雄，永垂不朽！

于谦的著作流传到今天的有《于肃愍公集》八卷，《少保于公奏议》十卷。演绎他的故事的小说有孙高亮所著的《于少保萃忠全传》十卷。

海瑞的故事

一

海瑞的时代，是明封建王朝从全盛走向衰落的时代。他生在正德九年，死于万历十五年（1514—1587），一生经历了正德、嘉靖、隆庆、万历四个皇帝。这几十年中，社会情况发生了很大变化，土地更加集中了。皇帝侵夺百姓的土地，建立无数皇庄，各地亲王和勋戚、贵族、大官僚都有庄田，亲王的庄田从几千顷到几万顷。嘉靖时的宰相严嵩和徐阶都是当时最大的地主。万历时期有一个地主的田地多到七万顷。农民的土地被地主所侵夺，沦为佃农、庄客，过着牛马般的生活。庄园的庄头作威作福，欺侮百姓。贵族和官僚的家里养着无数的奴仆，有的是用钱买的，有的是农民不堪赋役负担，投靠来的。他们终年为主人服役，除家庭劳役外，有的学习歌舞、演戏；有的纺纱织布，四外贩卖；有的替主人经营商业，开设店铺，没有工资，也没有自由，世代子孙都陷于同一命运。国家所控制的人口减少了，因为一方面农民大量逃亡，流散四方；另一方面一部分人口沦落为奴仆，户口册上的人口数字日渐减少。同时土地的数字也减少了，这是因为农民流亡，田地抛荒；庄田数目越来越大，庄田主的贵族和官僚想法不缴或少缴钱粮，这样，向国家缴纳地租的土地就越来越少。更严重的是中小地主和上中农为了逃避赋役，隐蔽在大地主户下，大地主的土地越多，势力越大，把应出的赋役分摊在农民的头上，农民的负担便越重，阶级矛盾便越尖锐。

这个时期，是阶级矛盾日益尖锐的时期。

贪污成为政治风气，正德时刘瑾和他的党羽焦芳等人，公开索取贿赂；嘉靖时的严嵩父子、赵文华、鄢懋卿等人，从上到下，都要弄钱，不择手段。以知县来说，附加在田赋上的各项常例[①]就超过应得的薪俸多少倍；上京朝见，来回路费和送京官的贿赂都要农民负担。徐阶是当时有名的宰相，是严嵩的对头，但是，他家就是松江最大的富豪、最大的地主，也是最大的恶霸。

京官、外官忙于贪污，水利没有人关心了，许多河流淤塞了。学校没有人关心了，府县学的生员名为学生，到考试时才到学校应付。许多农民产业被夺，田地没有了，却得照旧纳税，打官司的人越来越多了。

这个时期是政治最为腐败，贪污成为风气的时期。

也正是这个时期，倭寇（日本海盗）猖獗，沿海一带，经常受到倭寇的威胁。浙江、福建两省被倭寇侵略最严重。明朝政府集中了大量兵力，把这两省合成一个防御性的军事体系，设总督[②]管辖军事。军队增加了，军饷相应增加，这些负担也自然落在农民身上。

大地主的兼并，官吏的贪污，倭寇的侵略，使农民生活日益困苦。表面上熙熙攘攘，一片繁荣景象，骨子里却蕴藏着被压抑的千千万万农民的愤怒，一触即发。

海瑞的时代就是这样一个时代。

二

海瑞任浙江淳安知县的时候，总督是严嵩的亲信胡宗宪。

淳安是山区，土地贫瘠，老百姓都很穷，山上只产茶、竹、杉、柏，山下的好田地都被大族占了，老百姓穷得吃不上饭。这个县又处在新安江下游，是水陆交通的枢纽，朝廷使臣，来往官僚过客，都要地方

---

① 常例是一种附加税，津贴知县用费，变相的但又是合法的贪污行为。

② 总督是地方的最高长官，辖一省或两省、三省，总揽军民要政。

接待。例如，经过一个普通官，就要用银二三十两；经过巡盐御史、巡按御史等监察官员[①]，要用银一二百两，巡抚[②]出巡，则要用银三四百两。这都要百姓赔垫。他们坐船要支应船夫，走陆路要支应马匹夫役。地方穷，负担重。

有一次，胡宗宪的儿子经过淳安，仗着是总督公子，作威作福，嫌驿站（传递文书的站）的马匹不称心，供应不周到，大发脾气，喝令跟人把驿吏捆了，倒挂在树上。驿站的人慌了，跑到县衙要办法，海瑞说："不慌，我自有主张。"他带人走到驿站，一大堆人在围着看热闹。鲜衣华服的胡公子还在指手画脚，一看海瑞来，正要分说。海瑞不理会，径自进驿站去，一看胡公子带的大箱子小箱子几十个，都贴着总督衙门封条，就有了主意。立刻变了脸色，叫人把箱子打开，都沉甸甸的，原来装着好几千两银子呢。海瑞对着众人说："这棍徒真可恶，竟敢假冒总督家里人，败坏总督官声！上次总督出来巡查时，再三布告，叫地方上不要铺张，不要浪费。你们看这棍徒带着这么多行李，这么多银子，怎么会是胡总督的儿子，一定是假冒的，要严办！"把几千两银子都充了公，交给国库，写一封信把情由说了，连人带行李一并送交胡宗宪。胡宗宪看了，气得说不出话，怕海瑞真个把事情闹大，自己理屈，只好算了，竟自不敢声张。

海知县拿办总督公子的新闻轰动了淳安，传遍了东南，老百姓人人称快，贵族官僚子弟个个头痛，骂他不识时务。

更使人高兴称快的是另一件事：海瑞挡了都御史的驾，拒绝他入境。这在当时说来，是件了不得的骇人听闻的大事。

鄢懋卿是当时宰相大奸臣严嵩父子的亲信，嘉靖三十五年（1556）

---

① 都察院是朝廷负责纠察弹劾的衙门，都御史、左右副都御史是都察院的正副长官。其下有佥都御史。这些都是都察院的高级监察官员。另外，对地方各道派有监察御史，按其工作性质分巡按御史（管司法）、巡盐御史（管盐政）、提学御史（管教育）等。巡按御史出巡时亦称按院。

② 巡抚是比总督低一级的地方高级官员，管一省的军事和政治。也称抚台、都堂。

以左副都御史的身份，出京来总理两浙（浙东、浙西）、两淮（淮南、淮北）、长芦、河东盐政。

都察院左副都御史是朝廷最高级的监察官员之一，出巡地方时是钦差[①]，掌握着进退升降官吏的建议权。总理盐政是名目，实质上是皇帝要钱用，叫他从产盐、卖盐上打点主意，多搞些钱。

鄢懋卿以监察官、钦差大臣的身份，加上有严家父子做靠山，一到地方，威风得很，利用职权，收受贿赂，给钱的是好官，给多的便答应升官，给少的便找题目磨难，非吃饱了不走。总之，不管官大官小，什么地方，什么官，非给他钱不可，非给够了不走。不这样做，除非不打算做官才行。

不只送贿赂，还要大大地铺张供应、迎送。地方长官巡抚、按察使、知府[②]、知县，大大小小都得跪着接送。吃饭要供应山珍海味，住处要张灯结彩。在扬州，地方请吃饭，一顿饭就花了一千多两银子。他还带着老婆一起，老婆坐五彩搭的轿子，用十二个女子抬。连厕所都用锦缎做垫，便壶都用银子做。

一天，轮到要巡查严州（今浙江建德）了，要路过淳安。全县人都焦急，不知怎么办才好。

钦差、监察官、地方长官到地方巡查，照例都要发一套条约或告示，说明来意和地方应注意事项，并且大体上也都按着老规矩，照前任的抄一遍。告示内少不得要说些力戒铺张、务从节俭等冠冕堂皇的话。海瑞研究了好久，一想对了，即以其人之话还治其人之身。便对差官说，淳安地方小，百姓穷，容不下都老爷的大驾，请从别处走吧，省得百姓为难。他亲自写一封信给鄢懋卿，信上说：

---

① 钦差是由皇帝特派出京，代表皇帝查办政务的官员。

② 明朝的时候，办理一省刑政和检查官员纪律的机关叫提刑按察使司，简称按察司，长官叫作按察使。明时一省分几个府，一府管几个州、县，府的长官叫知府。

细读您的布告，知道您一向喜欢简朴，不喜欢逢迎。您说：“凡饮食供应，都应俭朴，不要过分奢侈，浪费人民钱财。”您又说：“现在民穷财尽，宽一分，人民就得一分好处，一定要体谅。”您的种种恳切的教导，说得很多。我相信您的话是为国为民，是从心里说出来的，绝非空话。

但是，您奉命南下以后，沿途情况，浙江派的前路探听的人都说，各处都办酒席，每席要花三四百两银子，平常伙食都是山禽野味，不易弄到的东西。供应极为华丽，连便壶都用银子做。这种排场，是和您颁行的布告大大相反的。

都察院长官出来检查盐政，是少有的事。因为少有，所以百姓有疾苦的要求告状，有贪酷行为的官要改正，百姓也会得到少有的好处。现在情况是州县怕接待不周到，得罪都察院长官，极力买办。百姓为出钱伤脑筋，怨声不绝。百姓没有得到少有的好处，反而苦于少有的破费。这可能是地方官属奉承您，以为您喜欢巴结、不喜欢说实话，揣摩错了您的真正用心吧。

盐法毛病，我晓得一些，没有全盘研究，不敢乱说。只是这一件事，是我耳闻目见的。您如来了，东西准备了，纵使您一概不受，但是东西既然买了，必然要用许多钱，百姓怨恨，谁当得起？地方官属以今时俗例来猜测您，我又很怕您将来会因为地方官属瞎张罗，不利于执守礼法，而后悔不及。这个害比盐法不通还要大，所以敢把这些意见一一告诉您。

义正词严，话又说得很委婉。鄢懋卿看了，气得发抖，想寻事革掉他的官，但他是清官，名声好，革不得。就此过去，又气不过。只好放在心中，把这封信藏起来，批“照布告办”，严州也不去了。

严州知府正忙着准备迎接，听说都老爷忽然不来了，正在纳闷，怕出了什么岔子。后来才知道是海知县写了信，惹了祸。怕连累自己，大怒，海瑞一进来，就拍桌子大骂：“你多大的官儿，敢这样！”骂不停口。海瑞不说一句话，等骂完了，气稍平了，作了一个揖就走，以后也不再说什么。等到鄢懋卿巡查完了，走了，严州府上下官员一个也没出事，知府这才放了心，过意不去，见海瑞时连说："好了淳安百姓，难为了你，难为了你！"

鄢懋卿恨极海瑞，要报复，叫他管下的巡盐御史袁淳想主意。袁淳也是恨海瑞的，他巡查地方时，海瑞照规矩迎送，迎得不远，送得也不远，供应不丰富，有什么需索，也是讨价还价。这回正好一举两得，也报了自己的私仇。这时海瑞已得朝命升任嘉兴通判（知府的副职），便找一个公文上的手续不对，向朝廷告发，把海瑞降职为江西兴国知县。

三

海瑞从江西调到北京，后来又调到南京做了几年官，在隆庆三年（1569）六月才被派为江南巡抚，巡抚衙门设在苏州。第二年四月被革职回家，只做了半年多巡抚。

他最恨贪污，一上任，便发出布告，严禁贪污，打击豪强。他敢说敢做，连总督、都御史都不怕，谁还敢不怕他。属下的地方官员有贪污行为的听说他来了，吓得心惊胆战，罪恶较大的赶忙自动辞官。有的大族用朱红漆大门，一听海都堂要来，怕朱红大门太显耀，连夜把大门改漆成黑色。管织造的太监，常时坐八人轿子，这时吓得减去一半。大地主们知道海瑞一向主张限田，要贯彻均平赋税的主张，实行一条鞭法[①]，也都心怀鬼胎，提心吊胆，时刻不安。

他在做江南巡抚的几个月中，主要做了两件大事。一件是"除弊"，另一件是"兴利"。

除弊，主要的是打击豪强，打击大地主，要他们把非法侵占农民的田地退出一部分还给农民。

---

① 一条鞭法是明朝万历年间，把丁役、土贡等都归并在田赋内，按亩征收的一种收税办法。

擒贼要先擒王，江南最大地主之一是宰相徐阶，这时正罢官在家。海瑞要他家退田，徐阶只好退出一部分。海瑞不满意，写信给徐阶，要他退出大半，信上说：

> 看到您的退田册，更加钦佩，您是这样使人意想不到的大贤大德。但是已退的田数还不很多，请您再加清理，多做实际行动。从前有人改变父亲的做法，把七个屋子储藏的钱，一会儿便都散光了。您以父亲的身份来改正儿子的做法，有什么做不到的呢？

把非法侵占民田的责任算在他儿子账上，给他留点面子。

这样做，朝廷大官和地方乡官都怕了，人人自危，怨声四起。海瑞在给李石麓阁老信中说：

> 存翁（徐阶）近来受了许多小人的累，很吃了点苦头。他家产业之多，真叫人惊奇，吃苦头是他自取的。要不退出大半，老百姓是不会甘心的。有钱人尽干坏事，如今吃了苦头，倒是一条经验。我要他退出大半田产，也正是为他设想，请不要认为奇怪。

官僚舆论说他矫枉过直，搞得太过火了，他说并不过火。在给谭次川侍郎信上说：

> 矫枉过直，是从古到今一样的道理，不严厉的改革，便不能纠正过错。我所改革的都不是过直的事，一定会办好，请放心。

又说：

> 江南粮差之重，天下少有，古今也少有。我所到过的地方，才知道所谓富饶全是虚名，而苦难倒很严重，这中间可为百姓痛苦，

可为百姓叹息的事，一句话是说不完的。

他不但要坚持下去，还要进一步解除百姓的痛苦，可惜几个月后，他便被革职丢官了。

徐家的田退出，徐阶的弟弟徐陟，做过侍郎，为非作歹，残害百姓，海瑞把他逮捕了依法制裁。地方官奉行政令，不敢延误，大地主们走不动的只好依法退田，有的便逃到别的地方避风头。穷人田地被夺的都到巡抚衙门告状申诉，海瑞一一依法判处。老百姓欣喜相告，从今以后有活路了。地主官僚却非常恨海瑞，暗中组织力量，制造舆论，要把他赶走。

退田只是帮助穷民办法的一种，另一种有效的办法是清丈，把土地的面积弄清楚了，从而按每块土地等级规定租税。以此，海瑞做知县，做巡抚，都以清丈为第一要事，在这基础上，贯彻一条鞭的法令，在一条鞭规定所应征收的以外，一毫不许多取。这对当时农民来说，是减轻徭役，明确负担，提高生活，发展生产的有效措施，是对人民的德政。

兴利是兴水利。江苏的吴淞江泄太湖之水，原来沿江的田亩，都靠这条江水灌溉。年代久了，没有修治，江岸被潮水冲蚀，通道填淤，一有暴雨，便成水灾，淹没田亩，水利成为水害。海瑞在亲自巡行调查之后，决定修治，正月兴工，同月又修治常熟县的白茆河、杨家滨等河，结合赈济饥民，用工代赈；他亲自坐小船往来江上，监视工程的进行，不久就都完工了，人民大得好处。原来老百姓是不敢指望开河的，一来想这样的政府不会做这样的好事，二来想要做也无非要老百姓出钱。因此流传的民谣中有两句话说："要开吴淞江，除是海龙王"。意思是永世也开不了。现在人民的愿望实现了，河修好了，没有花老百姓一个钱。

在朝官僚、在野的乡官大族都恨海瑞。过往官僚因为海瑞裁节交通机构过多的费用，按制度办事，奉朝命该供应马匹和交通工具的只按制度供应，节约民力和费用；凭人情但是不合制度的一概不供应，不管你是什么来头，这样一来，这些人受了委屈，也恨海瑞。他们先后向皇帝告状，说他偏，说他做得太过火，说他包庇坏人，打击乡绅，只图自己有个好名声，破坏国家政策。海瑞成为大官僚、大地主的公敌，被夺去巡抚职权，改督南京粮储，专管粮饷。这时，高拱做宰相，海瑞骂过他，他也是恨海瑞的，又把管粮的职务归并到南京户部①，这样，海瑞的职权全被剥夺，只好告病回家了。

在排挤、污辱、攻击海瑞，保卫自己的利益的这群朝官中，吏科给事中②戴凤翔是个代表人物。他向皇帝告状，说江南在海瑞的治理下，百姓成为老虎，乡官是肉，海瑞叫百姓拿乡官当肉吃，把乡官弄苦了。海瑞很生气，立刻回击，也上疏③给皇帝说：

> 华亭县（今上海市松江区）乡官田宅特别多，奴仆特别多，老百姓十分怨恨。这种情况，恐怕在全国各地都找不出。……老百姓告乡官霸占田产的有几万人。……二十年以来，地方府县官都偏听乡官、举人、监生④的话，替他们撑腰，弄得老百姓的田产一天天少下去，乡官却一天天富起来。……凤翔说百姓是老虎，乡官是肉。他却不知道乡官已经做了二十多年老虎，老百姓做了二十多年的肉。今天乡官的肉，本是老百姓原有的肉；原先被抢走，如今还出来，本来也不是乡官的肉啊！何况过去乡官抢占老百姓十分，如今只还一分，还得并不多，却就大叫大闹了。我看凤翔在家乡，也是这样的乡官。

---

① 明朝自永乐皇帝迁都北京后，仍在南京保留中央政府的组织，和北京同时设有吏、户、礼、兵、刑、工六部，分管各有关的政务。各部的长官叫作尚书，副长官叫作侍郎，户部是管财政经济的。

② 管检查吏部工作的官员。

③ 封建时代臣下向皇帝陈述事情的报告叫“疏”。

④ 科举取士制度，规定每隔三年开一次乡试，应乡试的是有秀才或监生资格的人，乡试取中的就称为举人。监生，即是对有入国子监读书资格的人的简称。

话说得非常锋利，有力量，既说明了情况，也指出了问题。乡官二十多年来做老虎吃老百姓，你们不说话。如今只要乡官还给老百姓原来属于他们自己的一点田地，而且只还了十分之一，你们就说老百姓是老虎吃乡官了。就说是肉吧，也是老百姓原有之肉，先前你们硬夺老百姓的肉，如今就该还，这有什么值得大惊小怪的。末了，一针见血地指出，戴凤翔替乡官诉苦，这些是乡官的话，也是戴凤翔自己的话，戴凤翔要是不在朝，住在家里，也一定是只专吃老百姓的老虎。

海瑞不断遭到乡官在朝代言人的攻击，很愤慨。他给人的信中说："一切计划，只有修治吴淞江的水患，因进行得快而成功了，其他都是将近成功就中止，怎么办，怎么办！这等世界，做得成什么事业！"给皇帝告养病的疏中说，在他巡抚任上所行兴利除害的一些办法，都是采访人民意见、研究过去制度而规定的，要求不要轻易改变。并说宰相光听一些不负责任的话，多议论，少成功，靠不住；满朝大官都是"妇人"，皇上不要听信他们。用"妇人"骂人，是封建时代的错误看法。用"妇人"骂人，而且把满朝大官一概骂尽，也是很不策略的。但是由此可见他的愤慨程度，也说明了海瑞这次罢官以后，在朝掌权的人一连十几年都没有理会他，连万历初年名相张居正也不肯起用他的原因。

是的，像海瑞这种爱护人民、一切为老百姓着想、不怕封建官僚势力、不要钱、不怕死的清官，在靠剥削人民存在的封建社会里，又怎么能站得住脚，做得成什么事业呢！

戚继光练兵

众所周知，戚继光（1528—1587）是16世纪后期抗倭的名将。但是他后来在北边十六年，训练边兵，保障国境安宁这一段史事，却为他自己以前抗倭的功绩所掩盖了，不大为人所知。

隆庆二年（1568），戚继光以都督同知被任命为总理蓟州、昌平、保定三镇练兵事，负责北边边防。

在抗倭战争时代，卫所官军腐朽了，不能打仗了。戚继光招募浙江金华义乌一带农民，教以击刺法，长短兵迭用；又以南方多水田薮泽，不利于驰逐，就根据地形，制定阵法；讲求武器精利，练成一支敢战能战的精兵，当时戚家军屡战屡胜的威名，是全国皆知的。

现在，他到北方来了，面对的地形有平原，有半险半易的地形，有山谷仄隘，各种地形都有。敌人，是擅长骑马射箭的，也和倭寇不同。用在南方打仗的一套办法来对付新的情况行吗？

经过调查研究，深思熟虑，他制定了一套新的训练办法。首先针对边军畏敌、争功的毛病，把军队重新加以组织，节制严明，有功必赏，有过必罚。行伍、旌旗、号令、行军、扎营都逐一规定了制度。每天下场操练，务要武艺娴熟。他指出：“教练之法，自有正门，美观则不实用，实用则不美观。”专拿应付上官检阅那一套来对付敌人是不行的。

为了在防御战上取得优势，他采用了骑、步、车、辎重结合的战术。还制定了阵法，在不同地形都可运用。吸收了和倭寇作战的经验，采用了敌人的武器倭刀和鸟铳，把原来的火器“大将军”、佛郎机、快枪、火箭等都加以改进和提高。长短兵迭用的原则进一步得到发挥。

更重要的是使将士和全军都有共同的目标和信念，在练了两年兵，修筑了防御工事以后，他大会诸将，登坛讲话，三天之内把所有问题都讲透了，要诸将回去以后，传与军士，要人人信服，字字遵守，万人一心。同时编了一部书叫《练兵实纪》分发给每队，每队择一识字人诵训讲解，全队口念心记，充分地做好思想教育工作。

为了给废弛已久的边兵以纪律的榜样，他调来浙江兵三千，刚到便在郊外等候检阅，恰好这天下大雨，从早到晚一刻不停，三千兵像墙一样站着，没有一个乱动的，边军看了，大吃一惊，才懂得什么叫军令、军纪。

在戚继光以前，守边的将军十七年间换了十个，大都是打了败仗换的。戚继光在边镇十六年，敌人不敢入侵，北边安定。他走了以后，继任者继承他的成规，也保持了边防几十年的安定。

经验是从实践中得来的，经过总结，提高成为理论。但是实际情况又千差万别，拿此时此地的经验硬应用于彼时彼地，就非碰壁不可。这里又有因时、因地、因人制宜的问题。戚继光在南方、北方军事上的成功，原因是善于从实践中总结经验，更重要的是不以成功的经验硬应用于不同的地点和敌人，而宁愿从头做起，以具有普遍性的理论原则来指导实践。在这一点上，戚继光练兵的故事在今天说来也还是可以给我们一些启示的。

关于魏忠贤

一、生祠

替活人盖祠堂叫作生祠，大概是从那一个时代父母官“自动”请老百姓替他立长生禄位而扩大之的。单有牌位不过瘾，进一步而有画像，后来连画像也不够格了，进而为塑像。有了画像塑像自然得有宫殿，金碧辉煌，初一十五文武官员一齐来朝拜，文东武西，环珮铿锵，口中念念有词，好不风光，好不威武。

历史上盖得最多的是魏忠贤生祠，盖得最漂亮的是魏忠贤的生祠，盖得最起劲的是魏忠贤的干儿子干孙子干曾孙子重孙子灰孙子。

据《明史·魏忠贤传》说，天启六年（1625）魏忠贤大杀反对党，周起元、高攀龙、周宗建、缪昌期、周顺昌、黄尊素、李应昇一些东林党人一网打尽之后，修《三朝要典》（《东林罪状录》），立“东林党人碑”之后，浙江巡抚潘汝桢奏请为忠贤建祠。跟着是一大堆官歌颂功德。于是督抚大吏阎鸣泰、刘诏、李精白、姚宗文等抢先建立生祠。风气一成，连军人，做买卖的流氓棍徒都跟着来了，造成一阵“建祠热”：而且互相比赛，越富丽越好。地皮有的是，随便圈老百姓的，材料也不愁，砍老百姓的。接着道统论也被提起了，监生陆万龄建议以魏忠贤配享孔子，忠贤的父亲配享启圣公。有谁敢说个不字？

当潘汝桢请建生祠的奏本到达朝廷后，御史刘之待签名迟了一天，立刻革职。苏州道胡士容不识相，没有附和请求，遵化道耿如杞人生祠没有致最敬礼——下拜，都下狱判死刑。

据《明史·阎鸣泰传》，建生祠最多的是少师兼太子太师、兵部尚书阎鸣泰，在蓟辽一带建了七所。在颂文里有“民心归依，即天心向顺”的话。

潘汝桢所建忠贤生祠，在杭州西湖，朝廷赐名普德。

这年十月孝陵卫指挥李士才建忠贤生祠于南京。

次年正月宣大总督张朴、宣府巡抚秦士文、宣大巡按张素养建祠于宣府和大同。应天巡抚毛一鹭、巡按王拱建祠于虎丘。

二月阎鸣泰又和顺天巡抚刘诏、巡按倪文焕建祠于景忠山。宣大总督张朴又和大同巡抚王点、巡按张素养在大同建立第二个生祠。

三月阎鸣泰又和刘诏、倪文焕、巡按御史梁梦环建祠于西密云丫髻山，又建于昌平，于通州。太仆寺卿何宗圣建于房山。

四月阎鸣泰和巡抚袁崇焕建祠于宁前。张朴和山西巡抚曹尔祯、巡按刘弘光又建于五台山。庶吉士李若琳建于蕃育署，工部郎中曾国祯建于卢沟桥。

五月通政司经历孙如冽、顺天府尹李春茂建祠于宣武门外，巡抚朱童蒙建于延绥，巡视五城御史黄宪卿、王大年、汪若极、张枢智，建于顺天，户部主事张化愚建于崇文门外，武清侯李诚铭建于药王庙，保定侯梁世勋建于五军营、大教场，登莱巡抚李嵩、山东巡抚李精白建于蓬莱阁宣海院，督饷尚书黄运泰、保定巡抚张凤翼、提督学政李蕃、顺天巡按倪文焕建于河间、于天津，河南巡抚郭增光、巡按鲍奇谟建于开封，上林监丞张永祚建于良牧嘉蔬林衡三署，博平侯郭振明建于都督府、于锦衣卫。

六月总漕尚书郭尚友建祠于淮安。顺天巡按卢承钦、山东巡按黄宪卿、顺天巡按卓迈，也在六月分别在顺天、山东建祠。

七月长芦巡盐龚萃肃、淮扬巡盐许其孝、应天巡按宋祯汉、陕西巡按庄谦建祠于长芦、淮扬、应天、陕西等地。

八月总河李从心、总漕郭尚友、山东巡抚李精白、巡按黄宪卿、巡漕何可及建祠于济宁。湖广巡抚姚宗文、郧阳抚治梁应泽、湖广巡按温皋谟建祠于武昌，于承天，于均州。三边总督史永安、陕西巡按胡建晏、巡按庄谦、袁鲸建于固原大白山，楚王朱华奎建于高观山，山西巡抚牟志夔、巡按李灿然、刘弘光建于河东。

踊跃修建的官员，从朝官到外官，从文官到武官，从大官到小官，到亲王勋爵、治河官、卖盐官，没有一个不争先恐后，统一建生祠。

建立的地点从都城到省城，到名山，甚至都督府、锦衣卫、五军营等军事衙门，蕃育署、上林监等宫廷衙门，甚至建立到皇城东街。只要替魏忠贤建生祠，没有谁可以拦阻。

每一祠的建立费用，多的要数十万两银子，少的也要几万两银子，合起今天的纸币要以多少亿元计。

开封建祠的时候，地方不够大，毁了民房两千多间，用渗金塑像。

都城几十里的地面，到处是生祠。上林苑一地就有四个。

延绥生祠用琉璃瓦，苏州生祠金像用冕旒。南昌建生祠，毁周程三贤祠，出卖澹台灭明祠做经费。

督饷尚书黄运泰迎像，用五拜三稽首礼，立像后又率文武将吏列阶下五拜三稽首。再到像前祝告，某事幸亏九千岁（这些魏忠贤的党羽子孙称皇帝为万岁，忠贤九千岁）扶持，行一套礼，又某事蒙九千岁提拔，又行一套礼。退还本位以后，再行大礼。又特派游击将军一人守祠，以后凡建祠的都依例派专官看守。

国子监生（大学生）陆万龄以孔子作春秋，忠贤作要典，孔子杀少正卯，忠贤杀东林党人，应在国学西建生祠和先圣并尊。这简直是孔子再世，道统重光了。国子司业（大学校长）朱之俊接受了这意见，正预备动工，不凑巧天启皇帝驾崩，政局一变，魏忠贤一下子从云端跌下来了。

崇祯帝即位，魏忠贤自杀。崇祯二年（1629）三月定逆案，全国魏忠贤生祠都拆毁，建生祠的官员也列名逆案，依法处刑。

《三朝要典》的原刻本在北京很容易见到，印得非常考究，大有翻印影印流传的必要。

魏忠贤的办公处东厂，原来叫东厂胡同，从沙滩一转弯便是。“中央研究院”北平办事处在焉，近来改为东昌胡同了，不知是敌伪改的，还是最近改的。其实何必呢？魏忠贤之臭，六君子的血，留着这个名词让北京市民多想想也是好的。

二、义子干孙

魏忠贤不大识字，智力也极平常。他之所以能弄权，第一私通熹宗的奶妈客氏，宫中有内线。熹宗听客氏的话，忠贤就可以为所欲为。第二是熹宗庸骙，十足的阿斗，凡事听凭忠贤作主张。

光是这两点，也不过和前朝的刘瑾、冯保一样，还不至起党狱，开黑名单，建生祠，称九千岁，闹得民穷财尽，天翻地覆。原因是其一，政府在他手上，首相次相不但和他合作，魏广微还和这位太监攀通家，送情报，居然题为内阁家报。其二是，他有政权，就能养活一批官，反正官爵都出于朝廷，俸禄都出于国库。凡要官者入我门来，于是政权军权合一，内廷处廷合一。魏忠贤的威权不但超过过去任何一个宦官，也超过任何一个权相，甚至皇帝。

《明史》说，内外大权，一归忠贤。内监（宦官）自王体乾等外，又有李朝钦、王朝辅、孙进、王国泰、梁栋等三十余人为“左右拥护”。外廷文臣则崔呈秀、田吉、吴淳夫、李夔龙、倪文焕主谋议，号“五虎”。武臣则田尔耕、许显纯、孙云鹤、杨寰、崔应元主杀戮，号“五彪”。又吏部尚书周应秋、太仆卿曹钦程等号“十狗”。又有“十孩儿”“四十孙”之号。而为呈秀辈门下者又不可数计。

“虎”“彪”“狗”都是魏忠贤的义子。举例说，崔呈秀在天启初年巡按淮扬，贪污狡狯，不修士行，看见东林正红得发紫，想尽方法要挤进去，被拒不纳。四年还朝，都察院都御史高攀龙尽列他在淮扬的贪污条款，提出弹劾。吏部尚书赵南星批定充军处分。朝命革职查办。呈秀急了，半夜里到魏忠贤家叩头乞哀，求为养子。结果呈秀不但复职，而且升官，不但升官，而且成为忠贤的谋主，残杀东林的刽子手了。两年后做到兵部尚书兼都察院左都御史。儿子不会作文也中了举，兄弟做浙江总兵官，女婿做吏部主事，连姨太太的兄弟、唱小旦的也做了密云参将。

其他四“虎”，吴淳夫是工部尚书，田吉兵部尚书，倪文焕太常卿，李夔龙副都御史。都是呈秀拉纤拜在忠贤门下当义子的。

“十狗”中如曹钦程，《明史》本传说：“由座主冯铨父事魏忠贤为十狗之一。于群小中尤无耻，日夜走忠贤门，卑谄无所不至，同类颇羞称之。”到后来，连魏忠贤也不喜欢他了，责以败群革职，可是此狗在被赶出门时，还向忠贤叩头说：“君臣之义已绝，父子之恩难忘。”大哭一场而去。忠贤死后，被处死刑，关在牢里等行刑。日子久了，家人也厌烦，不给送饭。他居然有本领抢别人的牢饭，成天醉饱。李自成陷北京，破狱出降。自成失败西走，此狗也跟着，不知所终。

“十孩儿”中有个石三畏，闹了个不大不小的笑话。有一天某贵戚请吃饭，在座的有魏忠贤的侄儿魏良卿。三畏喝醉，点戏点了《刘瑾醉酒》，犯了忌讳。忠贤大怒，立刻革职回籍。忠贤死后，他还借此复官，到头还是被弹劾免职。

这一群虎狗彪儿孙细按本传，有一个共通的特征，几乎没有一个不是贪官污吏。

例外的也有，如造《点将录》的王绍徽，早年“居官强执，颇以清操闻”。还有作《春灯谜》《燕子笺》、文采风流和左光斗诸人交游的阮大铖，和叶向高同年友好的刘志选，以及《玉芝堂谈荟》作者的周应秋，都肩着当时“社会贤达”的招牌，颇有名气的，只是利欲熏心，想做官，想做大官，要做官迷得发了疯，一百八十度一个大转弯，拜在魏忠贤膝下，终至身败名裂，在《明史》里列名阉党传。阮大铖在崇祯朝寂寞了十几年，还在南京冒充东林，附庸风雅，千方百计要证明他是东林，千方百计要洗去他当魏珰干儿的污渍，结果被一批年轻气盛的东林子弟出了留都防乱揭，“鸣鼓而攻之”，落得一场没趣。孔云亭的《桃花扇》真是妙笔奇文，到今天读了，还觉得这副嘴脸很熟，如闻其声，如见其人。

三、黑名单

黑名单也是古已有之的，著例还是魏忠贤时代。

《明史·魏忠贤传》说："天启四年（1624）忠贤用崔呈秀为御史。呈秀造天监同志诸录，王绍徽亦造点将录，皆以邹元标、顾宪成、叶向高、刘一憬等为魁，尽罗入不附忠贤者，号曰东林党人，献于忠贤。忠贤喜。于是群小益求媚忠贤，攘臂攻东林矣。"

替魏忠贤造名单的，有魏广微、顾秉谦，都是大学士（宰相）。名单有黑红两种，《明史·顾秉谦传》说："广微和秉谦谋，尽逐诸正人，点缙绅便览一册，如叶向高、韩炉、何如宠、成基命、缪昌期、姚希孟、陈子壮、侯恪、赵南星、高攀龙、乔允昇、李邦华、郑三俊、杨涟、左光斗、魏大中、黄尊素、周宗廷、李应昇等百余人目为邪党，而以黄克缵、王永光、徐大化、贾继春、霍维华等六十余人为正人。由阉人王朝用进之，俾据是为黜陟。忠贤得内阁为羽翼，势益张。秉谦、广微亦曲奉忠贤，若奴役然。"

《缙绅便览》是当时坊间出版的朝官人名录。魏广微、顾秉谦根据这名单来点出正人邪人，必定是用两种颜色，以今例古，必定是红黑两种颜色，是可以断言的。

崔呈秀比这两位宰相更进一步，抄了两份。一份是《同志录》，专记东林党人，是该杀该关该革职该充军的。另一份是《天鉴录》，是东林的仇人，也就是反东林的健将，是自己人。据《明史·崔呈秀传》说："忠贤凭以黜陟，善类为一空。"

《明史·曹钦程传附卢承钦传》："承钦又向政府提出，东林自顾宪成、李三才、赵南星而外，如王图、高攀龙等谓之副帅，曹於汴、汤兆京、史记事、魏大中、袁化中谓之先锋，丁元荐、沈正宗、李朴、贺帧谓之敢死军人，孙丕扬、邹元标谓之土木魔神，请以党人姓名榜示海内。忠贤大喜，敕所司刊籍，凡党人已罪未罪者悉编名其中。"这又更进一步了，不但把东林人列在黑名单上，而且每人都给一个绰号、匪号，其意义正如现在一些刊物上的闻一多夫、罗隆斯基同。

王绍徽，魏忠贤用为吏部尚书，仿民间《水浒传》，编东林一百零八人为《点将录》献上，令按名黜汰，以是越发为忠贤所喜。绍徽也名列《明史·阉党传》。

这几种黑名单十五六年前都曾读过，记得最后一种《点将录》，李三才是托塔天王，黄尊素是智多星，每人都配上《水浒传》里的绰号，还分中军左军右军，天罡地煞，很整齐。似乎还是影印本。可惜记忆力差了，再也记不起在什么丛书中见到。

爱国学者顾炎武

今年是伟大的爱国学者顾炎武逝世二百八十周年。

关于顾炎武的历史评价，全祖望写的《顾先生炎武神道表》最后一段话很中肯。他说：离开顾炎武的时代逐渐远了，读他的书的人虽然很多，但是能够说出他的大节的人很少。只有王高士不庵曾说：炎武抱着沉痛的心，想表白他母亲的志向，一生奔走流离，心里的话，几十年来也没有机会说出来。可是后起的年轻人，不懂得他的志趣，却只称赞他多闻博学，这对他来说，简直是耻辱，只好一辈子不回家，客死外地了。这段话很好，可以表他的墓。我读了也认为很好，可以使人们对顾炎武这个人有更好的了解。

顾炎武首先是有气节的、有骨头的、坚强的爱国主义者，其次才是有伟大成就的学者。

顾炎武（1613—1682），字宁人，原来名绛，明亡后改名，有时自称为蒋山佣，学者称为亭林先生，江苏昆山人。他家世代有人做官，藏书很多。祖父和母亲对他的教育十分关心，六岁时母亲亲自教他《大学》，七岁跟老师读“四书”，九岁读《周易》，接着祖父就教他读古代军事家孙子、吴子的著作，和《左传》《国语》《战国策》《史记》等书，十一岁读《资治通鉴》，到十三四岁才读完。十四岁进了县学以后，又读《尚书》《诗经》《春秋》等书，打下了很扎实的学术基础。母亲更时常以刘基、方孝孺、于谦等人的事迹教育他，要他做一个忠于国家、忠于民族的人。

炎武受教育的时代，也正是明王朝政治日益腐化，统治阶级内部分崩离析、互相倾轧，人民负担日益加重，民不聊生；东北建州（后称满族）崛起，明王朝接连打败仗，丧师失地，满汉民族上层统治集团矛盾最尖锐，汉族人民和统治集团矛盾最尖锐的时代。炎武的祖父教炎武读军事学书籍和史书，是有很深的用意的。

当时东南地区的知识分子组织了一个团体叫复社，吟诗作文，议论时事，名气很大，炎武和他的好友归庄也参加了。两人脾气都有些怪，就得了“归奇顾怪”的外号。

炎武的祖父很留心时事，那时候还没有报纸，有一种政府公报叫《邸报》，是靠抄写流传的，到崇祯十一年（1638）才有活版印刷。炎武跟祖父读了泰昌元年（1620）以来的《邸报》，对国家大事有了丰富的知识。二十七岁时考乡试没有录取，他“感四国之多虞，耻经生之寡术”，发愤读书，遍览二十一史和全国州县志书、当代名人文集、章奏文册，等等。单是志书就读了一千多部，抄录有关材料，以后还随时增补，著成两部书，一部叫《天下郡国利病书》，另一部叫《肇域志》。《天下郡国利病书》着重记录各地疆域、形胜、水利、兵防、物产、赋税等资料。《肇域志》则记述地理形势和山川要塞。他晚年游历北方时，用两匹马、两匹骡装着书，到了关、河、塞、障，就访问老兵退卒，记录情况。说的有和过去知道不符合的，就立刻检书查对，力求记载得真实。他这种从实际出发，研究当前现实的学风，一反那个时代空谈性命，不务实际的学风。他这种治学精神、方法，为后来的学术界开辟了道路，指出了方向。

炎武从三十岁以后，读的经书、史书，都写有笔记，反复研究，经过长期的思索、改订，写成了著名的《日知录》。

顺治二年（1645）五月，清兵渡长江，炎武到苏州参加了抗清斗争。清军围昆山，昆山人民合力拒守，城破，军民死了四万多人，炎武的好友吴其沆也牺牲了。炎武的母亲绝食自杀，临死时嘱咐炎武不要做异国臣子，不要忘了祖父的教训。炎武在军败、国亡、母死的惨痛、悲愤心情中，昂起头来，进行深入的隐蔽的反清斗争。这时期他写的诗如《秋山》：“北去三百舸，舸舸好红颜。”记录了清军掳掠妇女的惨状。“勾践栖山中，国人能致死，叹息思古人，存亡自今始。”以勾践复国自勉，表明了他爱国抗清的坚决意志。在以后的许多诗篇中，也经常流露出这种壮烈情感，如《又酬傅处士（山）次韵》：“时当汉腊遗臣祭，义激韩仇旧相家。”“三户已亡熊绎国，一成犹启少康家。”如《五十初度时在昌平》：“远路不须愁日暮，老年终自望河清。”又如，“苍龙日暮还行雨，老树春深更着花。”都表明了他至老不衰的英雄气概。

明宗室福王由崧在南京称帝，改元弘光，任命炎武为兵部司务，炎武到过南京。福王被俘，唐王聿键在福建称监国，改元隆武。鲁王以海也在绍兴称监国。唐王遥授炎武为兵部职方司主事，炎武因母丧未葬不能去，不久，唐王也兵败被杀。鲁王流亡沿海一带。1647年秋天，炎武曾到沿海地方，和抗清力量联系。地方上有汉奸地主要陷害他，炎武不得已伪装成商人，奔走江、浙各地，前后五年。《流转》诗中说：“稍稍去鬓毛，改容作商贾，却念五年来，守此良辛苦，畏途穷水陆，仇雠在门户，故乡不可宿，飘然去其宇。”便是这几年间的事。

1655年发生了陆恩之狱。

陆恩是炎武家的世仆。在炎武出游时，投奔官僚地主叶方恒家。炎武家庭经历丧乱，缺钱使用，把田产八百亩卖给叶家，叶方恒存心想吞并顾家产业，掯勒只给半价，这半价还不给钱，炎武讨了几年才给了一点。恰好陆恩得罪了主人，叶方恒便叫他出面告炎武通海，通海指的是和沿海抗清军事力量勾结，在当时是最大的罪名。炎武急了，便和家人设法擒住陆恩，扔进水里淹死了。陆恩的女婿又求叶方恒出面告状，用钱买通地方官，把炎武关在叶方恒家奴家里，情况十分危急。炎武的好友归庄只好求救于当时赫赫有名的汉奸官僚钱谦益，谦益说，这也不难，不过要他送一门生帖子才行。归庄知道炎武绝不肯这样做，便代写了一个送去。炎武知道了，立刻叫人去要回来，要不回来，便在大街上贴通告，说并无此事。谦益听了苦笑说，顾宁人真是倔强啊！后来炎武的另一朋友路泽溥认识兵备道，说明了情由，才把案子转到松江府，判处为主杀家奴，炎武才得脱祸。

叶方恒中过清朝进士，做过官，有钱有势，炎武和他结了仇，家乡再也住不下去了。1657年炎武四十五岁，决定到北方游历，一来避仇，二来也为了更广泛地结纳抗清志士，继续进行斗争。

从这一年起，炎武便仆仆风尘，奔走于山东、河北、山西、陕西等地。他的生活情况，在与潘次耕（耒）信中说："频年足迹所至，无三月之淹，友人赠以二马二骡，装驮书卷，一年之中，半宿旅店。"旅途的艰苦，《旅中》一诗说："久客仍流转，愁人独远征，釜遭行路夺，席与舍儿争，混迹同佣贩，甘心变姓名，寒依车下草，饥糁锧中羹……买臣降五十，何处谒承明？"他的心境，在《寄弟纾及友人江南》诗中说："自昔遘难初，城邑遭屠割，几同赵卒坑，独此一人活，既偷须臾生，讵敢辞播越，十年四五迁，今复客天末，田园已侵并，书卷亦剽夺，尚虞陷微文，雉罗不自脱。"是十分沉重、紧张的。

在游历中，结识了孙奇逢、徐夜、王宏撰、傅山、李中孚等爱国学者，李因笃、朱彝尊、毛奇龄等文人，观察了中原地区和塞外的地理形势，并且在山东章丘买了田产，在雁门之北，五台之东，和李因笃等二十多人集资垦荒，建立庐舍，作为进行隐蔽活动的基地。

1663年，南浔庄氏史案发，炎武的好友吴炎、潘柽章牵连被杀，炎武所藏史录、奏状一二千本借给吴潘两人的，也随同散失。庄廷鑨修史时，也曾托人邀请炎武参加，炎武看了情况，知道庄廷鑨没有学问，不肯留下。书刻版时没有列上炎武姓名，这才幸免于死。

五年后，莱州黄培诗狱案发，炎武又被牵连，从北京赶到山东投案。案情是莱州人姜元衡告发他的主人黄培写逆诗（反对清朝的诗），又揭发吴人陈济生所编《忠节录》，说这书是顾宁人编的，书上有名的牵连到三百多人。李因笃听到消息，立刻赶到北京告急营救，炎武的许多朋友也到济南帮忙，这时朱彝尊正在山东巡抚处做幕僚，几方面想法子，炎武打了半年官司，居然免祸，可也够危险了。

炎武虽然饱经忧患，跋涉半生，却勤勉好学，没有一天不读书，没有一天不抄书，蝇头行楷，万字如一。朋友们有时终日宴饮，他总是皱眉头，客人走了，叹口气说：可惜又是一天白白度过了。读的书越多，游历的地方越多，写的书也越多，名气也就越大。1671年熊赐履要举荐炎武助修《明史》，他当面拒绝说："果有此举，不为介推之逃，则为屈原之死矣。"1678年叶方蔼、韩菼又打算举荐炎武应博学鸿儒科，炎武坚决辞谢，一连给叶方蔼写了三封信，表明态度，叶方蔼知道不能勉强，方才作罢。为了避免这类麻烦，炎武从此再也不到北京来了。

1677年，炎武已经六十五岁了。从山东到陕西华阴，住王宏撰家。王宏撰替他盖了几间房子，决定在此定居。两年后写信告诉他的侄子说：陕西人喜欢经学，看重处士，主持清议，和他省人不同。在此买水田四五十亩，可以维持生活。华阴这地方是交通枢纽，就是不出门，也可以看到各方面来的人，知道各地方的事情。一旦局势有变化，跑进山里去守险，也不过十来里路。要是志在四方呢，一出关门，就可以掌握形势。从这封信可以看出，炎武之定居华阴，是和他的一生志愿抗清斗争密切相关的。

这时候，炎武的三个外甥都已做了大官，徐元文是顺治十六年（1659）状元，康熙十八年（1679）任《明史》监修总裁官，第二年任都察院左都御史。徐乾学是康熙九年（1670）探花，徐秉义是康熙十二年（1673）的探花。三兄弟在青年时都曾得到过炎武的资助和教育。他们看到舅父年老，流离外方，几次写信迎接炎武南归，答应给准备房子和田产，炎武回信坚决拒绝。他不但自己不肯受这几个清朝新贵的供养，连他的外甥要请他的得意门生潘耒去做门客，也去信劝止。义正词严地指出这些人官越大，门客越多，好巴结的人留下，刚正方直的人走开，他们不过要找一两个有学问的人在身边来遮丑而已。应该知道香的和臭的东西是不可以放在一个盒子里的，要记住白沙在泥，与之俱黑的话，不要和狎客豪奴混在一起才是。从这两件事，可以看出炎武的生性刚介和气节。

和他的为人一样，炎武做学问也是丝毫不苟的，总是拿最严格的要求来要求自己，从不自满。所著《音学五书》，前后历时三十多年，所过山川亭障，没有一天不带在身边。稿子改了五次，亲自抄写了三次，到刻版的时候，还改了许多地方。著名的《日知录》，1670年刻了八卷，过了六七年，他的学问进步了，检查旧作，深悔过去学问不博，见解不深，有很多缺点，又渐次增改，写成二十多卷。他很虚心，朋友指出书中错误的地方，便立刻改正。又十分郑重，有人问他近来《日知录》又写成几卷了，他说，别来一年，反复研究，只写得十几条。他认为知识是无穷无尽的，过去的成绩不可以骄傲，未来的成就更不可以限制自己。做学问不是一天天进步，便会一天天退步。个人独学，没有朋友帮助，就很难有成就，老是住在一个地方，见闻寡陋，也会习染而不自觉。对于自己在学术上的错误，从不宽恕，在给潘耒信上说：读书不多的人，轻易写书，一定会害了读者，像我《跋广韵》那篇文章便是例子。现在把它作废，重写一篇，送给你看，也记住我的过失。我生平所写的书，类此的也还很多，凡是存在徐家的旧作，可以一字不存。自己思量精力还不很衰，不一定就会死，再过些年，总可以搞出一个定本来。

对收集资料，也付出极大的努力。例如，他在《金石文字记序》所说：我从年轻时就喜欢访求古人金石文字，那时还不很懂。后来读了欧阳修的《集古录》，才知道可以和史书相证明，阐幽表微，补阙正误，不只是文字之好而已。这二十年来，周游各地，所到名山、大镇、祠庙、伽蓝，无不寻求，登危峰，探窈壑，扪落石，履荒榛，伐颓垣，畚朽壤，只要发现可读的碑文，就亲手抄录，要是得到一篇为前人所没有看到的，往往喜欢得睡不着觉。对写作文字，态度也极为谨严，他立定宗旨，凡是文章不关联到学术的，和当代实际没有关系的，一概不写。并且慨叹像韩愈那样的人，假如只写《原道》《原毁》《争臣论》《平淮西碑》《张中丞传后叙》这几篇，其他捧死人骨头的铭状一概不写，那就真是近代的泰山北斗了！可惜他没有这样做。

他主张为人要“行己有耻”。有耻就是有气节，有骨头，做学问要“好古敏求”，要继承过去的遗产，努力钻研。对明代末期和当时的学风，他是很不以为然的，在《与友人论学书》里说：“呜呼！士而不先言耻，则为无本之人，非好古而多闻，则为空虚之学。以无本之人而讲空虚之学，吾见其日从事于圣人而去之弥远也。”也正因为他这样主张，这样做，所以有些人叫他为怪，和他合不来。

炎武于康熙二十一年（1682）正月，因上马失足坠地，病死于山西曲沃，年七十岁。

出版说明

吴晗是我国著名历史学家，为中国历史的研究，尤其是明史的研究做出了杰出贡献。他的研究既涉及政治、经济、文化、军事和外交等宏大的主题，也兼有对风俗习惯、逸闻掌故、著名人物的论述；既包含对某个朝代全方位的研究，也有对整个中国历史中存在的重大历史问题、潜在发展规律的认识。《大明兴衰三百年》聚焦明朝，涉及锦衣卫和东西厂、资本主义萌芽的发展、科举制度、晚明仕宦阶级的生活以及郑和下西洋等内容。本书在编选过程中，参考了《吴晗全集》《明史简述》《朱元璋传》等书。在编辑过程中，除个别错字和表达用语进行了改动外，其他内容未做改变，特此声明。

好读，只为优质阅读！

好
读

Goodreads

策划出品：好读文化　　监　　制：姚常伟　　产品经理：程　斌
特邀编辑：刘　雷　　封面设计：小　武　　内文设计：一鸣文化

图书在版编目（CIP）数据

大明兴衰三百年 / 吴晗著 ; 好读选编. — 北京 : 中国华侨出版社, 2021.4
ISBN 978-7-5113-8285-6

Ⅰ. ①大… Ⅱ. ①吴… ②好… Ⅲ. ①中国历史—明代—文集 Ⅳ. ①K248.07-53

中国版本图书馆CIP数据核字（2020）第133174号

大明兴衰三百年

著　　者：吴　晗
选　　编：好　读
责任编辑：姜薇薇　桑梦娟
装帧设计：小　武
经　　销：新华书店
开　　本：880mm×1230mm　1/32　印张：13.25　字数：368千字
印　　刷：河北鹏润印刷有限公司
版　　次：2021年4月第1版　2021年4月第1次印刷
书　　号：ISBN 978-7-5113-8285-6
定　　价：68.00元

中国华侨出版社 北京市朝阳区西坝河东里77号楼底商5号　邮编：100028
法律顾问：陈鹰律师事务所
发行部：（010）82068999　传真：（010）82069000
网　　址：www.oveaschin.com　E-mail：oveaschin@sina.com